JN391688

여러분의 합격을 응원하는

해커스소방의 특별 혜택!

FREE 소방학개론 **특강**

해커스소방(fire.Hackers.com) 접속 후 로그인 ▶ 상단의 [무료강좌 → 소방 무료강의] 클릭하여 이용

해커스소방 온라인 단과강의 **20% 할인쿠폰**

596642B8573F745C

해커스소방(fire.Hackers.com) 접속 후 로그인 ▶ 상단의 [마이페이지 → 쿠폰] 클릭 ▶
위 쿠폰번호 입력 후 이용

* 등록 후 7일간 사용 가능(ID당 1회에 한해 등록 가능)

소방 합격예측 **온라인 모의고사 응시권 + 해설강의 수강권**

DCB78DB7A68AXZK7

해커스소방(fire.Hackers.com) 접속 후 로그인 ▶ 상단의 [마이페이지 → 쿠폰] 클릭 ▶
위 쿠폰번호 입력 후 이용

* ID당 1회에 한해 등록 가능

쿠폰 이용 관련 문의 **1588-4055**

해커스소방

이영철 소방학개론

단원별 기출문제집

해커스소방

이영철

약력

서울시립대학교 방재공학 석사
서울시립대학교 재난과학과 박사수료

현 | 해커스소방 소방학개론, 소방관계법규 강의
현 | 서정대학교 소방안전관리과 겸임교수
현 | 서울시립대학교 소방방재학과 외래교수
현 | 세종사이버대학교 소방방재학과 외래교수
현 | 경희사이버대학교 재난방재과학과 외래교수
현 | 서울소방학교 외래교수
현 | 한국소방안전원 외래교수
현 | 한국장애인 고용공단 BK 심사단
현 | 법무법인 정률 화재조사 위원

저서

해커스소방 이영철 소방학개론 기본서
해커스소방 이영철 소방관계법규 기본서
해커스소방 이영철 소방학개론 필기노트+OX·빈칸문제
해커스소방 이영철 소방학개론 단원별 기출문제집
해커스소방 이영철 소방관계법규 단원별 기출문제집
해커스소방 이영철 소방학개론 단원별 실전문제집
해커스소방 이영철 소방관계법규 단원별 실전문제집
해커스소방 이영철 소방학개론 실전동형모의고사

서문

기출문제는 소방학개론의 방대한 양을 효율적으로 학습하기 위한 가장 좋은 수단입니다. 이제까지 누적된 기출 및 기출복원문제를 학습하면서 반복 출제되는 이론과 유형 등을 알고, 스스로 학습의 범위와 방향을 명확하게 설정할 수 있으며, 더 나아가 문제 해결 능력까지 키울 수 있기 때문입니다.

〈해커스소방 이영철 소방학개론 단원별 기출문제집〉은 소방학개론 학습의 기본이 되는 기출문제를 효과적으로 학습할 수 있도록 다음과 같은 특징을 가지고 있습니다.

첫째, 최신 기출 및 기출복원문제를 분석하여 단원별로 수록하였습니다.

2005년부터 2025년까지 중앙통합직 및 지방자치단체별 기출 및 기출복원문제 중 중요한 문제를 선별하여 수록하였습니다. 또한 시험문제의 약 40~60% 정도 출제되는 연소론, 소화약제, 위험물을 우선 배치하였으며, 나머지의 약 10~15%에 해당하는 재난 및 안전관리 기본법, 약 10%에 해당하는 소방시설론, 약 10%에 해당하는 소방조직 및 구조구급에 관한 법률 및 응용 등을 그 다음으로 배치하였습니다. 이를 통해 소방학개론 과목의 전체적인 맥락과 출제경향을 자연스럽게 확인함으로써 학습효율을 높일 수 있습니다.

둘째, 상세한 해설과 다회독을 위한 다양한 장치를 수록하였습니다.

정답 지문에 대한 해설뿐만 아니라 오답 지문에 대한 해설을 상세하게 제시하였습니다. 특히 연소론을 포함한 공학론은 개념의 이해를 기반으로 암기하는 것이 중요하므로 해설 내에서 관련이론까지 충분하게 학습할 수 있도록 이를 정리·수록하였습니다. 또한 기출문제를 3회독 이상 학습할 수 있도록 회독 체크 박스를 수록하였으며, 이를 통해 각자의 학습 과정과 수준에 맞게 교재를 여러 방면으로 활용할 수 있습니다.

더불어, 소방공무원 시험 전문 사이트인 해커스소방(fire.Hackers.com)에서 교재 학습 중 궁금한 점을 나누고 다양한 무료 학습 자료를 함께 이용하여 학습 효과를 극대화할 수 있습니다.

부디 〈해커스소방 이영철 소방학개론 단원별 기출문제집〉과 함께 소방학개론 시험의 고득점을 달성하고 합격을 향해 한걸음 더 나아가시기를 바랍니다.

〈해커스소방 이영철 소방학개론 단원별 기출문제집〉이 소방공무원 합격을 꿈꾸는 모든 수험생 여러분에게 훌륭한 길잡이가 되기를 바랍니다.

이영철

차례

PART 1 연소론 및 화재론

PART 2 소화약제

PART 3 위험물의 종류별 특성과 소화방법

PART 4 화재조사

PART 5 재난 및 안전관리 기본법

PART 6 소방시설

PART 7 소방조직 및 역사

PART 8 구조 및 구급

부록 최신 기출문제

약점 보완 해설집 [책 속의 책]

이 책의 구성

문제해결 능력 향상을 위한 단계별 구성

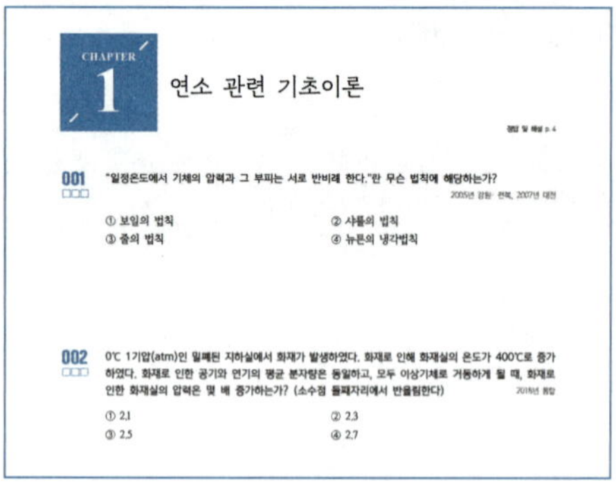

CHAPTER 1 연소 관련 기초이론

정답 및 해설 p.4

001 "일정온도에서 기체의 압력과 그 부피는 서로 반비례 한다."란 무슨 법칙에 해당하는가?
2005년 강원·전북, 2007년 대전

① 보일의 법칙 ② 샤를의 법칙
③ 줄의 법칙 ④ 뉴톤의 냉각법칙

002 0℃ 1기압(atm)인 밀폐된 지하실에서 화재가 발생하였다. 화재로 인해 화재실의 온도가 400℃로 증가하였다. 화재로 인한 공기와 연기의 평균 분자량은 동일하고, 모두 이상기체로 거동하게 될 때, 화재로 인한 화재실의 압력은 몇 배 증가하는가? (소수점 둘째자리에서 반올림한다) 2015년 통합

① 2.1 ② 2.3
③ 2.5 ④ 2.7

STEP 1 기출 및 기출복원문제로 문제해결 능력 키우기

소방학개론 시험의 기출 및 기출복원문제 중 재출제 가능성이 높거나 퀄리티가 좋은 문제들을 엄선한 후, 이를 학습 흐름에 따라 배치하였습니다. 이를 통해 소방학개론 시험에 최적화된 효율적인 학습을 할 수 있습니다. 또한 문제 번호 아래에 회독 표시용 체크박스를 수록하여 각 회독마다 문제 풀이 여부나 이해 정도를 쉽게 표시하여 각자의 학습수준에 맞게 교재를 활용할 수 있습니다.

▼

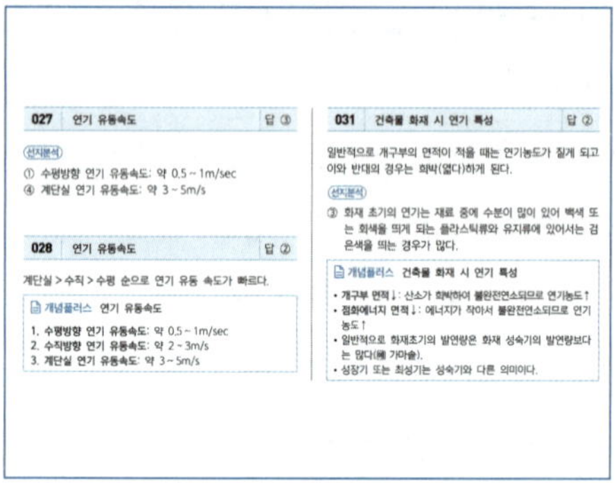

027 연기 유동속도 답 ③

선지분석
① 수평방향 연기 유동속도: 약 0.5 ~ 1m/sec
④ 계단실 연기 유동속도: 약 3 ~ 5m/s

028 연기 유동속도 답 ②

계단실 > 수직 > 수평 순으로 연기 유동 속도가 빠르다.

개념플러스 연기 유동속도
1. 수평방향 연기 유동속도: 약 0.5 ~ 1m/sec
2. 수직방향 연기 유동속도: 약 2 ~ 3m/s
3. 계단실 연기 유동속도: 약 3 ~ 5m/s

031 건축물 화재 시 연기 특성 답 ②

일반적으로 개구부의 면적이 적을 때는 연기농도가 짙게 되고 이와 반대의 경우는 희박(엷다)하게 된다.

선지분석
③ 화재 초기의 연기는 재료 중에 수분이 많이 있어 백색 또는 회색을 띠게 되는 플라스틱류와 유지류에 있어서는 검은색을 띠는 경우가 많다.

개념플러스 건축물 화재 시 연기 특성
- 개구부 면적↓: 산소가 희박하여 불완전연소되므로 연기농도↑
- 점화에너지 면적↓: 에너지가 작아서 불완전연소되므로 연기농도↑
- 일반적으로 화재초기의 발연량은 화재 성숙기의 발연량보다는 많다(예 가마솥).
- 성장기 또는 최성기는 성숙기와 다른 의미이다.

STEP 2 상세한 해설로 개념 완성하기

기출문제 학습이 단순히 문제풀이에서 끝나지 않고 이론 복습 및 개념 완성으로 이어질 수 있도록 모든 문제에 상세한 해설을 수록하였습니다. 해설을 통해 소방학개론 내용 중 시험에서 주로 묻는 핵심 이론들이 무엇인지 확인하고, 학습하였던 이론의 내용을 다시 한번 복습할 수 있습니다. 더불어 모든 문제마다 출제 포인트를 제시하여 본인이 취약한 부분을 쉽게 파악하고 보완할 수 있습니다.

▼

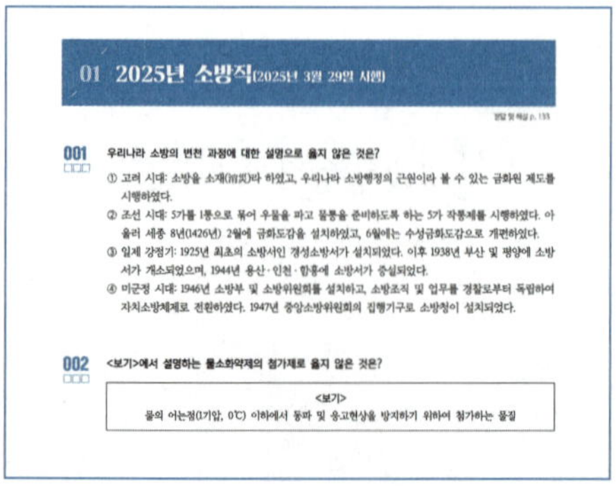

01 2025년 소방직(2025년 3월 29일 시행)

정답 및 해설 p.133

001 우리나라 소방의 변천 과정에 대한 설명으로 옳지 않은 것은?
① 고려 시대: 소방을 소재(消災)라 하였고, 우리나라 소방행정의 근원이라 볼 수 있는 금화원 제도를 시행하였다.
② 조선 시대: 5가를 1통으로 묶어 우물을 파고 물통을 준비하도록 하는 5가 작통제를 시행하였다. 아울러 세종 8년(1426년) 2월에 금화도감을 설치하였고, 6월에는 수성금화도감으로 개편하였다.
③ 일제 강점기: 1925년 최초의 소방서인 경성소방서가 설치되었다. 이후 1938년 부산 및 평양에 소방서가 개소되었으며, 1944년 용산·인천·함흥에 소방서가 증설되었다.
④ 미군정 시대: 1946년 소방부 및 소방위원회를 설치하고, 소방조직 및 업무를 경찰로부터 독립하여 자치소방체제로 전환하였다. 1947년 중앙소방위원회의 집행기구로 소방청이 설치되었다.

002 <보기>에서 설명하는 물소화약제의 첨가제로 옳지 않은 것은?

<보기>
물의 어는점(1기압, 0℃) 이하에서 동파 및 응고현상을 방지하기 위하여 첨가하는 물질

STEP 3 최신 기출문제로 실전감각 키우기

학습 마무리 단계에서 문제풀이 연습을 할 수 있도록 2021년~2025년, 소방 공채시험의 소방학개론 최신 기출문제를 그대로 부록에 수록하였습니다. 이를 통해 소방학개론의 최신 출제경향과 난이도를 확인함으로써 소방학개론 시험에 대한 이해도를 높이고, 실전과 동일하게 기출문제를 풀어보면서 실전감각을 키울 수 있습니다.

정답의 근거와 오답의 원인, 관련이론까지 짚어주는 정답 및 해설

빠른 정답 확인

- 각 중단원에 수록된 모든 문제의 정답을 표로 정리
- 쉽고 빠르게 정답 확인

정답 p. 132

001	②	002	④	003	③	004	②	005	②
006	②	007	①	008	②	009	②	010	①

문항별 출제 포인트 제시

- 각 문항마다 문제의 핵심이 되는 출제 포인트 명시
- 각 문제가 묻고 있는 내용을 한눈에 파악

005 화재조사 답 ②

개념플러스

- 문제와 관련된 핵심 이론이나 알아두면 좋은 배경이론 등을 제시
- 주요 개념을 다양한 시각에서 폭넓게 학습

개념플러스 화재원인조사의 종류 및 범위

구분	종류	조사범위
화재 원인 조사	발화원인	화재가 발생한 과정, 화재가 발생한 지점 및 불이 붙기 시작한 물질
	발견·통보 및 초기 소화상황	화재의 발견·통보 및 초기소화 등 일련의 과정
	연소상황	화재의 연소경로 및 확대원인 등의 상황
	피난상황	피난경로, 피난상의 장애요인 등의 상황
	소방시설등 조사	소방시설의 사용 또는 작동 등의 상황

화재조사는 관계 공무원이 화재사실을 인지하는 즉시 장비를 활용하여 실시되어야 한다.

(선지분석)

① 화재조사권에는 출입·조사권, 질문권, 자료제출 명령권이 있다.

② 소방청장, 소방본부장 또는 소방서장은 수사에 지장을 주지 아니하는 범위에서 그 피의자 또는 압수된 증거물에 대한 조사를 할 수 있다.

상세한 해설

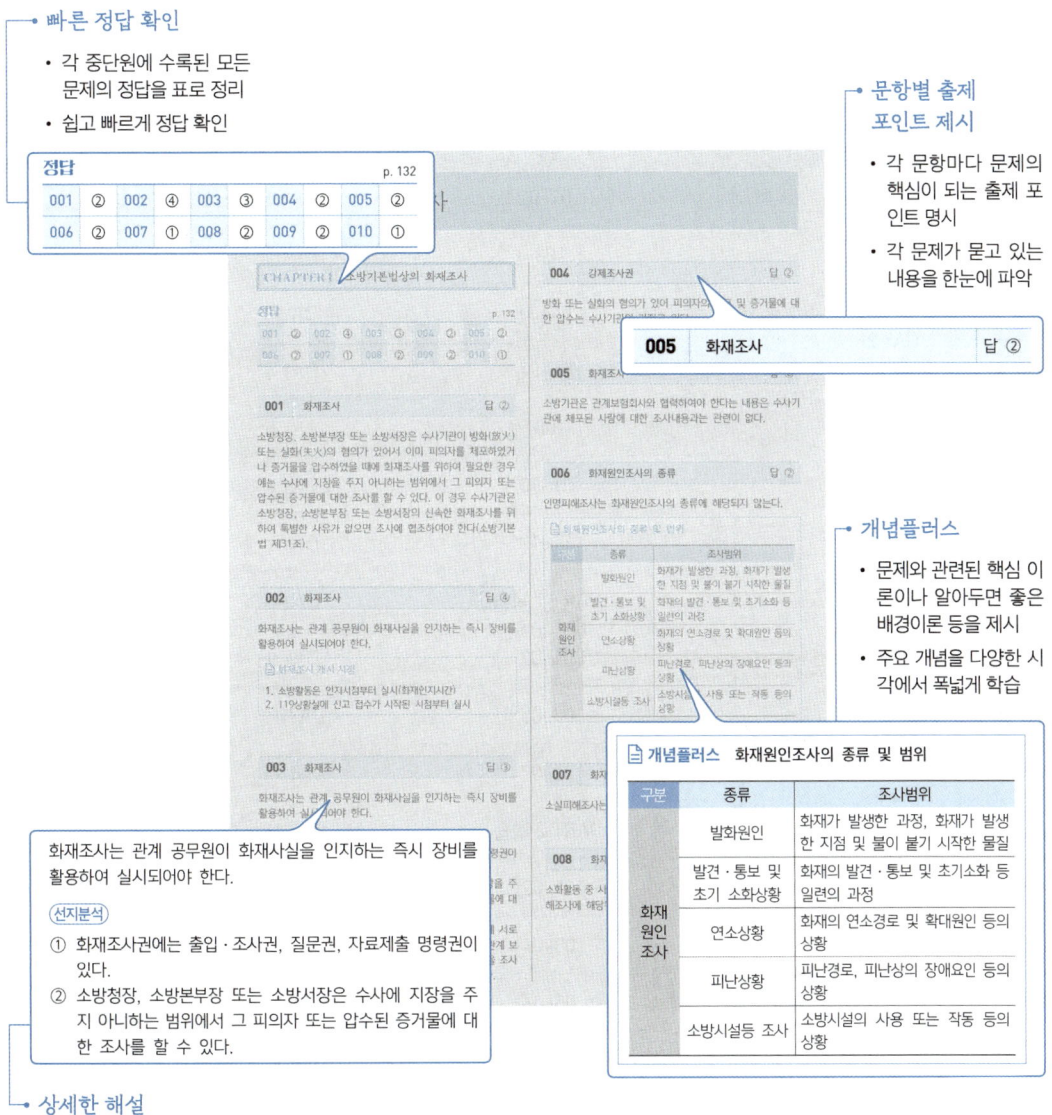

- 이론을 다시 한번 복습할 수 있는 자세한 해설
- 오답 지문의 원인과 함정 요인을 확인할 수 있는 선지분석

학습 플랜

효율적인 학습을 위하여 DAY별 권장 학습 분량을 제시하였으며, 이를 바탕으로 본인의 학습 진도나 수준에 따라 분량을 조절해 가며 학습하기 바랍니다. 또한 학습한 날은 표 우측의 각 회독 부분에 형광펜이나 색연필 등으로 표시하며 채워나가기 바랍니다.

* 1회독 때에는 40일 학습 플랜을, 2, 3회독 때에는 20일 학습 플랜을 활용하시면 좋습니다.

40일 플랜	14일 플랜	학습 플랜		1회독	2회독	3회독
DAY 1	DAY 1	PART 1	01~02	DAY 1	DAY 1	DAY 1
DAY 2			03	DAY 2		
DAY 3	DAY 2		04~05	DAY 3		
DAY 4			06~07	DAY 4	DAY 2	DAY 2
DAY 5	DAY 3		08	DAY 5		
DAY 6			09~10	DAY 6		
DAY 7	DAY 4		11~12	DAY 7	DAY 3	DAY 3
DAY 8			PART 1 복습	DAY 8		
DAY 9	DAY 5	PART 2	01~02	DAY 9		
DAY 10			03~05	DAY 10	DAY 4	DAY 4
DAY 11			06~07	DAY 11		
DAY 12			PART 2 복습	DAY 12		
DAY 13	DAY 6	PART 3	01~02	DAY 13	DAY 5	DAY 5
DAY 14			03~04	DAY 14		
DAY 15			05~06	DAY 15		
DAY 16			PART 3 복습	DAY 16	DAY 6	DAY 6
DAY 17	DAY 7	PART 1~3 복습		DAY 17		
DAY 18	DAY 8	PART 4	01~02	DAY 18		
DAY 19			03	DAY 19	DAY 7	DAY 7
DAY 20			PART 4 복습	DAY 20		

- 1회독 때에는 '내가 학습한 이론이 주로 이러한 형식의 문제로 출제되는구나!'를 익힌다는 생각으로 접근하는 것이 좋습니다.
- 2회독 때에는 실전과 동일한 마음으로 기출문제를 풀어보는 단계입니다. 단순히 문제를 풀어보는 것에 그치지 않고, 각각의 지문이 왜 옳은지, 옳지 않다면 어느 부분이 잘못되었는지를 꼼꼼히 따져가며 학습하기 바랍니다.
- 3회독 때에는 기출문제를 출제자의 시선으로 바라보고, 이를 변형하여 학습하는 연습이 필요합니다. 즉, 기출지문을 중심으로 이론 학습의 범위를 넓혀나가며 학습을 완성하기 바랍니다.

40일 플랜	14일 플랜	학습 플랜		1회독	2회독	3회독
DAY 21	DAY 9	PART 5	01~03	DAY 21	DAY 8	DAY 8
DAY 22			04~06	DAY 22		
DAY 23			PART 5 복습	DAY 23		
DAY 24	DAY 10	PART 6	01	DAY 24		
DAY 25			02	DAY 25	DAY 9	DAY 9
DAY 26			03~06	DAY 26		
DAY 27			PART 6 복습	DAY 27		
DAY 28	DAY 11	PART 4~6 복습		DAY 28	DAY 10	DAY 10
DAY 29		PART 7	01	DAY 29		
DAY 30			02~03	DAY 30		
DAY 31			PART 7 복습	DAY 31	DAY 11	DAY 11
DAY 32	DAY 12	PART 8	01	DAY 32		
DAY 33			02	DAY 33		
DAY 34			PART 8 복습	DAY 34	DAY 12	DAY 12
DAY 35	DAY 13	부록	최신 기출문제 01	DAY 35		
DAY 36			최신 기출문제 02	DAY 36		
DAY 37			최신 기출문제 03	DAY 37	DAY 13	DAY 13
DAY 38			최신 기출문제 04	DAY 38		
DAY 39	DAY 14		최신 기출문제 05	DAY 39		
DAY 40		총복습		DAY 40	DAY 14	DAY 14

PART 1

연소론 및 화재론

01 연소 관련 기초이론

정답 및 해설 p. 2

001 □□□

"일정온도에서 기체의 압력과 그 부피는 서로 반비례 한다."란 무슨 법칙에 해당하는가?

2005년 강원 · 전북, 2007년 대전

① 보일의 법칙
② 샤를의 법칙
③ 줄의 법칙
④ 뉴튼의 냉각법칙

002 □□□

0℃ 1기압(atm)인 밀폐된 지하실에서 화재가 발생하였다. 화재로 인해 화재실의 온도가 400℃로 증가하였다. 화재로 인한 공기와 연기의 평균 분자량은 동일하고, 모두 이상기체로 거동하게 될 때, 화재로 인한 화재실의 압력은 몇 배 증가하는가? (단, 소수점 둘째자리에서 반올림한다)

2018년 통합

① 2.1
② 2.3
③ 2.5
④ 2.7

003 □□□

800℃, 1기압에서 황(S) 1kg이 공기 중에서 완전 연소할 때 발생되는 이산화황의 발생량(m^3)은? (단, 황(S)의 원자량은 32, 산소(O)의 원자량은 16이며, 이상기체로 가정한다)

2022년 공채

① 2.00
② 2.35
③ 2.50
④ 2.75

004 □□□

동일한 물질 또는 일정한 물질 상호간의 열의 이동이며, 물질의 각 분자가 지니고 있는 운동에너지가 인접한 분자에 이동해 나가는 현상으로, 각각의 분자들은 진동만 일어나며 이동은 수반하지 않는다. 이것은 물질 내부에 온도차가 있을 때 온도가 높은 곳에서 낮은 곳으로 물질내부를 이동하는 것을 말하는데, 이러한 열전달 방식은?

2007년 강원

① 전도
② 대류
③ 복사
④ 비화

005 □□□ **다음 중 복사에너지 산정에 관한 설명으로 옳지 않은 것은?** 2009년 경북

① 복사에너지는 절대온도 4승에 비례한다.
② 복사에너지는 열전달 면적에 비례한다.
③ 복사에너지에 관한 대표적인 법칙은 스테판-볼츠만의 법칙이다.
④ 복사에너지는 물체의 두께에 비례한다.

006 □□□ **복사열전달 현상에 관한 설명으로 옳은 것은?** 2022년 소방간부

① 열에너지가 전자기파의 형태로 전달되는 현상이다.
② 푸리에의 법칙을 따른다.
③ 열전달이 고체 또는 정지상태의 유체 내에서 매질을 통해 이루어진다.
④ 유체입자의 유동에 의해 열에너지가 전달되는 현상이다.
⑤ 진공상태에서는 복사열은 전달되지 않는다.

007 □□□ **화재 시 화염에 의해 직접 전달되지 않고 간접적으로 열만 전달되는데, 이 열이 가연물에 직선으로 흡수되어 그 표면온도가 발화점에 도달하면 연소가 시작된다. 이러한 현상과 관련된 열전달 방식으로 옳은 것은?** 2013년 대전

① 전도
② 대류
③ 복사
④ 비화

008 □□□ **화재 중에 감지기 또는 스프링클러의 헤드 작동에 영향을 주고 화재의 이동경로, 연소상태 등에 가장 큰 영향을 주는 것은?** 2011년 서울

① 전도
② 대류
③ 대류와 복사
④ 전도와 복사

009 □□□

다음 <보기>에 주어진 내용에 따라 알맞은 열전달 방식은? 2005년 서울

<보기>

ㄱ. 화재 시 화염이 격리된 인접가연물에 접촉하여 불이 붙는다.
ㄴ. 가열된 공기나 유체가 움직이며 물질이동에 따라 열이 전달된다.
ㄷ. 물체에 열에너지가 중간매질을 통하지 않고 전자파(파장) 형태로 방출된다.
ㄹ. 불똥이 튀어 다른 가연물로 화염이 전달된 것이다.

	ㄱ	ㄴ	ㄷ	ㄹ
①	전도	대류	복사	비화
②	대류	전도	복사	비화
③	복사	전도	대류	비화
④	대류	복사	전도	비화

010 □□□

체육관 화재 시 천정의 높이가 높아 화재감지기의 작동을 어렵게 하고, 초기화재 시 연기감지기에 감지가 안 되는 원인으로 가장 관련이 큰 열전달은? 2014년 중앙

① 열전도
② 열대류
③ 열복사
④ 열비화

011 □□□

다음은 열전달 형태에 대한 설명이다. ( ) 안에 들어갈 내용으로 옳은 것은? 2018년 통합

가. 일반적으로 화재의 초기단계에서 열의 전달은 (ㄱ)에 기인한다.
나. 화재 시 연기가 위로 향하는 것이나 화로(火爐)에 의해 실내의 공기가 따뜻해지는 것은 (ㄴ)에 의한 현상이다.

	ㄱ	ㄴ
①	전도	대류
②	복사	전도
③	전도	비화
④	대류	전도

012 □□□

화염의 직경이 0.1m 인 화원의 중심으로부터 1m 떨어진 물체에 전달되는 복사 열유속[kW/㎡]은? (단, 화염의 열방출률은 120kW, 총 열방출에너지 중 복사된 열에너지 분율은 0.5, 원주율은 3으로 계산한다)

2024년 공채

① 3.5 ② 4.0
③ 4.5 ④ 5.0

013 □□□

푸리에(Fourier)의 열전도법칙에 따라 물질을 통해 전달되는 열량에 대한 설명으로 옳지 않은 것은?

2025년 공채

① 물질의 두께에 비례한다.
② 물질의 전열면적에 비례한다.
③ 물질 양면의 온도차에 비례한다.
④ 물질의 열전도율에 비례한다.

014 □□□

열전달 방법에 관한 설명으로 옳지 않은 것은?

2025년 소방간부

① 열전달 방법에는 전도, 대류, 복사가 있다.
② 전도는 뉴턴의 냉각법칙을 따르며, 고체 표면과 움직이는 유체 사이에서 일어난다.
③ 대류는 유체의 유동이 외부로부터 작용하는 힘에 의해 이루어지는 강제대류와 온도차로 인한 부력에 의해 이루어지는 자연대류로 구분할 수 있다.
④ 복사에너지는 스테판-볼츠만(Stefan-Boltzmann)의 법칙을 따른다.
⑤ 복사는 열에너지가 복사체로부터 대상물에 전자기파 형태로 전달되는 현상이다.

02 연소 개론

정답 및 해설 p. 4

001 □□□

어떤 반응계로부터 화학반응에서 생성된 열에너지가 주위로 방출하는 반응은? 2010년 충남

① 흡열반응
② 발열반응
③ 환원
④ 산화

002 □□□

연소에 관한 다음 설명 중 가장 옳지 않은 것은? 2011년 제주

① 연소의 3요소란 가연물, 산소공급원, 점화원을 말한다.
② 연소란 빛과 열을 수반하는 산화반응이다.
③ 산소는 가연성물질로서 그 양이 많을수록 연소를 활성화시킨다.
④ 가연물, 산소공급원, 점화원, 연쇄반응까지 연소의 4요소이다.

003 □□□

다음 조건 중 괄호 안에 들어갈 알맞은 단어는? 2008년 경기

연소(Combustion)라 함은 가연물이 공기 중의 (　　)와 화합하여 열과 빛을 발하는 급속한 (　　) 현상을 말한다.

① 수소, 환원반응
② 산소, 환원반응
③ 수소, 산화반응
④ 산소, 산화반응

004 □□□

다음 중 가연물의 구비조건으로 옳은 것은? 2017년 중앙

① 산소와 친화력이 작을 것
② 반응열과 비표면적이 작을 것
③ 열전도도가 작을 것
④ 활성화에너지가 클 것

005 □□□ 가연성물질이 되기 쉬운 조건에 해당하지 않는 것은? 2023년 소방간부

① 열전도도 값이 작아야 한다.
② 연쇄반응을 일으킬 수 있어야 한다.
③ 활성화에너지가 크고 발열량이 작아야 한다.
④ 조연성 가스인 산소와의 결합력이 커야 한다.
⑤ 산소와 접촉할 수 있는 표면적이 커야 한다.

006 □□□ 다음 중 불연성 물질에 해당하지 않는 것은? 2022년 소방간부

① He(헬륨)
② CO_2(이산화탄소)
③ P_2O_5(오산화인)
④ HCN(시안화수소)
⑤ SO_3(삼산화황)

007 □□□ 다음 연소의 3요소 중에 산소공급원 역할을 하는 물질이 아닌 것은? 2009년 경남

① 질소
② 과염소산
③ 알칼리금속의 과산화물
④ 산소

008 □□□ 다음 중 산소공급원 역할을 하는 위험물의 종류가 아닌 것은? 2014년 중앙

① 제1류 위험물
② 제5류 위험물
③ 제6류 위험물
④ 제2류 위험물

009 □□□

메탄(CH_4)가스 $1m^3$에서 완전연소 시 필요한 산소 몰(mol)수는? 2014년 전북

① 1
② 2
③ 3
④ 4

010 □□□

다음 중 메탄(CH_4)의 완전연소 시 필요한 이론 공기량은 메탄 체적의 몇 배인가? 2017년 중앙

① 약 24배
② 약 31배
③ 약 16.7배
④ 약 9.5배

011 □□□

마그네슘(Mg) 24g을 완전연소하기 위해 필요한 이론 산소량은 얼마인가? [단, 마그네슘(Mg)의 원자량은 24, 산소(O)의 원자량은 16이다] 2018년 통합

① 8
② 16
③ 24
④ 32

012 □□□

다음 중 물질의 연소방정식으로 옳지 않은 것은? 2018년 중앙

① $C + O_2 \rightarrow CO_2$
② $N + O_2 \rightarrow NO$
③ $2NH_3 + 7/2O_2 \rightarrow 3H_2O + 2NO_2$
④ $2HCN + 5/2O_2 \rightarrow H_2O + N_2 + 2CO_2$

013 □□□

열에너지원의 종류에서 화학열로 옳은 것만을 <보기>에서 있는 대로 고른 것은? 2023년 소방간부

<보기>

ㄱ. 분해열
ㄴ. 연소열
ㄷ. 압축열
ㄹ. 산화열

① ㄹ
② ㄱ, ㄴ
③ ㄷ, ㄹ
④ ㄱ, ㄴ, ㄹ
⑤ ㄱ, ㄴ, ㄷ, ㄹ

014 □□□ **다음 전기적 열원 중 도체 주위의 자장에 의해 전위차가 발생될 때 발생하는 열은?** 2008년 충남

① 유도열 ② 유전열
③ 아크열 ④ 정전기열

015 □□□ **다음 중 열원의 종류가 아닌 것은?** 2012년 세종

① 저항열 ② 분해열
③ 압축열 ④ 기화열

016 □□□ **전류의 제곱과 도체 저항 및 전류가 흐르는 시간에 비례하여 열이 발생되는데, 다음 중 전류와 열작용과 관련이 있는 법칙은?** 2005년 경남

① 줄의 법칙 ② 아보가드로의 법칙
③ 보일의 법칙 ④ 샤를의 법칙

017 □□□ **다음 중 연소에 대한 설명으로 옳지 않은 것은?** 2007년 서울

① 열원의 종류는 화학열에너지, 전기열에너지, 기계열에너지, 열적에너지로 크게 분류할 수 있다.
② 정상적인 연소현상이 일어나려면 가연물, 산소공급원, 점화원이 필요하며, 이들을 연소의 3요소라 한다.
③ 가연물질 중에서 활성화 에너지가 큰 물질일수록 위험성이 큰 물질이라 한다.
④ 산소공급원으로서 대표적인 것은 공기이고, 그 외에도 산화제와 자기반응성물질 등이 있다.

018 □□□ **다음 중 LNG의 일반적인 특성이 아닌 것은?** 2009년 강원

① 기체상태의 천연가스는 영하 162℃에서 액화의 냉각점을 가지고 있다.
② 상온에서 비교적 저압에서 액화시킬 수 있다.
③ 기화한 가스는 무색·무취이며, 공기보다 가볍다.
④ LNG는 주성분은 메탄가스이다.

03 연소의 과정과 특성

정답 및 해설 p. 8

001 □□□

가연성의 액체나 고체가 연소하기 위해서는 그 표면에 가연성 혼합물이 형성되기까지의 온도에 달해 있지 않으면 안 된다. 여기에 불꽃 또는 전기 스파크와 같은 점화원과의 접촉으로 유도발화가 일어나는데, 이와 같이 점화원이 존재 시 발화가 일어날 수 있는 그 물질의 최저온도는? 2005년 경남

① 발화점 ② 인화점
③ 비점 ④ 연소점

002 □□□

가연성 액체의 인화점에 대한 설명으로 옳은 것은? 2019년 공채

① 증기가 연소범위의 하한계에 이르러 점화되는 최저온도
② 증기가 발생하기 시작하는 최저온도
③ 물질이 자체의 열만으로 착화하는 최저온도
④ 발생한 화염이 지속적으로 연소하는 최저온도

003 □□□

다음 중 연소점에 관한 설명으로 옳은 것은? 2009년 전북

① 연소속도가 가연성증기 발생속도보다 빠를 때 지속적으로 연소를 일으킬 수 있는 온도
② 액체 가연물의 연소범위의 하한계의 농도를 증발시킬 수 있는 최저온도
③ 가연물에 점화원을 제거한 후에도 지속적인 연소를 일으킬 수 있는 온도
④ 가연물을 가열하였을 때 점화원 없이 가열된 열만 가지고 스스로 발화하는 온도

004 □□□

다음 중 발화점이 낮아지는 조건에 관한 내용으로 옳지 않은 것은? 2006년 울산

① 산소와 친화력이 큰 것
② 발열량이 큰 것
③ 직쇄탄화수소계열의 탄소수가 적은 것
④ 활성화에너지가 적은 것

005 □□□ **연소에 대한 설명으로 옳지 않은 것은?** 2020년 공채

① 액체가연물의 인화점은 액면에서 증발된 증기의 농도가 연소하한계에 도달하여 점화되는 최저온도이다.
② 연소하한계가 낮고 연소범위가 넓을수록 가연성 가스의 연소위험성이 증가한다.
③ 액체가연물의 연소점은 점화된 이후 점화원을 제거하여도 자발적으로 연소가 지속되는 최저온도이다.
④ 파라핀계 탄화수소화합물의 경우 탄소수가 적을수록 발화점이 낮아진다.

006 □□□ **가연물의 발화온도와 발화에너지에 관한 설명으로 옳은 것은?** 2024년 공채

① 점화원에 의해서 가연물이 발화하기 시작하는 최저 온도를 발화점(ignition point)이라고 한다.
② 점화원을 제거해도 자력으로 연소를 지속할 수 있는 최저 온도를 연소점(fire point)이라고 한다.
③ 가연물의 최소발화에너지가 클수록 더 위험하다.
④ 가연물의 연소점은 발화점보다 높다.

007 □□□ **다음 가연물질의 연소과정 중 낮은 온도에서 높은 온도의 순서로 옳은 것은?**
2007년 대구, 2010년 인천, 2013년 중앙

① 인화점 < 발화점 < 연소점
② 연소점 < 발화점 < 인화점
③ 인화점 < 연소점 < 발화점
④ 연소점 < 인화점 < 발화점

008 □□□ **가연성 액체의 연소현상에 관한 설명으로 옳지 않은 것은?** 2023년 공채

① 가연성 액체의 연소와 관련된 온도는 발화점, 연소점, 인화점 순으로 높다.
② 인화점과 발화점이 가까운 액체일수록 재점화가 어렵고 냉각에 의한 소화활동이 용이하다.
③ 인화점과 연소점의 차이는 외부 점화원을 제거했을 경우 화염 전파의 지속성 여부에 따라 구분된다.
④ 연소반응은 열생성률(heat production rate)이 외부로의 열손실률(heat loss rate)보다 큰 조건에서 지속된다.

009 □□□

그림에서 'A'에 대한 설명으로 옳지 않은 것은? 2022년 공채

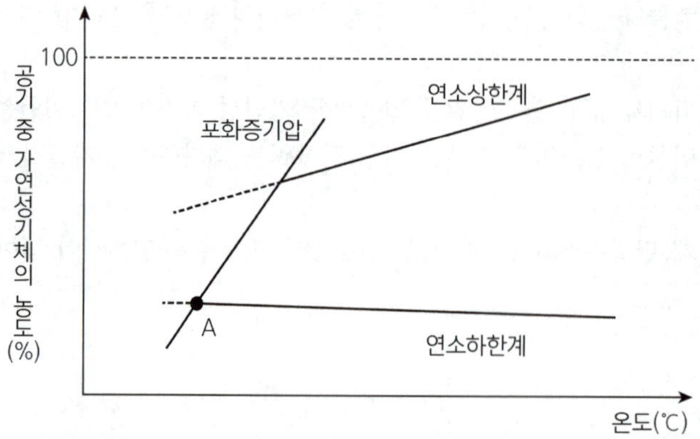

① 외부에너지에 의해 발화하기 시작하는 최저연소온도이다.
② 물질적 조건과 에너지 조건이 만나는 최저연소온도이다.
③ 화학양론비(stoichiometric ratio)에서의 최저연소온도이다.
④ 가연성 혼합기를 형성하는 최저연소온도이다.

010 □□□

가연성 가스가 공기와 혼합하여 기체를 형성하였을 때 연소범위가 가장 넓은 물질은? 2015년 중앙

① 이황화탄소 ② 수소
③ 프로판 ④ 아세틸렌

011 □□□

다음 중 가연물의 연소범위가 옳지 않은 것은? 2013년 중앙

① 메탄(CH_4): 5 ~ 15% ② 에틸에테르($(C_2H_5)_2O$): 3.0 ~ 12.5%
③ 일산화탄소(CO): 12.5 ~ 75% ④ 프로판(C_3H_8): 2.1 ~ 9.5%

012 □□□

다음 가연성 기체 중 연소범위가 가장 넓은 것은? 2013년 경기

① 암모니아 ② 메탄
③ 프로판 ④ 일산화탄소

013 □□□

ㄱ~ㅁ의 물질을 인화점이 낮은 것부터 높은 순으로 옳게 나열한 것은? 2023년 소방간부

ㄱ. 아세톤	ㄴ. 글리세린
ㄷ. 이황화탄소	ㄹ. 메틸알코올
ㅁ. 디에틸에테르	

① ㄱ - ㅁ - ㄷ - ㄴ - ㄹ
② ㄷ - ㄱ - ㅁ - ㄴ - ㄹ
③ ㄷ - ㅁ - ㄱ - ㄹ - ㄴ
④ ㅁ - ㄱ - ㄷ - ㄹ - ㄴ
⑤ ㅁ - ㄷ - ㄱ - ㄹ - ㄴ

014 □□□

다음 주어진 조건 중 가연물의 연소범위가 넓은 순으로 나열한 것으로 옳은 것은? 2009년 부산

프로판, 메탄, 아세틸렌, 시안화수소

① 아세틸렌, 시안화수소, 메탄, 프로판
② 시안화수소, 아세틸렌, 메탄, 프로판
③ 시안화수소, 프로판, 메탄, 아세틸렌
④ 아세틸렌, 시안화수소, 프로판, 메탄

015 □□□

다음 조건에 따라 계산한 혼합기체의 연소하한계는? 2022년 소방간부

- 르샤틀리에 공식을 이용한다.
- 혼합기체의 부피비율은 A기체 60%, B기체 30%, C기체 10%이다.
- 연소하한계는 A기체 3.0%, B기체 1.5%, C기체 1.0%이다.

① 1.0%
② 1.5%
③ 2.0%
④ 2.5%
⑤ 3.0%

016 □□□

에테인(C_2H_6)이 완전연소한다고 가정했을 때 존스(Jones)식에 따라 산출된 연소하한계(LFL)는? (단, 계산 결과는 소수점 둘째 자리에서 반올림한다.) 2025년 공채

① 1.7 ② 2.2
③ 3.1 ④ 5.2

017 □□□

연소범위에 대한 설명으로 옳지 않은 것은? 2020년 소방간부

① 산소농도가 높아지면 연소범위가 넓어진다.
② 불활성 가스의 농도가 높아지면 연소범위가 좁아진다.
③ 가연성 가스의 온도가 높아지면 연소범위는 넓어진다.
④ 가연성 가스의 압력이 높아지면 연소범위는 좁아진다.
⑤ 일산화탄소(CO)는 압력이 높아지면 연소범위가 좁아진다.

018 □□□

다음 중 연소범위(폭발범위)에 관한 설명으로 옳지 않은 것은? 2008년 경남, 2009년 강원

① 산소가 유입되면 연소하한계가 증가하고 연소상한계는 거의 변화가 없다.
② 아세틸렌의 폭발범위가 일반 가연성 기체 중 가장 넓다.
③ 폭발하한계는 낮을수록, 폭발상한계는 높을수록 폭발범위가 넓어져서 위험하다.
④ 압력이 높아지면 연소하한계는 변하지 않으나 연소상한계는 크게 변한다.

019 □□□

연소범위에 관한 설명으로 옳은 것만을 <보기>에서 있는 대로 고른 것은? 2022년 소방간부

<보기>
ㄱ. 연소범위는 물질이 연소하기 위한 물적 조건과 관련이 크다.
ㄴ. 온도가 높아지면 연소범위는 넓어진다.
ㄷ. 일산화탄소는 압력이 증가하면 연소범위가 넓어진다.
ㄹ. 불활성기체가 첨가되면 연소범위가 좁아진다.

① ㄱ, ㄹ ② ㄱ, ㄴ, ㄷ
③ ㄱ, ㄴ, ㄹ ④ ㄴ, ㄷ, ㄹ
⑤ ㄱ, ㄴ, ㄷ, ㄹ

020 □□□ 위험도(H) 값이 옳은 것만을 <보기>에서 모두 고른 것은? (단, 계산 결과는 소수점 둘째 자리에서 반올림한다.)

2025년 공채

<보기>

ㄱ. 수소(H_2): 17.8
ㄴ. 프로페인(C_3H_8): 3.5
ㄷ. 일산화탄소(CO): 4.9
ㄹ. 아세틸렌(C_2H_2): 31.4

① ㄱ, ㄹ
② ㄴ, ㄷ
③ ㄱ, ㄷ, ㄹ
④ ㄱ, ㄴ, ㄷ, ㄹ

021 □□□ 다음의 가연성 가스(A, B, C) 중 위험도가 낮은 것에서 높은 순서로 옳게 나열한 것은?

2024년 공채

A: 연소하한계 = 2vol%, 연소상한계 = 22vol%
B: 연소하한계 = 4vol%, 연소상한계 = 75vol%
C: 연소하한계 = 1vol%, 연소상한계 = 44vol%

① A, B, C
② A, C, B
③ B, A, C
④ C, B, A

022 □□□ 가연성 가스 중 위험도가 가장 큰 물질은? (단, 연소범위는 메탄 5 ~ 15%, 에탄 3 ~ 12.4%, 프로판 2.1 ~ 9.5%, 부탄 1.8 ~ 8.4%이다)

2020년 공채

① 메탄
② 에탄
③ 프로판
④ 부탄

023 □□□ 다음 <보기>에서 공기 중 연소범위가 가장 넓은 것(㉠)과 위험도가 가장 낮은 것(㉡)을 순서대로 나열한 것은?

2022년 소방간부

<보기>

수소, 아세틸렌, 메탄, 프로판

	㉠	㉡
①	수소	메탄
②	수소	아세틸렌
③	아세틸렌	메탄
④	아세틸렌	프로판
⑤	아세틸렌	아세틸렌

024 □□□ **다음 중 연소범위와 인화점에 관한 내용으로 옳지 않은 것은?** 2009년 충남

① 연소하한계는 각 물질의 인화점에 해당한다.
② 온도가 높아지면 연소범위가 넓어진다.
③ 연소범위는 그 범위가 넓을수록 위험하다.
④ 휘발성 성분이 첨가되면 연소범위가 좁아져서 위험하다.

025 □□□ **가연성 가스를 공기 중에서 연소시키고자 할 때 공기 중의 산소농도가 증가하면 발생되는 현상으로 옳은 것만을 모두 고른 것은?** 2019년 공채

ㄱ. 연소속도가 빨라진다.	ㄴ. 발화점이 높아진다.
ㄷ. 화염의 온도가 높아진다.	ㄹ. 폭발범위가 좁아진다.
ㅁ. 점화에너지가 작아진다.	

① ㄱ, ㄴ, ㄹ
② ㄱ, ㄷ, ㄹ
③ ㄱ, ㄷ, ㅁ
④ ㄴ, ㄷ, ㅁ

026 □□□ **가연성(인화성) 액체의 위험의 정도는 일반적으로 무엇을 기준으로 하는가?** 2013년 전북

① 인화점
② 연소범위
③ 연소속도
④ 연소점

027 □□□ **가연성 물질의 화재 위험성에 대한 설명으로 옳은 것은?** 2022년 공채

① 비열, 연소열, 비점이 작거나 낮을수록 위험하다.
② 증발열, 연소열, 연소속도가 크거나 빠를수록 위험하다.
③ 표면장력, 인화점, 발화점이 작거나 낮을수록 위험하다.
④ 비중, 압력, 융점이 크거나 높을수록 위험하다.

028 □□□ **최소 발화에너지(MIE)에 영향을 주는 요인에 관한 설명과 관련이 없는 것은?** 2017년 중앙

① 온도가 높으면 분자 간 운동이 활발해지므로 최소 발화에너지(MIE)는 감소한다.
② 압력이 높으면 분자 간 거리가 가까워지므로 최소 발화에너지(MIE)는 감소한다.
③ 화학양론적조성 부근에서 최소 발화에너지(MIE)는 감소한다.
④ 열전도율이 높거나 연소범위 내 농도가 감소하면 최소 발화에너지(MIE)는 감소한다.

029 □□□ **가연성 혼합기의 최소발화(점화)에너지(MIE, Minimum Ignition Energy)에 영향을 주는 요인에 관한 설명으로 옳지 않은 것은?** 2023년 공채

① 온도가 상승하면 최소발화에너지는 작아진다.
② 압력이 상승하면 최소발화에너지는 작아진다.
③ 열전도율이 낮아지면 최소발화에너지는 커진다.
④ 화학양론비 부근에서 최소발화에너지는 최저가 된다.

030 □□□ **발화점 및 최소발화에너지(MIE, Minimum Ignition Energy)에 관한 설명으로 옳지 않은 것은?** 2024년 소방간부

① 발화점은 발화 지연시간, 압력, 산소농도, 촉매물질 등의 영향을 받는다.
② 파라핀계 탄화수소는 분자량이 클수록 발화온도가 높아진다.
③ 최소발화에너지는 가연성 혼합기를 발화시키는데 필요한 최저에너지를 말한다.
④ 압력이 상승하면 최소발화에너지는 작아진다.
⑤ 발화점이 낮을수록 발화의 위험성은 커진다.

031 □□□ **다음 중 가연물질이 연소 시 연소속도에 관한 설명으로 옳은 것은?** 2009년 제주

① 온도가 증가하면 연소속도는 감소한다.
② 연소속도는 압력이 높을수록 감소한다.
③ 불연성 물질의 농도가 증가하면 연소속도가 저하된다.
④ 연소 시 화염이 미연소 혼합가스에 대하여 수평으로 이동하는 속도이다.

032 □□□

연소속도에 영향을 미치는 요인을 모두 고른 것은? 2021년 공채

ㄱ. 가연성 물질의 종류	ㄴ. 촉매의 존재 유무와 농도
ㄷ. 공기 중 산소량	ㄹ. 가연성 물질과 산화제의 당량비

① ㄱ, ㄴ
② ㄱ, ㄴ, ㄷ
③ ㄴ, ㄷ, ㄹ
④ ㄱ, ㄴ, ㄷ, ㄹ

033 □□□

부탄(Butane)이 완전 연소할 때의 연소반응식이다. a+b+c의 값은? 2021년 소방간부

$$2C_4H_{10} + (a)O_2 = (b)CO_2 + (c)H_2O$$

① 10
② 17
③ 24
④ 31
⑤ 36

034 □□□

20℃, 1기압의 프로판(C_3H_8) 1m^3를 완전연소시키는 데 필요한 20℃, 1기압의 산소부피는 얼마인가? 2019년 공채

① 1m^3
② 3m^3
③ 5m^3
④ 7m^3

035 □□□

1기압, 20℃인 조건에서 메탄(CH_4) 2m^3가 완전 연소하는 데 필요한 산소 부피는 몇 m^3인가? 2021년 공채

① 2
② 3
③ 4
④ 5

036 □□□

표준상태에서 메테인(CH_4) 2 mole이 완전연소할 때 필요한 산소의 부피[L]는? 2025년 공채

① 11.2
② 22.4
③ 44.8
④ 89.6

037 □□□

프로판 가스 1몰(mol)이 완전연소 시에 필요한 최소 산소농도(MOC)는 약 몇 V%인가? 2009년 충남

① 10.5%
② 4.5%
③ 46.5%
④ 12.5%

038 □□□

최소산소농도(MOC; Minimum Oxygen Concentration)에 대한 설명으로 옳지 않은 것은? 2021년 공채

① 연소상한계에 의해 최소산소농도가 결정된다.
② 연소할 때 화염이 전파되는 데 필요한 임계산소농도를 말한다.
③ 완전연소반응식의 산소 몰수에 의해 최소산소농도가 결정된다.
④ 프로판(C_3H_8) 1몰(mol)이 완전연소하는 데 필요한 최소산소농도는 10.5%이다.

039 □□□

메틸알코올(CH_3OH)의 최소산소농도(MOC; Minimum Oxygen Concentration, %)로 옳은 것은? (단, CH_3OH의 연소상한계는 37%, 연소범위의 상·하한 폭은 30%이다) 2022년 공채

① 5.0
② 8.5
③ 10.5
④ 14.0

040 □□□

에틸알코올(C_2H_5OH)의 최소산소농도(MOC)? (단, 에틸알코올의 연소범위는 4.3~19Vol%이며, 완전 연소 생성물은 CO_2와 H_2O이다) 2023년 소방간부

① 8.6
② 10.8
③ 12.9
④ 15.1
⑤ 17.2

04 연소의 형태

정답 및 해설 p. 15

001 □□□ **불꽃연소(유염성, 표면화재)의 특성에 관한 설명 중 옳지 않은 것은?** 2010년 충북

① 표면연소에 비해 시간당 방출열량이 많다.
② 순조로운 연쇄반응이 일어나지 않는다.
③ 연쇄반응의 억제에 의한 소화대책이 적당하다.
④ 표면연소에 비해 연소속도가 빠르다.

002 □□□ **연소버너 주변에 가연성 가스를 확산시켜 산소와 접촉, 연소범위의 혼합가스를 생성하여 연소하는 현상으로 가연성 기체의 일반적인 연소형태는?** 2010년 부산

① 표면연소 ② 자기연소
③ 분해연소 ④ 확산연소

003 □□□ **다음 중 가연성 액체와 관련이 있는 연소형태는?** 2005년 경기

① 불꽃, 작열, 확산연소를 한다.
② 비중이 큰 액체일수록 증발하기 쉽다.
③ 증발방법 중 액면, 분무, 등심연소가 있다.
④ 분해, 표면, 증발, 자기연소를 한다.

004 □□□ **다음 중 연소의 형태 중 옳지 않은 것은?** 2006년 대구

① 표면연소는 목재·석탄·고무류 등과 같은 고체 가연물을 가열하면 열분해에 의하여 발생된 가연성 가스가 공기와 혼합되어 연소하는 형태에 해당된다.
② 증발연소는 휘발유, 아세톤, 등유, 경유와 같은 가연성 액체의 연소형태에 해당된다.
③ 분해연소는 석유류 중 중유, 벙커C유, 타르와 같은 가연성 액체의 연소형태에 해당된다.
④ 자기연소는 고체가연물이 연소형태에 해당된다.

005 □□□ **다음 중 분해연소에 관한 설명으로 옳은 것은?** 2005년 전남

① 분자 내 산소를 갖고 있어 외부 산소공급 없이 자기연소형태를 갖는 현상
② 휘발성이 없는 고체가연물이 표면에서 공기와 접촉하여 연소하는 현상
③ 비가연성 분해생성물이 가열 후 분해·생성되는 것
④ 열분해에 의해 발생된 가스와 공기가 혼합하여 연소하는 현상

006 □□□ **연소에 관한 설명으로 옳은 것은?** 2024년 공채

① 작열연소: 화염이 없는 표면연소이다.
② 분해연소: 황이나 나프탈렌이 열분해되면서 일어나는 연소이다.
③ 증발연소: 액체에서만 발생하는 연소형태로서 액면에서 비등하는 기체에서 발생한다.
④ 자기연소: 제3류 위험물과 같이 물질 자체 내의 산소를 소모하는 연소로서 연소속도가 빠르다.

007 □□□ **다음 중 표면연소에 해당하는 것을 옳게 고른 것은?** 2018년 통합

ㄱ. 숯	ㄴ. 목탄
ㄷ. 코크스	ㄹ. 플라스틱

① ㄱ, ㄴ, ㄷ ② ㄱ, ㄴ, ㄹ
③ ㄱ, ㄷ, ㄹ ④ ㄴ, ㄷ, ㄹ

008 □□□ **상온에서 고체 상태로 존재하는 가연물의 연소형태에 해당하는 것만을 <보기>에서 고른 것은?** 2024년 소방간부

<보기>

ㄱ. 표면연소	ㄴ. 분무연소
ㄷ. 폭발연소	ㄹ. 자기연소
ㅁ. 예혼합연소	

① ㄱ, ㄴ ② ㄱ, ㄹ
③ ㄴ, ㄷ ④ ㄴ, ㄹ
⑤ ㄹ, ㅁ

009 □□□ **고체 가연물의 연소 중 연소형태가 다른 것은?** 2024년 소방간부

① 목재
② 종이
③ 석탄
④ 파라핀
⑤ 합성수지

010 □□□ **가연성 고체의 초기화재 시 불꽃을 발생하지 않고 분해생성물만 발생하는 연소 현상은?** 2014년 중앙

① 자기연소
② 분해연소
③ 훈소연소
④ 표면연소

011 □□□ **고체 가연물인 피크르산(Picric Acid)의 연소 형태로 옳은 것은?** 2025년 공채

① 훈소
② 자기연소
③ 표면연소
④ 증발연소

012 □□□ **가연성 물질의 연소 형태로 옳은 것은?** 2020년 소방간부

ㄱ. 분해연소: 목재, 종이
ㄴ. 확산연소: 나프탈렌, 황
ㄷ. 표면연소: 코크스, 금속분
ㄹ. 증발연소: 가솔린엔진, 분젠버너
ㅁ. 자기연소: 질산에스터류, 나이트로화합물류

① ㄱ, ㄴ, ㄹ
② ㄱ, ㄷ, ㄹ
③ ㄱ, ㄷ, ㅁ
④ ㄴ, ㄹ, ㅁ
⑤ ㄷ, ㄹ, ㅁ

013 □□□

다음 가연물의 연소형태에 관한 설명 중 옳은 것만을 고른 것은? 2007년 광주

ㄱ. 확산연소: 일반 석유난로의 액체 연료를 미립화하여 연소하는 형태
ㄴ. 액적연소: 휘발성이 적은 액체가연물이 열분해에 발생된 가스와 공기가 혼합하여 연소하는 형태
ㄷ. 표면연소: 가연성 고체의 분해생성물이 공기와 혼합기체를 만들어 연소하는 형태
ㄹ. 자기연소: 분자 내에 산소를 가지고 있어 외부의 산소공급 없이 연소하는 형태
ㅁ. 증발연소: 고체 가연물이 열분해를 일으키지 않고 증발하여 증기가 연소되거나 먼저 융해된 액체가 기화하여 증기가 된 다음 연소하는 형태

① ㄱ, ㄴ
② ㄴ, ㄷ
③ ㄷ, ㄹ
④ ㄹ, ㅁ

014 □□□

다음 중 가연성 물질의 연소현상에 대한 설명으로 옳은 것은? 2010년 강원

① 가연성 액체와 기체의 공통적 연소형태는 분해연소와 증발연소가 해당된다.
② 확산연소는 가연성 기체가 미리 산소와 혼합한 상태로 연소하는 현상이다.
③ 표면연소는 발염을 동반하지 않고 무염연소에 해당한다.
④ 예혼합연소는 산소의 공급을 가스의 확산에 의하여 주위의 공기와 혼합하는 연소이다.

015 □□□

기체연소와 액체연소에 관한 설명으로 옳은 것만을 <보기>에서 고른 것은? 2025년 소방간부

<보기>
ㄱ. 분해연소하는 물질로는 아세톤, 휘발유, 알코올류 등이 있다.
ㄴ. 확산연소는 예혼합연소에 비해 연소속도가 빠르다.
ㄷ. 확산연소는 예혼합연소에 비해 화염온도가 낮다.
ㄹ. 예혼합연소는 역화(back fire)가 발생할 우려가 있다.

① ㄱ, ㄴ
② ㄱ, ㄷ
③ ㄴ, ㄷ
④ ㄴ, ㄹ
⑤ ㄷ, ㄹ

016 □□□

연소 시 발생하는 이상 현상으로, 연료가 연소될 때 연료의 분출속도가 연소속도보다 느려 불꽃이 염공(焰孔) 속으로 빨려 들어가 혼합관 속에서 연소하는 현상으로 옳은 것은? 2025년 소방간부

① 불완전 연소(incomplete combustion)
② 선화(lifting)
③ 블로우 오프(blow off)
④ 황염(yellow tip)
⑤ 역화(back fire)

017 ☐☐☐ **다음 중 역화(Back fire)의 원인으로 옳지 않은 것은?** 2018년 중앙

① 연소속도보다 가스분출속도가 클 때
② 혼합가스의 압력이 비정상적으로 낮을 때
③ 버너가 과열되었을 때
④ 노즐의 부식 등으로 분출구멍이 커졌을 때

018 ☐☐☐ **다음 중 연소 시 이상 현상인 리프팅에 관한 설명으로 옳은 것은?** 2006년 대구, 2008년 부산

① 가스분출속도보다 연소속도가 적을 때 불꽃이 내부로 전파되는 현상
② 가스분출속도보다 연소속도가 클 때 불꽃이 내부로 전파되는 현상
③ 가연성 가스의 분출속도가 연소속도보다 적을 때 노즐에서 떨어져 연소하는 현상
④ 가연성 가스의 분출속도가 연소속도보다 클 때 노즐에서 떨어져 연소하는 현상

019 ☐☐☐ **연료가스의 분출속도가 연소속도보다 클 때, 불꽃이 노즐에서 떨어진 후 꺼져버리는 현상은?** 2017년 중앙

① 블로우 오프(Blow off)
② 선화(Lifting)
③ 역화(Back fire)
④ 불완전연소

020 ☐☐☐ **가스 연소 시 발생하는 이상현상에 대한 설명으로 옳지 않은 것은?** 2020년 소방간부

① 불완전연소란 공기의 공급량이 부족할 때 일산화탄소, 그을음 등이 발생하는 현상이다.
② 연소소음이란 가연성 혼합가스의 연소속도나 분출속도가 대단히 클 때 연소음 및 폭발음 등이 발생하는 현상이다.
③ 선화란 연료가스의 분출속도가 연소속도보다 빠를 때 불꽃이 노즐에 정착되지 않고 떨어져서 연소하는 현상이다.
④ 역화란 기체 연료를 연소시킬 때 혼합가스의 압력이 비정상적으로 높거나 혼합가스의 양이 너무 많을 때 발생되는 이상 연소현상이다.
⑤ 블로우오프란 선화상태에서 연료가스의 분출속도가 증가하거나 공기의 유동이 강하여 불꽃이 노즐에서 정착되지 않고 떨어져서 꺼져버리는 현상이다.

021 □□□ **불완전연소에 관한 설명으로 옳지 않은 것은?** 2024년 공채

① 산소 과잉 상태에서 발생한다.
② 불꽃이 저온 물체와 접촉하여 온도가 내려갈 때 발생한다.
③ 일산화탄소, 그을음과 같은 연소생성물이 발생한다.
④ 연소실 내 배기가스의 배출이 불량할 때 발생한다.

022 □□□ **기체상 연료노즐에서의 연소에 대한 일반적인 설명으로 옳은 것을 있는 대로 모두 고른 것은?** 2022년 공채

ㄱ. 역화는 연료의 연소속도가 분출속도보다 빠를 때 불꽃이 연료노즐 속으로 빨려 들어가 연료노즐 속에서 연소하는 현상이다.
ㄴ. 선화는 불꽃이 연료노즐 위에 들뜨는 현상으로 연료노즐에서 연료기체의 연소속도가 분출속도보다 느릴 때 발생하는 현상이다.
ㄷ. 황염은 분출하는 기체연료와 공기의 화학양론비에서 공기량이 적을 때 발생한다.
ㄹ. 연료노즐에서 흐름이 난류(turbulent)인 경우, 확산연소에서 화염의 높이는 분출 속도에 비례한다.

① ㄱ, ㄴ
② ㄷ, ㄹ
③ ㄱ, ㄴ, ㄷ
④ ㄱ, ㄴ, ㄷ, ㄹ

023 □□□ **다음 중 온도가 낮은 색상에서 높은 색상 순으로 배열된 것은?** 2006년 충북

① 휘적색 → 암적색 → 휘백색 → 백적색
② 암적색 → 휘적색 → 백적색 → 휘백색
③ 휘적색 → 암적색 → 백적색 → 휘백색
④ 암적색 → 백적색 → 휘적색 → 휘백색

05 자연발화

정답 및 해설 p. 19

001 □□□
물질이 서서히 산화되고 발열하여 발생된 열이 비교적 적게 발산하는 상태에서 물질 자체의 온도가 상승하고 발화온도에 도달하여 스스로 연소하는 현상은? 2005년 경남

① 유도발화
② 연소점
③ 인화점
④ 자연발화

002 □□□
다음 중 자연발화의 발생 조건과 관련이 먼 것은? 2018년 통합

① 발열량이 커야 한다.
② 적당한 수분으로 반응속도를 증가시켜야 한다.
③ 산소와의 접촉표면적이 커야 한다.
④ 집적되어 있거나 덩어리 상태가 용이하여 열전도율이 낮다.

003 □□□
다음 중 자연발화가 일어날 수 있는 조건으로 옳은 것은? 2006년 전북, 2007년 경남·서울, 2010년 충남

① 열축적이 쉬운 상태로 적재 시 자연발화가 용이하다.
② 고온·다습하며, 비교적 공기와의 접촉 면적이 작아야 자연발화가 용이하다.
③ 주위온도 및 발열량이 작아야 자연발화가 용이하다.
④ 공기유통이 잘 되어야 하고 열전도율이 커야 자연발화가 용이하다.

004 □□□
다음 중 자연발화를 방지하기 위한 방법이 아닌 것은?
2005년 전남·경기, 2006년 대전, 2008년 서울·대전, 2009년 광주

① 공기 통풍이 잘 안되는 곳에 저장한다.
② 퇴적수납 시 열축적이 용이하지 않도록 한다.
③ 저장실의 상대습도를 낮게 유지한다.
④ 저장실의 온도를 낮게 유지한다.

005 □□□

다음 중 자연발화 방지책에 해당하지 않는 것은? 2011년 서울, 2013년 광주

① 습도가 높은 곳에 저장하여야 한다.
② 발열반응에 정촉매작용을 하는 물질을 피한다.
③ 열이 있는 실내의 공기유동이 잘되게 하여 열을 분산시킨다.
④ 저장실의 온도를 낮게 유지한다.

006 □□□

다음 중 자연발화의 종류가 아닌 것은? 2017년 중앙

① 흡착열
② 산화열
③ 용해열
④ 중합열

007 □□□

자연발화에 관한 설명 중 옳지 않은 것은? 2009년 충북

① 기름걸레, 석탄 등은 산화열에 의한 자연발화가 가능하다.
② 액화시안화수소, 산화에틸렌 등은 중합열에 의한 자연발화가 가능하다.
③ 비료, 곡물 등은 미생물열에 의한 자연발화가 가능하다.
④ 셀룰로이드류, 건성유 등은 분해열로 인하여 자연발화한다.

008 □□□

자연발화에 관한 설명으로 옳지 않은 것은? 2025년 소방간부

① 자연발화는 가연물의 열전도율이 낮을수록 발생하기 쉽다.
② 저장공간의 온도가 높으면 자연발화가 촉진될 수 있다.
③ 황린의 자연발화를 방지하기 위해서는 물 속에 저장해야 한다.
④ 유지류의 경우 아이오딘값(Iodine value)이 작을수록 자연발화하기 쉽다.
⑤ 자연발화를 방지하기 위해서는 저장공간의 공기 순환이 잘되게 해야 한다.

06 폭발

정답 및 해설 p. 20

001 □□□

다음 중 폭발에 관한 설명으로 옳지 않은 것은? 2006년 경기, 2008년 충남, 2009년 경북

① 급격한 압력상승에 의해 발생한다.
② 물리적 폭발과 화학적 폭발로 구분할 수 있다.
③ 모든 폭발은 화염을 동반한다.
④ 물질의 급격한 상태변화에 의해 발생할 수 있다.

002 □□□

폭굉(detonation)에 관한 설명으로 옳지 않은 것은? 2024년 소방간부

① 폭굉은 급격한 압력의 상승 또는 개방에 의해 가스가 격한 음을 내면서 팽창하는 현상이고, 화염의 전파속도는 약 0.1 ~ 10m/s이다.
② 압력이 높을수록 폭굉으로의 전이가 쉬운 조건이 된다.
③ 최초의 완만한 연소에서 격렬한 폭굉으로 발전하는 데 필요한 거리를 폭굉유도거리라 한다.
④ 폭굉유도거리가 짧아질수록 위험도는 커진다.
⑤ 관경이 가늘수록 폭굉유도거리는 짧아진다.

003 □□□

다음 중 폭굉과 폭연의 차이를 나누는 기준은? 2012년 세종

① 에너지 전달량
② 발생된 화염의 온도
③ 압력의 상승량
④ 화염의 전파속도

004 □□□

다음은 폭연에서 폭굉으로 전이되는 과정이다. (   ) 안에 들어갈 단어로 옳은 것은? 2024년 공채

착화 → (ㄱ) → (ㄴ) → (ㄷ) → 폭굉파

	ㄱ	ㄴ	ㄷ
①	화염전파	압축파	충격파
②	화염전파	충격파	압축파
③	압축파	화염전파	충격파
④	압축파	충격파	화염전파

005 □□□ 폭연과 폭굉의 설명 중 옳은 것은? 2012년 중앙

① 폭연은 음속보다 빠르고 폭굉은 음속보다 느리다.
② 폭연의 온도상승은 충격파의 압력에 기인한다.
③ 폭굉은 화염면의 전파가 분자량이나 공기 등의 난류 확산에 영향을 받으며, 폭연은 화염면에서 온도, 압력, 밀도가 불연속적으로 나타난다.
④ 폭연은 에너지 방출속도가 물질 전달속도에 기인하며, 폭굉은 에너지 방출속도가 물질 전달속도에 기인하지 않고 아주 짧다.

006 □□□ 폭연(Deflagration)에 관한 설명으로 옳지 않은 것은? 2023년 소방간부

① 충격파를 형성하지 않는다.
② 에너지 방출속도가 물질전달속도에 영향받지 않고 매우 빠르다.
③ 화염의 전파속도가 음속보다 느린 것을 말하며, 그 화염의 전파속도는 0.1~10m/sec 정도이다.
④ 반응 또는 화염면의 전파가 분자량이나 공기 등의 난류확산에 영향을 받는다.
⑤ 화염면에서 상대적으로 완만한 에너지 변화에 의해서 온도, 압력, 밀도 변화가 연속적으로 나타난다.

007 □□□ 다음 중 폭발에 관한 내용으로 옳지 않은 것은? 2010년 대구

① 폭발은 연속적인 연쇄반응을 일으키는 것을 말한다.
② 밀폐공간에서 물리적 변화 및 화학적 변화의 결과로 발생한 급격한 압력상승이다.
③ 가스폭발조건은 농도조건, 에너지조건과 함께 밀폐된 공간에서 일반적으로 이루어진다.
④ 폭발은 공정별의 분류에서 핵폭발, 화학적 폭발, 물리적 폭발, 물리적 폭발과 화학적 폭발의 병립에 의한 폭발로 분류한다.

008 □□□ 폭연(deflagration)과 폭굉(detonation)에 관한 설명으로 옳은 것은? 2023년 공채

① 예혼합가스의 초기압력이 높을수록 폭굉 유도거리가 길어진다.
② 화염전파속도는 폭연의 경우 음속보다 느리며, 폭굉의 경우 음속보다 빠르다.
③ 폭연은 폭굉으로 전이될 수 없으나 폭굉은 폭연으로 전이될 수 있다.
④ 폭연은 화염면에서 온도, 압력, 밀도의 변화가 불연속적으로 나타난다.

009 □□□ **다음 중 폭발의 분류가 다른 하나는?** 2008년 대구

① 중합폭발, 가스(LPG)폭발
② 증기폭발, 전선폭발
③ 분해폭발, 산화폭발
④ 분무폭발, 증기운폭발

010 □□□ **다음 중 화학적 폭발을 <보기>에서 있는 대로 고른 것은?** 2021년 소방간부

<보기>	
ㄱ. 중합폭발	ㄴ. 수증기폭발
ㄷ. 산화폭발	ㄹ. 분해폭발

① ㄱ, ㄷ
② ㄷ, ㄹ
③ ㄱ, ㄴ, ㄹ
④ ㄱ, ㄷ, ㄹ
⑤ ㄴ, ㄷ, ㄹ

011 □□□ **다음 중 폭발의 종류로서 옳지 않은 것은?** 2013년 경기

① 중합폭발: 염화비닐, 시안화수소
② 분해폭발: 아세틸렌, 에틸렌
③ 산화폭발: 산화에틸렌, 하이드라진유도체
④ 분진폭발: 금속분, 밀가루

012 □□□ **폭발에 대한 일반적인 설명으로 옳은 것은?** 2022년 공채

① 아세틸렌과 산화에틸렌은 분해폭발을 일으키기 쉬운 물질이다.
② 상온에서 탱크에 저장된 중유가 유출되면 자유공간 증기운폭발이 일어난다.
③ 밀폐공간에서 조연성 가스가 폭발범위를 형성하면 점화원에 의해 가스폭발이 일어난다.
④ 다량의 고온물질이 물속에 투입되었을 때 물의 갑작스러운 상 변화에 의한 폭발현상을 반응폭주라 한다.

013 □□□ 응상폭발에 해당하는 것만을 <보기>에서 고른 것은? 2023년 소방간부

<보기>

ㄱ. 증기폭발
ㄴ. 분진폭발
ㄷ. 분해폭발
ㄹ. 전선폭발
ㅁ. 분무폭발

① ㄱ, ㄴ
② ㄱ, ㄹ
③ ㄴ, ㄷ
④ ㄴ, ㄹ
⑤ ㄹ, ㅁ

014 □□□ 물질의 상 변화에 의해 에너지 방출이 짧은 시간에 이루어지는 폭발에 해당하지 않는 것은? 2020년 소방간부

① 분해폭발
② 압력폭발
③ 증기폭발
④ 금속선폭발
⑤ 고체상 전이폭발

015 □□□ 기상폭발에 해당하는 현상으로 옳은 것은? 2020년 소방간부

ㄱ. 고체인 무정형 안티몬이 동일한 고상의 안티몬으로 전이할 때 발열함으로써 주위의 공기가 팽창하여 폭발한다.
ㄴ. 가연성 가스와 조연성 가스가 일정 비율로 혼합된 가연성 혼합기는 발화원에 의해 착화되면 가스폭발을 일으킨다.
ㄷ. 기체 분자가 분해할 때 발열하는 가스는 단일 성분의 가스라고 해도 발화원에 의해 착화되면 혼합가스와 같이 가스폭발을 일으킨다.
ㄹ. 공기 중에 분출된 가연성 액체가 미세한 액적이 되어 무상으로 공기 중에 부유하고 있을 때 착화에너지가 주어지면 폭발이 발생한다.
ㅁ. 보일러와 같이 고압의 포화수를 저장하고 있는 용기가 파손 등의 원인으로 동체의 일부분이 열리면 용기 내압이 급속히 하락되어 일부 액체가 급속히 기화하면서 증기압이 급상승하여 용기가 파괴된다.

① ㄱ, ㄴ, ㄷ
② ㄱ, ㄴ, ㄹ
③ ㄴ, ㄷ, ㄹ
④ ㄴ, ㄷ, ㅁ
⑤ ㄷ, ㄹ, ㅁ

016 □□□

폭발에 대한 설명으로 옳지 않은 것은? 2020년 공채

① 증기폭발은 폭발물질의 물리적 상태에 따른 분류 중 기상폭발에 해당한다.
② 폭굉은 연소반응으로 발생한 화염의 전파 속도가 음속보다 빠른 것을 말한다.
③ 블레비(BLEVE)는 액화가스저장탱크 등에서 외부열원에 의해 과열되어 급격한 압력 상승의 원인으로 파열되는 현상이며, 폭발의 분류 중 물리적 폭발에 해당한다.
④ 폭발은 물리적, 화학적 변화의 결과로 발생된 급격한 압력 상승에 의한 에너지가 외계로 전환되는 과정에서 파열, 폭음 등을 동반하는 현상을 말한다.

017 □□□

다음 중 폭연에서 폭굉으로 발전할 수 있는 폭굉유도거리가 짧아지는 조건으로 옳지 않은 것은? 2018년 중앙

① 관의 내경이 클수록
② 압력이 높을수록
③ 연소속도가 큰 가스일수록
④ 관내가 좁아지거나 관내 표면이 거칠어진 경우

018 □□□

화염일주한계에서 말하는 틈을 '안전간격'이라 하며, 안전간격에 따라 폭발등급을 분류한다. 다음 중 폭발등급이 1등급에 해당하는 물질은? 2016년 충남

① 아세틸렌 ② 수소
③ 이황화탄소 ④ 일산화탄소

019 □□□

폭발에 대한 설명으로 옳지 않은 것은? 2021년 공채

① 폭연은 폭굉보다 폭발압력이 낮다.
② 분해폭발은 산소에 관계없이 단독으로 발열·분해반응을 하는 물질에서 발생한다.
③ 물리적 폭발은 물질의 상태(기체, 액체, 고체)가 변하거나 온도, 압력 등 조건의 변화에 따라 발생한다.
④ 중합폭발은 가연성 액체의 무적(霧滴, mist)이 일정 농도 이상으로 조연성 가스 중에 분산되어 있을 때 착화하여 발생한다.

020 다음 설명에 해당하는 것은? 2018년 통합

가연성 고체의 미분이 공기 중에 부유하고 있을 때에 어떤 점화원에 의해 에너지가 주어지면 폭발하는 현상을 말한다.

① 가스폭발 ② 분무폭발
③ 분해폭발 ④ 분진폭발

021 다음 중 분진폭발에 관한 설명으로 옳지 않은 것은? 2010년 경북

① 금속가루도 가연성분진에 해당한다.
② 분진폭발은 가스폭발에 비해 일산화탄소의 발생이 더 많다.
③ 분진폭발은 가스폭발에 비해 최소발화에너지, 발생에너지가 크다.
④ 분진폭발은 가스폭발에 비해 연소속도는 느리지만 폭발압력은 크다.

022 분진폭발에 영향을 미치는 인자에 관한 내용 중 옳지 않은 것은? 2009년 제주

① 평균입자가 작고 밀도가 작을수록 폭발이 용이하다.
② 휘발성분이 많을수록 폭발이 용이하다.
③ 분말의 형상이 둥글수록 폭발이 용이하다.
④ 분진의 부유성이 클수록 폭발이 용이하다.

023 □□□ **분진의 폭발에 영향을 미치는 요인에 관한 내용 중 옳지 않은 것은?** 2012년 중앙

① 분진의 입자표면적이 입자체적에 비하여 작아지면 폭발이 용이하다.
② 평균 입자직경이 작고 밀도가 작을수록 폭발이 용이하다.
③ 분진 속에 존재하는 수분은 분진의 부유성을 억제한다.
④ 분진의 발열량이 클수록 폭발성이 크며, 휘발성분이 많을수록 폭발이 용이하다.

024 □□□ **분진폭발에 영향을 미치는 인자에 관한 설명으로 옳지 않은 것은?** 2023년 공채

① 분진의 발열량이 클수록 폭발하기 쉽다.
② 분진의 부유성이 클수록 폭발이 용이해진다.
③ 분진폭발은 분진의 입자직경에 영향을 받는다.
④ 분진의 단위체적당 표면적이 작아지면 폭발이 용이해진다.

025 □□□ **분진폭발에 영향을 미치는 인자에 관한 설명으로 옳지 않은 것은?** 2024년 소방간부

① 분진의 발열량이 클수록, 휘발성분의 함유량이 많을수록 폭발하기 쉽다.
② 입자의 크기가 작고 밀도가 클수록 표면적이 크고 폭발이 용이해진다.
③ 열분해가 용이할수록, 기체 반응속도가 빠를수록 폭발하기 쉽다.
④ 알루미늄과 마그네슘 금속분진의 경우 분진 속 수분량이 증가하면 폭발성이 증가한다.
⑤ 평균 입경이 동일한 분진일 경우 분진의 형상에 따라 폭발성이 달라진다.

026 □□□ **다음 연소와 폭발현상에 대한 설명으로 가장 옳은 것은?** 2011년 서울

① 산화에틸렌은 표면화재를 일으키면서 나중에 심부화재로 변하면서 발열·화합반응을 하는 물질에 의해서 상압에서 발생하는 폭발이다.
② 폭발은 개방된 공간에서 압력파의 전달로 폭음과 충격파를 가진 이상팽창을 말한다.
③ 탱크 내부의 가스 화재 시 따뜻한 기류로 쌓여 있다가 폭발하는 것을 블래비 현상이라고 한다.
④ 분진폭발은 미세한 분진입자가 공기 중에 부유하여 분해된 가연성 가스가 폭발범위 내의 농도로 공기나 조연성 가스 중에 존재할 때 점화원에 의해 폭발하는 현상을 말하며, 밀가루는 분진폭발 물질이지만, 소석회는 분진폭발을 일으키는 물질이 아니다.

027 □□□

폭발에 관한 설명으로 옳은 것만을 <보기>에서 있는 대로 고른 것은? 2023년 공채

<보기>

ㄱ. 증기폭발은 액체의 급속한 기화로 인해 체적이 팽창되어 발생하는 현상이다.
ㄴ. 가스폭발은 분진폭발보다 최소발화에너지가 크다.
ㄷ. 분해폭발은 공기나 산소와 섞이지 않더라도 가연성 가스자체의 분해 반응열에 의해 폭발하는 현상이다.
ㄹ. 폭발(연소)범위는 초기온도 및 압력이 상승할수록 분자 간 유효충돌할 가능성이 높아지기 때문에 넓어진다.

① ㄱ, ㄴ
② ㄷ, ㄹ
③ ㄱ, ㄴ, ㄹ
④ ㄱ, ㄷ, ㄹ

028 □□□

다음 설명하는 방폭구조의 종류로 옳은 것은? 2018년 중앙

(가) 점화원이 될 우려가 있는 부분을 용기 내에 넣고 불연성 가스인 보호기체를 용기의 내부에 넣어 줌으로써 용기 내부에 압력이 발생하여 외부로부터 폭발성 가스가 침입하지 못하도록 한 구조이다.
(나) 정상 및 사고 시 발생하는 전기불꽃, 아크 또는 고온에 의해 폭발성 가스 또는 증기에 점화되지 않는 것이 점화시험 및 기타에 의해 확인된 구조를 말한다.
(다) 전기기기의 불꽃 또는 고온이 발생하는 부분을 절연유 속에 넣고 기름면 위에 존재하는 폭발성 가스 또는 증기에 인화될 우려가 없도록 한 구조이다.

	(가)	(나)	(다)
①	내압 방폭구조	본질안전 방폭구조	유입 방폭구조
②	압력 방폭구조	안전증 방폭구조	유입 방폭구조
③	압력 방폭구조	본질안전 방폭구조	유입 방폭구조
④	내압 방폭구조	안전증 방폭구조	압력 방폭구조

029 □□□

다음 방폭구조 중에서 단선이나 단락 등에 의해 전기회로 중에서 전기불꽃이 생겨도 폭발성 가스에 점화되지 않는 것이 점화시험으로 성능이 확인된 방폭구조는? 2005년 경북

① 내압 방폭구조
② 본질안전 방폭구조
③ 충전 방폭구조
④ 안전증 방폭구조

030 □□□ **블레비(BLEVE)에 관한 설명으로 옳지 않은 것은?** 2024년 공채

① 가연물이 비점 이상으로 가열될 때 발생한다.
② 저장탱크의 기계적 강도 이상의 압력이 형성될 때 발생한다.
③ 저장탱크 균열로 인한 액상, 기상의 동적 평형 상태가 유지된다.
④ 저장탱크의 외부 표면에 열전도성이 작은 물질로 단열 조치하여 예방한다.

031 □□□ **블레비(BLEVE; Boiling Liquid Expanding Vapor Explosion) 현상의 특징으로 옳지 않은 것은?** 2021년 공채

① 액화가스 저장탱크에서 일어날 수 있다는 점에서는 증기운 폭발과 같다.
② 액화가스 저장탱크에서 물리적 폭발이 순간적으로 화학적 폭발로 이어지는 현상이다.
③ 블레비의 규모는 파열 시 액체의 기화량에는 차이가 있으나 탱크의 용량에 따른 차이는 없다.
④ 직접 열을 받은 부분이 액화가스 저장탱크의 인장 강도를 초과할 경우 기상부에 면하는 지점에서 파열하게 된다.

032 □□□ **대기 중 대량의 가연성 액체 유출에 의해 발생하는 증기가 공기와 혼합해서 가연성 기체를 형성하고 발화원에 의하여 발생하는 폭발현상은?** 2007년 경남, 2016년 중앙

① 보일오버(Boil over) 폭발
② 슬롭오버(Slop over) 폭발
③ 증기운 폭발(Unconfined Vapor Cloud Explosion)
④ 블래비 폭발(Boiling Liquid Expanding Vapor Cloud Explosion)

07 유류저장탱크 화재 시 이상 현상

정답 및 해설 p. 26

001 □□□ **유류화재 시 유류표면이 비점 이상으로 상승하고 있는 상태에서 소화용수 등이 액표면에 유입하게 되어 물이 급격하게 비등하면서 유류가 탱크 외부로 넘치는 현상은?**

2005년 경기, 2006년 대전·부산, 2007년 대전·강원, 2009년 전북

① 보일오버(Boil over)
② 슬롭오버(Slop over)
③ 프로스오버(Froth over)
④ 블래비(BLEVE)

002 □□□ **유류저장탱크 내 유류 표면에 화재 발생 시 뜨거운 열류층이 형성되고 그 열파가 장시간에 걸쳐 바닥까지 전달되어 하부의 물이 비점 이상으로 가열되면서 부피가 팽창해 저장된 유류가 탱크 외부로 분출되었다. 이에 해당하는 현상으로 옳은 것은?** 2024년 공채

① 보일오버(boil over)
② 슬롭오버(slop over)
③ 프로스오버(froth over)
④ 오일오버(oil over)

003 □□□ **다음 중 유류화재 시 보일오버 발생 조건으로 옳지 않은 것은?** 2011년 울산

① 같은 비점을 가진 유류에서 나타나는 현상이어야 한다.
② 보일오버 현상은 뚜껑이 열린 개방된 구조이어야 한다.
③ 탱크 바닥에는 물 또는 물-기름의 유화층이 찌꺼기하고 함께 있어야 한다.
④ 보일오버는 거품을 형성하는 고점도 성질의 유류일수록 잘 나타난다.

004 □□□ **다음 중 프로스오버(Froth over) 현상이 아닌 것은?** 2005년 제주

① 유류저장탱크 내 중질유 화재 시 탱크 저부에서부터 넘치는 현상이다.
② 유류저장탱크에서 나타나는 현상이다.
③ 점성이 큰 뜨거운 아스팔트유가 탱크차로부터 넘치는 현상이다.
④ 화재를 수반하지 않고 나타나는 현상이다.

005 □□□ **다음 설명 중 석유류에 관한 설명으로 옳은 것은?** 2007년 충남, 2009년 충북, 2011년 서울

① 보일오버는 원유 및 중질유 저장탱크에서 장시간 연소와 함께 탱크 내 잔존기름이 바닥에 있는 물의 부피팽창으로 상부의 불붙은 유류를 탱크 밖으로 분출하는 현상이다.
② 슬롭오버는 탱크의 벽면이 가열된 상태에서 포를 방출하는 경우 가열된 벽면부분에서 포가 열화되어 안정성이 저하된 상태에서 증발된 유류가스가 발포되어 있는 거품층을 뚫고 상승되어 유류가스에 불이 붙는 현상이다.
③ 프로스오버는 유류액 표면 온도가 물의 비점 이상으로 상승되고 소화용수 등이 뜨거운 액표면에 유입되게 되면 물이 수증기화되면서 갑작스러운 부피팽창에 의해 유류가 탱크 외부로 분출되는 현상이다.
④ 원유를 분별증류하면 끓는점이 높은 휘발유 성분이 먼저 분리되고 하부 쪽으로 갈수록 끓는점이 낮은 등유, 경유, 중유 순으로 분리된다.

006 유류화재의 이상현상에 대한 설명으로 옳은 것은? 2020년 소방간부

□□□

① 프로스오버(Froth over): 점성이 큰 뜨거운 유류표면 아래에서 물이 끓을 때 화재를 수반하지 않고 유류가 넘치는 현상

② 슬롭오버(Slop over): 탱크 내의 유류가 50% 미만 저장된 경우, 화재로 인한 내부 압력 상승으로 탱크가 폭발하는 현상

③ 오일오버(Oil over): 중질유 탱크 화재 시 액면의 뜨거운 열파가 탱크 하부로 전달될 때, 탱크 하부에 존재하고 있던 에멀션(emulsion) 상태의 물을 기화시켜 물의 급격한 부피 팽창으로 탱크 내의 유류가 분출하는 현상

④ 링파이어(Ring fire): 액화가스 저장탱크의 외부화재로 탱크가 장시간 과열되면 내부 액화가스의 급격한 비등·팽창으로 탱크 내부 압력이 급격히 증가되고, 최종적으로 탱크의 설계압력 초과로 탱크가 폭발하는 현상

⑤ 보일오버(Boil over): 중질유 탱크 내에 화재로 연소유의 표면온도가 물의 비점 이상 상승했을 때, 물분무 또는 폼(foam)소화약제를 뜨거운 연소유 표면에 방사하면 물이 수증기가 되면서 급격한 부피 팽창으로 연소유를 탱크 외부로 비산시키는 현상

007 다음 중 위험물저장탱크 내에 저장된 유류저장량이 내용적의 1/2 이하로 충전되어 있을 때 화재로 인하여 증기압력이 상승하면서 탱크가 파열되는 현상은? 2015년 중앙

□□□

① 슬롭오버(Slop over) 현상

② 보일오버(Boil over) 현상

③ 오일오버(Oil over) 현상

④ 프로스오버(Froth over) 현상

008 유류저장탱크 및 위험물 이송배관 등에서 발생하는 화재 현상에 관한 설명으로 옳지 않은 것은? 2025년 소방간부

□□□

① 블레비(BLEVE)는 물리적 폭발에 해당한다.

② 증기운폭발(UVCE)은 저장탱크에서 유출된 가스가 증기운을 형성하여 떠다니다가 점화원과 접촉하여 발생하는 누설착화형 폭발에 해당한다.

③ 보일오버(boil over)는 상부가 개방된 저장탱크의 하부에 존재하던 물 또는 물-기름 에멀션이 뜨거운 열류층의 온도에 의해 급격히 부피가 팽창되어 다량의 불이 붙은 기름을 저장탱크 밖으로 분출시키는 현상이다.

④ 오일오버(oil over)는 저장된 유류 저장량이 내용적의 70%를 초과하여 충전되어 있는 저장탱크에서 발생한다.

⑤ 분출화재(jet fire)는 탄화수소계 위험물의 이송배관이나 저장용기로부터 위험물이 고속으로 누출될 때 점화되어 발생하는 난류확산형 화재이다.

08 연소생성물

정답 및 해설 p. 28

001 다음은 연소가스에 대한 설명으로 옳지 않은 것은? 2012년 울산

□□□

① 이산화탄소는 화재 시 연소가스 중 가장 많이 발생하며, 인체에 해를 끼치는 영향이 적은 물질이다.

② 일산화탄소는 완전연소 시 가장 많이 발생하며, 무색·무취·무미 환원성이 강한 가스로서 상온에서 염소와 작용하여 유독성 가스인 포스겐을 생성하기도 하며, 인체 내의 헤모글로빈과 결합하여 산소운반을 방해하여 산소결핍으로 질식 사망하게 하는 물질이다.

③ 시안화수소는 질소가 함유된 물질의 연소 시 발생하는 물질로 헤모글로빈과 결합하지 않고 세포에 의한 산소의 이동을 막아 순간적으로 호흡이 정지되는 물질이다.

④ 불화수소는 무색의 자극성 기체이며 모래·유리를 부식시키는 물질이다.

002 다음 중 일산화탄소에 관한 설명으로 옳은 것은? 2010년 충남

□□□

① 일산화탄소는 탄소와의 결합력이 극히 강하여 인체의 질식작용에 의한 독성을 나타낸다.

② 가연물의 불완전연소 시 많이 발생하여 인명 피해를 주며, 공기보다 약간 무거운 무색, 무취, 무미의 유독성 기체이다.

③ 일산화탄소를 호흡 시 화학적 작용에 의해 인체 내의 헤모글로빈과 결합하여 인체 내 산소결핍으로 질식 사망하게 된다.

④ 일산화탄소의 허용농도는 500ppm으로서 1%면 1분 내 사망할 수 있다.

003 다음과 관계있는 연소생성가스로 옳은 것은? 2018년 통합

□□□

질소 함유물인 열경화성 수지 또는 나일론 등의 연소 시 발생하고, 냉동시설의 냉매로 많이 쓰이고 있으므로 냉동 창고 화재 시 누출가능성이 크며, 허용농도는 25ppm이다.

① 포스겐($COCl_2$)　　② 암모니아(NH_3)

③ 일산화탄소(CO)　　④ 시안화수소(HCN)

004 연소 시 발생하는 황화수소(H_2S)에 대한 설명으로 옳은 것은? 2025년 공채

□□□

① 계란 썩는 냄새가 나는 가연성가스이다.
② 폴리염화비닐 등이 연소할 때 발생되는 맹독성가스이다.
③ 청산가스라고도 하며 동물의 털이 불완전연소할 때 발생한다.
④ 황(S)을 포함하고 있는 유기화합물이 완전연소할 때 발생한다.

005 다음 물질 중 질소성분이 포함되지 않은 연소가스는? 2009년 대전

□□□

① 염화수소(HCl)
② 시안화수소(HCN)
③ 암모니아(NH_3)
④ 이산화질소(NO_2)

006 다음 주어진 연소가스에 대한 설명 중 옳지 않은 것은? 2009년 충북

□□□

① 황이 함유된 물질이 불완전연소 시 생성되는 황화수소는 달걀 썩는 냄새가 난다.
② 아황산가스는 황(S)이 함유된 물질이 탈 때나 동물의 털, 고무, 일부 나무가 탈 때 발생하며, 눈, 호흡기 계통에 자극성이 매우 크다.
③ 일산화탄소는 무색·무취로서 물에 잘 녹지 않으며, 불연성 기체이다.
④ 염화수소는 PVC와 같이 염소가 함유된 물질과 수지류가 탈 때의 생성되는 무색 기체이며, 금속에 대한 강한 부식성이 있다.

007 다음 중 연소 시 생성되는 연소가스에 대한 설명으로 옳지 않은 것은? 2011년 서울

□□□

① 시안화수소는 동물의 털이 불완전연소 시 또는 인조견 등의 직물류, 목재, 종이 등이 탈 때 발생된다.
② 이산화탄소는 불연성 물질로서 연소가스 중 가장 많은 양을 가지고 있으며, 인체 독성허용농도가 5000ppm이므로 독성이 없다.
③ 연소생성물 중 인체에 가장 해를 끼치는 것은 연소가스이다.
④ 일산화탄소는 물에 용해되고, 이산화탄소는 물에 용해되지 않는다.

008 □□□ **다음 중 연소가스에 대한 설명으로 옳지 않은 것은?** 2010년 경북

① 아황산가스는 동물의 털, 고무, 가죽, 나무 등이 탈 때 발생하는 무색의 가스로서, 눈 및 호흡기 계통에 자극이 크다.
② 암모니아는 질소함유물질인 수지류, 나무 등이 탈 때 역한 냄새가 나는 무색 기체로서 발생 시 눈, 코, 폐의 자극이 크다.
③ 황화수소는 건축물 내의 전선의 절연재 및 배관재료 등이 탈 때 생성되는 무색 기체이다.
④ 시안화수소는 대량 흡입되면 전신경련, 호흡정지, 심박동정지로 사망에 이르며, 인조견 등의 직물류, 목재, 종이, 특히 폴리우레탄 등이 탈 때 발생된다.

009 □□□ **다음 중 독성가스에 대한 내용으로 옳지 않은 것은?** 2017년 중앙

① 포스겐은 PVC, 수지류가 탈 때 생성되며, 허용농도는 0.1ppm이다.
② 일산화탄소는 완전연소 시 발생하고, 이산화탄소는 불완전연소 후 생성되는 물질이다.
③ 염화수소는 전선의 절연재, 배관재료 등이 탈 때 생성되는 무색 기체로 눈·호흡기에 영향을 주며, 금속에 대한 강한 부식성이 있다.
④ 시안화수소는 청산가스라고도 하고, 질소 성분을 포함하고 있는 합성수지류, 동물 털, 인조견 등의 섬유가 불완전연소를 할 때 미량이 발생한다.

010 □□□ **다음 연소가스의 설명 중 옳지 않은 것은?** 2018년 중앙

① 포스겐은 폴리염화비닐(PVC), 수지류 등이 연소할 때 발생한다.
② 이산화질소는 냄새가 자극적인 적갈색의 기체로서 아질산 가스라고도 한다.
③ 황화수소는 고무나 동물 털 등이 연소할 때 발생하는 무색의 기체이다.
④ 염화수소는 석유제품, 유지류 등이 연소할 때 발생되는 연소생성물로 맹독성 가스이다.

011 □□□

가연물이 연소할 때 발생하는 독성가스에 대한 설명으로 옳지 않은 것은? 2021년 소방간부

① 일산화탄소(CO)는 인체 내의 헤모글로빈과 결합하여 산소의 운반기능을 약화시켜 질식하게 한다.
② 시안화수소(HCN)는 질소성분을 가지고 있는 섬유류가 불완전연소할 때 발생하는 무색의 맹독성 가스로서 청산가스라고도 불린다.
③ 염화수소(HCl)는 염소성분이 함유되어 있는 염화비닐수지, 전선 피복 등이 연소할 때 발생하며, 물에 녹아 염산이 된다.
④ 브롬화수소(HBr)는 방염수지류 등이 연소할 때 발생하며, 상온·상압에서 물에 잘 용해되지 않는다.
⑤ 아크로레인(CH_2CHCHO)은 석유제품·유지류 등이 연소할 때 발생하며, 공기와 접촉하면 아크릴산이 된다.

012 □□□

화재 시 발생하는 유독가스에 대한 설명으로 옳은 것은? 2020년 소방간부

① 황화수소(H_2S): 질소 성분을 가지고 있는 합성수지, 동물의 털, 인조견 등의 섬유가 불완전연소할 때 발생하는 맹독성 가스로, 0.3%의 농도에서 즉시 사망할 수 있다.
② 암모니아(NH_3): 질소 함유물이 연소할 때 발생하고, 냉동시설의 냉매로 많이 쓰이고 있으므로 냉동창고 화재 시 누출 가능성이 크며, 독성의 허용농도는 25ppm이다.
③ 염화수소(HCl): 열가소성 수지인 폴리염화비닐(PVC), 수지류 등이 연소할 때 발생되는 연소생성물로서 발생량은 적지만 유독성이 큰 맹독성 가스이며, 독성의 허용농도는 10ppm이다.
④ 포스겐($COCl_2$): 폴리염화비닐(PVC)과 같이 염소가 함유된 수지류가 탈 때 주로 생성되는데, 독성의 허용농도는 5ppm이며 향료, 염료, 의약, 농약 등의 제조에 이용되고 있고, 자극성이 아주 강해 눈과 호흡기에 영향을 준다.
⑤ 시안화수소(HCN): 황을 포함하고 있는 유기화합물이 불완전연소하면 발생하는데 계란 썩은 냄새가 나며, 0.2% 이상 농도에서 냄새 감각이 마비되고, 0.4~0.7%에서 1시간 이상 노출되면 현기증, 장기혼란의 증상과 호흡기의 통증이 일어난다.

013 □□□

화재 시 연소생성물에 관한 설명으로 옳지 않은 것은? 2023년 공채

① 황화수소는 썩은 달걀과 비슷한 냄새가 난다.
② 연기로 인한 빛의 감소를 나타내는 감광계수는 가시거리와 반비례한다.
③ 일산화탄소는 산소와 헤모글로빈의 결합을 방해하여 질식에 이르게 할 수 있다.
④ TLV(Threshold Limit Value)로 측정한 독성가스의 허용농도는 불화수소, 시안화수소, 암모니아, 포스겐 순으로 높다.

014 건축물 화재발생 시 피난활동 중 인체의 시계적 제약요인이 가장 큰 연소생성물은? 2010년 대구

□□□

① 연기　② 화염
③ 열　④ 연소가스

015 고층 건축물에서 연기 유동을 일으키는 요인을 모두 고른 것은? 2020년 공채

□□□

ㄱ. 부력효과	ㄴ. 바람에 의한 압력차
ㄷ. 굴뚝효과	ㄹ. 공기조화설비의 영향

① ㄱ, ㄴ　② ㄱ, ㄷ
③ ㄴ, ㄷ, ㄹ　④ ㄱ, ㄴ, ㄷ, ㄹ

016 저층 건축물의 연기 유동 원인에 해당하는 연기 유동력은? 2016년 충남

□□□

① 굴뚝효과
② 구획실의 크기
③ 열, 대류이동, 화재의 압력
④ 강제적인 연기 유동

017 화재 시 건축물 내·외의 온도차에 의해 발생하는 부력으로 연기를 유동하게 하는 힘은? 2005년 경남, 2007년 대전

□□□

① 외부바람의 영향
② 연돌효과
③ 화재실에서의 온도에 의한 가스팽창
④ 건물 내 기류의 강제이동

018 □□□ 건축물 화재 시 연돌효과에 영향을 미치는 인자 중 관련이 먼 것은?

2008년 경북, 2011년 전남, 2013년 전북, 2014년 중앙

① 건물 높이
② 층의 면적
③ 화재실의 온도
④ 건축물 실내·외의 온도차

019 □□□ 연기 감광계수가 $0.5m^{-1}$, 가시거리가 3m일 때의 화재상황에 해당하는 것은? 2005년 대전, 2006년 충남

① 연기 감지기가 작동할 정도
② 건물 내부에 익숙한 사람이 피난에 지장을 느낄 정도
③ 어두침침한 것을 느낄 정도
④ 거의 앞이 보이지 않을 정도

020 □□□ 연기에 대한 감광계수가 $0.3m^{-1}$, 가시거리 5m일 경우의 화재상황으로 옳은 것은? 2015년 중앙

① 거의 앞이 보이지 않을 정도
② 어두침침한 것을 느낄 정도의 농도
③ 건물 내부에 익숙한 사람이 피난에 지장을 느낄 정도
④ 화재 최성기 때의 연기농도 또는 유도등이 보이지 않을 정도

021 □□□ 연기의 확산속도에 대하여 느린 속도에서 빠른 속도로 옳게 연결된 것은? 2009년 충남

① 수평 - 계단 - 복도
② 수평 - 수직 - 계단
③ 수직 - 계단 - 복도
④ 수직 - 계단 - 수평

022 연기에 대한 설명으로 가장 옳은 것은? 2018년 중앙

□□□

① 수평방향보다 수직방향으로 더 빠르게 이동한다.
② 실내의 온도가 굴뚝효과에 영향을 받는다.
③ 감광계수와 가시거리에 비례한다.
④ 연기는 독성이 없으며 연기 속 미립자는 고체가 아니다.

023 다음 중 건축물에 화재 발생 시 연기의 유동에 대한 설명으로 옳은 것은? 2009년 경북

□□□

① 연기층의 두께는 연도강하와 관계가 없다.
② 화재실로부터 분출한 연기는 공기보다 무거우므로 통로의 하부를 따라 유동한다.
③ 일반적으로 연소에 필요한 신선한 공기는 화재실 쪽으로 향하고 연기의 유동방향과 역방향으로 흐른다.
④ 연기는 수직방향보다 수평방향의 전파속도가 더 빠르다.

024 다음 중 건축물 화재 시 연기 유동에 관한 사항으로 옳지 않은 것은? 2013년 광주

□□□

① 연기의 유동속도는 수평일 때 0.5 ~ 1m/s, 수직일 때 2 ~ 3m/s이다.
② 외기가 건물 내의 공기보다 따뜻할 때는 건물 내에서 하향으로 공기가 이동하며 이러한 하향 공기 흐름을 역굴뚝효과라 한다.
③ 저층 건물에서는 굴뚝효과에 의하여 연기는 상승하고 고층 건물에서는 열, 대류이동, 화재압력과 같은 영향 및 바람의 영향으로 통로 등에 따라 연기 이동을 일으키는 원인이 된다.
④ 연기는 공기보다 고온이기 때문에 일반적으로 천장면의 하면을 따라 이동한다.

025 화재 시 발생하는 연기(smoke)에 대한 설명으로 옳지 않은 것은? 2021년 공채

□□□

① 연기의 수직 이동속도는 수평 이동속도보다 빠르다.
② 연기의 감광계수가 증가할수록 가시거리는 짧아진다.
③ 중성대는 실내 화재 시 실내와 실외의 온도가 같은 면을 의미한다.
④ 굴뚝효과는 건축물의 내부와 외부의 온도차에 의해 내부의 더운 공기가 상승하는 현상이다.

026 □□□

다음에서 설명하는 것은 무엇에 해당하는가? 2007년 부산·울산

> 건물 화재가 발생하면 연소열에 의한 온도가 상승함으로써 부력에 의해 실의 천장 쪽으로 고온 기체가 축적되고 온도가 높아져 실내기체가 빠져 나간다. 동시에 그 실내·외는 압력 차이가 형성된다. 이러한 현상에서 압력은 공간에서 평균적인 평형을 이루려고 하며, 그 실내 공간의 어느 지점에 실내·외 정압이 같아지는 경계면이 있다.

① 중심대
② 중성대
③ 삼중점
④ 중압대

027 □□□

건축물 화재 시 나타나는 중성대에 관한 설명으로 옳지 않은 것은? 2020년 소방간부

① 건물 내부의 압력이 외부의 압력과 일치하는 수직적인 위치가 생기는데, 이 위치를 중성대라 한다.
② 중성대 상부는 기체가 실내에서 외부로 유출되고, 중성대 하부는 외부에서 실내로 기체가 유입된다.
③ 중성대 상부는 열과 연기로부터 생존이 어려운 지역이고, 중성대 하부는 신선한 공기로 인해 생존 가능성이 높은 지역이다.
④ 중성대 하부 개구부를 개방하면 공기가 유입되면서 연기가 외부로 배출되어 중성대가 위로 상승하고 중성대 하부 면적이 커져 소화활동이 용이하게 된다.
⑤ 현장 도착 시 하부 출입문으로 짙은 연기가 배출된다면 상부 개구부 개방을 강구하고, 하부 개구부에서 연기가 배출되고 있지 않다면 상부 개구부가 개방되어 있다고 판단한다.

028 □□□

건물에 화재가 발생했을 때, 중성대에 관한 설명으로 옳은 것만을 <보기>에서 고른 것은? 2025년 소방간부

> <보기>
> ㄱ. 중성대의 하부 개구부로 외부 공기가 유입되면, 중성대는 위쪽으로 상승한다.
> ㄴ. 중성대의 상부 면적이 커질수록 대피자들의 활동공간과 시야가 확보되어 신속히 대피할 수 있다.
> ㄷ. 중성대의 상부에서는 실내에서 외부로 기체가 유출되고, 중성대의 하부에서는 외부에서 실내로 기체가 유입된다.
> ㄹ. 중성대의 상부 개구부를 개방한다면 연소는 확대될 수 있지만, 연기가 빠른 속도로 상승하여 외부로 배출되므로, 중성대의 상부 면적은 감소하고 중성대의 하부 면적은 증가한다.

① ㄱ, ㄴ
② ㄱ, ㄷ
③ ㄴ, ㄷ
④ ㄴ, ㄹ
⑤ ㄷ, ㄹ

029 □□□ **화재 시 발생하는 연기에 대한 설명으로 옳지 않은 것은?** 2025년 소방간부

① 연기의 농도가 높으면 피난과 소방활동에 현저한 장해가 된다.
② 감광계수와 가시거리는 반비례 관계이다.
③ 감광계수가 $0.5m^{-1}$이면 어두침침한 것을 느낄 정도의 상황이다.
④ 건축물 내에서 연기의 유동속도는 수직방향보다 수평방향이 빠르다.
⑤ 연기의 제어 원리에는 희석, 배기, 차단이 있다.

030 □□□ **건물 화재 시 발생하여 피난 및 소화활동 시 장애를 주는 연기의 제어방법 중 옳지 않은 것은?** 2008년 경남·전북, 2017년 중앙

① 연소
② 희석
③ 배기
④ 차단

031 □□□ **특별피난계단의 계단실 및 부속실에 대한 연기의 제어방법으로 옳은 것은?** 2008년 전북

① 희석
② 차단
③ 배기
④ 공급

032 □□□ **다음 중 화상의 정도에 대한 설명으로 옳지 않은 것은?** 2008년 충남, 2009년 광주, 2010년 대구·전북

① 1도 화상: 화상의 부위가 표피층으로 해당 부분이 빨간색으로 되는 화상
② 2도 화상: 화상 부위가 분홍빛을 띠며 물집이 생기지만 감염의 위험이 없는 화상
③ 3도 화상: 화재로 인해 말초신경이 손상되고 감각에 마비가 오며, 괴사성 형상을 동반하는 화상
④ 4도 화상: 더욱 깊은 피하지방 근육 또는 뼈까지 도달하는 화상

09 화재론

정답 및 해설 p. 34

001 □□□ 급수별 화재의 분류를 정하는 기준으로 옳은 것은? 2008년 경북, 2009년 서울, 2011년 전남, 2013년 전북

① 산소의 농도
② 소화하는 방법
③ 가연물의 종류
④ 연기의 성상

002 □□□ 다음 화재 분류 중 연소 후 재를 남기지 않는 화재는? 2006년 광주·강원, 2010년 경북

① 폴리에스테르, 폴리아크릴, 폴리아미드 등 합성고분자 화재
② 인화성 액체폭발 화재
③ 목재·섬유, 합성수지의 화재
④ 알루미늄분 등의 금속분의 화재

003 □□□ 일반화재에 해당하는 것만을 <보기>에서 있는 대로 고른 것은? 2024년 공채

<보기>

ㄱ. 통전 중인 배전반에서 불이 난 경우
ㄴ. 외출 시 전원이 차단된 콘센트에서 불이 난 경우
ㄷ. 실외 난로가 넘어지면서 새어 나온 석유에 불이 붙은 경우
ㄹ. 실험실 시험대 위 나트륨 분말에서 불이 난 경우

① ㄱ
② ㄴ
③ ㄴ, ㄹ
④ ㄱ, ㄷ, ㄹ

004 □□□ 다음 중 전기화재에 관련된 내용으로 올바르게 조합된 것은? 2006년 인천

ㄱ. 색상표시는 청색이며, C급 화재라고도 한다.
ㄴ. 물로 소화하는 것이 가장 소화력이 우수하다.
ㄷ. 합선, 과부하, 누전에 의해서 일어나기 쉽다.
ㄹ. 화재 시 포(Foam)로 뿌려서 질식소화한다.

① ㄴ, ㄹ
② ㄱ, ㄷ
③ ㄷ, ㄹ
④ ㄴ, ㄷ

005 전기화재에 적응성이 있는 소화약제에 해당하지 않는 것은? 2021년 소방간부

□□□

① 이산화탄소소화약제
② 인산염류 소화약제
③ 중탄산염류 소화약제
④ 고체에어로졸화합물
⑤ 팽창질석·팽창진주암

006 화재의 구분 및 표시색상과 소화방법에 관하여 다음 중 옳지 않은 것은? 2014년 중앙

□□□

① 백색 - 일반화재 - 주수소화
② 황색 - 유류화재 - 질식소화
③ 청색 - 전기화재 - 질식소화
④ 무색 - 금속화재 - 주수소화

007 소화약제로 팽창질석 또는 팽창진주암을 사용하였을 때, 적응성이 가장 좋은 화재로 옳은 것은? 2018년 통합

□□□

① 일반화재
② 전기화재
③ 금속화재
④ 가스화재

008 전기화재(C급화재) 및 주방화재(K급화재)에 관한 설명으로 옳지 않은 것은? 2023년 공채

□□□

① 주방화재의 가연물 중 하나인 식용유의 발화점은 비점보다 낮다.
② 도체 주위의 자기장 변화에 의해 발생된 유도전류는 전기화재의 점화원으로 작용할 수 있다.
③ 식용유로 인한 화재 시 유면상의 화염을 제거하면 복사열에 의한 기화를 차단하여 재발화를 방지할 수 있다.
④ 전기화재의 발생 원인 중 누전은 전류가 전선이나 기구에서 절연 불량 등의 원인으로 정해진 전로(배선) 밖으로 흐르는 현상이다.

009 □□□ **화재에 대한 옳은 설명을 모두 고른 것은?** 2020년 공채

ㄱ. 낮은 산소분압에서 화재가 발생하였을 때 초기에 화염 없이 일어나는 연소를 훈소연소라 한다.
ㄴ. 목조건축물 화재는 유류나 가스 화재와는 달리 일반적으로 무염착화 없이 발염착화로 이어진다.
ㄷ. A급 화재는 일반화재로 면화류, 합성수지 등의 가연물에 의한 화재를 말한다.
ㄹ. 전소란 건물의 70% 이상이 소실된 화재를 말한다.

① ㄱ, ㄴ
② ㄷ, ㄹ
③ ㄱ, ㄴ, ㄷ
④ ㄱ, ㄷ, ㄹ

010 □□□ **다음 중 자연발화 및 정전기에 관련된 내용으로 옳지 않은 것은?** 2013년 중앙

① 자연발화의 방지책은 저장실의 온도를 낮게 하며, 적당한 습기는 물질에 따라 자연발화의 촉매작용을 하므로, 습도가 높은 곳을 피한다.
② 정전기의 방지대책으로는 유속을 제한하고 이물질을 제거하며, 유체의 분출을 방지한다.
③ 정전기를 방지하려면 접지를 하고 공기를 이온화하며, 공기 중 상대습도를 60% 이하로 한다.
④ 자연발화는 밀폐된 공간 등에서 외부로부터 점화원 공급을 받지 않고 물질 자체적인 열의 축적으로 온도가 서서히 상승하는 현상으로, 물질의 온도가 발화점 이상이 되면 자연발화를 하게 된다.

011 □□□ **전기화재에 직접적 원인이 아닌 것은?** 2017년 중앙

① 누전
② 지락
③ 과전류
④ 역기전력

012 □□□ **정전기 예방대책으로 옳은 것만을 <보기>에서 있는 대로 고른 것은?** 2022년 소방간부

<보기>

ㄱ. 공기를 이온화한다.
ㄴ. 전기전도성이 큰 물체를 사용한다.
ㄷ. 접촉하는 전기의 전위차를 크게 한다.

① ㄱ
② ㄷ
③ ㄱ, ㄴ
④ ㄴ, ㄷ
⑤ ㄱ, ㄴ, ㄷ

10 화재소화

정답 및 해설 p. 36

001 제거소화방법으로 옳은 것은? 2020년 소방간부

□□□

ㄱ. 전기화재 시 전원 차단	ㄴ. 가스화재 시 가스공급 차단
ㄷ. 일반화재 시 옥내소화전 사용	ㄹ. 유류화재 시 포소화약제 사용
ㅁ. 산불화재 시 방화선(도로) 구축	

① ㄱ, ㄴ, ㄹ
② ㄱ, ㄴ, ㅁ
③ ㄴ, ㄷ, ㄹ
④ ㄴ, ㄹ, ㅁ
⑤ ㄷ, ㄹ, ㅁ

002 화학반응 시 생성되는 연소열을 빼앗아 가연물의 온도를 인화점 및 발화점 이하로 낮추는 소화방법은? 2005년 강원·충남

□□□

① 희석소화
② 질식소화
③ 냉각소화
④ 제거소화

003 다음 중 질식소화에 대한 설명으로 옳은 것은? 2017년 중앙

□□□

① 다량의 물로 소화한다.
② 가연물을 제거하여 소화한다.
③ 연소 시 생성된 라디칼의 화학반응을 억제시켜 소화를 시키는 원리를 말한다.
④ 연소의 조건 중 하나인 산소공급을 차단하여 소화의 목적을 달성한다.

004 비수용성인 가연성 액체 화재에서 액상에 물방울을 세게 불어 넣어서 표면에 유화를 형성시킴으로써 증기압을 저하시켜 기상부분을 연소범위로부터 벗어나게 하는 소화방법은? 2005년 경남·전북

□□□

① 질식효과
② 희석효과
③ 유화효과
④ 냉각효과

005 □□□ **다음은 소화에 대한 설명이다. 옳은 것을 모두 고르면?** 2005년 전북, 2006년 경남, 2008년 경북, 2009년 전북·부산

> ㄱ. 연소의 4요소 중 연쇄반응을 차단하여 소화하는 방법은 화학적소화인 부촉매 소화이다.
> ㄴ. 연소에너지 한계에 바탕을 둔 소화방법은 물리적소화에 해당된다.
> ㄷ. 소화농도 한계에 바탕을 둔 소화방법 및 화염의 불안정화에 의한 소화방법은 물리적소화에 해당된다.
> ㄹ. 화재소화방법 중 촉매소화는 없다.

① ㄱ
② ㄱ, ㄴ
③ ㄱ, ㄴ, ㄷ
④ ㄱ, ㄴ, ㄷ, ㄹ

006 □□□ **다음 중 화학적 소화방법에 해당하는 것은?** 2008년 인천, 2009년 제주, 2010년 충남

① 연쇄반응을 차단 억제시키는 것
② 산소농도를 차단 억제시키는 것
③ 화재를 발화온도 이하로 감소시키는 것
④ 강풍을 불어 가연물을 제거하는 것

007 □□□ **소화원리 중 제거소화의 사례에 해당하지 않는 것은?** 2024년 소방간부

① 촛불을 입으로 불어 소화하는 방법
② 식용유 화재 시 주변의 야채를 집어 넣어 소화하는 방법
③ 전기화재 시 신속하게 전원을 차단하여 소화하는 방법
④ 산림화재 시 화재 진행 방향의 나무를 벌목하여 소화하는 방법
⑤ 가스화재 시 밸브를 차단시켜 가스공급을 중단하여 소화하는 방법

008 □□□ **프라이팬에 식용유가 불이 붙어서 주부가 옆에 있는 차가운 식용유를 부어 소화하는 방법은?**

2011년 서울

① 냉각소화
② 희석소화
③ 부촉매소화
④ 질식소화

009 □□□ **유전화재에 질소폭탄을 이용하여 순간적으로 폭풍을 일으켜 증기를 날려 보냄으로써 소화하는 방법은?**

2007년 충북

① 억제소화
② 유화소화
③ 질식소화
④ 제거소화

010 □□□ **다음 중 질식소화 방법에 해당하지 않는 것은?**

2009년 전북

① 불연성 기체로 연소물을 덮는 방법
② 소방용수로 연소물을 덮는 방법
③ 불연성 폼(foam)으로 연소물을 덮는 방법
④ 연소실을 밀폐하여 소화하는 방법

011 □□□ **유류화재에 물을 무상(안개 형태)으로 방사하여 소화하려고 한다면 주로 어떤 소화원리에 의해 소화되는가?**

2015년 중앙

① 제거소화
② 질식소화
③ 희석소화
④ 부촉매소화

012 □□□ **소화방법에 대해 옳은 설명만을 모두 고른 것은?**

2021년 공채

ㄱ. 질식소화는 일반적으로 공기 중 산소 농도를 낮추어 소화하는 방법을 말한다.
ㄴ. 냉각소화가 가능한 약제로는 물, 강화액, CO_2, 할론 등이 있다.
ㄷ. 피복소화는 비중이 물보다 큰 비수용성 유류화재 시 무상주수하여 소화하는 방법을 말한다.
ㄹ. 부촉매소화는 가스화재 시 가스공급을 차단하여 소화하는 방법을 말한다.

① ㄱ, ㄴ
② ㄱ, ㄴ, ㄷ
③ ㄴ, ㄷ, ㄹ
④ ㄱ, ㄴ, ㄷ, ㄹ

013 □□□ **소화방법에 관한 설명으로 옳은 것만을 <보기>에서 있는 대로 고른 것은?**

2023년 공채

<보기>

ㄱ. 산림화재 시 화재 진행방향의 나무를 벌목하는 것은 제거소화의 방법 중 하나이다.
ㄴ. 물은 비열, 증발잠열의 값이 작아서 주로 냉각소화에 사용된다.
ㄷ. 부촉매 소화는 화학적 소화에 해당한다.
ㄹ. 유류화재는 포 소화약제를 방사하여 유류 표면에 얇은 층을 형성함으로써 공기 공급을 차단해 소화한다.
ㅁ. 물에 침투제를 첨가하는 이유는 표면장력을 증가시켜 소화능력을 향상하기 위함이다.

① ㄱ, ㄷ, ㄹ
② ㄴ, ㄹ, ㅁ
③ ㄱ, ㄴ, ㄷ, ㄹ
④ ㄱ, ㄷ, ㄹ, ㅁ

11 건축물 화재의 성상

정답 및 해설 p. 38

001 □□□

건축물의 구획화재에 관한 설명으로 옳지 않은 것은? 2011년 중앙

① 구획화재는 환기량에 따라 연료지배형 화재와 환기지배형 화재로 구분한다.

② 구획화재 중 연료지배형 화재는 환기지배형 화재에 비해 폭발성과 역화현상이 작다.

③ 구획화재 중 환기지배형 화재는 연료지배형 화재보다 불완전연소에 따른 연기 및 연소가스가 더 많이 생성된다.

④ 개구부 면적이 작으면 연소속도가 빠르고, 개구부 면적이 크면 연소속도가 느리다.

002 □□□

다음 중 건축물의 구획화재에서 화재현상에 관한 설명으로 옳지 않은 것은? 2013년 충북

① 화재 현상에서 화세가 약한 초기에는 통기량이 원활하므로 화재는 통기량보다 실내의 가연물에 의해 지배되는 연료지배형의 연소형태를 갖는다.

② 연소속도는 환기요소에 비례한다. 플래시오버가 일어난 후 모든 가연물에 불이 붙어 맹렬히 타는 최성기에 도달하면, 연소현상은 일반적으로 연료지배형 화재에서 환기지배형 화재로 전이된다.

③ 일반적으로 플래시오버 이전의 화재는 연료지배형 화재이며, 플래시오버 이후는 환기지배형 화재이다.

④ 화재초기에는 개구부 크기, 실내가연물의 양, 가연물의 연소특성에 따라 환기지배형 화재로서 개구부를 통한 산소공급에 연소속도가 빨라진다. 지하실이나 주차장, 또는 소규모 창문이 고정된 밀폐된 실내는 연소가 연료량의 지배를 받기 때문에 연소속도나 연소시간이 느려지는 화재를 연료지배형 화재라 한다.

003 □□□

다음 중 건축물 화재 시 화재진행 과정이 옳게 연결된 것은?

2005년 제주, 2006년 인천, 2008년 광주, 2010년 강원

① 초기 - 최성기 - 성장기 - 감쇠기

② 초기 - 성장기 - 최성기 - 감쇠기

③ 초기 - 감쇠기 - 성장기 - 최성기

④ 초기 - 감쇠기 - 최성기 - 성장기

004 건축물 화재 성장기에 대한 설명으로 옳은 것은? 2013년 경기

□□□

① 화재 초기를 거치며 온도가 크게 상승하지 않는 발화단계를 말하며, 백색연기가 나온다.
② 화재진행 변화가 가장 심하게 나타난다.
③ 화세가 점점 감퇴한다.
④ 산소부족으로 인한 불완전연소에 의한 유독성 가스 발생량이 증가한다.

005 다음 중 실내 초기화재의 연소과정에서 천장 부근에서 발생된 고압의 가연성 가스가 화재가 발생되지 않은 저압의 다른 부분으로 이동하면서 화염 선단이 산발적으로 천장을 굴러가는 현상은? 2007년 충남

□□□

① 플래시오버 ② 주염
③ 롤오버 ④ 연소소음

006 특수화재현상 중 플래시오버(Flash over)와 롤오버(Roll over)에 대한 설명으로 옳지 않은 것은?
2020년 소방간부

□□□

① 롤오버는 화염이 선단부에서 주변 공간으로 확대된다.
② 플래시오버는 화염이 순간적으로 공간 전체로 확대된다.
③ 플래시오버는 공간 내 전체 가연물에서 동시에 발화하는 현상이다.
④ 롤오버 시 발생되는 복사열은 플래시오버 시 발생되는 복사열보다 강하다.
⑤ 롤오버는 실의 상부에 있는 가연성 가스가 발화온도 이상 도달했을 때 발화하는 현상이다.

007 다음 중 건축물의 실내 화재 시 플래시오버 발생 시기는?
2006년 전북, 2007년 울산, 2008년 충북·경북, 2013년 대전

□□□

① 초기 ② 성장기
③ 최성기 ④ 종기

008 □□□

실내 일반화재의 진행 과정에 관한 설명으로 옳은 것은? 2024년 공채

① 화재 초기에는 실내 온도가 급격하게 상승하기 시작한다.
② 성장기에는 급속한 연소 진행으로 환기지배형 화재 양상이 나타난다.
③ 최성기에는 실내 화염이 최고조에 도달하나 실내 산소 부족으로 연소속도가 느려진다.
④ 감쇠기에는 화염의 급격한 소멸로 훈소 상태가 되어 백드래프트(back draft)의 위험이 없다.

009 □□□

구획실 화재에 관한 설명으로 옳은 것은? 2024년 공채

① 플래시오버(flash over)는 최성기와 감쇠기 사이에서 발생하며 충격파를 수반한다.
② 굴뚝효과가 발생할 때는 개구부에 형성된 중성대 상부에서 공기가 유입되고, 중성대 하부에서 연기가 유출된다.
③ 연료지배형 화재는 환기지배형 화재보다 산소 공급이 원활하고 연소속도가 빠르다.
④ 화재플룸(fire plume)은 실내 공기의 압력 차이로 가연성 가스가 천장을 따라 화재가 발생하지 않은 복도 쪽으로 굴러다니는 것처럼 뿜어져 나오는 현상이다.

010 □□□

연료지배형 화재와 환기지배형 화재에 대한 설명으로 옳지 않은 것은? 2019년 공채

① 환기지배형 화재는 공기공급이 충분하지 않으므로 불완전연소가 심하다.
② 연료지배형 화재는 공기공급이 충분한 조건에서 발생한 화재가 일반적이다.
③ 연료지배형 화재는 주로 큰 창문이나 개방된 공간에서, 환기지배형 화재는 내화구조 및 콘크리트 지하층에서 발생하기 쉽다.
④ 일반적으로 플래시오버 이전에는 환기지배형 화재가, 이후에는 연료지배형 화재가 지배적이다.

011 □□□

구획실 화재에 관한 설명으로 옳지 않은 것은? 2023년 공채

① 플래시오버 이후에는 연료지배형 화재보다 환기지배형 화재가 지배적이다.
② 환기가 잘되지 않으면 환기지배형 화재에서 연료지배형 화재로 바뀌며 연기 발생이 줄어든다.
③ 연료지배형 화재는 구획실 내 가연물의 연소에 필요한 산소가 충분히 공급되는 조건의 화재이다.
④ 성장기에는 천장 부분에서 축적된 뜨거운 가스층이 발화원으로부터 떨어져 있는 가연성 물질에 복사열을 공급하여 플래시오버를 초래할 수 있다.

012 건축물 실내화재 시 천장제트흐름(Ceiling Jet Flow)에 대한 설명으로 옳지 않은 것은? 2017년 중앙

□□□

① 화재플럼의 부력에 의하여 발생되며, 천장면을 따라 빠르게 흐르는 기류이다.

② 화원의 크기와 위치 그리고 화원에서 천장까지의 높이에 영향을 받는다.

③ 스프링클러헤드나 화재 감지기는 이 현상의 영향 범위를 피하여 부착한다.

④ 흐름의 두께는 화원으로부터 천장까지 높이의 5 ~ 12% 내 정도의 범위이다.

013 다음 중 건축물 화재 시 발생하는 플래시오버의 정의로 옳은 것은? 2005년 전남, 2006년 인천·경남, 2010년 대구

□□□

① 가연성 가스가 폭발하는 현상을 말한다.

② 에너지가 느리게 실내 공간에 집적되는 현상을 말한다.

③ 실내화재 시 폭발적인 착화현상을 말한다.

④ 가연성 가스가 분해되는 현상을 말한다.

014 다음 중 플래시오버 현상이 아닌 것은? 2005년 울산, 2006년 충남, 2009년 제주, 2012년 울산

□□□

① 순발적인 연소확대 현상이다.

② 옥내화재가 서서히 진행하여 열이 축적되었다가 일시에 화염이 발생하는 현상이다.

③ 실내온도가 800 ~ 900℃까지 올라간다.

④ 건물 화재 시 산소가 부족한 화재실내에 산소가 다량으로 공급되어 일어나는 폭발적인 연소현상이다.

015 다음 중 건축물 화재 시 발생하는 플래시오버에 관한 설명으로 옳지 않은 것은?

2006년 경북, 2008년 인천, 2011년 서울

□□□

① 플래시오버는 실내 전체에 화염이 확대되는 현상이다.

② 플래시오버는 실내 수용물 및 내장재에 따라 영향을 받는다.

③ 전실화재로서 실내 온도가 급격하게 상승한다.

④ 건축물의 개구부가 작을수록 연소속도가 빠르며, 실내온도가 높고 화력이 강하다.

016 □□□

건축물 화재 시 플래시오버의 지연대책 중 내장재와 관련된 설명으로 옳지 않은 것은? 2008년 충남

① 난연재료가 가연재료보다 빨리 발생한다.
② 바닥보다 천장재에 크게 영향을 받는다.
③ 내장재의 두께가 얇은 쪽이 빨리 발생한다.
④ 열전도율이 낮은 내장재가 빨리 발생한다.

017 □□□

다음 중 건축물 화재 시 플래시오버(Flash over)를 화재현장에서 지연시키기 위한 소방전술에 해당하지 않는 것은? 2016년 중앙

① 배연지연법 ② 냉각지연법
③ 공기차단법 ④ 측면공격법

018 □□□

건축물 화재 시 최성기의 화재진행 상황에 대한 설명으로 옳지 않은 것은? 2009년 제주

① 연료지배형 화재인 경우 모든 유리가 열에 의해 연소가 되면서 녹아떨어지는 상태가 목격된다.
② 연료지배형 화재인 경우 화재 실내 온도는 대략 1,200~1,300℃ 정도까지 올라간다.
③ 환기지배형 화재인 경우 천장 면, 보, 기둥의 모퉁이부분이 플라스틱 등의 마감부분이 벗겨져 떨어지거나 콘크리트가 파열음과 함께 튀어 떨어져 철근을 노출하는 콘크리트 폭열 현상을 일으킨다.
④ 환기지배형 화재인 경우 백드래프트(Back draft)가 발생하지 않는다.

019 □□□

건축물에서 최성기의 특징으로 가장 옳지 않은 것은? 2017년 중앙

① 연료지배형 화재인 경우 다량의 흑색연기가 점차 분출되고 연기농도가 짙다.
② 연료지배형 화재인 경우 실의 연기의 양은 적어지고 화염이 확대되고 개구부 밖으로 분출한다.
③ 환기지배형 화재인 경우 연소가 가장 격렬한 시기이며, 불완전연소가스가 발생한다.
④ 연료지배형 화재인 경우 복사열로 인해 인근 건물로 화재가 번질 수 있다.

020 □□□ **실내 화재의 진행 과정을 설명한 내용으로 옳지 않은 것은?** 2021년 공채

① 발화기 - 건물 내의 가구 등이 독립 연소하고 있으며, 다른 동(棟)으로의 연소 위험은 없다.
② 성장기 - 화재의 진행이 급속히 이루어지고 개구부에서는 검은 연기가 분출된다.
③ 최성기 - 산소가 부족하여 연소되지 않은 가스가 다량 발생된다.
④ 감퇴기 - 지붕이나 벽체, 대들보나 기둥도 무너져 떨어지고 열 발산율은 증가하기 시작한다.

021 □□□ **건축물 실내 화재 진행 시 불완전한 연소상태로서 불꽃이 없고 느린 연소상태이며, 화재 초기에 고체 가연물에서 많이 발생하는데, 열축적이 계속되어 외부 공기가 갑자기 유입될 때는 연소가 일어날 수 있는 상태를 말하는 것은?** 2005년 경남, 2007년 충남, 2010년 대전, 2013년 중앙

① 폭발연소 ② 윤화현상
③ 훈소 ④ 불완전연소

022 □□□ **다음에 해당하는 것은?** 2010년 경남

산소가 부족하여 불완전연소 시 생성된 일산화탄소와 아직 타지 않은 미분해 가스가 실내에 가득 채워진 상태에서 소화활동 등을 위하여 산소가 부족한 건물 내에 실의 문을 개방할 때 신선한 산소가 유입되어 실내에 축적되었던 가연성 가스가 순식간에 폭발적으로 연소함으로써 화염이 실외로 분출되는 현상을 말한다.

① 플래시오버 ② 백드래프트
③ 롤오버 ④ 블래비현상

023 □□□ **다음 중 백드래프트(Back draft)에 대한 설명으로 옳지 않은 것은?** 2006년 대전, 2008년 서울, 2013년 중앙

① 화재로 인하여 실내 상부쪽으로 고온의 기체가 축적되고 온도가 높아짐에 따라 기체가 팽창하고 연소에 필요한 산소가 불충분한 상태이어야 한다.
② 화재실의 열의 집적과 적절하게 배연되지 않은 상태에서 불완전연소 시 발생된 가연성 가스가 인화점 미만의 상태이어야 한다.
③ 갑자기 산소가 새로 유입될 때 충격파나 폭풍을 동반하는 현상이다.
④ 산소가 부족한 실내에 소방관이 소화활동이나 구조활동 중에 문을 갑자기 개방함으로써 외부의 신선한 공기가 유입되며 발생한다.

024 백드래프트(back draft)의 발생 징후로 옳지 않은 것은? 2024년 공채

□□□

① 유리창 안쪽에 타르와 유사한 물질이 흘러내려 얼룩진 경우
② 창문을 통해 보았을 때 건물 내에서 연기가 소용돌이치는 경우
③ 화염은 보이지 않지만 창문과 문손잡이가 뜨거운 경우
④ 균열된 틈이나 작은 구멍을 통하여 건물 밖으로 연기가 밀려 나오는 경우

025 백드래프트(Back draft)의 정의 및 징후에 대한 설명으로 옳지 않은 것은? 2013년 중앙·경기

□□□

① 개방된 공간에서의 산소공급을 말한다.
② 유리창의 안쪽으로 타르와 유사한 기름성분의 물질이 흘러내리는 것이 관찰된다.
③ 화염은 보이지 않으나 창문이나 문 손잡이가 뜨거운 경우이다.
④ 창문을 통해 보았을 때 건물 내에서 연기가 소용돌이치고 있는 경우이다.

026 플래시오버와 백드래프트의 현상으로 옳은 것은? 2017년 중앙

□□□

① 플래시오버는 종기에 발생하고, 백드래프트는 중기에 발생한다.
② 플래시오버의 원인은 산소공급이고, 백드래프트의 원인은 복사열이다.
③ 플래시오버는 충격파를 수반하지 않고, 백드래프트는 충격파를 수반한다.
④ 플래시오버는 환기가 잘 안 되는 상태의 현상이고, 백드래프트는 환기가 잘 되는 상태의 현상이다.

027 백드래프트(back draft)와 플래시오버(flash over)에 대한 설명으로 옳은 것은? 2025년 소방간부

□□□

① 플래시오버의 전조 현상으로 롤오버(roll over) 현상이 관찰될 수 있다.
② 백드래프트는 연료지배형 화재에서 발생한다.
③ 백드래프트가 플래시오버보다 발생 빈도가 높다.
④ 플래시오버는 폭발의 일종이지만 백드래프트는 폭발이 아니다.
⑤ 백드래프트의 발생원인은 열이며, 플래시오버는 공기가 원인으로 작용한다.

028 화재 시 구획실에서 발생하는 현상에 관한 설명으로 옳은 것은? 2023년 공채

□□□

① 개구부의 크기는 플래시오버 발생과 관련이 없다.
② 구획실의 창문과 문손잡이의 온도로 백드래프트의 발생 가능성을 예측할 수 없다.
③ 준불연성이나 불연성의 내장재를 사용할 경우 플래시오버 발생까지의 소요시간이 길어진다.
④ 구획실 내의 산소가 부족하여 훈소 상태에서 공기가 갑자기 다량 공급될 때 가연성 가스가 순간적으로 폭발하듯 발화하는 현상은 플래시오버이다.

029 다음 중 백드래프트(Back draft)에 관하여 옳지 않은 것은? 2014년 중앙

□□□

① 산소가 부족한 화재실내에 산소가 새로 유입될 때 고열가스의 폭발현상이다.
② 백드래프트가 의심되면 천장 부분을 개방하여 고온의 가스를 건물 외부로 방출하여 환기를 시킨다.
③ 가연성 기체, 산소, 점화원의 유입에 의해 발생한다.
④ 갑작스러운 산소의 유입으로 파이어볼이 발생할 수 있으며, 충격파의 생성으로 건물이 도괴될 수 있다.

030 백드래프트(back draft)에 대한 설명으로 옳은 것은? 2021년 공채

□□□

① 불완전 연소에 의해 발생된 일산화탄소가 가연물로 작용하여 폭발하는 현상이다.
② 화재 진압 시 지붕 등 상부를 개방하는 것보다 출입문을 먼저 개방하는 것이 효과적인 전술이다.
③ 밀폐된 실내에서 발생되는 현상으로, 출입문을 한 번에 완전히 개방하여 연기를 일순간에 배출해야 폭발력을 억제할 수 있다.
④ 연료지배형 화재가 진행되고 있는 공간에 산소가 일시적으로 다량 공급됨에 따라 가연성 가스가 폭발적으로 연소하는 현상이다.

031 특수화재현상의 대응절차에 관한 설명으로 옳은 것은? 2020년 소방간부

□□□

① 비등액체팽창증기폭발(BLEVE): 탱크의 드레인(drain) 밸브를 개방하여 탱크에 고인 물을 제거한다.
② 보일오버(Boil over): 소화수를 이용하여 개방된 탱크의 상부 냉각을 최우선으로 하고, 탱크 주변의 화재진화를 병행한다.
③ 파이어볼(Fire ball): 밸브나 배관에서 누출되는 가스가 연소하는 화염은 소화하지 않고, 그 화염에 의해서 가열되는 면을 냉각한다.
④ 백드래프트(Back draft): 지붕 등 상부 개방은 금지하고, 하부를 파괴하여 폭발적인 화염과 연소 확대에 따른 대피방안을 강구한다.
⑤ 플래임오버(Flame over): 폭발력으로 건축물 변형·강도약화로 붕괴, 비산, 낙하물 피해와 방수모 등 개인보호 장구 이탈에 대비하며, 자세를 낮추고 대피방안을 강구한다.

032 플래시오버와 백드래프트의 내용으로 가장 옳지 않은 것은? 2016년 충남

① 플래시오버와 백드래프트는 폭발이다.
② 백드래프트는 산소공급이 주 원인이다.
③ 일반건축물 화재에 나타나는 이상 현상이다.
④ 플래시오버는 최성기가 시작되기 전에 발생한다.

033 건축물 화재 성상에서 시간과 온도변화에 따른 이상 현상으로 다음에 해당하는 그림을 보고 ㉠ ~ ㉤에 들어갈 것으로 옳게 연결된 것은? 2013년 중앙

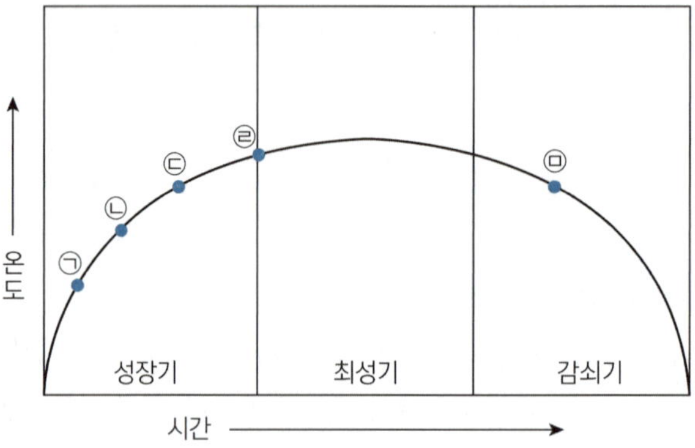

<보기>
- 플래임오버(Flame over)
- 플래시오버(Flash over)
- 롤오버(Roll over)
- 백드래프트(Back draft)

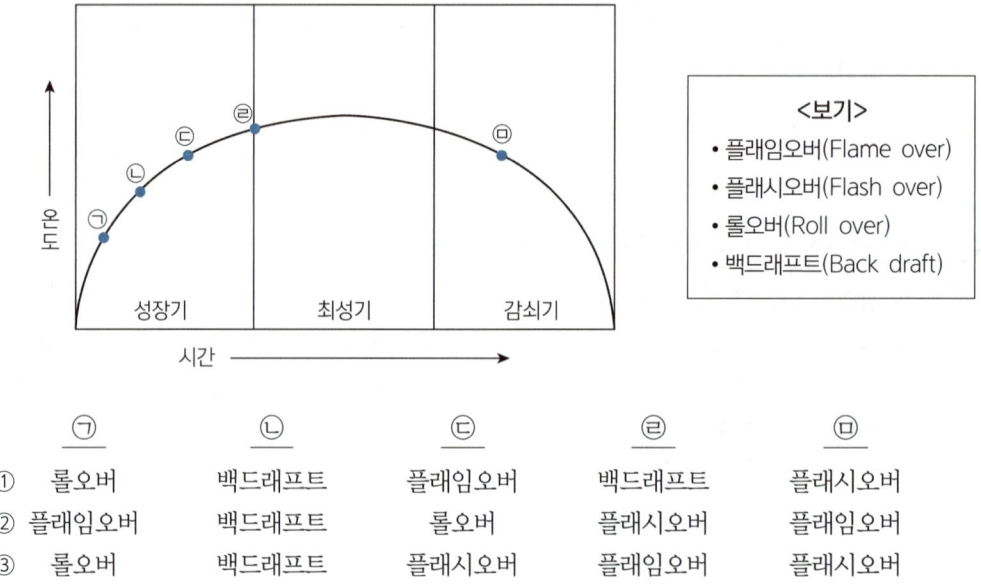

	㉠	㉡	㉢	㉣	㉤
①	롤오버	백드래프트	플래임오버	백드래프트	플래시오버
②	플래임오버	백드래프트	롤오버	플래시오버	플래임오버
③	롤오버	백드래프트	플래시오버	플래임오버	플래시오버
④	플래임오버	백드래프트	롤오버	플래시오버	백드래프트

034 목재건축물의 화재진행 과정을 순서대로 나열한 것은? 2015년 중앙

① 발화 - 발염착화 - 무염착화 - 최성기
② 무염착화 - 발염착화 - 발화 - 최성기
③ 발염착화 - 무염착화 - 최성기 - 발화
④ 발화 - 무염착화 - 발염착화 - 최성기

035 □□□ **목조건물 화재성상에 관한 다음 설명 중 옳은 것은?**

2005년 충남, 2007년 광주, 2008년 전북, 2009년 충북, 2010년 경남

① 목조건축물은 내화구조건축물에 비하여 최고온도가 낮다.
② 내화구조건축물 화재에 비해 목조건축물 화재의 특징은 고온 장시간형이다.
③ 목조건축물은 내화구조건축물에 비하여 화재가 늦게 진행된다.
④ 목조건축물 화재에 비해 내화구조건축물 화재의 특징은 저온 장시간형이다.

036 □□□ **목조건축물 화재의 진행 과정에 관한 설명 중 <보기>의 내용에 해당하는 것은?** 2024년 소방간부

<보기>
연기의 색이 백색에서 흑색으로 변하며, 개구부가 파괴되어 공기가 공급되면서 급격한 연소가 이루어져 연기가 개구부로 분출하게 된다.

① 화재의 원인에서 무염착화
② 무염착화에서 발염착화
③ 발염착화에서 발화
④ 발화에서 최성기
⑤ 최성기에서 연소낙하

037 □□□ **화재실의 단위면적당 목재로 환산 시의 등가가연물의 중량(kg/m^2)은 무엇인가?**

2005년 경남·강원·충남, 2007년 경남·충남, 2010년 대전

① 화재강도 ② 화재저항
③ 화재가혹도 ④ 화재하중

038 □□□ **화재실의 바닥면적이 $10m^2$이고, 고무가 5kg인 경우 화재하중의 값은? (단, 각 가연물의 단위발열량은 목재 4,500kcal/kg, 고무는 9,000kcal/kg이다)** 2017년 중앙

① $1kg/m^2$ ② $2kg/m^2$
③ $3kg/m^2$ ④ $4kg/m^2$

039 □□□

바닥 면적이 200m^{2}인 구획된 창고에 의류 1,000kg, 고무 2,000kg이 적재되어 있을 때 화재하중은 약 몇 kg/m^{2}인가? (단, 의류, 고무, 목재의 단위 발열량은 각각 5,000kcal/kg, 9,000kcal/kg, 4,500kcal/kg이고, 창고 내 의류 및 고무 외의 기타 가연물은 존재하지 않으며, 화재 시 완전연소로 가정한다) 2020년 공채

① 15.56
② 20.56
③ 25.56
④ 30.56

040 □□□

그림은 구획실의 크기가 가로 10,000mm, 세로 8,000mm, 높이 3,000mm이며 가연물 A와 가연물 B가 놓여 있는 상태를 나타낸다. 다음과 같은 조건일 때 구획실의 화재하중[kg/㎡]은? (단, 주어지지 않은 조건은 무시하고, 소수점 셋째 자리에서 반올림한다) 2023년 공채

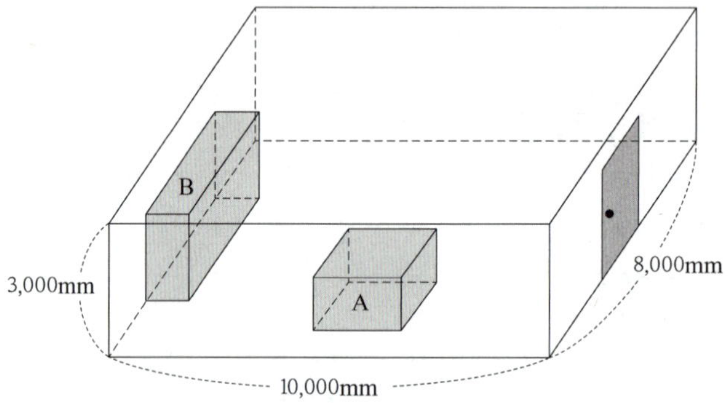

구분	단위발열량 [kcal/kg]	질량 [kg]
목재	4,500	-
가연물 A	2,000	200
가연물 B	9,000	100

① 1.20
② 2.41
③ 3.61
④ 7.22

041 □□□

화재하중을 산출하는 요소에 해당하지 않는 것은? 2021년 소방간부

① 가연물의 배열상태
② 가연물의 질량
③ 가연물의 단위발열량
④ 목재의 단위발열량
⑤ 화재실의 바닥면적

042 □□□ 건축물의 지하층에서 화재가 발생한 경우, 화재하중 산정 시 필요하지 않은 항목을 <보기>에서 있는 대로 모두 고른 것은? 2025년 공채

<보기>
ㄱ. 각 가연물의 양[kg]
ㄴ. 건축물의 연면적[m^2]
ㄷ. 목재의 화재하중[4,500kg/m^2]
ㄹ. 가연물의 단위 발열량[kcal/kg]

① ㄱ, ㄴ ② ㄱ, ㄹ
③ ㄴ, ㄷ ④ ㄴ, ㄷ, ㄹ

043 □□□ 다음 중 건축물 등의 실내 화재 시 가연물의 총발열량을 나타내는 용어는? 2007년 서울

① 설계최대하중 ② 화재강도
③ 화재가혹도 ④ 화재하중

044 □□□ 화재 용어 중 화재실의 단위시간당 축적되는 열의 양을 의미하는 것은? 2019년 공채

① 훈소 ② 화재하중
③ 화재강도 ④ 화재가혹도

045 □□□ 다음 중 화재강도에 영향을 주는 요소가 아닌 것은? 2006년 경북

① 가연물의 중량 ② 가연물의 발열량
③ 가연물의 비표면적 ④ 가연물의 구조

046 □□□ 화재 발생 시 건물 내의 수용재산 및 건물 자체에 손상을 입히는 정도를 나타내는 용어로, '최고온도 × 지속시간'이며 화재심도라 하는 것은? 2017년 전북

① 화재하중 ② 화재저항
③ 화재가혹도 ④ 화재강도

047 □□□

화재가혹도에 관한 설명으로 옳지 않은 것은? 2020년 공채

① 화재가혹도란 화재발생으로 당해 건물과 내부 수용재산 등을 파괴하거나 손상을 입히는 정도를 말한다.

② 최고온도는 화재가혹도의 질적 개념으로 화재강도와 관련이 있다.

③ 지속시간은 화재가혹도의 양적 개념으로 화재하중과 관련이 있다.

④ 화재가혹도에 영향을 미치는 환기요소는 개구부 면적의 제곱근에 비례하고 개구부 높이에 비례한다.

048 □□□

화재용어에 대한 설명으로 옳지 않은 것은? 2020년 소방간부

① 가연물의 비표면적이 클수록 화재강도는 증가한다.

② 화재실의 열방출률이 클수록 화재강도는 증가한다.

③ 화재강도와 화재하중이 클수록 화재가혹도는 높아진다.

④ 최고온도에서 연소시간이 지속될수록 화재가혹도는 높아진다.

⑤ 전체 가연물의 양(발열량)이 동일할 때 화재실의 바닥면적이 커지면 화재하중은 증가한다.

049 □□□

화재가혹도(fire severity)에 대한 설명으로 옳지 않은 것은? (단, A는 개구부의 면적, H는 개구부의 높이이다) 2022년 공채

① 화재가혹도의 크기는 화재강도와 화재하중의 영향을 받는다.

② 화재실의 최고온도와 지속시간은 화재가혹도를 판단하는 중요한 인자이다.

③ 화재실의 환기요소($A\sqrt{H}$)는 화재가혹도에 영향을 준다.

④ 화재가혹도는 화재실이나 화재구획의 단열성에 영향을 받지 않는다.

050 □□□

내화구조물의 화재가혹도 판단을 위한 주요 요소 중 화재지속시간을 산정하기 위한 인자로 옳지 않은 것은? (단, 환기지배형 화재로 가정한다.) 2025년 공채

① 화재실의 바닥면적

② 화재실의 최고온도

③ 화재실의 개구부 높이

④ 화재실의 개구부 면적

051 □□□ **화재가혹도(fire severity)에 관한 설명으로 옳지 않은 것은?** 2025년 소방간부

① 화재가혹도는 발생한 화재가 당해 건물과 그 내부의 수용재산 등을 파괴하거나 손상을 입히는 정도를 말한다.
② 화재가혹도의 주요 요소에는 화재강도와 화재하중이 있다.
③ 화재강도가 크면 열축적이 크므로 주수율이 높아져야 한다.
④ 화재하중은 입체면적(m^3)당 중량(kg)이다.
⑤ 화재가혹도에 영향을 주는 환기요소는 온도와 비례 관계이고, 시간과 반비례 관계이다.

052 □□□ **화재에 견딜 수 있는 성능을 가진 구조로서 국토교통부령이 정하는 기준에 적합한 구조를 말하는 것으로, 전소한다 하더라도 수리하여 재사용할 수 있는 구조는 무엇인가?** 2005년 대전

① 방화구조 ② 불연구조
③ 방연구조 ④ 내화구조

053 □□□ **다음 중 「건축법」에서 건축물의 주요구조부가 아닌 것은?** 2011년 제주, 2013년 충북

① 내력벽 ② 바닥
③ 옥외계단 ④ 보

054 □□□ **「건축법」상 연기 및 불꽃을 차단할 수 있는 시간이 60분 이상이고, 열을 차단할 수 있는 시간이 30분 이상인 방화문으로 옳은 것은?** 2010년 대전

① 60분+ 방화문 ② 60분 방화문
③ 60분- 방화문 ④ 30분 방화문

12 건축방화계획

정답 및 해설 p. 47

001 □□□

건축물 방화계획에서 공간적 대응과 관련이 없는 것은? 2006년 충남, 2008년 충북, 2010년 강원, 2010년 전남

① 대항성
② 도피성
③ 회피성
④ 구조안전성

002 □□□

피난계획의 일반적인 원칙에 관한 설명 중 옳지 않은 것은? 2009년 인천·경남, 2010년 강원·경남·전북

① 2방향의 피난 통로를 확보한다.
② 피난경로는 간단명료하게 한다.
③ 피난수단은 원시적 방법에 의한 것을 원칙으로 한다.
④ 피난설비는 고정식 설비보다 이동식 설비 위주로 설치한다.

003 □□□

피난계획의 일반적인 원칙에서 Fail safe와 관련이 있는 것은? 2008년 전북

① 소화설비, 경보기기 위치, 유도표지 등에 판별이 쉬운 색채를 사용한다.
② 정전 시에도 피난구를 알 수 있도록 외광이 들어오는 위치에 문을 설치한다.
③ 출입문은 피난방향으로 열 수 있도록 한다.
④ 피난경로는 최소한 2방향 이상 피난로를 확보한다.

004 □□□ **다음의 설명 중 피난동선의 특징으로 옳지 않은 것은?** 2005년 인천, 2006년 전북

① 2방향 이상의 피난동선이 확보되어야 한다.
② 피난동선은 상용의 통로, 계단을 이용한다.
③ 피난동선은 수직과 수평동선으로 구분된다.
④ 피난동선은 가급적 단순하여야 한다.

005 □□□ **건축물의 피난계획에 대한 설명으로 옳은 것은?** 2014년 중앙

① 피난동선은 그 말단이 갈수록 복잡할수록 좋다.
② 피난동선의 한쪽은 막다른 통로와 연결되어 화재 시 연소가 되지 않도록 하여야 한다.
③ 어느 곳에서도 2개 이상의 방향으로 피난할 수 있으며, 그 말단은 화재로부터 안전한 장소이어야 한다.
④ 모든 피난동선은 건물 중심부 한 곳으로 향하고 중심부에서 지면 등 안전한 장소로 피난할 수 있도록 하여야 한다.

006 □□□ **피난시설의 안전구획을 설정하는 데 해당하지 않는 것은?** 2009년 전남

① 복도
② 계단
③ 거실
④ 부속실

007 □□□ **다음 중 피난방향에 따른 패닉(Panic)에 우려가 있는 피난로는?** 2005년 충남

① CO형
② Y형
③ T형
④ X형

008 □□□ **다음 중 건축물 화재 시 피난에 관한 설명으로 옳지 않은 것은?** 2016년 충남

① 피난방향의 설계는 중앙 core식이 가장 안전하다.
② 피난대책의 일반원칙은 Fool proof와 Fail safe 원칙을 따른다.
③ 피난경로는 단순·명료하여야 한다.
④ 피난동선은 수직과 수평동선으로 구분되며, 계단의 배치는 집중화를 피하고 분산한다.

009 □□□ **다음 중 화재발생 시 인간의 기본적 피난본능에 관한 설명으로 옳지 않은 것은?**
2006년 인천·경남, 2009년 경남

① 화재로 인한 혼란 시 판단력의 저하로 최초 행동 개시자를 따르는 본능을 추종본능이라 한다.
② 어두운 곳에서 밝은 불빛을 따라 행동하는 본능을 지광본능이라 한다.
③ 무의식 중에 평상시 사용하는 길, 원래 온 길을 가려는 습성을 귀소본능이라 한다.
④ 오른손잡이는 오른발을 축으로 우측으로 돌게 되는 본능을 우회본능이라 한다.

010 □□□ **건축물 화재에서 피난 시 인간의 심리의 특성이 아닌 것은?**
2008년 부산, 2009년 충남·인천, 2010년 대전, 2011년 제주

① 인간은 본능적으로 빛을 피해 어두운 곳으로 가려는 본능이 있다.
② 인간은 반사적으로 열·연기 등 위험으로부터 멀리 하려는 본능이 있다.
③ 무의식 중에 평상시 사용한 길 또는 원래 온 길을 가려하는 본능이 있다.
④ 혼란 시 판단력 저하로 최초 행동개시자인 리더를 따르는 습성이 있다.

fire.Hackers.com

PART 2

소화약제

01 물소화약제

정답 및 해설 p. 50

001 □□□

물소화약제의 특성에 관한 다음 내용 중 옳지 않은 것은? 2006년 울산

① 가격이 저렴하다.
② 비열·기화열 및 열용량이 커서 냉각효과가 매우 우수하다.
③ 냉각, 질식, 유화, 희석소화가 가능하다.
④ 승화열, 기화열, 용융열 등은 현열, 즉, 숨은열이라고도 한다.

002 □□□

물질의 물리적 특성에 관한 설명으로 옳지 않은 것은? 2011년 중앙

① 현열은 온도의 변화를 수반하지 않고 상(相)의 변화로 생성되는 에너지이며, 잠열은 어떤 물질이 상(相)의 변화가 일어나지 않고 열을 흡수하여 온도변화를 일으키는 데 요구되는 열에너지를 말한다.
② 비열은 단위질량의 물질 1g을 1℃ 올릴 때 필요한 열량을 말한다.
③ 1BTU는 1Lb의 물을 1°F 높이는 데 필요한 열량을 말한다.
④ 융점은 대기압하에서 고체가 용융하여 액체가 되는 온도를 말한다.

003 □□□

물 소화약제의 물리적·화학적 특성으로 옳은 것만을 <보기>에서 있는 대로 고른 것은? 2025년 소방간부

<보기>
ㄱ. 물은 수소 원자 2개와 산소 원자 1개가 극성공유결합을 하고 있다.
ㄴ. 물의 비중은 1기압, 0℃에서 가장 크다.
ㄷ. 물의 표면장력은 온도가 상승하면 작아진다.
ㄹ. 물의 비열은 대기압 상태에서 0.5cal/g·℃이다.

① ㄱ, ㄴ
② ㄱ, ㄷ
③ ㄷ, ㄹ
④ ㄱ, ㄴ, ㄷ
⑤ ㄴ, ㄷ, ㄹ

004 □□□ **다음 중 물이 소화약제로 사용되는 장점으로 옳은 것은?** 2015년 중앙

① 증발잠열이 커서 냉각효과가 우수하다.
② 압력을 가하면 쉽게 압축되어 저장이 용이하다.
③ 가연물과 화학반응이 일어나지 않아 모든 화재에 적응성이 있다.
④ 사용 후 2차 피해인 수손피해가 발생하지 않는다.

005 □□□ **0℃ 얼음 1kg이 수증기 100℃가 되려면 몇 kcal가 필요한가?** 2013년 광주

① 619kcal ② 639kcal
③ 719kcal ④ 1278kcal

006 □□□ **다음 중 2g의 물을 0℃에서 100℃의 수증기로 만드는 데 필요한 열량은?** 2005년 전북

① 80[cal] ② 639[cal]
③ 1278[cal] ④ 719[cal]

007 □□□ **다음 중 화재현장에서 물소화약제를 사용할 경우 기대할 수 없는 소화효과는?** 2005년 경북, 2007년 울산

① 희석효과 ② 냉각효과
③ 부촉매효과 ④ 질식효과

008 □□□ **소화약제인 물에 관한 설명 중 가장 옳지 않은 것은?** 2008년 부산

① 물은 다른 약제에 비해 표면장력이 작고 침투성이 없다.
② 물은 증발잠열이 커서 냉각소화가 뛰어나다.
③ 물은 수증기에 의한 질식소화가 가능하다.
④ 물은 수소결합에 의해 분자 간 결합이 크기 때문에 비열이 크다.

009 □□□ **다음 중 물의 주수형태에 대한 설명으로 옳지 않은 것은?** 2005년 제주, 2013년 전북

① 물소화약제의 주수형태는 우상주수, 적상주수, 무상주수, 봉상주수 등이 있다.
② 소방차나 소화전을 이용하여 직사방사로 화재진압을 할 때 얻을 수 있는 물의 소화효과는 냉각소이다.
③ 스프링클러설비의 물소화약제 방사 시 주수방법은 적상주수이다.
④ 물분무소화설비 또는 미분무소화설비의 방수형태는 무상주수이다.

010 □□□ **다음 물소화약제의 주수형태 중 분무주수에 대한 설명으로 옳지 않은 것은?** 2011년 서울

① 분무주수는 단거리 공격에 해당되며, 실외 등 개방된 공간에는 효과가 적다.
② 분무주수는 화점에 대한 명중률이 뛰어나다.
③ 분무주수는 질식소화에 효과적이다.
④ 분무주수는 유류화재에 적응성이 있다.

011 □□□ **다음 중 물소화약제를 무상주수 형태로 소화할 수 없는 화재는?** 2007년 경남

① 전기화재
② 중유탱크화재
③ 나트륨 등 금속화재
④ 실내목재화재

012 □□□ **물 소화약제에 관한 설명으로 옳지 않은 것은?** 2024년 소방간부

① 물은 분자 내에서는 수소결합을, 분자 간에는 극성공유결합을 하여 소화약제로써의 효과가 뛰어나다.
② 물의 증발잠열은 100℃, 1기압에서 539kcal/kg이므로 냉각소화에 효과적이다.
③ 물의 주수형태 중 무상은 전기화재에도 적응성이 있다.
④ 물 소화약제를 알코올 등과 같은 수용성 액체 위험물 화재에 사용하면 희석작용을 하여 소화효과가 있다.
⑤ 중질유화재에 물을 무상으로 주수 시 급속한 증발에 의한 질식효과와 함께 에멀션(emulsion) 형성에 의한 유화효과가 있다.

013 □□□ **다음 중 물분무소화효과와 관련이 가장 먼 것은?** 2010년 인천·충북·전남

① 희석소화 ② 질식소화
③ 냉각소화 ④ 제거소화

014 □□□ **물소화약제에 대한 설명으로 옳은 것은?** 2021년 공채

① 질식소화 작용은 기대하기 어렵다.
② 분무상으로 방사 시 B급 화재 및 C급 화재에도 적응성이 있다.
③ 물은 비열과 기화열 값이 작아 냉각소화 효과가 우수하다.
④ 수용성 가연물질인 알코올, 에테르, 에스테르 등으로 인한 화재에는 적응성이 없다.

015 □□□ **중질유화재 시 무상주수를 함으로써 기대할 수 있는 소화효과로 옳게 묶인 것은?** 2022년 공채

① 질식소화, 부촉매소화 ② 질식소화, 유화소화
③ 유화소화, 타격소화 ④ 피복소화, 타격소화

016 □□□ **물소화약제의 소화방법에 대한 설명으로 옳지 않은 것은?** 2010년 대전

① 희석소화는 가연성 액체의 화재 시 다량의 물을 주수하여 가연성 액체의 농도를 연소범위 아래로 떨어뜨려 소화하는 방법이다.
② 유화소화는 유류탱크화재 시 기름층 상부에 유화층을 형성하여 소화하는 방법이다.
③ 질식소화는 직사방수법으로 가연물의 산소공급을 차단하여 소화하는 방법이다.
④ 냉각소화는 물의 증발잠열과 비열을 이용한 소화방법이다.

017 □□□ 물의 소화효과에 대한 설명으로 옳지 않은 것은? 2011년 부산

① 냉각소화와 질식소화에 큰 효과를 낼 수 있는 것은 봉상주수이다.
② 기름표면 등에 방사되어 유화층을 형성하여 유면을 덮는 유화작용을 갖는다.
③ 수용성 액체는 희석하여 소화하는 희석작용을 나타낼 수 있다.
④ 무상주수는 열의 차폐에도 유효하여 가스화재 및 폭발제어 설비로도 사용된다.

018 □□□ <보기>에서 설명하는 물소화약제의 첨가제로 옳지 않은 것은? 2025년 공채

<보기>
물의 어는점(1기압, 0℃) 이하에서 동파 및 응고현상을 방지하기 위하여 첨가하는 물질

① 염화칼슘(Calcium Chloride)
② 글리세린(Glycerin)
③ 프로필렌글리콜(Propylene Glycol)
④ 폴리에틸렌옥사이드(Polyethylene Oxide)

019 □□□ 물소화약제 첨가제 중 주요 기능이 물의 표면장력을 낮게 하여 심부화재에 대한 적응성을 높여주는 것은? 2020년 공채

① 부동제
② 증점제
③ 침투제
④ 유동제

020 □□□ 다음 중 화재분류에 따른 물소화약제의 주수형태로 소화방법이 가장 옳지 않은 것은? 2006년 서울, 2010년 전남

① 알칼리금속의 과산화물 화재 - 봉상의 물, 적상의 물
② 슈퍼마켓 화재 - 적상의 물, 봉상의 물
③ 컴퓨터실 화재 - 할론겐화합물소화약제, 무상의 물
④ 알코올저장탱크 화재 - 포소화약제, 무상의 물

02 강화액소화약제

정답 및 해설 p. 53

001 □□□ **다음 중 강화액소화약제에 관한 내용으로 옳지 않은 것은?** 2006년 전북

① 물의 단점을 보완하기 위해 물에 탄산칼륨을 첨가해서 만들었다.
② 영하에서도 소화약제는 얼지 않는다.
③ 무상방사 시에는 일반화재, 유류화재, 전기화재에 사용할 수 있다.
④ 무상방사 시 소화는 변전실화재에 적합하지 않다.

002 □□□ **다음은 강화액소화약제에 대한 설명이다. 빈칸에 들어갈 단어로 옳은 것은?** 2018년 중앙

탄산칼륨을 함유한 강화액은 (　　)로 인해 부촉매소화효과를 가진다.

① K^+　② CO_3^{2-}
③ H^+　④ OH^-

03 포소화약제

정답 및 해설 p. 54

001 □□□ **포소화약제에 대한 설명으로 옳지 않은 것은?** 2016년 중앙

① 포 소화약제는 화재 시 소방대상물에 거품을 이용하여 소화하는 소화약제로서 질식 및 냉각소화를 한다.
② 분말소화약제와 병용할 수 있는 포 소화약제는 수성막포, 불화단백포이다.
③ 수성막포는 유류화재 진압용으로 가장 좋은 소화약제이며, 불소계 계면활성제를 주성분으로 드라이케미컬과 혼합 시 소화력이 7~8배 상승효과 있다.
④ 합성계면활성제포는 고발포만 사용이 가능하다.

002 □□□ **주로 고발포로 사용할 수 있으며, 지하상가나 창고화재에 적합한 포소화약제는?** 2006년 충남

① 알코올포
② 합성계면활성제포
③ 단백포
④ 수성막포

003 □□□ **제4류 위험물 중 알코올류, 아세톤, 에스테르류, 에테르류, 케톤류 등 수용성 위험물에 사용할 수 있는 소화약제로 옳은 것은?** 2007년 충남·서울, 2010년 대전

① 수성막포소화약제
② 합성계면활성제포소화약제
③ 내알코올포소화약제
④ 단백포소화약제

004 수용성 유류화재에 사용하는 포소화약제에 관한 내용으로 옳지 않은 것은? 2009년 제주

① 수용성 유류는 극성이 있는 약제를 사용할 수 있다.
② 수용성 유류라 함은 알코올류, 케톤류, 에스테르류 등을 말한다.
③ 비수용성 화재에 적합한 것은 수용성 유류에도 일반적으로 적합하다.
④ 수용성 유류에는 내알코올포소화약제가 적당하다.

005 다음 중 비교적 큰 규모의 유류화재 시 가장 효과적인 소화방법과 소화약제는? 2007년 서울

① 냉각소화 - 물소화약제
② 질식소화 - 포소화약제
③ 제거소화 - 분말소화약제
④ 부촉매소화 - 이산화탄소소화약제

006 기계포 소화약제 중 단백포 소화약제에 관한 설명으로 옳은 것만을 <보기>에서 있는 대로 고른 것은? 2024년 소방간부

<보기>
ㄱ. 유동성이 좋다.
ㄴ. 내열성이 나쁘다.
ㄷ. 유류를 오염시킨다.
ㄹ. 유면 봉쇄성이 좋다.

① ㄱ, ㄷ
② ㄷ, ㄹ
③ ㄱ, ㄴ, ㄹ
④ ㄴ, ㄷ, ㄹ
⑤ ㄱ, ㄴ, ㄷ, ㄹ

007 □□□ **포 소화약제에 관한 설명으로 옳지 않은 것은?** 2024년 공채

① 불화단백포 소화약제는 불소계 계면활성제를 첨가하여 단백포 소화약제의 단점인 유동성을 보완하였다.
② 알콜형포 소화약제는 케톤류, 알데히드류, 아민류 등 수용성용제의 소화에 사용할 수 있다.
③ 단백포 소화약제는 단백질을 가수분해 한 것을 주원료로 하며 내유성이 뛰어나 소화속도가 빠르다.
④ 합성계면활성제포 소화약제는 유동성과 저장성이 우수하며 저팽창포부터 고팽창포까지 사용할 수 있다.

008 □□□ **포(foam)에 대한 일반적인 설명으로 옳은 것은?** 2022년 공채

① 불화단백포 및 수성막포는 표면하 주입방식에 사용할 수 있다.
② 불소를 함유하고 있는 합성계면활성제포는 친수성이므로 유동성과 내유성이 좋다.
③ 단백포는 유동성은 좋으나, 내화성은 나쁘다.
④ 알콜형포 사용 시 비누화현상이 일어나면 소화능력이 떨어진다.

009 □□□ **다음 그림의 주입 방식에 가장 적합한 포소화약제로만 짝지어진 것은?** 2023년 공채

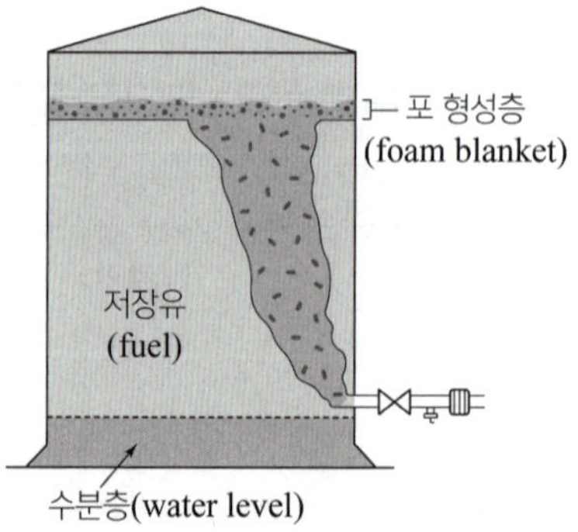

① 단백포, 불화단백포
② 수성막포, 불화단백포
③ 합성계면활성제포, 수성막포
④ 단백포, 수성막포

010 □□□ 다음은 수성막포에 관한 설명이다. ( ) 안에 들어갈 내용으로 옳은 것은? 2022년 소방간부

> 수성막포는 (㉠)이 강하여 표면하 주입방식에 효과적이며, 내약품성으로 (㉡)소화약제와 Twin Agent System이 가능하다. 반면에 내열성이 약해 탱크 내벽을 따라 잔불이 남게 되는 (㉢) 현상이 일어날 우려가 있으며, 대형화재 또는 고온화재 시 수성막 생성이 곤란한 단점이 있다.

	㉠	㉡	㉢
①	점착성	강화액	윤화
②	점착성	분말	선화
③	내유성	분말	선화
④	내유성	강화액	선화
⑤	내유성	분말	윤화

011 □□□ 수성막포 소화약제에 관한 내용으로 옳은 것만을 <보기>에서 있는 대로 고른 것은? 2023년 소방간부

> <보기>
> ㄱ. 불소계 계면활성제를 주성분으로 한 것으로 안정성이 좋아 장기보존이 가능하다.
> ㄴ. 알코올류, 케톤류, 에스테르류 등과 같은 수용성 위험물 화재에 소화적응성이 아주 우수하다.
> ㄷ. 내유성이 있어 탱크 하부에서 발포하는 표면하주입방식이 가능하며, 분말소화약제와 함께 사용 시 소화능력이 강화된다.
> ㄹ. 유류의 표면에 거품과 수성막을 형성함으로써 질식과 냉각소화 작용이 우수하며, '라이트워터(Light Water)'라고도 불린다.

① ㄱ
② ㄴ, ㄷ
③ ㄱ, ㄴ, ㄹ
④ ㄱ, ㄷ, ㄹ
⑤ ㄴ, ㄷ, ㄹ

012 □□□ 다음 포소화약제에 관한 설명 중 옳지 않은 것은? 2011년 서울

① 단백포는 동물의 뿔, 발톱 등으로부터 얻어지므로 내열성과 점착성이 우수하다.
② 단백포의 단점을 개선한 것이 내알코올포이다.
③ 수성막포는 불소계 계면활성제를 주성분으로 하며, 표면하주입방식이 가능하다.
④ 포는 기계포와 화학포로 나누는데, 화학포는 일반적으로 사용하고 있지 않다.

013 □□□ **다음 포혼합방식 중 펌프와 발포기 중간에 설치된 벤츄리관의 벤츄리작용에 의하여 포소화약제를 흡입·혼합하는 방식은?** 2007년 대전, 2009년 인천, 2018년 통합

① 펌프 프로포셔너방식
② 라인 프로포셔너방식
③ 프레져 프로포셔너방식
④ 프레져사이드 프로포셔너방식

014 □□□ **펌프와 발포기의 중간에 설치된 벤츄리관의 벤츄리작용과 펌프가압수의 포소화약제 저장탱크에 대한 압력에 따라 포소화약제를 흡입·혼합하는 방식은?** 2021년 소방간부

① 프레져사이드 프로포셔너(Pressure-side Proportioner)
② 프레져 프로포셔너(Pressure Proportioner)
③ 라인 프로포셔너(Line Proportioner)
④ 펌프 프로포셔너(Pump Proportioner)
⑤ 압축공기포 혼합장치

015 □□□ **포소화설비에서 펌프의 토출관에 압입기를 설치하여 포소화약제 압입용 펌프로 포소화약제를 압입시켜 혼합하는 방식은?** 2019년 공채

① 라인 프로포셔너(line Proportioner)
② 펌프 프로포셔너(pump Proportioner)
③ 프레셔 프로포셔너(pressure Proportioner)
④ 프레셔사이드 프로포셔너(pressure side Proportioner)

016 □□□ **「포소화설비의 화재안전성능기준」상 포 소화약제 혼합장치 중 '프레셔사이드 프로포셔너방식'에 대한 설명으로 옳은 것은?** 2025년 소방간부

① 펌프와 발포기의 중간에 설치된 벤추리관의 벤추리작용과 펌프 가압수의 포 소화약제 저장탱크에 대한 압력에 따라 포 소화약제를 흡입·혼합하는 방식을 말한다.
② 펌프와 발포기의 중간에 설치된 벤추리관의 벤추리작용에 따라 포 소화약제를 흡입·혼합하는 방식을 말한다.
③ 펌프의 토출관과 흡입관 사이의 배관 도중에 설치한 흡입기에 펌프에서 토출된 물의 일부를 보내고, 농도 조정밸브에서 조정된 포 소화약제의 필요량을 포 소화약제 저장탱크에서 펌프 흡입측으로 보내어 이를 혼합하는 방식을 말한다.
④ 물, 포 소화약제 및 공기를 믹싱챔버로 강제주입시켜 챔버 내에서 포수용액을 생성한 후 포를 방사하는 방식을 말한다.
⑤ 펌프의 토출관에 압입기를 설치하여 포 소화약제 압입용펌프로 포 소화약제를 압입시켜 혼합하는 방식을 말한다.

017 □□□

포혼합장치 중 펌프 프로포셔너(pump proportioner) 방식에 해당하는 것은? 2021년 공채

①

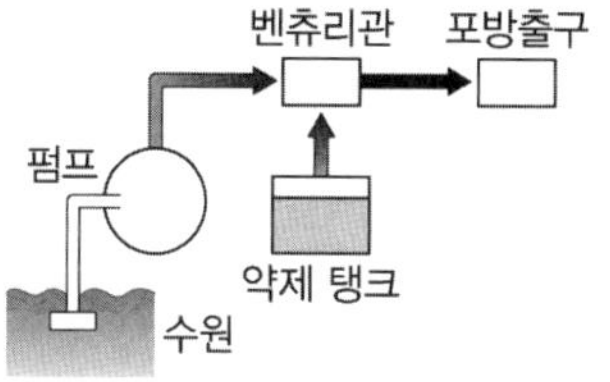

②

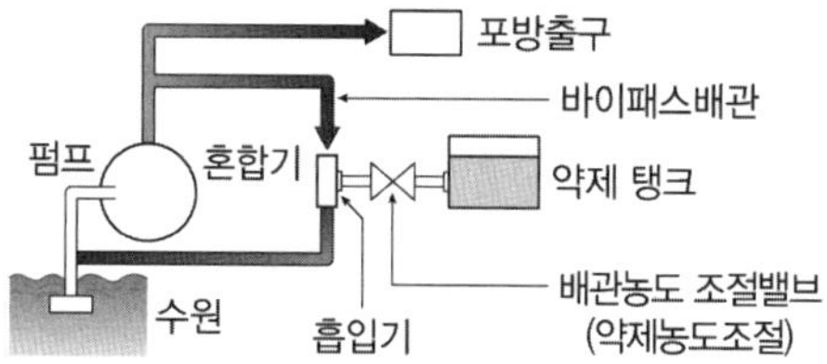

③

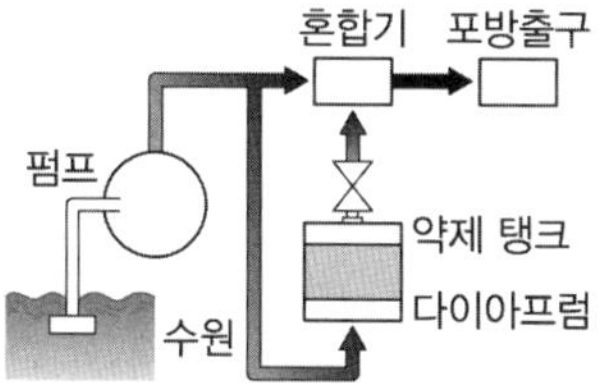

④

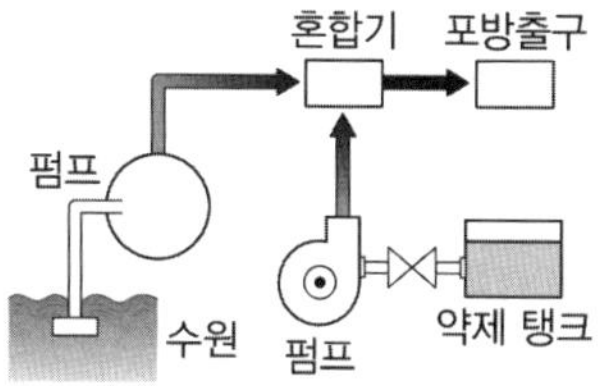

018 □□□

(가) ~ (라)의 포소화약제 혼합방식에 관한 설명으로 옳지 않은 것은? 2025년 공채

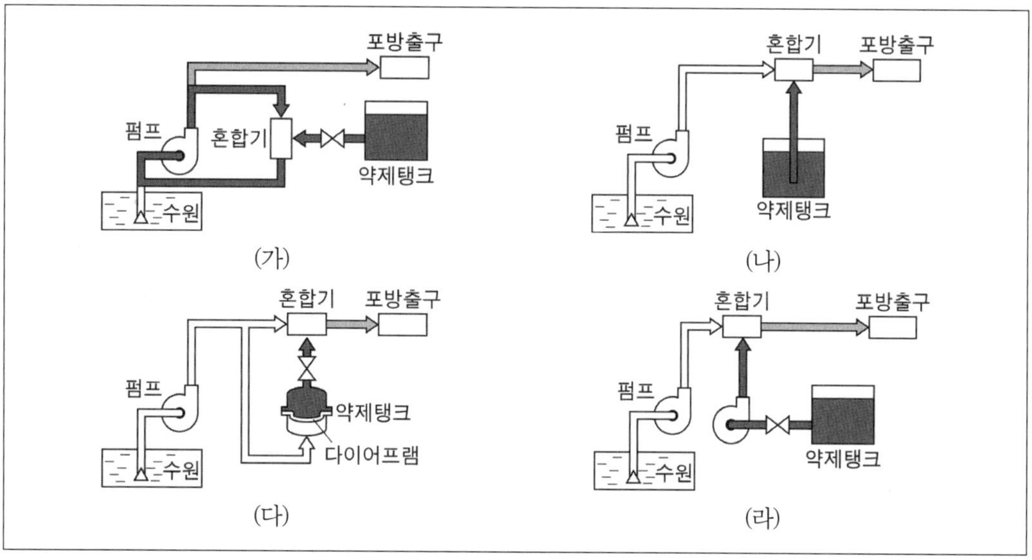

① (가): 화학소방차에 주로 사용하는 방식이다.

② (나): 혼합기의 압력손실이 적고, 흡입 가능한 유량의 범위가 넓다.

③ (다): 약제 원액 잔량을 버리지 않고 계속 사용할 수 있다.

④ (라): 비행기 격납고, 석유화학 플랜트 등과 같은 대단위 고정식 소화설비에 주로 사용하며, 설치비가 비싸다.

019 □□□

고발포인 제2종 기계포의 팽창비에 해당하는 것은? 2020년 공채

① 10배 이상 20배 이하

② 100배 이상 200배 이하

③ 300배 이상 400배 이하

④ 500배 이상 600배 이하

04 이산화탄소소화약제

정답 및 해설 p. 58

001 다음 중 이산화탄소소화약제의 소화효과가 아닌 것은? 2008년 대구

□□□

① 부촉매소화 ② 냉각소화
③ 질식소화 ④ 피복소화

002 다음 특성에 해당하는 소화약제는? 2019년 공채

□□□

- 소화 후 소화약제에 의한 오손이 없고, 비전도성이다.
- 장기보존이 용이하고, 추운 지방에서도 사용 가능하다.
- 자체 압력으로 방출이 가능하고, 불연성 기체로서 주된 소화효과는 질식효과이다.

① 이산화탄소소화약제 ② 산·알칼리소화약제
③ 포소화약제 ④ 할로겐화합물 소화약제

003 이산화탄소소화약제에 관한 설명 중 옳지 않은 것은? 2009년 강원

□□□

① 자체압력으로 방사가 가능하고 한랭지역에도 동결우려가 없다.
② 방사 시 침투성이 있고 심부화재에 적응성이 있다.
③ 가스계 소화약제 중 질식소화효과가 뛰어나 제5류 위험물에도 소화효과가 있다.
④ 피연소물질에 대한 소손이 적고 증거보존이 용이하다.

004 이산화탄소소화약제에 관한 설명 중 옳지 않은 것은? 2010년 경기

□□□

① 증발잠열을 이용한 부촉매소화활동으로 동상 우려가 있다.
② 40℃ 이하의 온도변화가 없는 곳에 설치한다.
③ 소화약제를 방사하였을 때 인체에 질식 우려가 있다.
④ 소화약제는 방출 후 기체로서 피연소물질에 대한 오염이 없다.

005 □□□ **이산화탄소소화약제에 관한 설명 중 가장 옳지 않은 것은?** 2010년 충북

① 이산화탄소소화약제는 방사 시 소리가 없다.
② 피연소물에 피해가 적고 증거보존이 용이하여 화재원인조사가 쉽다.
③ 침투성이 있고 심부화재와 표면화재에 적합하며 전기화재에 좋다.
④ 압력이 커서 자체압력으로 방사가 가능해 외부의 방출용 동력원이 필요 없다.

006 □□□ **이산화탄소 소화약제의 특징으로 옳은 것은?** 2024년 공채

① 무색, 무취로 전도성이며 독성이 있다.
② 질식소화 효과와 기화열 흡수에 의한 냉각효과가 있다.
③ 제3류 위험물, 제5류 위험물의 소화에 사용한다.
④ 자체 증기압이 매우 낮아 별도의 가압원이 필요하다.

007 □□□ **밀폐된 구획공간에서 이산화탄소 방사 시 산소농도를 10%로 설계할 때 방사하는 이산화탄소의 농도는? (단, 소수점은 올림 처리한다)** 2021년 소방간부

① 15%
② 24%
③ 35%
④ 45%
⑤ 53%

008 □□□ **공기 중 산소농도가 20%일 때, 이산화탄소를 방사해서 산소농도 10%가 되었다면 이때 이산화탄소의 농도는?** 2018년 중앙

① 50
② 25
③ 20
④ 15

009 □□□ **연소하한계(LFL)가 2.1vol%인 프로페인(C_3H_8)가스 화재 시 소화할 때 필요한 이산화탄소 소화약제의 농도는 최소 몇 vol%를 초과해야 하는가? (단, 공기 중 산소농도는 21vol%로 한다)** 2025년 소방간부

① 25
② 34
③ 50
④ 67
⑤ 75

PART 2 해커스소방 이영철 소방학개론 단원별 기출문제집

05 할론소화약제

정답 및 해설 p. 59

001 □□□

표준상태에서 할론 1301 소화약제가 공기 중으로 방사되어 균일하게 혼합되어 있을 때 할론 1301의 기체비중은 얼마인가? (단, 공기의 분자량은 29, C의 원자량은 12, F의 원자량은 19, Br의 원자량은 80으로 하고 소수점 이하 셋째자리에서 반올림한다) 2017년 중앙

① 2.14
② 4.98
③ 5.14
④ 6.15

002 □□□

가연물의 화학적 연쇄반응 속도를 줄여 소화하는 방법으로 옳은 것은? 2020년 공채

① 다량의 물을 주수하여 소화한다.
② 할론소화약제를 사용하여 소화한다.
③ 연소물이나 화원을 제거하여 소화한다.
④ 에멀션(emulsion) 효과를 이용하여 소화한다.

003 □□□

화학적 소화에 의한 연소 억제작용을 하여 소화효과가 뛰어나지만 오존(O_3)과의 반응성이 강하여 사용이 제한되는 소화약제는? 2009년 광주

① 이산화탄소소화약제
② 할로겐화합물 및 불활성기체 소화약제
③ 분말소화약제
④ 할론소화약제

06 할로겐화합물 및 불활성기체 소화약제

정답 및 해설 p. 60

001 할론소화약제가 지구 오존층 파괴를 일으키므로 생산 및 사용이 금지되었다. 이를 대신하여 개발되어 사용이 가능한 소화약제는 어느 것인가? 2005년 대전·대구, 2010년 전북

① 강화액소화약제
② 할로겐화합물 및 불활성기체 소화약제
③ 분말소화약제
④ 이산화탄소소화약제

002 다음 중 할로겐화합물 소화약제는 어느 것인가? 2007년 대구

① CF_3Br
② CF_2ClBr
③ CCl_4
④ CF_3I

003 할로겐화합물 및 불활성기체 소화약제 중 불활성기체 소화약제를 구성할 수 있는 물질에 해당하지 않는 것은? 2021년 소방간부

① 헬륨
② 네온
③ 염소
④ 질소
⑤ 아르곤

004 할로겐화합물 소화약제 중 'HCFC BLEND A'의 구성 요소가 아닌 것은? 2022년 소방간부

① HCFC-123
② C_3HF_7
③ HCFC-22
④ HCFC-124
⑤ $C_{10}H_{16}$

005 □□□ **다음 중 할로겐화합물 및 불활성기체 소화약제에 관한 내용으로 옳지 않은 것은?** 2009년 서울

① 할로겐화합물 소화약제는 전기적으로 비전도성이므로 변전실 화재에 적합하다.

② 할론소화약제보다 할로겐화합물 소화약제가 환경오염이 적다.

③ 상품명이 이너젠가스인 IG - 541은 질소, 아르곤, 이산화탄소로 이루어져 있다.

④ 할로겐화합물 소화약제는 불소, 탄소, 질소, 헬륨, 아르곤 중 하나 이상의 유기화합물로 이루어져 있다.

006 □□□ **다음 불활성기체 소화약제 중 주성분이 Ar에 해당하는 것은?** 2009년 경남

① IG - 100 ② IG - 55

③ IG - 541 ④ IG - 01

007 □□□ **불활성기체 소화약제의 표기와 화학식의 연결이 옳지 않은 것은?** 2019년 공채

① IG - 01: Ar ② IG - 100: N_2

③ IG - 541: N_2(52%), Ar(40%), Ne(8%) ④ IG - 55: N_2(50%), Ar(50%)

008 할로겐화합물 및 불활성기체 소화약제에 관한 설명으로 옳지 않은 것은? 2023년 공채

□□□

① IG - 01, IG - 55, IG - 100, IG - 541 중 질소를 포함하지 않은 약제는 IG - 100이다.

② 할로겐화합물 소화약제 중 HFC - 23(트리플루오르메탄)의 화학식은 CHF_3이다.

③ 부촉매 소화효과는 불활성기체 소화약제에는 없으나 할로겐화합물 소화약제는 있다.

④ 할로겐화합물 소화약제는 불소, 염소, 브롬 또는 요오드 중 하나 이상의 원소를 포함하고 있는 유기화합물을 기본 성분으로 하는 소화약제를 말한다.

009 할로겐화합물 및 불활성기체 소화약제에 관하여 옳지 않은 것은? 2011년 제주

□□□

① 할로겐화합물 및 불활성기체 소화약제는 오존층을 보호할 수 있는 소화약제이다.

② 휘발성이 있거나 증발 후 대기 중에 잔여물을 남기지 않는 소화약제이다.

③ 오존파괴지수(ODP)와 지구온난화지수(GWP)가 0에 가깝다.

④ 할론소화약제를 포함한 할로겐화합물 및 불활성기체로 이루어진 약제이다.

010 할로겐화합물 소화약제가 갖추어야 할 일반적인 조건으로 옳지 않은 것은? 2022년 공채

□□□

① 독성이 적을수록 좋다.

② 지구 온난화에 끼치는 영향이 적을수록 좋다.

③ 대기 중에 잔존 시간이 길수록 좋다.

④ 오존층 파괴에 끼치는 영향이 적을수록 좋다.

07 분말소화약제

정답 및 해설 p. 62

001 □□□ **다음 중 부촉매·질식·냉각·복사열차단 소화효과와 비누화 현상이 나타나는 분말소화약제는?**

2012년 중앙

① 제1종 분말소화약제
② 제2종 분말소화약제
③ 제3종 분말소화약제
④ 제4종 분말소화약제

002 □□□ **분말소화약제 중에서 제1종 또는 제2종 분말소화약제가 방사하여 열분해 시 생성되는 물질로 옳은 것은?**

2011년 중앙

① N_2, CO_2
② N_2, O_2
③ O_2, CO_2
④ H_2O, CO_2

003 □□□ **다음 분말소화약제의 소화효과에 해당하지 않는 것은?**

2016년 중앙

① 질식소화
② 제거소화
③ 방사열 차단효과
④ 부촉매소화

004 제1종 분말 소화약제의 주성분으로 옳은 것은? 2025년 소방간부

□□□

① $KHCO_3$

② $NaHCO_3$

③ NH_4HCO_3

④ $NH_4H_2PO_3$

⑤ $KHCO_3 + (NH_2)_2CO$

005 다음 중 제3종 분말소화약제의 주성분으로 옳은 것은? 2005년 · 2007년 · 2008년 강원, 2010년 전북

□□□

① 탄산수소나트륨($NaHCO_3$)

② 탄산수소칼륨($KHCO_3$)

③ 제1인산암모늄($NH_4H_2PO_4$)

④ 탄산수소칼륨과 요소[$KHCO_3 + (NH_2)_2CO$]

006 제3종 분말소화약제가 열분해될 때 생성되는 물질로써 방진작용을 하는 물질은? 2022년 소방간부

□□□

① N_2(질소)

② H_2O(수증기)

③ K_2CO_3(탄산칼륨)

④ HPO_3(메타인산)

⑤ Na_2CO_3(탄산나트륨)

007 다음 중 HPO_3가 일반 가연물질인 나무, 종이 등의 표면에 피막을 이루어 공기 중의 산소를 차단하는 방진작용과 관련이 있는 것은? 2019년 공채

□□□

① 제1종 분말소화약제

② 제2종 분말소화약제

③ 제3종 분말소화약제

④ 제4종 분말소화약제

008 □□□ **제3종 분말소화약제의 열분해 결과로 생성되는 물질의 소화효과로 옳지 않은 것은?** 2025년 공채

① H_2O: 냉각작용
② HPO_3: 방진작용
③ NH_3: 부촉매작용
④ H_3PO_4: 탈수탄화작용

009 □□□ **제3종 분말소화약제에 대한 설명으로 옳지 않은 것은?** 2018년 통합

① 백색으로 착색되어 있다.
② ABC급 분말소화약제라고도 부른다.
③ 주성분은 제1인산암모늄($NH_4H_2PO_4$)이다.
④ 현재 생산되고 있는 분말소화약제의 대부분을 차지하고 있다.

010 □□□ **분말소화약제에 관한 설명으로 옳지 않은 것은?** 2023년 공채

① 제2종 분말소화약제의 주성분은 $KHCO_3$이다.
② 제1 · 2 · 3종 분말소화약제는 열분해 반응에서 CO_2가 생성된다.
③ $NaHCO_3$이 주된 성분인 분말소화약제는 B · C급 화재에 사용하고 분말 색상은 백색이다.
④ $NH_4H_2PO_4$이 주된 성분인 분말소화약제는 A · B · C급 화재에 유효하고 비누화현상이 일어나지 않는다.

011 □□□ **다음 중 분말소화약제의 종류와 색상이 옳게 연결된 것은?**

2007년 부산, 2008년 경남·대전, 2010년 전남, 2013년 광주·대전

① 제1종 분말 - 탄산나트륨 - 백색
② 제2종 분말 - 중탄산칼륨 - 담홍색
③ 제3종 분말 - 제1인산암모늄 - 담회색
④ 제4종 분말 - 중탄산칼륨+요소 - 회색

012 □□□ **분말소화약제에 대한 설명으로 옳지 않은 것은?** 2006년 광주, 2010년 서울

① 스스로의 유동성이 없기 때문에 다른 가스의 압력을 이용하여 방출한다.
② 방습처리제로는 금속의 스테아린산 마그네슘이나 아연, 실리콘오일 등으로 코팅 및 방습처리를 한다.
③ 분말은 입자가 미세할수록 소화성능이 우수하다.
④ 독성은 없지만 사람에게 분사 시 시야장애, 호흡의 곤란을 일으킬 수 있다.

013 □□□ **다음 소화약제 중 부촉매소화로 거리가 먼 것은?** 2017년 중앙

① 강화액소화약제
② 할로겐화합물 소화약제
③ 수성막포소화약제
④ 제3종 분말소화약제

PART 3

위험물의 종류별 특성과 소화방법

01 제1류 위험물(산화성 고체)

정답 및 해설 p. 65

001 □□□

「위험물안전관리법 시행령」상 제1류 위험물에 관한 내용이다. ( ) 안에 들어갈 내용으로 옳은 것은?

2022년 소방간부

고체로서 (㉠)의 잠재적인 위험성 또는 (㉡)에 대한 민감성을 판단하기 위하여 소방청장이 정하여 고시하는 시험에서 고시로 정하는 성질과 상태를 나타내는 것을 말한다.

	㉠	㉡
①	폭발력	발화
②	산화력	충격
③	환원력	분해
④	산화력	폭발
⑤	환원력	연소

002 □□□

다음 중 「위험물안전관리법」상 제1류 위험물에 대한 설명으로 옳은 것은?

2017년 중앙

① 산화성 고체이며 대부분 물에 잘 녹는다.
② 가연성 고체로 강산화제로 작용한다.
③ 무기과산화물은 물 주수를 통한 냉각소화가 적합하다.
④ 질산염류, 유기과산화물, 과산화수소, 과염소산이 이에 해당된다.

003 □□□

다음 중 제1류 위험물의 공통성질로 옳은 것은?

2009년 경남

① 인화점, 발화점이 높을수록 위험하다.
② 가열, 충격, 마찰 등에 의해 분해하여 산소가 방출한다.
③ 대부분 증기비중은 공기보다 가볍다.
④ 대부분 유기화합물이다.

004 □□□ **다음 중 제1류 위험물의 공통 특성에 관한 설명으로 옳지 않은 것은?** 2010년 인천 · 2011년 전남

① 모두 불연성이며, 그 자체에 산소를 가지고 있다.
② 알칼리금속 과산화물은 물과 반응하여 수소를 발생한다.
③ 가열 · 충격 · 마찰 등으로 분해되어 쉽게 산소를 발생한다.
④ 대부분 무색결정이거나 백색분말이다.

005 □□□ **다음 위험물 중 제1류 위험물(산화성 고체)에 해당하는 물질은?** 2009년 제주 · 2010년 · 2013년 전북

① 과염소산, 과산화수소
② 유기과산화물, 무기과산화물
③ 아조화합물, 염소산염류
④ 과염소산염류, 질산염류

006 □□□ **다음 제1류 위험물 중 알칼리금속의 과산화물 또는 이를 함유한 것에 있어서 수납 시의 주의사항으로 옳은 것은?** 2013년 대전

① 물기엄금
② 화기엄금
③ 물기주의
④ 공기접촉엄금

007 □□□

위험물의 종류에 따른 소화 방법으로 옳지 않은 것은? 2021년 공채

① 제1류 위험물인 알칼리금속의 과산화물은 물을 사용한다.
② 제2류 위험물인 마그네슘은 건조사를 사용한다.
③ 제3류 위험물인 알킬알루미늄은 건조사를 사용한다.
④ 제4류 위험물인 알코올은 내알코올포(泡, foam)를 사용한다.

008 □□□

염소산염류에 대한 설명으로 옳지 않은 것은? 2018년 통합

① 제1류 위험물에 해당한다.
② 지정수량은 50kg이다.
③ 산화성 액체이다.
④ 가열 · 충격 · 강산과의 혼합으로 폭발한다.

009 □□□

제1류 위험물의 일반적 성질에 대한 설명으로 옳지 않은 것은? 2018년 통합

① 물보다 무겁다.
② 강력한 환원제이다.
③ 불연성 물질이며, 대부분 무기화합물이다.
④ 다른 가연물의 연소를 돕는 지연성 물질이다.

010 □□□

물과 반응하여 산소를 발생시키는 위험물로 옳은 것은? 2024년 공채

① 칼륨 ② 탄화칼슘
③ 과산화나트륨 ④ 오황화인

02 제2류 위험물(가연성 고체)

정답 및 해설 p. 66

001 **가연성 고체에 관한 설명이다. (　　)에 들어갈 말로 옳은 것은?** 2011년 서울

> "가연성 고체"라 함은 고체로서 (　　) 또는 (　　)을 판단하기 위하여 고시로 정하는 시험에서 고시로 정하는 성질과 상태를 나타내는 것을 말한다.

① 충격에 의한 발화의 위험성, 인화의 위험성
② 충격에 의한 인화의 위험성, 발화의 위험성
③ 화염에 의한 인화의 위험성, 충격의 위험성
④ 화염에 의한 발화의 위험성, 인화의 위험성

002 **비교적 낮은 온도에서 착화되기 쉬운 이연성 및 속연성과 물에 녹지 않는 성질을 띠는 강력한 환원제이므로 산화제와 접촉을 피하여야 하는 위험물은?** 2007년 충남

① 제1류 위험물
② 제2류 위험물
③ 제3류 위험물
④ 제4류 위험물

003 **다음 중 「위험물안전관리법」상 제2류 위험물에 해당하는 것은?** 2008년 · 2009년 서울

① 황린
② 탄화칼슘
③ 마그네슘
④ 나트륨

004 □□□

다음의 제2류 위험물에 관한 공통성질에 관한 내용 중 옳은 것은? 2013년 경기

① 모두 물과 접촉 시 가연성 가스가 발생한다.
② 자신은 불연성이나 열, 타격, 충격, 마찰 및 다른 약품과의 접촉으로 산소를 방출하여 다른 가연물의 연소를 돕는 조연성 물질이다.
③ 가열·충격·마찰에 의해 분해하고 주변 가연물이 혼합하고 있을 때는 연소·폭발할 수 있다.
④ 산소와 결합이 용이하여 산화되기 쉬운 강력한 환원성 물질이다.

005 □□□

철분, 마그네슘, 금속분 등이 화재 시 물을 사용하면 안 되는 이유로 옳은 것은? 2005년 경기, 2012년 세종

① 메탄가스 발생
② 포스핀가스 발생
③ 수소가스 발생
④ 아세틸렌가스 발생

006 □□□

다음 각 위험물의 저장방법으로 옳지 않은 것은? 2008년 경남

① 마그네슘 - 물 속 저장
② 황린 - 물 속 저장
③ 이황화탄소 - 물 속 저장
④ 나트륨 - 석유 속 저장

007 □□□

다음 제2류 위험물 중 주수소화가 가능한 것은? 2016년 중앙

① 철분
② 금속분
③ 마그네슘
④ 적린

008 □□□ **위험물안전관리법령상 위험물의 분류 중 가연성 고체가 아닌 것은?** 2018년 통합

① 황린
② 적린
③ 황
④ 황화인

009 □□□ **다음 중 「위험물안전관리법」상의 범위와 한계에 관한 사항으로 옳지 않은 것은?** 2009년 충남

① "산화성 고체"라 함은 산화력의 잠재적인 위험성과 충격에 대한 민감성을 판단하기 위하여 소방청장이 정하는 시험에서 정하는 성질과 상태를 나타내는 것을 말한다.
② "가연성 고체"는 고형알코올과 그 밖에 1기압에서 인화점이 섭씨 40도씨 미만인 고체이다.
③ "특수인화물"은 이황화탄소, 디에틸에테르와 그 밖에 1기압에서 발화점이 섭씨 100도씨 이하인 것, 또는 인화점이 섭씨 영하 20도씨 이하이고 비점이 섭씨 40도씨 이하인 것을 말한다.
④ "자기반응성 물질"이라 함은 고체 또는 액체로서 폭발의 위험성 또는 가열분해의 격렬함을 판단하기 위하여 고시로 정하는 시험에서 고시로 정하는 성질과 상태를 나타내는 것을 말하며, 위험성유무와 등급에 따라 제1종 또는 제2종으로 분류한다.

010 □□□ **다음 중 위험물의 분류에 관한 설명으로 옳지 않은 것은?** 2010년 전남

① 동·식물류 - 동물의 지육 등 또는 식물의 종자나 과육으로부터 추출한 것으로서 1기압에서 인화점이 섭씨 250도 미만인 것을 말한다.
② 제3류 위험물 - 금속인 화합물은 인과 금속으로 이루어지는 화합물을 말한다.
③ 제2류 위험물 - 나트륨은 은백색의 광택이 있는 경금속으로 연하고 무른 금속이다.
④ 제1류 위험물 - 강산화성 고체로서 대부분 무기화합물이다.

03 제3류 위험물(금수성 물질 및 자연발화성 물질)

정답 및 해설 p. 68

001 □□□

위험물의 성질 및 품명의 정의로 옳지 않은 것은? 2025년 공채

① "인화성고체"라 함은 고형알코올 그 밖에 1기압에서 인화점이 섭씨 40도 미만인 고체를 말한다.
② "제1석유류"라 함은 아세톤, 휘발유 그 밖에 1기압에서 인화점이 섭씨 21도 미만인 것을 말한다.
③ "특수인화물"이라 함은 이황화탄소, 디에틸에테르 그 밖에 1기압에서 발화점이 섭씨 100도 이하인 것 또는 인화점이 섭씨 영하 20도 이하이고 비점이 섭씨 40도 이하인 것을 말한다.
④ "자연발화성물질 및 금수성물질"이라 함은 고체 또는 액체로서 공기 중에서 발화의 위험성이 있거나 산과 접촉하여 발화하거나 고압 수증기를 발생하는 위험성이 있는 것을 말한다.

002 □□□

다음 중 제3류 위험물이 아닌 것은? 2008년 충남, 2018년 중앙

① 황화인
② 알킬알루미늄
③ 황린
④ 칼슘 또는 알루미늄 탄화물

003 □□□

다음 위험물 중 물과 반응하여 발생하는 가연성 가스가 다른 하나는? 2010년 경남

① 리튬
② 칼륨
③ 나트륨
④ 탄화칼슘

004 □□□

다음 제3류 위험물 중 물과 반응 시 생성되는 가연성 가스로 폭발성이 가장 강한 물질은? 2006년 대구, 2013년 충북

① 에테인
② 수소
③ 메테인
④ 부테인

005 다음 중 위험물에 대한 설명으로 옳지 않은 것은? 2006년 대전, 2007년 충남

① 나트륨은 경유 속에 저장할 수 있다.
② 칼륨은 등유 속에 저장할 수 있다.
③ 이황화탄소는 비수용성이므로 물 속에 저장한다.
④ 황린은 금수성이므로 물 속 저장을 피한다.

006 위험물의 유별 특성 중 옳은 것만을 <보기>에서 있는 대로 고른 것은? 2023년 공채

<보기>

ㄱ. 아염소산나트륨은 불연성, 조해성, 수용성이며, 무색 또는 백색의 결정성 분말 형태이다.
ㄴ. 마그네슘은 끓는 물과 접촉 시 수소가스를 발생시킨다.
ㄷ. 황린은 공기 중 상온에 노출되면 액화되면서 자연발화를 일으킨다.

① ㄱ, ㄴ
② ㄱ, ㄷ
③ ㄴ, ㄷ
④ ㄱ, ㄴ, ㄷ

007 다음 중 제3류 위험물의 공통사항으로 옳지 않은 것은? 2016년 충남

① 유기화합물 및 무기화합물로 구성되어 있다.
② 모든 제3류 위험물은 물로 소화가 불가능하다.
③ 이산화탄소, 할로겐화합물, 분말소화약제는 일반적으로 제3류 위험물의 소화방법에 사용하지 않는다.
④ 알킬알루미늄은 벤젠이나 헥산 등 탄화수소제의 희석제를 사용할 수 있다.

008 금속나트륨의 화재 시 적응효과가 없는 소화약제는? 2006년 경북

□□□

① 건조사
② 금속화재용 분말소화약제
③ 팽창질석, 팽창진주암
④ 할로겐화합물 소화약제

009 위험물과 물이 반응할 때 발생하는 가스로 옳지 않은 것은? 2022년 공채

□□□

	위험물	가스
①	탄화알루미늄	아세틸렌
②	인화칼슘	포스핀
③	수소화알루미늄리튬	수소
④	트리에틸알루미늄	에테인

010 탄화칼슘(CaC_2) 화재 시 소화에 가장 적합한 소화약제는? 2005년 경북

□□□

① 분무상의 물
② 포소화약제
③ 팽창진주암
④ 할로겐소화약제

011 위험물의 유별 소화방법으로 옳지 않은 것은? 2023년 공채

□□□

① 탄화칼슘 화재 시 다량의 물로 냉각소화할 수 있다.
② 수용성 메틸알코올 화재에는 내알코올포를 사용한다.
③ 알킬알루미늄은 마른모래, 팽창질석, 팽창진주암으로 소화한다.
④ 적린은 다량의 물로 냉각소화하며, 소량의 적린인 경우에는 마른모래나 이산화탄소 소화약제도 일시적인 효과가 있다.

012 □□□ **생석회와 코크스를 전기로에서 가열하여 용융한 후 덩어리를 분쇄하여 얻는 물질로서 물과 반응 시 아세틸렌가스를 생성하는 위험물은?** 2007년 충남

① 탄화칼슘　　② 산화칼슘
③ 가성소다　　④ 팽창질석

013 □□□ **다음 제3류 위험물 중 알킬알루미늄 화재 시 소화 대책으로 가장 옳은 것은?** 2008년 충남, 2009년 경북

① 물소화약제로 일시에 소화한다.
② 이산화탄소소화약제로서 질식소화를 한다.
③ 주변 연소를 방지하고 자연 진화되도록 내버려 둔다.
④ 할론소화약제의 연쇄반응을 차단하는 억제소화를 한다.

014 □□□ **위험물에 대한 설명 중 가장 옳지 않은 것은?** 2009년 대전

① 제1류 위험물인 산화성 고체는 일반적으로 주수소화한다.
② 알킬알루미늄은 자연발화를 방지하기 위하여 저장용기 상부에 가연성 가스를 봉입해놓는다.
③ 적린은 물로서 냉각소화한다.
④ 황린은 물 속에 저장한다.

015 □□□ **다음 위험물의 운반에 관한 기준에서 수납하는 위험물에 따른 주의사항 중 화기엄금으로 구성된 위험물이 아닌 것은?** 2013년 광주

① 제2류 위험물 - 인화성 고체　　② 제4류 위험물 - 인화성 액체
③ 제3류 위험물 - 금수성 물질　　④ 제5류 위험물 - 자기반응성 물질

016 ☐☐☐ **위험물 중 황린(P_4)에 관한 설명으로 옳지 않은 것은?** 2024년 소방간부

① 제3류 위험물이다.
② 미분상의 발화점은 34℃이다.
③ 연소할 때 오산화인(P_2O_5)의 백색 연기를 낸다.
④ 물에 대해 위험한 반응을 초래하는 물질이다.
⑤ 백색 또는 담황색의 고체이다.

017 ☐☐☐ **「위험물안전관리법 시행령」상 자연발화성 물질 및 금수성 물질 중 지정수량이 다른 것은?** 2024년 소방간부

① 황린
② 칼륨
③ 나트륨
④ 알킬리튬
⑤ 알킬알루미늄

018 ☐☐☐ **위험물 지정수량이 다른 하나는?** 2019년 공채

① 탄화칼슘
② 과염소산
③ 마그네슘
④ 금속의 인화물

019 ☐☐☐ **「위험물안전관리법 시행령」상 제3류 위험물의 품명 및 지정수량으로 옳은 것은?** 2020년 소방간부

① 나트륨 - 5kg
② 황린 - 10kg
③ 알칼리토금속 - 30kg
④ 알킬리튬 - 50kg
⑤ 금속의 인화물 - 300kg

04 제4류 위험물(인화성 액체)

정답 및 해설 p. 70

001 □□□

다음 제4류 위험물(인화성 액체)에 관한 기준으로 옳지 않은 것은? 2010년 전북, 2013년 광주

① "특수인화물"이란 1기압에서 인화점이 50℃ 이하인 것을 말한다.
② "제1석유류"란 1기압에서 인화점이 섭씨 21℃ 미만인 것을 말한다.
③ "제3석유류"란 1기압에서 인화점이 섭씨 70℃ 이상 200℃ 미만인 것을 말한다.
④ "알코올류"란 1분자를 구성하는 탄소원자의 수가 1개부터 3개까지인 포화 1가 알코올을 말한다.

002 □□□

다음은 제1석유류에 대한 설명이다. (　　) 안에 들어갈 내용으로 옳은 것은? 2019년 공채

제1석유류는 아세톤, 휘발유 그 밖에 1기압에서 (　가　)이 섭씨(　나　)도 미만인 것이다.

	(가)	(나)
①	발화점	21
②	발화점	25
③	인화점	21
④	인화점	25

003 □□□

「위험물안전관리법」상 범위 및 한계에서 알코올류의 용어의 정의가 옳은 것은? 2008년 대구

① 1분자를 구성하는 탄소원자수가 1~3인 포화 1가 알코올(변성알코올 제외)을 말한다.
② 1분자를 구성하는 탄소원자수가 1~3인 포화 1가 알코올(변성알코올 포함)을 말한다.
③ 1분자를 구성하는 탄소원자수가 1~4인 불포화 1가 알코올(변성알코올 포함)을 말한다.
④ 1분자를 구성하는 탄소원자수가 1~3인 불포화 1가 알코올(변성알코올 제외)을 말한다.

004 □□□ **다음의 제4류 위험물의 공통 특성에 관한 설명 중 옳지 않은 것은?**

2005년 대구, 2006년 인천·강원, 2008년 강원, 2009년 제주, 2012년 중앙

① 일반적으로 액체 표면에서 증발된 증기는 공기보다 가볍다.
② 대단히 인화되기 쉽고, 착화 온도가 낮은 것은 위험하다.
③ 일반적으로 물보다 가볍고 물에 잘 섞이지 않는다.
④ 증기는 공기와 약간 혼합되어도 연소의 우려가 있다.

005 □□□ **위험물에 대한 일반적인 설명으로 옳은 것은?** 2022년 공채

① 제1류 위험물 중 질산염류는 연소속도가 빨라 폭발적으로 연소한다.
② 제3류 위험물 중 황린은 가열, 충격, 마찰에 의해 분해되어 산소가 발생하므로 가연물과의 접촉을 피한다.
③ 제4류 위험물 중 제1석유류는 인화점 및 연소하한계가 낮아 적은 양으로도 화재의 위험이 있다.
④ 제5류 위험물 중 유기과산화물은 공기 중에 노출되거나 수분과 접촉하면 발화의 위험이 있다.

006 □□□ **제4류 위험물에 대한 설명으로 옳지 않은 것은?** 2020년 공채

① 제1석유류에서 제4석유류까지 인화점 기준으로 분류한다.
② 일반적으로 부도체 성질이 강하여 정전기 축적이 쉽다.
③ 발생 증기는 가연성이며, 증기비중은 대부분 공기보다 가볍다.
④ 사용량이 많은 휘발유, 경유 등은 연소하한계가 낮아 매우 인화하기 쉽다.

007 □□□ **다음 제4류 위험물 중 특수인화물에 관한 내용으로 옳지 않은 것은?** 2007년 경남·대전, 2008년 충남, 2009년 강원

① 인화점이 영하 20℃ 이하이고, 비점이 40℃ 이하이어야 한다.
② 무기화합물로서 액표면에서 증발된 증기는 공기보다 무겁다.
③ 발화점이 100℃ 이하이다.
④ 대통령령으로 지정된 품목은 이황화탄소, 디에틸에테르이다.

008 □□□ **다음 특수인화물 중 산화프로필렌, 아세트알데히드와 접촉이 가능한 물질은?** 2006년 전북, 2008년 충남

① 수은 ② 마그네슘
③ 구리 ④ 금

009 □□□ **다음 중 인화점이 낮은 순으로 나열된 것은?** 2008년 광주

① 디에틸에테르 - 아세톤 - 산화프로필렌
② 아세톤 - 산화프로필렌 - 디에틸에테르
③ 산화프로필렌 - 아세톤 - 디에틸에테르
④ 디에틸에테르 - 산화프로필렌 - 아세톤

010 □□□ **다음 중 물 속에 넣어서 저장하는 것이 안전한 물질은 무엇인가?** 2008년 충남

① 이황화탄소 ② 아세틸렌
③ 알킬알루미늄 ④ 나트륨

011 □□□ **다음 중 제4류 위험물에 대한 설명으로 옳지 않은 것은?** 2015년 중앙

① 제1석유류는 아세톤, 휘발유 등이 해당된다.
② 제2석유류는 등유, 하이드라진 등이 해당된다.
③ 제3석유류는 크레오소트유, 실린더유 등이 해당된다.
④ 제4석유류는 1기압에서 인화점 200℃ 이상 250℃ 미만인 것을 말한다.

012 □□□ **다음 위험물의 분류 중 동·식물류는 어디에 속하는가?** 2009년 충북

① 제1류 위험물
② 제2류 위험물
③ 제3류 위험물
④ 제4류 위험물

013 □□□ **제4류 위험물 중 지정수량이 적은 순서대로 옳은 것은?** 2008년 경기

① 특수인화물류, 제1석유류, 제2석유류, 제3석유류, 제4석유류, 알코올류, 동·식물류
② 제1석유류, 제2석유류, 제3석유류, 제4석유류, 특수인화물류, 알코올류, 동·식물류
③ 특수인화물류, 제1석유류, 알코올류, 제2석유류, 제3석유류, 제4석유류, 동·식물류
④ 제1석유류, 알코올류, 제2석유류, 제3석유류, 제4석유류, 동·식물류, 특수인화물류

014 □□□ **다음 중 제4류 위험물의 소화방법에 대한 설명으로 옳지 않은 것은?** 2009년 부산

① 타고 있는 위험물을 화점으로부터 제거해서 소화할 수 있다.
② 분말, 건조사, 팽창질석, CO_2, 할로겐화합물, 물분무로 질식소화가 가능하다.
③ 소규모 비수용성 유류화재 시에는 물로서 소화가 가능하다.
④ 소규모 수용성 액체인 알코올 화재발생 시에는 다량의 물로 희석소화를 한다.

015 □□□ **가연성 물질의 화재 시 소화방법으로 옳은 것은?** 2022년 공채

① 탄화칼슘은 물을 분무하여 소화한다.
② 아세톤은 알콜형포 소화약제로 소화한다.
③ 나트륨은 할론 소화약제로 소화한다.
④ 마그네슘은 이산화탄소 소화약제로 소화한다.

05 제5류 위험물(자기반응성 물질)

정답 및 해설 p. 73

001 □□□ 다음 중 산소의 공급 없이 연소를 일으키는 물질에 해당하지 않는 것은? 2008년 경북

① 무기과산화물
② 나이트로화합물
③ 다이아조화합물
④ 질산에스터류

002 □□□ 다음 중 제5류 위험물에 관한 설명으로 옳지 않은 것은? 2008년 충북

① 분말, CO_2, 할로겐 소화약제로 소화에 적응성이 없다.
② 자기반응성 물질로서 가연성 고체 및 액체로 구성되어 있다.
③ 물과 반응하는 물질이 없다.
④ 물질 자체가 산소를 함유하고 있으나 실제 연소 시에는 공기 중 산소에 의해 연소한다.

003 □□□ 화재진압 시 주수소화에 적응성이 있는 위험물로 옳은 것은? 2020년 공채

① 황화인
② 질산에스터류
③ 유기금속화합물
④ 알칼리금속의 과산화물

004 □□□ **위험물의 종류에 따른 일반적인 성상을 나타낸 것으로 옳은 것은?** 2019년 공채

① 산화성 고체는 환원성 물질이며, 황린과 철분을 포함한다.
② 인화성 액체는 전기 전도체이며, 휘발유와 등유를 포함한다.
③ 가연성 고체는 불연성 물질이며, 질산염류와 무기과산화물을 포함한다.
④ 자기반응성 물질은 연소 또는 폭발을 일으킬 수 있는 물질이며, 유기과산화물, 질산에스터류를 포함한다.

005 □□□ **다음 위험물의 특성 중 옳지 않은 것은?** 2017년 중앙

① 탄화칼슘은 물과 접촉 시 아세틸렌을 생성시킨다.
② 마그네슘, 황린, 황은 물로 소화할 수 있다.
③ 칼륨, 나트륨 등은 자연발화성 물질을 포함한다.
④ 제5류 위험물은 충격, 마찰로 발화할 수 있다.

006 □□□ **다음 위험물의 분류 중 행정안전부령이 정하는 위험물의 유별과 품명이 옳게 연결된 것은?** 2009년 경북

① 제1류 위험물 - 염소화규소화합물
② 제2류 위험물 - 할로젠간화합물
③ 제3류 위험물 - 과아이오딘산염류
④ 제5류 위험물 - 금속아지드화합물

007 □□□

제5류 위험물의 소화대책으로 옳지 않은 것은? 2018년 통합

① 외부로부터의 산소 유입을 차단한다.
② 화재 초기에는 다량의 물로 냉각소화하는 것이 효과적이다.
③ 항상 안전거리를 유지하고 접근할 때에는 엄폐물을 이용한다.
④ 밀폐된 공간에서 화재 시 공기호흡기를 착용하여 질식되지 않도록 주의한다.

008 □□□

다음 설명에 해당하는 위험물은? 2021년 소방간부

- 물질 자체에 산소가 함유되어 있어 외부로부터 산소 공급이 없어도 점화원만 있으면 연소·폭발이 가능하다.
- 연소속도가 빠르며 폭발적이다.
- 가열, 충격, 타격, 마찰 등에 의해서 폭발할 위험성이 높으며, 강산화제 또는 강산류와 접촉 시 연소·폭발 가능성이 현저히 증가한다.

① 유기과산화물
② 이황화탄소
③ 과염소산
④ 염소산염류
⑤ 알칼리금속

009 □□□

위험물의 소화방법으로 옳은 것만을 <보기>에서 고른 것은? 2025년 소방간부

<보기>

ㄱ. 무기과산화물은 물과 반응하기 때문에 마른 모래(건조사) 등을 사용한 소화가 유효하다.
ㄴ. 적린 화재에는 물을 사용한 소화가 유효하다.
ㄷ. 황린 화재의 소화에는 물을 사용해서는 안되며, 모래, 흙 등을 사용한 소화가 유효하다.
ㄹ. 알킬알루미늄은 물과 반응하며 이산화탄소를 활용한 소화가 유효하다.
ㅁ. 제5류 위험물 화재에는 이산화탄소를 활용한 소화가 유효하다.

① ㄱ, ㄴ
② ㄱ, ㄷ
③ ㄴ, ㄹ
④ ㄷ, ㅁ
⑤ ㄹ, ㅁ

06 제6류 위험물(산화성 액체)

정답 및 해설 p. 74

001 **다음에 해당하는 위험물은?** 2011년 서울

자신은 불연성 물질로서 물질의 분해에 의해서 산소를 발생하는 산화성 액체이며 모두 무기화합물이며, 물보다 무겁고 물에 녹기 쉽다.

① 제1류 위험물
② 제3류 위험물
③ 제5류 위험물
④ 제6류 위험물

002 **제6류 위험물의 일반적 성질로 옳지 않은 것은?** 2021년 소방간부

① 불연성물질로 산소공급원 역할을 한다.
② 증기는 유독하며, 부식성이 강하다.
③ 물과 접촉하는 경우 모두 심하게 발열한다.
④ 비중이 1보다 크며, 물에 잘 녹는다.
⑤ 다른 물질의 연소를 돕는 조연성 물질이다.

003 **제6류 위험물의 취급 시 유의 사항으로 옳지 않은 것은?** 2025년 공채

① 유출사고 시에는 건조사 및 중화제를 사용한다.
② 불연성 물질로 분해 시 산소가 발생하며 대부분 염기성이다.
③ 저장하고 있는 용기는 파손되거나 액체가 누설되지 않도록 한다.
④ 소량 화재 시에는 다량의 물로 희석하는 소화방법을 사용할 수 있다.

004 **과산화수소는 그 농도가 얼마 이상일 때 위험물에 속하는가?** 2015년 충남

① 농도 10wt% 이상
② 농도 30wt% 이상
③ 농도 36wt% 이상
④ 농도 40wt% 이상

005 □□□ 「위험물안전관리법」 및 같은 법 시행령, 시행규칙상 위험물의 지정수량과 위험등급의 연결이 옳지 않은 것은? 2024년 공채

① 황린 - 20kg - Ⅰ등급
② 마그네슘 - 500kg - Ⅲ등급
③ 브로민산염류 - 300kg - Ⅱ등급
④ 과염소산 - 300kg - Ⅱ등급

006 □□□ 다음 위험물 종류별 대표적 성질에 관한 내용이 옳게 연결된 것은? 2009년 대전, 2010년 충남·서울

① 제1류 위험물 - 가연성 고체 - 아염소산염류
② 제2류 위험물 - 자연발화성 물질 - 황린
③ 제4류 위험물 - 인화성 액체 - 유기과산화물
④ 제6류 위험물 - 산화성 액체 - 질산

007 □□□ 「위험물안전관리법」상 위험물에 대한 정의이다. (   ) 안에 들어갈 내용으로 옳은 것은? 2020년 소방간부

> 위험물이라 함은 (ㄱ) 또는 (ㄴ) 등의 성질을 가지는 것으로서 (ㄷ)이 정하는 물품을 말한다.

	ㄱ	ㄴ	ㄷ
①	가연성	발화성	국무총리령
②	가연성	폭발성	대통령령
③	인화성	발화성	대통령령
④	인화성	폭발성	대통령령
⑤	인화성	발화성	국무총리령

008 □□□ 「위험물안전관리법 시행령」상 위험물에 관한 설명으로 옳지 않은 것은? 2025년 소방간부

① "철분"이라 함은 철의 분말로서 53마이크로미터의 표준체를 통과하는 것이 50중량퍼센트 미만인 것은 제외한다.
② "인화성고체"라 함은 고형알코올 그 밖에 1기압에서 인화점이 섭씨 40도 미만인 고체를 말한다.
③ 1분자를 구성하는 탄소원자의 수가 1개부터 3개까지인 포화1가 알코올(변성알코올을 포함한다)의 함유량이 60중량퍼센트 미만인 수용액은 알코올류에서 제외한다.
④ 과산화수소는 그 농도가 36중량퍼센트 이상인 것에 한하며, 산화성액체의 성상이 있는 것으로 본다.
⑤ "제2석유류"라 함은 등유, 경유 그 밖에 1기압에서 인화점이 섭씨 21도 이상 70도 미만인 것을 말한다. 다만, 도료류 그 밖의 물품에 있어서 가연성 액체량이 40중량퍼센트 미만이면서 인화점이 섭씨 40도 이상인 동시에 연소점이 섭씨 50도 이상인 것은 제외한다.

009 □□□ **다음 중 위험물의 유별 혼재를 할 수 없는 것으로 묶인 것은?** 2005년 인천

① 1류 위험물+6류 위험물
② 2류 위험물+6류 위험물
③ 3류 위험물+4류 위험물
④ 5류 위험물+2류 위험물

010 □□□ **다음 중 위험물의 수납 시, 일반적인 주의사항이 잘못 연결된 것은?** 2007년 대전

① 제6류 위험물 - 화기주의
② 제2류 위험물 - 물기엄금
③ 제3류 위험물 - 물기엄금
④ 제5류 위험물 - 화기엄금

011 □□□ **「위험물안전관리법 시행규칙」상 수납하는 위험물의 종류에 따라 운반용기의 외부에 표시하여야 할 주의사항으로 옳지 않은 것은?** 2021년 소방간부

① 제1류 위험물 중 알칼리금속의 과산화물 또는 이를 함유한 것에 있어서는 "화기·충격주의", "물기엄금" 및 "가연물접촉주의"
② 제2류 위험물 중 철분·금속분·마그네슘 또는 이들 중 어느 하나 이상을 함유한 것에 있어서는 "화기주의" 및 "물기엄금"
③ 제3류 위험물 중 자연발화성물질에 있어서는 "화기엄금" 및 "공기접촉엄금", 금수성물질에 있어서는 "물기엄금"
④ 제4류 위험물에 있어서는 "화기엄금"
⑤ 제5류 위험물에 있어서는 "화기주의" 및 "충격주의"

012 □□□ **다음 중 위험물 분류별 소화방법이 옳은 것은?** 2018년 중앙

가. 제1류 위험물 중 무기과산화물은 마른 모래 등을 사용한 질식소화가 적합하다.
나. 제2류 위험물 중 철분, 황화인은 주수소화가 가장 적합하다.
다. 제3류 위험물 중 황린을 제외한 3류 위험물은 주수소화가 적합하다.
라. 제5류 위험물은 모두 다량의 물을 이용한 주수소화가 적합하지 않다.

① 가, 나
② 가, 나, 다
③ 가
④ 나, 다, 라

013
□□□

위험물의 소화방법에 관한 내용으로 옳은 것만을 <보기>에서 있는 대로 고른 것은? 2024년 공채

<보기>
ㄱ. 황린: 물을 이용한 냉각소화
ㄴ. 황: 물을 이용한 냉각소화
ㄷ. 경유, 휘발유: 포 소화약제를 이용한 질식소화
ㄹ. 탄화알루미늄, 알킬알루미늄: 건조사, 팽창질석을 이용한 질식소화

① ㄱ, ㄷ
② ㄴ, ㄹ
③ ㄱ, ㄷ, ㄹ
④ ㄱ, ㄴ, ㄷ, ㄹ

014
□□□

「위험물안전관리법 시행령」상 위험물에 관한 설명으로 옳은 것은? 2022년 소방간부

① 제1류 위험물 중에 무기과산화물은 주수를 이용한 냉각소화가 적합하다.
② 제2류 위험물은 다른 가연물의 연소를 돕는 조연성 물질이다.
③ 제3류 위험물 중에 황린은 공기 중 산화를 방지하기 위해 물 속에 저장한다.
④ 제4류 위험물은 수용성 액체로 물에 의한 희석소화가 적합하다.
⑤ 제5류 위험물은 포, 이산화탄소에 의한 질식소화가 적합하다.

015
□□□

<보기>는 위험물과 해당 물질의 화재진압에 적응성이 있는 소화 방법을 연결한 것이다. 바르게 연결된 것만 모두 고른 것은? 2025년 공채

<보기>
ㄱ. 황린(P_4) - 물을 사용한 냉각소화
ㄴ. 과산화나트륨(Na_2O_2) - 물을 사용한 냉각소화
ㄷ. 삼황화린(P_4S_3) - 팽창질석 등을 사용한 질식소화
ㄹ. 아세톤(CH_3COCH_3) - 알코올포소화약제에 의한 질식소화
ㅁ. 히드록실아민(NH_2OH) - 이산화탄소소화약제에 의한 질식소화
ㅂ. 과염소산($HClO_4$) - 다량의 물에 의한 희석소화(소량 화재 제외)

① ㄱ, ㄷ, ㄹ
② ㄱ, ㄹ, ㅁ
③ ㄴ, ㄷ, ㅂ
④ ㄴ, ㄷ, ㄹ, ㅂ

PART 4

화재조사

01 화재조사의 개설

정답 및 해설 p. 77

001 □□□ **화재조사의 특성이 아닌 것은?** 2011년 울산·중앙

① 현장성 ② 정밀과학성
③ 강제성 ④ 창의성

002 □□□ **목조건축물 화재 시 발열체가 목재면에 밀착되었을 때 그 발열체의 이면 목재면에 남는 연소흔은?** 2007년 대전, 2010년 충남

① 박리흔 ② 완소흔
③ 용융흔 ④ 훈소흔

003 □□□ **다음 중 목재표면 노출 온도조건에 따른 균열흔의 종류가 아닌 것은?** 2010년 충남

① 열소흔 ② 완소흔
③ 강소흔 ④ 훈소흔

004 □□□ **인화성 액체에 의한 화재는 액체 가연물이 바닥에서 흐르거나, 살포된 부위가 집중적으로 소훼되고 탄화경계가 뚜렷이 나타나는 특징이 있다. <보기>에서 설명하는 화재패턴으로 옳은 것은?** 2025년 공채

<보기>
인화성 액체가 쏟아지면서 주변으로 튀거나, 연소되면서 발생하는 열에 의해 가열되어 액면에서 끓고, 주변으로 튄 액체가 포어패턴(Pour pattern)의 미연소 부분에서 국부적으로 점처럼 연소된 흔적

① 도넛패턴(Doughnut pattern)
② 스플래시패턴(Splash pattern)
③ 원형패턴(Circular shaped pattern)
④ 틈새연소패턴(Seam burn pattern)

02 소방의 화재조사에 관한 법률

정답 및 해설 p. 78

001 □□□

「소방의 화재조사에 관한 법률」상 화재조사에 관한 다음 설명 중 옳지 않은 것은? 2005년 서울

① 소방관서장은 화재발생 사실을 알게 된 때에는 지체 없이 화재조사를 하여야 한다.
② 수사기관에 방화 또는 실화의 혐의로 체포된 피의자를 소방서장은 수사에 지장이 되더라도 조사할 수 있다.
③ 소방서장은 화재조사를 위하여 관계인에게 자료제출을 명령할 수 있다.
④ 화재조사란 소방청장, 소방본부장 또는 소방서장이 화재원인, 피해상황, 대응활동 등을 파악하기 위하여 자료의 수집, 관계인 등에 대한 질문, 현장 확인, 감식, 감정 및 실험 등을 하는 일련의 행위를 말한다.

002 □□□

「소방의 화재조사에 관한 법률」상 화재조사에 대한 설명으로 옳지 않은 것은?
2006년 부산, 2010년 경기, 2011년 전남, 2013년 전북

① 화재조사관의 권리에는 출입조사권, 질문권, 자료제출 명령권이 있다.
② 화재조사관은 수사기관에 이미 체포된 피의자와 압수된 증거물에 대한 조사권이 있다.
③ 화재조사는 소화활동이 끝난 직후 바로 실시한다.
④ 화재조사관은 경찰공무원 및 관계 보험회사와 협력의 의무가 있다.

003 □□□

소방의 화재조사 시 소방관서장이 화재합동조사단의 단원으로 임명 또는 위촉할 수 있는 사람에 해당하지 않는 것은? 2025년 공채

① 화재조사관
② 화재조사 업무에 관한 경력이 4년인 소방공무원
③ 국가기술자격의 직무분야 중 안전관리 분야에서 기능사 자격을 취득한 사람
④ 「고등교육법」 제2조에 따른 학교 또는 이에 준하는 교육기관에서 화재 조사, 소방 또는 안전관리 등 관련 분야에 조교수로 4년 재직한 사람

004 □□□

화재조사활동 중 소방본부 종합상황실이 소방청의 종합상황실에 보고해야 하는 화재에 해당하지 않는 것은? 2019년 공채

① 사망자가 6명 발생한 화재
② 사상자가 11명 발생한 화재
③ 재산피해액이 70억 원 발생한 화재
④ 이재민이 50명 발생한 화재

03 화재조사 및 보고규정상의 화재조사

정답 및 해설 p. 78

001 ☐☐☐ **「화재조사 및 보고규정」에서 규정한 화재조사와 관련된 용어의 정의 중 옳지 않은 것은?** 2013년 경기

① 발화지점이란 열원과 가연물이 상호작용하여 화재가 시작된 지점을 말한다.

② 신고란 119종합상황실에 유·무선 전화 또는 다매체를 통하여 화재 등의 신고를 받는 것을 말한다.

③ 감정이란 화재와 관계되는 물건의 형상, 구조, 재질, 성분, 성질 등 이와 관련된 모든 현상에 대하여 과학적 방법에 의한 필요한 실험을 행하고, 그 결과를 근거로 화재원인을 밝히는 자료를 얻어내는 것을 말한다.

④ 감식이란 화재 원인의 판정을 위하여 전문적인 지식, 기술 및 경험을 활용하여 주로 시각에 의한 종합적인 판단으로 구체적인 사실관계를 명확하게 규명하는 것을 말한다.

002 ☐☐☐ **「화재조사 및 보고규정」상 화재조사의 용어 설명으로 옳은 것은?** 2018년 통합

① "최초착화물"이란 연소가 확대되는 데 있어 결정적 영향을 미친 가연물을 말한다.

② "동력원"이란 발화에 관련된 불꽃 또는 열을 발생시킨 기기 또는 장치나 제품을 말한다.

③ "발화요인"이란 발화의 최초원인이 된 불꽃 또는 열을 말한다.

④ "잔가율"이란 화재 당시에 피해물의 재구입비에 대한 현재가의 비율을 말한다.

003 ☐☐☐ **화재로 인한 피해는 직접적 피해와 간접적 피해가 있다. 여기서 간접적 피해란 무엇인가?** 2007년 서울

① 화재로 인한 피난 시의 인명피해

② 화재로 인한 실내 내장재료의 재산상의 피해

③ 소화용수로 인한 주변건물의 수손피해

④ 화재로 인하여 업무 중단으로 인한 피해

004 ☐☐☐ 화재 피해조사 시 <보기>와 같은 조건의 '건물 피해산정' 추정액은? 2025년 공채

<보기>

ㄱ. 용도 및 구조: 아파트, 철근콘크리트 구조
ㄴ. 신축단가(m^2 당): 1,000,000원
ㄷ. 경과연수: 10년
ㄹ. 내용연수: 40년
ㅁ. 소실면적: $50m^2$
ㅂ. 손해율: 50%
ㅅ. 잔가율: 80%

① 16,000,000원
② 20,000,000원
③ 24,000,000원
④ 28,000,000원

005 ☐☐☐ 「화재조사 및 보고규정」에 관한 내용으로 옳지 않은 것은? 2023년 공채

① 건물의 소실면적 산정은 소실 입체면적으로 산정한다.
② 건물의 소실정도에서의 반소는 건물의 30% 이상 70% 미만이 소실된 것을 말한다.
③ 건물 등 자산에 대한 최종잔가율은 건물·부대설비·구축물·가재도구는 20%로 하며, 그 이외의 자산은 10%로 정한다.
④ 발화일시의 결정은 관계인등의 화재발견 상황통보(인지) 시간 및 화재발생 건물의 구조, 재질 상태와 화기취급 등의 상황을 종합적으로 검토하여 결정한다. 다만, 자체진화 등 사후인지 화재로 그 결정이 곤란한 경우에는 발화시간을 추정할 수 있다.

006 ☐☐☐ 「화재조사 및 보고규정」에서 소실정도에 따른 화재의 구분으로 옳지 않은 것은?
2005년 인천, 2006년 충남·대구, 2007년 충북·전남·울산, 2013년 중앙

① 전소는 건물의 70% 이상 소실된 화재를 말한다.
② 반소는 건물의 30% 이상 70% 미만의 소실된 화재를 말한다.
③ 부분소는 전소 및 반소 이외의 화재를 말한다.
④ 전소는 건물의 70% 이상의 소실 또는 재사용이 불가능한 화재를 말한다.

007 □□□ **「화재조사 및 보고규정」상 화재조사에 관한 설명 중 옳지 않은 것은?** 2006년 경남

① 전소화재는 건물의 소실정도가 70% 이상이며, 또는 그것 미만이라도 수리하여도 재사용이 불가능한 것을 말한다.
② 화재발생 시 건물의 소실면적 산정은 소실바닥면적으로 산정한다.
③ 한 건물이 건널복도 등으로 연결되어 두 개의 동으로 되어 있어도 화재 시 1개의 건물로 산정한다.
④ 1건의 화재는 화재의 발화지점에서 일어난 화재이며, 발화부터 진화까지를 말한다.

008 □□□ **「화재조사 및 보고규정」상 화재조사에 관한 설명 중 옳지 않은 것은?** 2010년 대전

① 화재범위가 2 이상의 관할구역에 걸친 화재에 대해서는 발화지점이 속한 소방서에서 1건의 화재로 한다.
② 조사는 물적 증거를 통한 과학적인 방법에 의한 합리적인 사실의 규명을 원칙으로 한다.
③ 사고현장에서 발생한 부상으로 인하여 치료 중 72시간 이내에 사망한 경우 당해 화재로 인한 사망으로 처리한다.
④ 중상자는 현장에서 부상을 당한 후 3주 이상의 입원치료를 필요로 하는 자이다.

009 □□□ **「화재조사 및 보고규정」상 화재 피해액 산출 시 건물 등 자산에 대한 최종잔가율은 건축물 · 부대설비 · 구축물 · 가재도구 등 내구성물품은 몇 %를 기준으로 하는가?** 2009년 전북

① 10%
② 20%
③ 30%
④ 50%

010 □□□ **「화재조사 및 보고규정」상 화재피해금액 산정에 관한 내용으로 옳은 것은?** 2025년 소방간부

① 화재피해금액은 화재 당시의 피해물과 동일한 구조, 용도, 질, 규모를 재건축 또는 재구입하는데 소요되는 가액에서 경과연수 등에 따른 감가공제를 하고 현재가액을 산정하는 실질적 · 구체적 방식에 따른다. 다만, 회계장부상 구매가격이 입증된 경우에는 그에 따른다.
② 정확한 피해물품을 확인하기 곤란한 경우에는 소방청장이 정하는 「화재피해금액 산정매뉴얼」의 간이평가방식으로 산정해야 한다.
③ 건물 등 자산에 대한 내용연수는 「화재피해금액 산정매뉴얼」에서 정한 바에 따른다.
④ 건물 등 자산에 대한 최종잔가율은 건물 · 부대설비 · 구축물 · 가재도구는 10%로 하며, 그 이외의 자산은 20%로 정한다.
⑤ 관계인은 화재피해금액 산정에 이의가 있는 경우 별지 서식에 따라 관할 소방관서장에게 재산피해신고를 할 수 있으며, 신고서를 접수한 관할 소방관서장은 화재피해금액을 재산정할 수 있다.

011 □□□

「화재조사 및 보고규정」상 화재건수 결정에 관한 설명으로 옳지 않은 것은? 2024년 소방간부

① 1건의 화재란 1개의 발화지점에서 확대된 것으로 발화부터 진화까지를 말한다.
② 동일 소방대상물의 발화점이 2개소 이상 있는 지진, 낙뢰 등 자연현상에 의한 다발화재는 1건의 화재로 한다.
③ 동일 소방대상물의 발화점이 2개소 이상 있는 누전점이 동일한 누전에 의한 화재는 1건의 화재로 한다.
④ 동일범이 아닌 각기 다른 사람에 의한 방화, 불장난은 동일 대상물에서 발화했더라도 각각 별건의 화재로 한다.
⑤ 발화지점이 한 곳인 화재현장이 둘 이상의 관할구역에 걸친 화재에 대해서는 소방서마다 각각 별건의 화재로 한다.

012 □□□

<보기>는 「화재조사 및 보고규정」상 대통령령으로 정하는 대형화재가 발생한 경우, 소방관서장의 화재 합동조사단 구성과 운영에 관한 기준의 일부이다. ( ) 안에 들어갈 내용으로 옳은 것은? (단, 임야화재는 제외한다) 2025년 소방간부

> <보기>
> • 소방서장: 사상자가 (가)명 이상 발생한 화재
> • 소방본부장: 사상자가 (나)명 이상이거나 2개 시·군·구 이상에 발생한 화재
> • 소방청장: 사상자가 (다)명 이상이거나 2개 시·도 이상에 걸쳐 발생한 화재

	가	나	다
①	5	10	20
②	5	10	30
③	10	20	30
④	10	20	50
⑤	20	30	100

PART 5

재난 및 안전관리 기본법

01 재난관리 이론

정답 및 해설 p. 82

001 □□□ **다음 중 현대적 재난관리행정에 이용되는 재난관리방식은?** 2012년 세종

① 분산관리방식　② 균형관리방식
③ 통합관리방식　④ 분석관리방식

002 □□□ **재난관리 방식 중 분산관리에 대한 일반적인 설명으로 옳지 않은 것은?** 2022년 공채

① 재난의 종류에 따라 대응방식의 차이와 대응계획 및 책임기관이 각각 다르게 배정된다.
② 재난 시 유관기관 간의 중복적 대응이 있을 수 있다.
③ 재난의 발생 유형에 따라 소관부처별로 업무가 나뉜다.
④ 재난 시 유사한 자원동원 체계와 자원유형이 필요하다.

003 □□□ **재해 분류 중에서 자연적 재해에서는 기후성 재해, 지진성 재해로 분류하며, 인위재해는 사고성 재해와 계획적 재해로 분류되는 재해분류는?** 2009년 부산, 2015년 방재안전직렬

① 존스(Jones)의 분류　② 아네스(Anesth)의 분류
③ 소방법　④ 재난 및 안전관리 기본법

004 □□□ **재난(재해)에 관한 설명으로 옳지 않은 것은?** 2023년 공채

① 아네스(Br. J. Anesth)는 재난을 크게 자연재난과 인적(인위)재난으로 구분하였다.
② 존스(David K. Jones)는 재난을 크게 자연재난, 준자연재난, 인적(인위)재난으로 구분하였다.
③ 「재난 및 안전관리 기본법」 제3조 제1호에 따른 재난은 자연재난, 사회재난, 해외재난으로 구분된다.
④ 하인리히(H. W. Heinrich)의 도미노 이론은 재해발생과정을 유전적 요인 및 사회적 환경 → 개인적 결함 → 불안전 행동 및 불안전 상태 → 사고 → 재해(상해)라는 5개 요인의 연쇄작용으로 설명하였다.

005 존스(Jones)의 재해분류 중 기상학적 재해가 아닌 것은? 2019년 공채

① 번개 ② 폭풍
③ 쓰나미 ④ 토네이도

006 하인리히(H. W. Heinrich)의 도미노 이론의 5단계 중 사고의 직접원인이 되는 3번째 단계에 해당하는 것은? 2021년 소방간부

① 유전적 요소 ② 불안전한 행동
③ 사회적 환경요소 ④ 인적·물적 손실
⑤ 개인적 결함

007 다음 중 재난관리 단계별 4단계 과정이 옳게 연결된 것은? 2006년 광주, 2007년 울산, 2008년 대구, 2011년 서울

① 재난예방 - 재난대응 - 재난대비 - 재난복구
② 재난예방 - 재난대비 - 재난복구 - 재난대응
③ 재난예방 - 재난대비 - 재난대응 - 재난복구
④ 재난예방 - 재난대응 - 재난복구 - 재난대비

008 다음은 재해 발생 과정에 관한 이론이다. 각 이론에서 재해 발생을 방지하기 위해 제거해야 하는 단계가 옳게 나열된 것은? 2024년 공채

ㄱ. 하인리히(H. W. Heinrich)의 도미노 이론: 사회적 환경 및 유전적 요소 → 개인적 결함 → 불안전한 행동 및 상태 → 사고 → 재해
ㄴ. 버드(F. Bird)의 수정 도미노 이론: 제어의 부족 → 기본원인 → 직접원인 → 사고 → 재해

	ㄱ	ㄴ
①	개인적 결함	직접원인
②	개인적 결함	기본원인
③	불안전한 행동 및 상태	직접원인
④	불안전한 행동 및 상태	기본원인

009 재해원인 분석방법 중 하나인 4M 분석방법에 관한 설명으로 옳은 것은? 2024년 소방간부

① 재해의 원인을 Man, Machine, Manner, Management 요인으로 구분하여 분석한다.
② 기계·설비의 설계상 결함은 관리적 요인에 해당한다.
③ 작업정보의 부적절은 작업·환경적 요인에 해당한다.
④ 표준화의 부족은 인적 요인에 해당한다.
⑤ 심리적 요인은 작업·환경적 요인에 해당한다.

02 재난 및 안전관리 기본법의 개설

정답 및 해설 p. 84

001 □□□

「재난 및 안전관리 기본법」 제1조 목적 중 다음 괄호 안에 들어갈 알맞은 내용은? 2016년 충남

> 이 법은 각종 재난으로부터 국토를 보존하고 국민의 생명 · 신체 및 재산을 보호하기 위하여 국가와 지방자치단체의 (㉠)을/를 확립하고, 재난의 (㉡), 그 밖에 재난 및 안전관리에 필요한 사항을 규정함을 목적으로 한다.

	㉠	㉡
①	재난	예방, 대비, 대응, 복구
②	재난	예방, 대비, 대응, 복구, 안전문화활동
③	재난 및 안전관리체제	예방, 대비, 대응, 복구, 안전문화활동
④	재난 및 안전관리체제	예방, 대비, 대응, 복구

002 □□□

「재난 및 안전관리 기본법」상 용어의 정의에서 '재난'을 국민의 생명 · 신체 및 재산과 국가에 피해를 주거나 줄 수 있는 것으로서 자연재난과 사회재난으로 규정하고 있다. 다음 중 자연재난에 해당하지 않는 것은? 2016년 통합

① 환경오염사고, 가축전염병
② 호우, 황사
③ 화산활동, 자연우주물체의 추락 · 충돌
④ 조류 대발생, 폭염

003 □□□

「재난 및 안전관리 기본법」상 자연재난에 해당하지 않는 것은? 2022년 소방간부

① 가뭄
② 폭염
③ 미세먼지
④ 황사(黃砂)
⑤ 조류(藻類) 대발생

004 □□□ 「재난 및 안전관리 기본법」상 재난의 분류가 다른 하나는? 2020년 공채

① 「감염병의 예방 및 관리에 관한 법률」에 따른 감염병의 확산
② 황사로 인하여 발생하는 재해
③ 환경오염사고로 인하여 발생하는 대통령령으로 정하는 규모 이상의 피해
④ 「미세먼지 저감 및 관리에 관한 특별법」에 따른 미세먼지 등으로 인한 피해

005 □□□ 「재난 및 안전관리 기본법」상 사회재난에 해당하지 않는 것은? 2025년 소방간부

① 다중운집인파사고로 인하여 발생하는 대통령령으로 정하는 규모 이상의 피해
② 「감염병의 예방 및 관리에 관한 법률」에 따른 감염병 확산으로 인한 피해
③ 환경오염사고로 인하여 발생하는 대통령령으로 정하는 규모 이상의 피해
④ 황사(黃砂)로 인하여 발생하는 재해
⑤ 「우주개발 진흥법」에 따른 인공우주물체의 추락·충돌로 인한 피해

006 □□□ 「재난 및 안전관리 기본법」에서 사용하는 용어의 정의에 관한 내용 중 옳지 않은 것은? 2008년 서울

① "재난"이라 함은 국민의 생명·신체 및 재산과 국가에 피해를 주거나 줄 수 있는 것으로서 자연재난과 사회재난을 말한다.
② "사회재난"은 대통령령이 정하는 규모 이상의 피해와 국가핵심기반의 마비, 미세먼지, 감염병 등으로 인한 피해로서 어느 정도는 사전예측 및 피난의 여지가 거의 불가능하다.
③ "자연재난"은 태풍·홍수·호우(豪雨)·강풍·풍랑·해일(海溢)·대설·한파·낙뢰·가뭄·폭염·지진·황사(黃砂)·조류(藻類) 대발생, 조수(潮水), 화산활동, 「우주개발 진흥법」에 따른 자연우주물체의 추락·충돌, 그 밖에 이에 준하는 자연현상으로 어느 정도 사전예측은 가능하나 사전예방으로 대부분 막을 수 있다.
④ "해외재난"이라 함은 대한민국의 영역 밖에서 대한민국 국민의 생명·신체 및 재산에 피해를 주거나 줄 수 있는 재난으로서 정부차원의 대처가 필요한 재난을 말한다.

007 ☐☐☐

「재난 및 안전관리 기본법」에서 사용하는 용어의 정의에 관한 설명 중 옳지 않은 것은?

2010년 광주, 2011년 울산

① 안전취약계층 - 어린이, 노인, 장애인, 저소득층 등 신체적·사회적·경제적 요인으로 인하여 안전에 취약한 사람을 말한다.

② 해외재난 - 대한민국의 영역 밖에서 대한민국 국민의 생명·신체 및 재산에 피해를 주거나 줄 수 있는 재난으로서 정부차원에서 대처할 필요가 있는 재난을 말한다.

③ 긴급구조기관 - 소방청·소방본부 및 소방서를 말한다. 다만, 해양에서 발생한 재난의 경우에는 해양경찰청·지방해양경찰청 및 해양경찰서에 해당하는 기관을 말한다.

④ 재난관리책임기관 - 중앙행정기관, 지방자치단체, 지방행정기관·공공기관·공공단체(공공기관 및 공공단체의 지부 등 지방조직을 포함) 및 재난관리의 대상이 되는 중요시설의 관리기관 등으로서 대통령령으로 정하는 기관을 말한다.

008 ☐☐☐

「재난 및 안전관리 기본법」상 용어의 정의로 옳지 않은 것은?

2022년 소방간부

① "국가재난관리기준"이란 모든 유형의 재난에 공통적으로 활용할 수 있도록 재난관리의 전 과정을 통일적으로 단순화·체계화한 것으로서 행정안전부장관이 고시한 것을 말한다.

② "재난관리"란 재난이나 그 밖의 각종 사고로부터 사람의 생명·신체 및 재산의 안전을 확보하기 위하여 하는 모든 활동을 말한다.

③ "안전기준"이란 각종 시설 및 물질 등의 제작, 유지관리 과정에서 안전을 확보할 수 있도록 적용하여야 할 기술적 기준을 체계화한 것을 말한다.

④ "긴급구조"란 재난이 발생할 우려가 현저하거나 재난이 발생하였을 때에 국민의 생명·신체 및 재산을 보호하기 위하여 긴급구조기관과 긴급구조지원기관이 하는 인명구조, 응급처치, 그 밖에 필요한 모든 긴급한 조치를 말한다.

⑤ "안전취약계층"이란 어린이, 노인, 장애인, 저소득층 등 신체적·사회적·경제적 요인으로 인하여 재난에 취약한 사람을 말한다.

009 ☐☐☐

「재난 및 안전관리 기본법 시행령」상 재난 및 사고 유형에 따른 재난관리주관기관으로 옳지 않은 것은?

2020년 소방간부

① 가축전염병의 확산으로 인한 피해 - 보건복지부

② 항공기 사고로 인해 발생하는 대규모 피해 - 국토교통부

③ 감염병의 확산으로 인한 피해 - 보건복지부 및 질병관리청

④ 우주전파재난 - 과학기술정보통신부 및 우주항공청

⑤ 어린이집의 화재 등으로 인해 발생하는 대규모 피해 - 교육부

010 ☐☐☐ 「재난 및 안전관리 기본법 시행령」상 재난의 유형과 재난관리주관기관의 연결이 옳지 않은 것은?

2025년 소방간부

① 「지진·화산재해대책법」 제2조 제2호에 따른 화산재해 - 행정안전부
② 「먹는물관리법」 제3조 제1호에 따른 먹는물의 수질오염으로 인해 발생하는 대규모 피해 - 농림축산식품부
③ 「자연재해대책법」 제2조 제3호에 따른 풍수해 중 조수로 인해 발생하는 재해 - 해양수산부
④ 「공연법」 제2조 제4호에 따른 공연장의 화재 등으로 인해 발생하는 대규모 피해 - 문화체육관광부
⑤ 「해양환경관리법」 제2조 제2호에 따른 해양오염으로 인해 발생하는 대규모 피해 - 해양수산부 및 해양경찰청

011 ☐☐☐ 긴급구조에 대한 설명으로 옳지 않은 것은?

2017년 중앙

① 긴급구조란 재난이 발생할 우려가 현저하거나 재난이 발생하였을 때에 국민의 생명·신체 및 재산을 보호하기 위하여 긴급구조기관과 긴급구조지원기관이 하는 인명구조, 응급처치, 그 밖에 필요한 모든 긴급한 조치를 말한다.
② 재난현장에서 긴급구조통제단장이 긴급구조활동을 지휘한다.
③ 긴급구조기관이란 행정안전부, 소방본부 및 소방서를 말한다. 다만, 해양에서 발생한 재난의 경우에는 해양경찰청, 지방해양경찰청 및 해양경찰서를 말한다.
④ 긴급구조지원기관이란 긴급구조에 필요한 인력·시설 및 장비, 운영체계 등 긴급구조능력을 보유한 기관이나 단체로서 대통령령으로 정하는 기관과 단체를 말한다.

012 ☐☐☐ 다음 중 「재난 및 안전관리 기본법」에서 정한 긴급구조기관에 해당하지 않는 기관은?

2016년 중앙

① 소방청
② 소방본부
③ 경찰청
④ 소방서

013 ☐☐☐ 다음 중 「재난 및 안전관리 기본법」에서 정하는 대통령령으로 정하는 긴급구조지원기관이 아닌 것은?

2007년 대구·경기

① 탐색구조부대
② 과학기술정보통신부
③ 경찰청
④ 소방청

03 안전관리기구 및 기능

정답 및 해설 p. 90

001 □□□ **「재난 및 안전관리 기본법」에서 재난 및 안전관리에 관한 사항을 심의하기 위한 중앙안전관리위원회에 대한 설명 중 옳지 않은 것은?** 2007년 서울

① 중앙안전관리위원회 위원장은 국무총리가 되고, 위원은 대통령령이 정하는 중앙행정기관 또는 관계기관·단체의 장이 맡는다.

② 중앙안전관리위원회에 간사 1명을 두며, 간사는 행정안전부장관이 된다.

③ 중앙안전관리위원회에 행정안전부장관을 위원장으로 하는 안전정책조정위원회를 둔다.

④ 중앙안전관리위원회의 업무를 효율적으로 처리하기 위하여 중앙안전관리위원회 소속으로 실무위원회를 둔다.

002 □□□ **「재난 및 안전관리 기본법」상 중앙안전관리위원회와 안전정책조정위원회에 대한 설명으로 옳지 않은 것은?** 2019년 공채

① 중앙안전관리위원회는 국무총리 소속으로 국무총리가 위원장이다.

② 중앙안전관리위원회는 재난사태의 선포에 관한 사항을 심의하고, 안전정책조정위원회는 특별재난지역의 선포에 관한 사항을 심의한다.

③ 안전정책조정위원회는 중앙위원회에 상정될 안건을 사전에 검토한다.

④ 안전정책조정위원회 위원장은 행정안전부장관이 된다.

003 □□□ **「재난 및 안전관리 기본법」에서 재난 및 안전관리에 관한 사항을 심의하기 위한 중앙위원회에 관한 설명으로 옳은 것은?** 2013년 충북, 2014년 중앙

① 중앙위원회 위원장의 간사위원은 중앙행정기관의 장이다.

② 중앙위원회의 위원장은 국무총리가 되고 위원은 대통령령으로 정하는 중앙행정기관 또는 관계기관·단체의 장이 된다.

③ 중앙위원회 회의에 부칠 안건에 대한 의결은 재적의원 2/3 출석과 1/2 찬성으로 한다.

④ 중앙위원회의 위원은 그 밖에 중앙대책본부의 위원장이 지정하는 기관 및 단체의 장이 된다.

004 □□□ 재난 및 안전관리 기본법령상 대통령령으로 정하는 중앙안전관리위원회 위원에 해당하지 않는 것은? (단, 그 밖에 중앙안전관리위원회의 위원장이 지정하는 기관 및 단체의 장은 제외한다) 2025년 소방간부

① 국가유산청장
② 통일부장관
③ 국무조정실장
④ 여성가족부장관
⑤ 국가보훈부장관

005 □□□ 「재난 및 안전관리 기본법」에 대한 내용이다. (　　) 안에 들어갈 용어로 옳은 것은? 2021년 공채

> (가)은 대통령령으로 정하는 재난이 발생하거나 발생할 우려가 있는 경우 사람의 생명·신체 및 재산에 미치는 중대한 영향이나 피해를 줄이기 위하여 긴급한 조치가 필요하다고 인정하면 (나)의 심의를 거쳐 (다)을/를 선포할 수 있다.

	(가)	(나)	(다)
①	중앙재난안전대책본부장	안전정책조정위원회	재난사태
②	행정안전부장관	중앙안전관리위원회	재난사태
③	중앙재난안전대책본부장	중앙안전관리위원회	특별재난지역
④	행정안전부장관	안전정책조정위원회	특별재난지역

006 □□□ 다음 중 대통령령으로 정하는 대규모 재난에 대한 대응·복구 등에 관한 사항을 총괄·조정하고 필요한 조치를 하기 위한 기구인 중앙재난안전대책본부에 관한 설명 중 옳은 것은? 2011년 서울

① 해외재난의 경우에는 외교부장관이 방사능 재난의 경우에는 중앙방사능방재대책본부의 장이 중앙대책본부장의 권한을 행사한다.
② 국무총리는 국내 또는 해외에서 발생한 대규모 재난의 수습을 위하여 중앙수습지원단을 구성하여 현지에 파견할 수 있다.
③ 대통령 직속기관으로 중앙재난안전대책본부를 둔다.
④ 중앙대책본부의 본부장은 국무총리이다.

007 □□□ 「재난 및 안전관리 기본법」상 중앙재난안전대책본부에 관한 내용으로 옳지 않은 것은? 2022년 소방간부

① 재난의 효과적인 수습을 위하여 국무총리가 범정부적 차원의 통합 대응이 필요하다고 인정하는 경우에는 대통령이 중앙대책본부장의 권한을 행사한다.
② 해외재난의 경우에는 외교부장관이 중앙대책본부장의 권한을 행사한다.
③ 대통령령으로 정하는 대규모 재난의 대응·복구 등에 관한 사항을 총괄·조정하고 필요한 조치를 하기 위하여 행정안전부에 중앙재난안전대책본부를 둔다.
④ 「원자력시설 등의 방호 및 방사능 방재 대책법」에 따른 방사능 재난의 경우에는 중앙방사능방재대책본부의 장이 중앙대책본부장의 권한을 행사한다.
⑤ 행정안전부장관이 국무총리에게 건의하거나 수습본부장의 요청을 받아 행정안전부장관이 국무총리에게 건의하는 경우에는 국무총리가 중앙대책본부장의 권한을 행사할 수 있다.

008 □□□ 다음 중 해당 관할 구역에서 재난의 수습 등에 관한 사항을 총괄·조정하고 필요한 조치를 하기 위한 지역재난안전대책 본부장은 누구인가? 2006년 충북

① 중앙행정기관의 장, 시·도지사
② 시·도지사, 시장·군수·구청장
③ 행정안전부장관, 시·도지사
④ 행정안전부장관, 시장·군수·구청장

009 □□□ 「재난 및 안전관리 기본법」 및 동법 시행령에 따라 수립해야 하는 계획의 내용이다. ( ) 안에 들어갈 내용으로 옳은 것은? 2022년 소방간부

(가) (㉠)은/는 재난 및 안전관리에 관한 과학기술의 진흥을 위하여 (㉡)년마다 관계중앙행정기관의 재난 및 안전관리기술개발에 관한 계획을 종합하여 조정위원회의 심의와 「국가과학기술자문회의법」에 따른 국가과학기술자문회의의 심의를 거쳐 재난 및 안전관리기술개발 종합계획을 수립하여야 한다.
(나) (㉢)은/는 국가안전관리기본계획을 (㉣)년마다 수립해야 한다.

	㉠	㉡	㉢	㉣
①	국무총리	1	행정안전부장관	1
②	과학기술정보통신부장관	5	행정안전부장관	5
③	행정안전부장관	1	국무총리	1
④	국무총리	5	국무총리	5
⑤	행정안전부장관	5	국무총리	5

04 재난의 예방·대비

정답 및 해설 p. 92

001 □□□ **다음 중 재난예방을 위한 안전조치 사항에 관한 내용으로 옳지 않은 것은?** 2006년 충북, 2013년 전북

① 시설물에 한하여 정밀안전진단의 실시 명령
② 위험구역에서의 강제대피조치 명령
③ 재난을 발생시킬 위험요인의 제거 명령
④ 보수 또는 보강 등의 정비 명령

002 □□□ **「재난 및 안전관리 기본법」상 재난관리 단계별 활동 내용 중 예방단계에 포함되어야 할 내용을 <보기>에서 있는 대로 고른 것은?** 2021년 소방간부

<보기>
ㄱ. 재난에 대응할 조직의 구성 및 정비
ㄴ. 재난의 예측 및 예측정보 등의 제공·이용에 관한 체계의 구축
ㄷ. 재난 발생에 대비한 교육·훈련과 재난관리 예방에 관한 홍보
ㄹ. 재난이 발생할 위험이 높은 분야에 대한 안전관리체계의 구축 및 안전관리규정의 제정
ㅁ. 재난방지시설의 비축·관리

① ㄱ
② ㄱ, ㄴ
③ ㄱ, ㄴ, ㄷ
④ ㄱ, ㄴ, ㄷ, ㄹ
⑤ ㄱ, ㄴ, ㄷ, ㄹ, ㅁ

003 □□□ **재난 및 안전관리 기본법령상 재난관리책임기관의 장이 관계 법령 또는 안전관리계획에서 정하는 바에 따라 점검·관리하여야 하는 대통령령으로 정한 재난방지시설에 해당하지 않는 것은? (단, 그 밖에 행정안전부장관이 정하여 고시하는 재난을 예방하기 위하여 설치한 시설은 제외한다)** 2025년 소방간부

① 「기상법」 제2조 제13호에 따른 기상시설
② 「국토의 계획 및 이용에 관한 법률」 제2조 제6호 마목에 따른 방재시설
③ 「사방사업법」 제2조 제3호에 따른 사방시설
④ 「하수도법」 제2조 제3호에 따른 하수도 중 하수관로 및 공공하수처리시설
⑤ 「항만법」 제2조 제5호에 따른 항만시설

004 □□□

「재난 및 안전관리 기본법」상 재난관리 단계와 활동내용의 연결이 옳지 않은 것은? 2023년 공채

① 예방 단계 - 위험구역의 설정
② 대비 단계 - 재난현장 긴급통신수단의 마련
③ 대응 단계 - 재난 예보·경보체계 구축·운영
④ 복구 단계 - 특별재난지역 선포 및 지원

005 □□□

「재난 및 안전관리 기본법」상 재난의 대비에 포함되어야 할 내용으로 옳은 것만을 <보기>에서 있는 대로 고른 것은? 2023년 소방간부

<보기>
ㄱ. 국가핵심기반의 지정 ㄴ. 재난안전분야 종사자 교육 ㄷ. 지방자치단체에 대한 지원 ㄹ. 재난현장 긴급통신수단의 마련 ㅁ. 재난분야 위기관리 매뉴얼 작성·운용

① ㄱ, ㄴ
② ㄴ, ㄷ
③ ㄷ, ㄹ
④ ㄹ, ㅁ
⑤ ㄱ, ㄹ, ㅁ

006 □□□

「재난 및 안전관리 기본법」상 재난관리책임기관의 장은 재난을 효율적으로 관리하기 위하여 재난유형에 따라 위기관리 매뉴얼을 작성·운용하여야 한다. (　　) 안에 들어갈 내용으로 옳은 것은? 2021년 소방간부

(ㄱ)은 국가적 차원에서 관리가 필요한 재난에 대하여 재난관리 체계와 관계 기관의 임무와 역할을 규정한 문서이고, (ㄴ)은 재난현장에서 임무를 직접 수행하는 기관의 행동조치 절차를 구체적으로 수록한 문서이다.

	ㄱ	ㄴ
①	위기관리 표준매뉴얼	위기대응 실무매뉴얼
②	위기관리 표준매뉴얼	현장조치 행동매뉴얼
③	위기대응 실무매뉴얼	현장조치 행동매뉴얼
④	위기대응 실무매뉴얼	위기관리 표준매뉴얼
⑤	현장조치 행동매뉴얼	위기관리 표준매뉴얼

007 □□□ **다음 중 국가적 차원에서 관리가 필요한 재난에 대하여 재난관리 체계와 관계기관의 임무와 역할을 규정한 재난관리주관기관의 장이 작성하는 매뉴얼은?** 2016년 충남

① 위기관리 표준매뉴얼
② 위기대응 실무매뉴얼
③ 현장조치 행동매뉴얼
④ 위기상황 매뉴얼

008 □□□ **「재난 및 안전관리 기본법」상 재난관리의 대비단계 관리사항을 있는 대로 모두 고른 것은?** 2022년 공채

ㄱ. 국가재난관리기준의 제정 · 운용 ㄴ. 재난 예보 · 경보체계 구축 · 운영 ㄷ. 재난안전분야 종사자 교육 ㄹ. 재난안전통신망의 구축 · 운영

① ㄱ, ㄴ
② ㄱ, ㄹ
③ ㄱ, ㄴ, ㄹ
④ ㄴ, ㄷ, ㄹ

009 □□□ **「재난 및 안전관리 기본법」상 재난관리에 관한 내용으로 옳은 것은?** 2020년 공채

① 예방 – 재난 발생을 사전에 방지하기 위하여 매년 재난 대비훈련 계획을 수립하고, 관계 기관과 합동으로 재난 대비훈련을 실시한다.
② 대비 – 재난을 효율적으로 관리하기 위하여 재난유형에 따라 위기관리 매뉴얼을 작성 · 운용한다.
③ 대응 – 재난 피해지역을 재해 이전 상태로 회복시키기 위하여 피해상황을 조사하고, 자체복구계획을 수립 · 시행한다.
④ 복구 – 재난의 수습활동을 효율적으로 하기 위하여 재난관리자원의 관리 및 긴급통신수단을 마련한다.

05 재난의 대응

정답 및 해설 p. 94

001 재산 및 인명보호를 위한 재난관리 단계 중 재난 현장에서 소방공무원이 주도적인 역할을 하는 단계는?

2017년 중앙

① 예방
② 대비
③ 복구
④ 대응

002 대통령령으로 정하는 재난이 발생하거나 발생할 우려가 있는 경우 사람의 생명·신체 및 재산에 미치는 중대한 영향이나 피해를 줄이기 위한 긴급한 조치가 필요하다고 인정하면 재난사태를 선포할 수 있다. 이때 재난사태 선포권자는?

2010년 인천

① 대통령
② 국무총리
③ 행정안전부장관
④ 소방청장

003 「재난 및 안전관리 기본법」상 재난의 대응 단계에서 지역통제단장과 시장·군수·구청장은 재난이 발생할 우려가 있거나 재난이 발생하였을 때에는 즉시 관계 법령 등이 정하는 바에 따라 수방(水防) 및 그 밖에 재난 발생을 예방하거나 피해를 줄이기 위하여 필요한 응급조치를 하여야 한다. 이때 지역통제단장이 하여야 하는 응급조치로 옳지 않은 것은?

2025년 공채

① 진화에 관한 응급조치
② 현장지휘통신체계의 확보
③ 재난을 발생시킬 요인의 제거
④ 긴급수송 및 구조 수단의 확보

004 재난 현장의 긴급구조를 위한 긴급구조통제단장에 대한 설명으로 옳지 않은 것은?

2008년 인천

① 소방청 소속으로 중앙긴급구조통제단을 둔다.
② 중앙긴급통제단의 단장은 소방청장이다.
③ 시·도 긴급구조통제단의 단장은 소방본부장이다.
④ 시·군·구 긴급구조통제단의 단장은 시장·군수·구청장 및 소방서장이 된다.

005 다음 중 중앙긴급구조통제단의 기능과 관련이 없는 것은? 2016년 충남

□□□

① 국가 긴급구조대책의 총괄·조정
② 긴급구조활동의 지휘·통제
③ 긴급구조대응계획의 집행
④ 재난예방조치

006 「재난 및 안전관리 기본법」상 중앙긴급구조통제단에 대한 설명으로 옳지 않은 것은? 2009년 부산

□□□

① 중앙통제단의 부단장은 소방청차장이 된다.
② 중앙통제단 및 운영위원회의 구성·기능 및 운영에 관한 사항은 행정안전부령으로 정한다.
③ 중앙통제단에는 대응계획부·현장지휘부·자원지원부를 둔다.
④ 긴급구조에 관한 총괄·조정, 긴급구조기관 및 긴급구조지원기관이 행하는 긴급구조 활동의 역할분담, 지휘통제를 위하여 소방청에 중앙긴급구조통제단을 둔다.

007 「재난 및 안전관리 기본법」상 우리나라 재난관리체계에 관한 설명으로 옳지 않은 것은? 2020년 공채

□□□

① 재난 및 안전관리에 관한 중요 정책을 심의하기 위하여 국무총리 소속으로 중앙안전관리위원회를 둔다.
② 대통령령으로 정하는 대규모 재난의 대응·복구를 총괄하기 위하여 행정안전부에 중앙재난안전대책본부를 둔다.
③ 소방서는 인명구조, 응급처치 등 긴급 조치를 담당하는 긴급구조지원기관에 해당한다.
④ 시·군·구 재난안전대책본부장은 시장·군수·구청장이며, 시·군·구 긴급구조통제단장은 소방서장이다.

008 □□□ 「재난 및 안전관리 기본법」 및 같은 법 시행령상 효율적인 재난관리를 위해 실시하는 예방, 대비, 대응 및 복구 활동에 관한 내용으로 옳지 않은 것은? 2020년 소방간부

① 국무총리는 국가안전관리기본계획을 5년마다 수립하여야 한다.
② 안전점검의 날은 매월 4일로 하고, 방재의 날은 매년 5월 25일로 한다.
③ 훈련주관기관의 장은 관계 기관과 합동으로 참여하는 재난대비훈련을 각각 소관 분야별로 주관하여 연 1회 이상 실시하여야 한다.
④ 행정안전부장관은 5년마다 재난 및 안전관리에 관한 과학기술의 진흥을 위하여 재난 및 안전관리 기술개발종합계획을 수립하여야 한다.
⑤ 긴급구조지원기관에서 긴급구조업무와 재난관리업무를 담당하는 부서의 담당자 및 관리자는 신규교육을 받은 후 3년마다 정기적으로 긴급구조교육을 받아야 한다.

009 □□□ 다음 중 재난현장에서 긴급구조활동을 지휘할 수 있는 사람은?
2005년 부산, 2006년 대구·인천, 2009년 전남, 2010년 경남, 2011년 중앙

① 소방청장, 소방서장, 소방본부장
② 중앙대책본부장, 시장·군수·구청장, 소방본부장
③ 중앙대책본부장, 시·도지사, 소방청장
④ 시장·군수·구청장, 소방본부장, 소방서장

010 □□□ 재난현장에서 긴급구조현장지휘 내용으로 옳지 않은 것은? 2018년 중앙

① 추가 재난의 방지를 위한 응급조치
② 긴급구조지원기관 및 자원봉사자 등에 임무부여
③ 사상자의 응급처치 및 의료기관 이송
④ 재난관리책임기관 및 긴급구조지원기관의 긴급구조요원·긴급구조지원요원 및 재난관리자원의 배치와 운용

011 □□□ 「재난 및 안전관리 기본법」상 재난현장에서 시·군·구 긴급구조통제단장의 긴급구조 현장지휘 사항을 모두 고른 것은? 2021년 공채

ㄱ. 재난현장에서 인명의 탐색·구조 ㄴ. 추가 재난의 방지를 위한 응급조치 ㄷ. 사상자의 응급처치 및 의료기관으로의 이송 ㄹ. 긴급구조에 필요한 재난관리자원의 관리

① ㄱ, ㄴ
② ㄱ, ㄴ, ㄷ
③ ㄴ, ㄷ, ㄹ
④ ㄱ, ㄴ, ㄷ, ㄹ

012 □□□ 「재난 및 안전관리 기본법」에서 정한 내용 중 옳지 않은 것은? 2017년 충남

① 중앙긴급구조통제단의 단장은 소방청장이다.
② 행정안전부장관은 재난사태선포가 선포된 지역에 대한 여행 등 이동 자제를 권고할 수 있다.
③ 시·군·구 긴급구조통제단장은 시장·군수·구청장이다.
④ 재난현장에서의 지휘·통제를 하는 시·도 통제단의 단장은 소방본부장이다.

013 □□□ 다음 중 중앙통제단의 조직과 관련이 없는 부서는? 2005년 부산, 2006년 강원

① 현장지휘부
② 상시대응복구부
③ 대응계획부
④ 자원지원부

014 □□□ 다음 중 재난현장에서 긴급 감염병 방제 등을 위한 공중보건에 관한 기능별 긴급구조대응계획은? 2005년 경기

① 지휘통제
② 긴급오염통제
③ 응급의료
④ 현장통제

015 □□□ 다음 중 재난현장에서 긴급대피, 상황전파, 비상연락 등을 담당하는 기능별 긴급구조대응계획은? 2013년 경기

① 비상경고
② 대중정보
③ 피해상황분석
④ 현장통제

016 □□□ 「재난 및 안전관리 기본법 시행령」상 긴급구조기관의 장이 수립하는 재난유형별 긴급구조대응계획에 포함되어야 할 내용으로 옳은 것은?

2020년 소방간부

> ㄱ. 긴급구조대응계획의 기본방침과 절차
> ㄴ. 긴급구조대응계획의 목적 및 적용범위
> ㄷ. 주요 재난유형별 대응 매뉴얼에 관한 사항
> ㄹ. 비상경고 방송메시지 작성 등에 관한 사항
> ㅁ. 긴급구조대응계획의 운영책임에 관한 사항
> ㅂ. 재난 발생 단계별 주요 긴급구조 대응활동 사항

① ㄱ, ㄴ, ㄷ
② ㄱ, ㄴ, ㅁ
③ ㄴ, ㄹ, ㅂ
④ ㄷ, ㄹ, ㅁ
⑤ ㄷ, ㄹ, ㅂ

017 □□□ 「긴급구조대응활동 및 현장지휘에 관한 규칙」에서 긴급구조지휘대의 구성 요원이 아닌 것은?

2013년 경기

① 현장지휘요원
② 자원지원요원
③ 통신지원요원
④ 구급지원요원

018 □□□ 「긴급구조대응활동 및 현장지휘에 관한 규칙」상 통제단이 설치·운영되는 경우에 긴급구조지휘대를 구성하는 사람과 배치되는 해당 부서의 연결이 옳은 것만을 <보기>에서 있는 대로 고른 것은?

2022년 소방간부

> <보기>
> ㄱ. 자원지원요원 - 자원지원부
> ㄴ. 상황조사요원 - 대응계획부
> ㄷ. 구급지휘요원 - 구급지원부
> ㄹ. 통신지원요원 - 통신지원부

① ㄱ, ㄴ
② ㄱ, ㄷ
③ ㄱ, ㄴ, ㄹ
④ ㄴ, ㄷ, ㄹ
⑤ ㄱ, ㄴ, ㄷ, ㄹ

019 □□□

「긴급구조대응활동 및 현장지휘에 관한 규칙」에서 현장응급의료소의 설치 · 운영권자는? 2007년 전남

① 응급의료정보센터의 장
② 통제단장
③ 지역대책본부장
④ 보건소장

020 □□□

재난현장에서 현장응급의료소에는 응급의학 전문의를 포함한 의료인 및 관계인의 편성 수는? 2009년 전북

① 의사 3명, 간호사 2명 또는 1급 응급구조사 2명, 지원요원 1명
② 의사 3명, 간호사 3명 또는 1급 응급구조사 3명, 지원요원 2명
③ 의사 4명, 간호사 3명 또는 1급 응급구조사 3명, 지원요원 2명
④ 의사 3명, 간호사 4명 또는 1급 응급구조사 4명, 지원요원 1명

021 □□□

「재난 및 안전관리 기본법」과 「수상에서의 수색 · 구조 등에 관한 법률」상 해상에서의 긴급구조 및 항공기 등 조난사고 시의 긴급구조에 관한 설명으로 옳지 않은 것은? 2024년 소방간부

① 해상에서 발생한 선박이나 항공기 등의 조난사고의 긴급구조활동에 관하여는 「수상에서의 수색 · 구조 등에 관한 법률」 등 관계 법령에 따른다.
② 해수면에서의 수난구호는 구조본부의 장이 수행하고, 내수면에서의 수난구호는 소방관서의 장이 수행한다.
③ 국방부장관은 항공기 조난사고가 발생한 경우 항공기 수색과 인명구조를 위하여 항공기 수색 · 구조계획을 수립 · 시행하여야 한다.
④ 국방부장관은 항공기나 선박의 조난사고가 발생하면 관계 법령에 따라 긴급구조업무에 책임이 있는 기관의 긴급구조활동에 대한 군의 지원을 신속하게 할 수 있도록 조치를 취하여야 한다.
⑤ 국방부장관이 설치하는 탐색구조본부의 구성과 운영에 필요한 사항은 국방부령으로 정한다.

06 재난의 복구

정답 및 해설 p. 98

001 □□□

다음 중 대통령령으로 정하는 규모의 재난이 발생하여 특별재난지역 선포 시 선포건의자, 심의기구, 선포권자가 옳게 연결된 것은? 2005년 부산

① 중앙재난안전대책본부장 - 중앙안전관리위원회 - 대통령
② 중앙재난안전대책본부장 - 중앙안전관리위원회 - 국무총리
③ 소방청장 - 중앙안전관리위원회 - 대통령
④ 소방청장 - 중앙안전관리위원회 - 국무총리

002 □□□

「재난 및 안전관리 기본법령」상 특별재난지역 선포에 관한 사항으로 옳지 않은 것은? 2024년 소방간부

① 특별재난지역의 선포권자는 대통령이다.
② 중앙대책본부장은 특별재난지역의 선포를 대통령에게 건의할 수 있다.
③ 특별재난지역의 선포를 위해서는 중앙대책본부의 심의를 거쳐야 한다.
④ 지역대책본부장은 관할지역에서 발생한 재난에 대해 중앙대책본부장에게 특별재난지역의 선포 건의를 요청할 수 있다.
⑤ 특별재난지역을 선포하는 경우에 중앙대책본부장은 특별재난지역의 구체적인 범위를 정하여 공고하여야 한다.

003 □□□ 다음은 「재난 및 안전관리 기본법」상 특별재난지역의 선포와 관련된 내용이다. (　　) 안에 들어갈 내용으로 옳은 것은? 2018년 통합

> (ㄱ)은/는 대통령령으로 정하는 규모의 재난이 발생하여 특별한 조치가 필요하다고 인정하거나 지역 대책본부장의 요청이 타당하다고 인정하는 경우에는 (ㄴ)의 심의를 거쳐 해당 지역을 특별재난지역으로 선포할 것을 대통령에게 건의할 수 있다.

	ㄱ	ㄴ
①	중앙재난안전대책본부장	안전정책조정위원회
②	중앙안전관리위원회	중앙사고수습본부
③	중앙안전관리위원회	중앙재난안전대책본부장
④	중앙재난안전대책본부장	중앙안전관리위원회

004 □□□ 「재난 및 안전관리 기본법」상 재난관리 단계별 조치사항의 연결이 옳지 않은 것은? 2021년 공채

① 예방단계 - 재난방지시설의 관리
② 대비단계 - 재난현장 긴급통신수단의 마련
③ 대응단계 - 특별재난지역의 선포
④ 복구단계 - 피해조사 및 복구계획 수립 · 시행

PART 6

소방시설

01 소방시설의 개설

정답 및 해설 p. 99

001 □□□

다음 중 소화설비의 종류로 옳은 것은? 2005년 대구, 2008년 부산

① 옥내소화전설비, 스프링클러설비, 자동화재탐지설비, 물분무소화설비
② 옥내소화전설비, 스프링클러설비, 포소화설비, 물분무소화설비
③ 소화기구, 제연설비, 포소화설비, 물분무소화설비
④ 옥외소화전설비, 스프링클러설비, 연소방지설비, 물분무소화설비

002 □□□

소방시설의 분류와 해당 소방시설의 종류가 옳게 연결된 것은? 2020년 공채

① 소화설비 - 옥내소화전설비, 포소화설비, 간이스프링클러설비
② 경보설비 - 자동화재속보설비, 자동화재탐지설비, 제연설비
③ 소화용수설비 - 상수도소화용수설비, 소화수조, 연결살수설비
④ 소화활동설비 - 시각경보기, 연결송수관설비, 무선통신 보조설비

003 □□□

「소방시설 설치 및 관리에 관한 법률 시행령」에서 정하는 소방시설의 종류 중 물분무등 소화설비는? 2016년 중앙

① 스프링클러설비
② 캐비닛형자동소화설비
③ 이산화탄소소화설비
④ 옥내소화전설비

004 □□□

다음 「소방시설 설치 및 관리에 관한 법률 시행령」에서 정하는 소방시설에 해당하지 않는 것은? 2005년 서울, 2006년 경기

① 소화설비
② 경보설비
③ 비상구
④ 피난구조설비

005 □□□ 다음 중 「소방시설 설치 및 관리에 관한 법률 시행령」에서 정한 경보설비에 해당하지 않는 것은?

2014년 중앙

① 단독경보형감지기 ② 비상벨설비
③ 자동식사이렌설비 ④ 무선통신보조설비

006 □□□ 「소방시설 설치 및 관리에 관한 법률 시행령」 별표 1에서 정한 소방시설 중 물분무등 소화설비에 속하지 않는 것은?

2005년 부산, 2006년 · 2009년 경북, 2013년 중앙

① 포소화설비 ② 이산화탄소소화설비
③ 스프링클러설비 ④ 분말소화설비

007 □□□ 「소방시설 설치 및 관리에 관한 법률 시행령」에서 정한 소방시설의 기능 중 화재사실을 통보하는 기계 · 기구나 설비인 것은?

2006년 서울, 2011년 부산

① 시각경보기, 자동화재탐지설비
② 연결살수설비, 누전경보기
③ 자동화재탐지설비, 옥내소화전설비
④ 연결송수관설비, 비상방송설비

008 □□□ 「소방시설 설치 및 관리에 관한 법률 시행령」에서 정한 소방시설 중 건물 화재발생 시 관계인이 사용하는 소방시설의 종류는?

2007년 광주

① 연결살수설비 ② 연결송수관설비
③ 연소방지설비 ④ 옥내소화전설비

009 □□□

다음 피난구조설비 중 피난기구에 해당하는 것은? 2007년 전남

① 인명구조기구
② 휴대용비상조명등
③ 완강기
④ 피난구유도등

010 □□□

다음 중 인명구조기구가 아닌 것은? 2009년 전북, 2010년 부산, 2012년 울산, 2013년 중앙

① 방열복
② 공기안전매트
③ 인공소생기
④ 공기호흡기

011 □□□

「소방시설 설치 및 관리에 관한 법률 시행령」상 소방시설의 내용으로 옳은 것만을 <보기>에서 고른 것은? 2024년 소방간부

<보기>

ㄱ. 소화설비: 소화기구, 스프링클러설비등, 연소방지설비 등
ㄴ. 경보설비: 자동화재속보설비, 누전경보기, 가스누설경보기 등
ㄷ. 피난구조설비: 유도등, 비상조명등 및 휴대용비상조명등, 비상방송설비 등
ㄹ. 소화용수설비: 상수도소화용수설비, 소화수조·저수조, 그 밖의 소화용수설비
ㅁ. 소화활동설비: 비상콘센트설비, 제연설비, 연결살수설비 등

① ㄱ, ㄴ, ㄷ
② ㄱ, ㄴ, ㄹ
③ ㄱ, ㄷ, ㅁ
④ ㄴ, ㄷ, ㅁ
⑤ ㄴ, ㄹ, ㅁ

012 □□□

소방시설 중 소화활동설비로서 옳은 것은? 2012년 중앙

ㄱ. 비상콘센트설비
ㄴ. 방열복
ㄷ. 제연설비
ㄹ. 공기호흡기
ㅁ. 연소방지설비
ㅂ. 무선통신보조설비

① ㄱ, ㄴ, ㄷ, ㄹ
② ㄱ, ㄴ, ㄹ, ㅂ
③ ㄱ, ㄷ, ㅁ, ㅂ
④ ㄱ, ㄷ, ㄹ, ㅂ

013 □□□

소방시설의 종류에 따른 분류가 옳게 짝지어진 것은? 2019년 공채

① 경보설비 - 비상조명등
② 소화설비 - 연소방지설비
③ 피난구조설비 - 비상방송설비
④ 소화활동설비 - 비상콘센트설비

014 □□□

<보기>에서 피난구조설비에 해당하는 것만 고른 것은? 2025년 공채

<보기>

ㄱ. 방열복
ㄴ. 제연설비
ㄷ. 공기호흡기
ㄹ. 비상조명등
ㅁ. 연소방지설비

① ㄱ, ㄴ, ㄷ
② ㄱ, ㄷ, ㄹ
③ ㄴ, ㄷ, ㅁ
④ ㄴ, ㄹ, ㅁ

015 □□□

「소방시설 설치 및 관리에 관한 법률 시행령」에서 정하는 소방시설의 분류가 다른 하나는? 2016년 중앙

① 상수도소화용수설비
② 연결송수관설비
③ 제연설비
④ 연결살수설비

016 □□□

다음 「소방시설 설치 및 관리에 관한 법률 시행령」상 소방시설에 대한 설명 중 옳지 않은 것을 고르면? 2018년 중앙

ㄱ. 소화활동설비에는 연소방지설비, 제연설비, 비상콘센트설비, 비상경보설비 등이 있다.
ㄴ. 소화용수설비에는 상수도소화용수설비, 소화수조, 저수조, 정화조가 있다.
ㄷ. 피난구조설비 중 피난기구에는 피난사다리, 구조대, 완강기가 있다.
ㄹ. 소화설비에는 소화기구, 자동소화장치, 옥내소화전, 스프링클러설비 등이 있다.

① ㄱ, ㄴ
② ㄱ, ㄴ, ㄷ
③ ㄱ
④ ㄴ, ㄷ, ㄹ

017 □□□ 「소방시설 설치 및 관리에 관한 법률 시행령」상 소방시설의 연결이 옳은 것만을 <보기>에서 있는 대로 고른 것은? 2022년 소방간부

<보기>
ㄱ. 소화설비: 자동소화장치, 옥내소화전설비, 물분무등소화설비 ㄴ. 경보설비: 통합감시시설, 시각경보기, 단독경보형 감지기 ㄷ. 피난구조설비: 피난기구, 인명구조기구, 제연설비 ㄹ. 소화활동설비: 연결송수관설비, 비상콘센트설비, 무선통신보조설비

① ㄱ, ㄴ
② ㄷ, ㄹ
③ ㄱ, ㄴ, ㄹ
④ ㄴ, ㄷ, ㄹ
⑤ ㄱ, ㄴ, ㄷ, ㄹ

018 □□□ 소방시설은 소화설비, 경보설비, 피난구조설비, 소화용수설비, 소화활동설비로 분류된다. 다음 정의로 분류되는 소방시설로 옳지 않은 것은? 2023년 공채

화재를 진압하거나 인명구조활동을 위하여 사용하는 설비

① 제연설비
② 인명구조설비
③ 연결살수설비
④ 무선통신보조설비

019 □□□ 「소방시설 설치 및 관리에 관한 법률 시행령」상 소방시설의 연결이 옳은 것만을 <보기>에서 있는 대로 고른 것은? 2025년 소방간부

<보기>
ㄱ. 소화설비 - 소화기구 ㄴ. 경보설비 - 무선통신보조설비 ㄷ. 피난구조설비 - 휴대용비상조명등 ㄹ. 소화용수설비 - 소화수조 ㅁ. 소화활동설비 - 연소방지설비

① ㄱ, ㄷ
② ㄴ, ㄹ, ㅁ
③ ㄱ, ㄷ, ㄹ, ㅁ
④ ㄴ, ㄷ, ㄹ, ㅁ
⑤ ㄱ, ㄴ, ㄷ, ㄹ, ㅁ

02 소화설비

정답 및 해설 p. 101

001 다음 중 소화기구에 관한 설명 중 옳지 않은 것은? 2006년 · 2011년 부산

□□□

① 소화기구(자동소화장치를 제외한다)는 바닥으로부터 1.0m 이하의 곳에 비치한다.
② 소형소화기는 각층마다 설치하며 특정소방대상물 각 부분으로부터 보행거리 20m 이내마다 설치하여야 한다.
③ 대형소화기의 능력단위는 A급 10단위 이상 B급 20단위 이상
④ 특정소방대상물의 각층이 2 이상의 거실로 구획되고 바닥면적이 $33m^2$ 이상으로 구획된 각 거실(아파트의 경우에는 각 세대를 말한다)에도 소화기를 배치한다.

002 소화기구의 능력단위를 바닥면적 100제곱미터마다 1단위 이상으로 해야 할 특정소방대상물은? 2023년 소방간부

□□□

① 공연장　② 판매시설
③ 의료시설　④ 장례식장
⑤ 위락시설

003 자동기동방식의 펌프가 수원의 수위보다 높은 곳에 설치된 옥내소화전설비의 구성요소를 있는 대로 모두 고른 것은? 2022년 공채

□□□

ㄱ. 기동용수압개폐장치	ㄴ. 릴리프밸브
ㄷ. 동력제어반	ㄹ. 솔레노이드밸브
ㅁ. 물올림장치	

① ㄱ, ㄴ, ㅁ　② ㄷ, ㄹ, ㅁ
③ ㄱ, ㄴ, ㄷ, ㄹ　④ ㄱ, ㄴ, ㄷ, ㅁ

004 □□□ **다음 중 옥내소화전설비의 가압송수방식에 해당하지 않는 방식은?** 2008년 경북, 2009년 전남

① 지하수조방식 ② 압력수조방식
③ 고가수조방식 ④ 고압수조방식

005 □□□ **가압송수장치의 체절운전 시 수온상승을 방지하기 위하여 펌프토출측 체크밸브 이전에 설치하는 것은?** 2013년 중앙

① 펌프성능시험배관 ② 물올림장치
③ 순환배관 및 릴리프밸브 ④ 수격방지기

006 □□□ **소방시설 중 기동용 수압개폐장치를 사용하지 않는 설비는?** 2006년 경북

① 옥내소화전설비 ② 스프링클러설비
③ 할로겐화합물 소화설비 ④ 물분무소화설비

007 □□□ **다음 중 옥내소화전설비에 대한 설명으로 옳지 않은 것은?** 2006년 전북, 2010년 경기

① 가압송수방식은 고가수조방식, 압력수조방식, 펌프수조방식, 가압수조방식이 있다.
② 규정 방수량은 130L/min 이상을 갖추어야 한다.
③ 규정 방수압은 0.17MPa 이상 ~ 0.7MPa 이하를 갖추어야 한다.
④ 수원의 저수량은 가장 많은 층의 설치개수에 1.6m^3를 곱한 양 이상이 되도록 하여야 한다.

008 □□□ **건축물 내에 옥내소화전이 1층에 2개, 2층에 3개, 3층에 5개, 4층에 7개가 있다. 당해 건축물의 수원의 산정은?**

2008년 충남, 2010년 경북

① $2.6m^3$ ② $7m^3$
③ $5.2m^3$ ④ $13m^3$

009 □□□ **옥내소화전설비의 가압송수장치 펌프성능시험에 관한 설명이다. (　) 안에 들어갈 내용으로 옳은 것은?**

2023년 소방간부

> 펌프의 성능은 체절운전 시 정격토출압력의 (㉠)%를 초과하지 않고 정격토출량의 (㉡)%로 운전 시 정격토출압력의 (㉢)% 이상이 되어야 하며, 펌프의 성능을 시험할 수 있는 성능시험배관을 설치할 것

	㉠	㉡	㉢
①	65	150	140
②	140	150	65
③	140	65	150
④	150	65	140
⑤	150	140	65

010 □□□ **다음 중 펌프 운전 중에 압력과 토출량이 주기적으로 변동하는 현상은?**

2013년 대전

① 공동현상 ② 맥동현상
③ 수격현상 ④ 진공현상

011 □□□

펌프에서 유체가 이송 시 정전 등으로 펌프가 정지한 경우, 혹은 밸브를 급폐쇄할 경우 배관 내의 유체의 운동에너지가 압력에너지로 변하여 배관 내의 벽면을 치는 현상은? 2009년 대구

① 공동현상 ② 써징현상
③ 수격현상 ④ 맥동현상

012 □□□

소방펌프 및 관로에서 발생되는 수격현상(water hammering)의 방지책으로 옳지 않은 것은? 2023년 공채

① 수격을 흡수하는 수격방지기를 설치한다.
② 관로에 서지 탱크(surge tank)를 설치한다.
③ 플라이휠(flywheel)을 부착하여 펌프의 급격한 속도 변화를 억제한다.
④ 관경의 축소를 통해 유체의 유속을 증가시켜 압력 변동치를 감소시킨다.

013 □□□

다음 중 공동현상 발생원인으로 옳지 않은 것은? 2009년 강원

① 펌프의 흡입양정이 작을 경우
② 펌프의 설치위치가 수조의 수위보다 너무 높을 때
③ 펌프의 흡입압력이 액체의 증기압보다 낮을 때
④ 펌프의 회전차 속도가 클 경우

014 □□□

펌프의 공동현상의 발생원인으로 옳은 것은? 2017년 중앙

① 펌프 흡입측 수두의 마찰손실을 줄인다.
② 흡입관의 길이를 짧게 하거나 배관의 굴곡부를 줄인다.
③ 펌프의 높이를 수원보다 낮게 설치한다.
④ 흡입관의 구경을 작게 한다.

015 □□□ <보기>의 현상을 방지하기 위한 대책으로 옳지 않은 것은? 2025년 공채

<보기>
소방펌프 내부 유속의 급속한 변화 또는 와류의 발생 등에 의해 액체의 압력이 증기압 이하로 낮아져 기포가 생성되고, 이로 인해 펌프의 성능이 저하되고 진동과 소음이 발생하는 현상

① 흡입관의 마찰 손실을 최대한 적게 한다.
② 펌프의 임펠러의 회전 속도를 낮게 한다.
③ 펌프의 흡입관의 관경 크기를 크게 한다.
④ 펌프의 설치 위치를 수원보다 높게 한다.

016 □□□ 소화펌프에서 공동현상(cavitation)이 발생하였을 때 그 원인으로 볼 수 없는 것은? 2025년 소방간부

① 펌프의 위치가 수원의 위치보다 높은 경우
② 펌프의 임펠러 회전속도가 큰 경우
③ 펌프의 흡입측 수두가 큰 경우
④ 펌프의 토출측 관경이 작은 경우
⑤ 펌프에 흡입되는 수원의 온도가 높은 경우

017 □□□ 다음 중 스프링클러설비의 종류가 아닌 것은? 2007년 울산, 2009년 광주·경남, 2013년 대전

① 습식 스프링클러 ② 건식 스프링클러
③ 부압식 스프링클러 ④ 고압식 스프링클러

018 □□□ 다음에 설명된 스프링클러설비의 종류는? 2015년 중앙

가압송수장치에서 폐쇄형 스프링클러헤드까지 배관 내에 항상 물이 가압되어 있다가 화재로 인한 열로 폐쇄형 스프링클러헤드가 개방되면 배관 내에 유수가 발생하는 스프링클러설비이다.

① 습식 스프링클러설비 ② 준비작동식 스프링클러설비
③ 건식 스프링클러설비 ④ 일제살수식 스프링클러설비

019 □□□

스프링클러설비 중 감지기와 연동하여 작동하는 것만을 모두 고른 것은? 2019년 공채

ㄱ. 습식 스프링클러	ㄴ. 건식 스프링클러
ㄷ. 준비작동식 스프링클러	ㄹ. 일제살수식 스프링클러
ㅁ. 부압식 스프링클러	

① ㄱ, ㄴ, ㄷ
② ㄱ, ㄹ, ㅁ
③ ㄴ, ㄷ, ㄹ
④ ㄷ, ㄹ, ㅁ

020 □□□

폐쇄형 스프링클러헤드를 사용하는 스프링클러설비를 <보기>에서 있는 대로 고른 것은? 2021년 소방간부

<보기>

ㄱ. 일제살수식 스프링클러설비
ㄴ. 부압식 스프링클러설비
ㄷ. 준비작동식 스프링클러설비
ㄹ. 건식 스프링클러설비
ㅁ. 습식 스프링클러설비

① ㄱ
② ㄱ, ㄴ
③ ㄴ, ㄷ, ㄹ
④ ㄴ, ㄷ, ㄹ, ㅁ
⑤ ㄱ, ㄴ, ㄷ, ㄹ, ㅁ

021 □□□

다음 스프링클러설비에 관한 내용 중 옳은 것은? 2016년 충남

ㄱ. 습식은 1차 측 및 2차 측이 모두 가압수이다.
ㄴ. 건식은 한랭지역에 사용한다.
ㄷ. 준비작동식밸브는 델류지밸브이다.
ㄹ. 일제살수식은 개방형 헤드를 사용한다.

① ㄱ
② ㄱ, ㄴ
③ ㄱ, ㄴ, ㄹ
④ ㄱ, ㄴ, ㄷ, ㄹ

022 □□□ **다음 내용에 해당하는 스프링클러설비 방식은?** 2024년 소방간부

> • 가압송수장치에서 유수검지장치 1차 측까지 배관 내에 항상 물이 가압되어 있고, 2차 측에서 폐쇄형 스프링클러헤드까지 대기압 또는 저압으로 있다.
> • 화재발생 시 감지기의 작동으로 밸브가 개방되면 폐쇄형스프링클러헤드까지 소화수가 송수되고, 폐쇄형스프링클러헤드가 열에 의해 개방되면 방수가 된다.

① 습식 ② 건식
③ 부압식 ④ 준비작동식
⑤ 일제살수식

023 □□□ **다음 스프링클러설비에 관한 내용 중 옳지 않은 것은?** 2005년 인천, 2006년 충남, 2009년 경북, 2011년 서울

① 스프링클러는 시공이 비교적 복잡하다.
② 소화 후 물로 인한 소손이 적다.
③ 완전자동으로 사람이 없는 야간에도 자동으로 화재를 제어한다.
④ 화재진화 후 설비복구가 용이하다.

024 □□□ **준비작동식 스프링클러 소화설비의 특징으로 옳지 않은 것은?** 2006년 대전

① 1차 측까지 가압수가 충만되어 있는 상태이고, 헤드는 폐쇄형이다.
② 클래퍼 2차 측에 압축공기와 질소가스로 채워져 있는 상태이다.
③ 영하에서도 배관이 얼지 않도록 2차 측은 대기압 상태로 되어 있다.
④ 감지기가 설치되어 있어 감지기가 먼저 화재를 감지한다.

025 □□□ **스프링클러설비 중 리타딩 체임버의 기능에 관한 설명으로 옳지 않은 것은?** 2007년 대전

① 많은 양의 유입수는 오리피스를 통하여 배수시키고 적은 양의 유입수는 체임버를 만수시킨다.
② 리타딩 체임버가 만수가 되면 상단에 설치된 압력스위치를 작동시킨다.
③ 유수경보장치의 오동작을 방지하기 위한 안전장치이다.
④ 알람체크밸브 클래퍼가 개방되어 압력수(가압수)가 유입된다.

026 □□□

스프링클러설비의 리타딩 체임버(retarding chamber)의 기능으로 옳은 것은? 2020년 공채

① 역류방지 ② 가압송수
③ 오작동방지 ④ 동파방지

027 □□□

습식 스프링클러설비의 장점이 아닌 것은? 2008년 경기

① 겨울에는 동결의 우려가 있다.
② 다른 스프링클러설비보다 구조가 간단하고 경제성이 높다.
③ 다른 방식에 비해 유지관리가 용이하다.
④ 헤드 개방 시 즉시 살수가 개시된다.

028 □□□

건식 스프링클러설비 중 압축공기의 배출을 가속시켜 1차 측 배관 내의 가압수를 2차 측 헤드까지 빠르게 송수할 수 있도록 하는 장치는? 2008년 대구

① 압력스위치 ② 리타딩 체임버
③ 자동식공기압축기 ④ 엑셀레이터

029 스프링클러설비의 가압송수장치에 대한 설명 중 옳지 않은 것은? 2011년 중앙

□□□

① 체절운전 수온의 상승을 방지하기 위해 순환배관을 설치할 것
② 펌프의 토출측에는 압력계를, 흡입측에는 연성계 또는 진공계를 설치하며 펌프의 흡입측 배관은 공기고임이 생기지 아니하는 구조로 하고 여과장치를 설치할 것
③ 가압송수장치에는 펌프의 성능을 시험하여 펌프성능시험곡선의 양부 및 펌프의 방수압 및 토출량을 검사하기 위하여 펌프성능시험배관을 설치할 것
④ 압력챔버를 사용할 경우 용량은 100L 미만으로 할 것

030 다음 중 스프링클러설비를 구성하는 배관 중 스프링클러헤드가 설치된 배관은? 2013년 충북

□□□

① 주배관
② 가지배관
③ 교차배관
④ 수평주행배관

031 다음 스프링클러설비에 관한 내용 중 설명이 옳지 않은 것은? 2008년 대전

□□□

① 스프링클러설비는 자동식소화설비이다.
② 일제살수식은 개방형 스프링클러헤드를 사용한다.
③ 일제살수식은 일반적으로 모든 배관이 건식방식이다.
④ 준비작동식은 폐쇄형으로 준비작동식밸브 이전에 물이 차있는 방식이다.

032 스프링클러설비 종류별 주요 구성품의 연결이 옳은 것만을 <보기>에서 있는 대로 고른 것은?

2022년 소방간부

□□□

<보기>
ㄱ. 습식 스프링클러설비: 알람밸브, 개방형 헤드
ㄴ. 건식 스프링클러설비: 익조스터(Exhauster), 공기 압축기
ㄷ. 준비작동식 스프링클러설비: 선택밸브, SVP(Supervisory Panel)
ㄹ. 일제살수식 스프링클러설비: 일제개방밸브, 개방형 헤드

① ㄱ, ㄷ
② ㄴ, ㄹ
③ ㄱ, ㄴ, ㄷ
④ ㄴ, ㄷ, ㄹ
⑤ ㄱ, ㄴ, ㄷ, ㄹ

033 □□□ **포 소화설비에 관한 설명으로 옳지 않은 것은?** 2023년 공채

① 팽창비란 최종 발생한 포 수용액 체적을 원래 포 체적으로 나눈 값을 말한다.
② 연성계란 대기압 이상의 압력과 대기압 이하의 압력을 측정할 수 있는 계측기를 말한다.
③ 국소방출방식이란 소화약제 공급장치에 배관 및 분사 헤드 등을 설치하여 직접 화점에 소화약제를 방출하는 방식을 말한다.
④ 프레셔사이드 프로포셔너방식이란 펌프의 토출관에 압입기를 설치하여 포 소화약제 압입용펌프로 포 소화약제를 압입시켜 혼합하는 방식을 말한다.

034 □□□ **다음 중 포소화설비의 특징에 관한 설명으로 옳지 않은 것은?** 2008년 대구

① 유류저장탱크 내의 화재나 유출된 기름화재에 적합하다.
② 포소화설비의 소화약제는 유독성가스 발생이 없으므로 인체에 무해하다.
③ 옥외소화에도 소화능력을 충분히 발휘한다.
④ 포소화설비는 소화 후 재발화의 위험이 높다.

035 □□□ **플로팅루프탱크(floating roof tank)의 측면과 굽도리판에 의하여 형성된 환상부분에 포를 방출하여 소화작용을 하도록 된 포 소화설비의 고정포 방출구는?** 2023년 소방간부

① 특형 방출구
② Ⅰ형 방출구
③ Ⅱ형 방출구
④ Ⅲ형(표면하 주입) 방출구
⑤ Ⅳ형(반표면하 주입) 방출구

036 화재안전기술기준 및 성능기준에서 정한 규정방수량이 가장 큰 소화설비로 옳은 것은? 2010년 대전

□□□

① 옥내소화전설비
② 옥외소화전설비
③ 스프링클러설비
④ 호스릴옥내소화전설비

037 다음 중 가스계 소화약제 방출방식이 아닌 것은? 2005년 대전, 2010년 전남

□□□

① 전역방출방식
② 국소방출방식
③ 고압방출방식
④ 호스릴방식

038 <보기>의 이산화탄소 소화설비의 작동 단계를 순서대로 바르게 나열한 것은? 2025년 공채

□□□

<보기>

ㄱ. 기동용기 솔레노이드 동작
ㄴ. 분사헤드 가스 방출
ㄷ. 선택밸브 개방
ㄹ. 저장용기밸브 개방

① ㄱ → ㄷ → ㄹ → ㄴ
② ㄱ → ㄹ → ㄷ → ㄴ
③ ㄷ → ㄱ → ㄴ → ㄹ
④ ㄷ → ㄹ → ㄱ → ㄴ

039 다음 중 이산화탄소 소화설비의 특징을 설명한 것으로 옳지 않은 것은? 2007년 강원

□□□

① 전기절연성이 있다.
② 한랭지역에서 동결우려가 있다.
③ 소화 후 깨끗하여 피연소물의 피해가 적다.
④ 자체압으로 방사가 가능하여 방출동력이 필요 없다.

040 □□□ **다음 중 통신전기기실 및 전산실 화재에 가장 적응성이 있는 소화설비는?** 2009년 인천

① 옥내소화전설비
② 스프링클러소화설비
③ 포소화설비
④ 할로겐화합물 소화설비

041 □□□ **소화설비에 대한 설명으로 옳은 것은?** 2021년 공채

① 산·알칼리 소화기는 가스계 소화기로 분류된다.
② CO_2 소화설비는 화재감지기, 선택밸브, 방출표시등, 압력스위치 등으로 구성된다.
③ 슈퍼바이저리패널(supervisory panel)은 습식 스프링클러설비의 구성요소이다.
④ 순환배관은 옥내소화전설비의 펌프 체절운전 시 수온 하강 방지를 위해 설치한다.

042 □□□ **이산화탄소 소화설비에 대한 일반적인 설명으로 옳지 않은 것은?** 2022년 공채

① 기동용기의 가스는 압력스위치 및 자동폐쇄장치를 작동시키는 역할을 한다.
② 저장용기는 직사광선 및 빗물이 침투할 우려가 없는 곳에 설치한다.
③ 전역방출방식에서 환기장치는 이산화탄소가 방사되기 전에 정지되어야 한다.
④ 전역방출방식에서는 음향경보장치와 방출표시등이 필요하다.

03 경보설비

정답 및 해설 p. 110

001 □□□ **다음 중 경보설비에 대한 설명으로 옳은 것은?** 2008년 충북, 2009년 인천, 2012년 울산, 2017년 중앙

① 자동화재탐지설비의 구성은 감지기, 발신기, 중계기, 수신기, 음향장치 등으로 구성되어 있다.
② 비상벨설비는 항상 자동으로 건물 내·외에 있는 사람에게 화재사실을 알린다.
③ 자동화재속보설비는 자동화재탐지설비로부터 화재신호를 받아 통신망 음성 등의 방법으로 관계인에게 자동적으로 화재발생 위치를 신속하게 통보해주는 설비이다.
④ 단독경보형 감지기는 별도의 배선을 통해 수신기로 전달되어 화재발생 상황을 알린다.

002 □□□ **자동화재탐지설비의 감지기가 하는 기능이 아닌 것은?** 2011년 서울

① 센서기능 ② 판단기능
③ 발신기능 ④ 수신기능

003 □□□ **자동화재탐지설비에서 차동식스포트형 감지기 동작방식이 아닌 것은?** 2012년 중앙

① 열기전력을 이용한 것 ② 이온전류가 변화하여 작동하는 것
③ 공기팽창을 이용한 것 ④ 열반도체를 이용한 것

004 □□□ **차동식 분포형 감지기의 종류에 해당하지 않는 것은?** 2023년 공채

① 공기관식 ② 열전대식
③ 열반도체식 ④ 광전식

005 자동화재탐지설비의 경계구역 설정에 관한 설명으로 옳지 않은 것은? 2009년 충남

□□□

① 하나의 경계구역이 2개 이상의 건축물에 미치지 아니한다.

② 하나의 경계구역이 2개 이상의 층에 미치지 아니하도록 한다.

③ 500m^2 이하의 범위 안에서는 2개 층을 하나의 경계구역으로 할 수 있다.

④ 하나의 경계구역의 면적은 600m^2 이하로 하고, 한 변의 길이는 60m 이하로 한다.

006 자동화재탐지설비의 경계구역 설정에 대한 기준이다. (　　) 안에 들어갈 내용으로 옳은 것은? 2020년 소방간부

□□□

> 하나의 경계구역의 면적은 (ㄱ)m^2 이하로 하고, 한 변의 길이는 (ㄴ)m 이하로 할 것. 다만, 해당 특정소방대상물의 주된 출입구에서 그 내부 전체가 보이는 것에 있어서는 한 변의 길이가 (ㄷ)m의 범위 내에서 (ㄹ)m^2 이하로 할 수 있다.

	ㄱ	ㄴ	ㄷ	ㄹ
①	500	50	60	800
②	500	60	50	1,000
③	600	50	50	800
④	600	50	50	1,000
⑤	600	60	60	1,000

007 다음 중 열감지기 종류가 아닌 것은? 2009년 충북·대전, 2010년 인천, 2018년 통합

□□□

① 차동식

② 정온식

③ 보상식

④ 광전식

008 다음 중 연기감지기를 설치해야 할 장소로 옳은 것은? 2005년 대전·인천, 2010년 대구

□□□

① 부식성 가스가 체류하는 곳

② 계단·경사로 및 복도

③ 고온도·저온도로서 유지가 어려운 장소

④ 화장실·목욕실

009 □□□ **자동화재탐지설비 감지기의 종류에 대한 설명이다. (　　) 안에 들어갈 내용으로 옳은 것은?**

2021년 소방간부

주위 온도가 일정 상승률 이상이 되는 경우에 작동하는 것으로서 일국소의 열효과에 의하여 작동하는 것을 (ㄱ) 감지기라 하고, 일국소의 주위 온도가 일정한 온도 이상이 되는 경우에 작동하는 것으로서 외관이 전선으로 되어 있지 아니한 것을 (ㄴ) 감지기라 한다. 이들 두 감지기의 성능을 겸한 것으로서 두 성능 중 어느 하나가 작동되면 화재신호를 발하는 것을 (ㄷ) 감지기라고 한다.

	ㄱ	ㄴ	ㄷ
①	정온식 스포트형	차동식 스포트형	보상식 스포트형
②	정온식 분포형	차동식 분포형	열복합식
③	차동식 스포트형	정온식 스포트형	보상식 스포트형
④	차동식 분포형	정온식 분포형	열복합식
⑤	차동식 감지선형	정온식 감지선형	열연복합식

010 □□□ **다음 열·연기 감지기에 관한 설명 중 옳은 것은?**

2008년 충남

① 차동식 분포형 감지기는 주위 온도가 일정상승률 이상이 되는 경우 작동하고 일국소에서의 열효과에 의하여 작동하는 것을 말한다.
② 정온식 스포트형 감지기는 일국소의 주위 온도가 일정한 온도 이상이 되는 경우에 작동하며 외관이 전선으로 되어 있는 것을 말한다.
③ 차동식 분포형 감지기는 주위 온도가 일정상승률 이상이 되는 경우 넓은 범위에서의 열효과에 의하여 작동하는 것을 말한다.
④ 정온식 분포형 감지기는 주위 온도가 일정한 온도 이상되는 경우에 작동하는 것으로서 외관이 전선으로 되어 있는 것을 말한다.

011 □□□ **자동화재탐지설비에서 부착 높이에 따른 감지기로 옳은 것만을 <보기>에서 있는 대로 고른 것은?**

2023년 소방간부

<보기>
ㄱ. 부착 높이 4m 미만: 광전식 스포트형 감지기
ㄴ. 부착 높이 4m 이상 8m 미만: 정온식 감지선형 1종 감지기
ㄷ. 부착 높이 8m 이상 15m 미만: 차동식 스포트형 감지기
ㄹ. 부착 높이 15m 이상 20m 미만: 보상식 스포트형 감지기

① ㄱ, ㄴ　　② ㄱ, ㄷ
③ ㄴ, ㄹ　　④ ㄱ, ㄷ, ㄹ
⑤ ㄴ, ㄷ, ㄹ

012 □□□ **다음 중 자동화재탐지설비와 관련된 설명으로 옳지 않은 것은?** 2015년 중앙

① 수신기란 감지기나 발신기로부터 화재발생 신호를 직접 또는 중계기를 통해 수신하는 장치로서 고유신호를 사용하는 P형과 공통신호를 사용하는 R형 등의 종류가 있다.
② 발신기란 수동누름버턴 등의 작동으로 화재 신호를 수신기에 발신하는 장치를 말한다.
③ 경계구역이란 소방대상물 중 화재 신호를 발신하고 그 신호를 수신 및 유효하게 제어할 수 있는 구역을 말한다.
④ 자동화재탐지설비는 화재를 감지하는 기능이 있어 화재가 발생할 때 자동적으로 작동해야 되는 자동화재속보설비 등과 연동될 수 있다.

013 □□□ **소방시설 중 경보설비에 관한 설명으로 옳지 않은 것은?** 2024년 공채

① 시각경보기는 청각장애인에게 점멸 형태로 시각경보를 하는 장치이다.
② R형 수신기는 감지기 또는 발신기에서 1:1 접점방식으로 전송된 신호를 수신한다.
③ 비상방송설비는 수신기에 화재신호가 도달하면 방송으로 화재 사실을 알리는 설비이다.
④ 이온화식 감지기와 광전식 감지기는 연기를 감지하여 화재신호를 발하는 장치이다.

014 □□□ **자동화재탐지설비 수신기의 화재신호와 연동으로 작동하여 관계인에게 화재발생을 경보함과 동시에 소방관서에 자동적으로 통신망을 통한 당해 화재발생 및 당해 소방대상물의 위치 등을 음성으로 통보하여 주는 것은?** 2022년 소방간부

① 통합감시시설
② 비상경보설비
③ 비상방송설비
④ 자동화재속보설비
⑤ 단독경보형 감지기

015 □□□ **화재알림설비에 대한 설명으로 옳지 않은 것은?** 2025년 공채

① "발신기"란 수동누름버튼 등의 작동으로 화재신호를 수신기에 발신하는 장치를 말한다.
② "원격감시서버"란 원격지에서 각각의 화재알림설비로부터 수신한 화재정보값 및 화재신호, 상태신호 등을 원격으로 감시하기 위한 서버를 말한다.
③ "화재알림형 비상경보장치"란 화재알림형 감지기, 발신기, 표시등, 지구음향장치(경종 또는 사이렌 등)를 내장한 것으로 화재발생 상황을 경보하는 장치를 말한다.
④ "화재알림형 중계기"란 화재알림형 감지기, 발신기 또는 전기적인 접점 등의 작동에 따른 화재정보값 또는 화재신호 등을 받아 이를 화재알림형 수신기에 전송하는 장치를 말한다.

04 피난구조설비

정답 및 해설 p. 114

001 □□□ **다음 피난구조설비 중 <보기>에 해당하는 기구는?** 2011년 부산

<보기>
• 사용자의 몸무게에 의해 하강하며 하강속도를 조절하는 피난기구이다. • 1인 및 다수인이 여러 번 사용 가능하다. • 조속기, 후크, 밸트, 로프로 구성되어 있다.

① 완강기
② 피난사다리
③ 다수인피난장비
④ 구조대

002 □□□ **피난구조설비에 대한 설명으로 옳지 않은 것은?** 2021년 공채

① 인공소생기란 호흡 부전 상태인 사람에게 인공호흡을 시켜 환자를 보호하거나 구급하는 기구이다.
② 피난구유도등이란 피난구 또는 피난경로로 사용되는 출입구를 표시하여 피난을 유도하는 등을 말한다.
③ 복도통로유도등이란 피난통로가 되는 복도에 설치하는 통로유도등으로서 피난구의 방향을 명시하는 것을 말한다.
④ 구조대란 사용자의 몸무게에 의하여 자동으로 하강하고 내려서면 스스로 상승하여 연속적으로 사용할 수 있는 무동력 피난기구를 말한다.

003 □□□

다음 피난구조설비 중 피난기구 또는 인명구조기구가 아닌 것은? 2005년 대구

① 비상벨 ② 방열복
③ 완강기 ④ 인공소생기

004 □□□

일반적으로 유도등의 비상전원 설치기준에서 비상전원의 용량은? 2008년 충북

① 20분 ② 30분
③ 40분 ④ 50분

005 □□□

다음 중 객석유도등의 설치 위치가 아닌 것은? 2011년 전남

① 통로 ② 바닥
③ 벽 ④ 기둥

05 소화활동설비

정답 및 해설 p. 115

001 □□□ **화재발생 시 소방공무원이 하는 소화활동설비는?** 2005년 강원·경북·강원, 2006년 경남, 2009년 제주

① 옥내소화전설비
② 자동화재속보설비
③ 연결송수관설비
④ 상수도소화용수설비

002 □□□ **지하 공동구에 설치하는 설비는?** 2005년 부산

① 연결살수설비
② 제연설비
③ 연결송수관설비
④ 연소방지설비

003 □□□ **다음 중 제연방식의 종류가 아닌 것은?** 2006년 강원

① 밀폐제연방식
② 자연제연방식
③ 가압제연방식
④ 스모그타워제연방식

004 □□□ **건축물의 화재 시 다음 설명에 해당하는 제연방식으로 옳은 것은?** 2008년 경남

건축물의 화재 시 피난로인 복도·계단실·계단전실에 신선한 공기를 송풍기에 의해서 강제로 급기하고 배기방식은 자연제연방식으로서 연기를 제어한다.

① 제1종 제연방식
② 제2종 제연방식
③ 제3종 제연방식
④ 스모크타워제연방식

005 □□□

화재안전기술기준 및 성능기준에서 제연설비의 설치장소의 제연구역에 구획기준으로 옳지 않은 것은?

2009년 전북, 2011년 중앙

① 거실과 통로(복도 포함)는 각각 제연구획할 것
② 통로상의 제연구획은 보행중심선의 길이가 60m를 초과하지 아니할 것
③ 하나의 제연구역은 면적을 1,500m^2 이내로 할 것
④ 하나의 제연구역은 2개 이상 층에 미치지 아니하도록 할 것

006 □□□

건축물 내 화재발생 시 연기를 제어하기 위하여 기계적 배기, 기계적 급기로 이루어지는 제연방식은?

2010년 전북

① 제1종 기계제연방식
② 제2종 기계제연방식
③ 제3종 기계제연방식
④ 제4종 기계제연방식

007 □□□

다음 건축물 내 화재발생 시 연기를 제어하기 위하여 자연급기, 기계배기로서 가장 많이 쓰이는 제연방식은?

2010년 전남

① 제1종 기계제연방식
② 제2종 기계제연방식
③ 제3종 기계제연방식
④ 제4종 기계제연방식

008 □□□

다음은 비상콘센트설비의 전원회로 기준에 관한 것이다. ( ) 안에 들어갈 내용으로 옳은 것은?

2023년 소방간부

> 비상콘센트설비의 전원회로는 (㉠) 교류 (㉡)볼트인 것으로서, 그 공급용량은 (㉢)킬로볼트암페어 이상인 것으로 할 것

	㉠	㉡	㉢
①	단상	24	1.5
②	단상	220	1.5
③	단상	380	3.0
④	3상	220	3.0
⑤	3상	380	3.0

06 소화용수설비

정답 및 해설 p. 116

001 □□□

소화활동설비 및 소화용수설비는 어느 소화에 해당하는가? 2013년 충북

① 초기소화
② 본격소화
③ 방진소화
④ 가압소화

PART 7

소방조직 및 역사

01 한국소방의 역사 및 소방조직

정답 및 해설 p. 117

001 □□□ **1426년 세종 8년에 설치된 금화도감에 관한 설명으로 옳지 않은 것은?** 2008년 충남·경남

① 금화도감 조직은 제조 7명, 사 5명, 부사 6명, 판관 6명으로 구성되었다.
② 병조소속으로 금화도감이 설치되었다.
③ 금화도감에 등록되어 있는 관원은 수총기를 이용하여 불을 끄는 전문요원이다.
④ 화재 시 의금부에서 종을 치도록 하고 화재를 진압하는 군인은 병조에서 감독하였다.

002 □□□ **조선시대 소방조직 중 금화도감에 관련된 내용으로 옳지 않은 것은?** 2008년 서울·전북

① 수성금화도감은 성을 수리하고 화재를 금하고 도랑·하천을 소통시키고 길과 다리를 수리하는 일을 맡아보게 하였다.
② 금화도감은 조선후기에 설치되었다.
③ 금화도감은 우리나라 최초의 소방관서이다.
④ 성문도감과 금화도감을 병합하여 수성금화도감으로 설치하였으며, 이후 수성은 공조소속으로, 금화는 한성부로 사무이관되었다.

003 □□□ **다음 중 상비소방수제도, 수성금화도감, 금화도감, 금화제도의 설치된 순서로 옳은 것은?** 2010년 인천

① 금화도감 - 수성금화도감 - 금화제도 - 상비소방수제도
② 금화제도 - 금화도감 - 상비소방수제도 - 수성금화도감
③ 금화도감 - 금화제도 - 수성금화도감 - 상비소방수제도
④ 금화제도 - 금화도감 - 수성금화도감 - 상비소방수제도

004 □□□ **다음 소방조직 설치 및 변천과정 중 옳지 않은 것은?** 2010년 전북

① 고려시대에 금화법령과 금화조건이 있었다.
② 세종 때 성문도감과 금화도감을 설치한 이후 이를 병합하여 수성금화도감으로 설치하였다.
③ 조선시대 금화법령은 경국대전 편찬으로 금화의 골격을 갖추었다.
④ 정부수립 이후 「지방세법」을 개정하여 소방공동시설세가 신설되어 소방재원을 확보하였다.

005 □□□ **우리나라 소방제도의 설치 및 변천과정에 대한 설명 중 옳지 않은 것은?** 2005년 경북

① 고려시대에 금화제도가 마련되기 시작되었다.
② 조선시대에 금화조건 이후에 금화도감을 설치하였다.
③ 미군정시대 자치소방제도가 최초로 시행되었다.
④ 정부수립 이후 중앙소방조직은 소방업무를 내무부 소방국에서 관장하였다.

006 □□□ **우리나라 소방 역사에 대한 설명으로 옳은 것만을 모두 고른 것은?** 2021년 공채

ㄱ. 고려시대에는 소방(消防)을 소재(消災)라 하였으며, 화통도감을 신설하였다.
ㄴ. 조선시대 세종 8년에 금화도감을 설치하였다.
ㄷ. 1915년에 우리나라 최초 소방본부인 경성소방서를 설치하였다.
ㄹ. 1945년에 중앙소방위원회 및 중앙소방청을 설치하였다.

① ㄱ, ㄴ
② ㄱ, ㄴ, ㄷ
③ ㄴ, ㄷ, ㄹ
④ ㄱ, ㄴ, ㄷ, ㄹ

007 □□□ **우리나라 소방의 시대별 발전과정에 관한 내용으로 옳은 것만을 <보기>에서 고른 것은?** 2023년 소방간부

<보기>
ㄱ. 고려시대: 금화도감을 설치하였다.
ㄴ. 조선시대: 일본에서 들여온 수총기를 궁정소방대에 처음으로 구비하였다.
ㄷ. 일제강점기: 우리나라 최초로 소방서를 설치하였다.
ㄹ. 미군정시대: 소방을 경찰에서 분리하여 최초로 독립된 자치적 소방제도를 시행하였다.

① ㄱ, ㄴ
② ㄱ, ㄹ
③ ㄴ, ㄷ
④ ㄴ, ㄹ
⑤ ㄷ, ㄹ

008 □□□

다음 중 소방행정 발달에 관한 설명으로 옳지 않은 것은? 2015년 충남

① 1958년 「소방법」이 제정되었다.
② 1972년 소방행정조직은 국가와 지방의 이원적 행정으로 바뀌었다.
③ 1973년 「소방공무원법」이 제정되었다.
④ 1978년 최초로 소방교육기관인 소방학교가 설립되었다.

009 □□□

소방 조직의 설치가 시기순으로 옳게 나열된 것은? 2024년 공채

① 내무부 소방과 - 내무부 소방국 - 도 소방위원회 - 시 · 도 소방본부
② 도 소방위원회 - 내무부 소방국 - 시 · 도 소방본부 - 소방방재청
③ 중앙소방위원회 - 내무부 소방국 - 도 소방위원회 - 소방방재청
④ 내무부 소방국 - 중앙소방위원회 - 소방방재청 - 소방청

010 □□□

민간 소방조직은 지속적으로 변천되어 왔다. 민간 소방조직의 변천 순서로 옳은 것은? 2025년 공채

① 경방단 → 소방대 → 방공단 → 청원소방원
② 방공단 → 청원소방원 → 경방단 → 소방대
③ 소방대 → 방공단 → 청원소방원 → 경방단
④ 청원소방원 → 경방단 → 소방대 → 방공단

011 □□□ **소방행정조직의 발전 과정에 관한 설명으로 옳지 않은 것은?** 2024년 공채

① 1426년(세종 8년)에 독자적인 소방 관리를 위해 금화도감을 설치하였으며 이후 성문도감과 병합하여 수성금화도감으로 개편하였다.
② 1894년에 경무청이 설치되고, '소방'이란 용어가 처음으로 사용되었다.
③ 1948년에 대한민국 정부가 수립되고 국가 소방체제로 전환하면서 소방행정조직이 경찰에서 분리되었다.
④ 2017년에 「정부조직법」 개정으로 국민안전처를 해체하고 소방청을 개설하였다.

012 □□□ **우리나라 소방기관과 관련된 역사를 옳게 설명한 것은?** 2005년 경기, 2006년 서울

① 고려시대에 금화조직을 기초로 금화제도가 시행되었다.
② 1948년 제정된 「소방법」의 목적은 화재, 풍수해, 설해의 예방 · 경계 · 진압 또는 방어에 관한 내용이 포함되었다.
③ 1925년 우리나라 최초의 소방서인 경성소방서가 생겼으며, 이후 부산소방서와 평양소방서가 각각 설치되었다.
④ 현재 소방행정 조직은 국가 및 자치소방체제로 구분한다.

013 □□□ **대한민국 정부 수립 이후 중앙소방조직의 변천 과정을 시간적 순서대로 옳게 나열한 것은?** 2024년 소방간부

① 소방방재청 - 내무부 소방국 - 내무부 치안국 소방과 - 국민안전처 중앙소방본부 - 소방청
② 소방방재청 - 내무부 치안국 소방과 - 내무부 소방국 - 국민안전처 중앙소방본부 - 소방청
③ 내무부 소방국 - 내무부 치안국 소방과 - 국민안전처 중앙소방본부 - 소방방재청 - 소방청
④ 내무부 경찰국 소방과 - 내무부 소방국 - 소방청 - 국민안전처 중앙소방본부 - 소방방재청
⑤ 내무부 치안국 소방과 - 내무부 소방국 - 소방방재청 - 국민안전처 중앙소방본부 - 소방청

014 □□□ **소방조직의 변천 과정을 시간 순서대로 나열한 것으로 옳은 것은?** 2025년 소방간부

① 금화도감 → 경성소방서 → 소방방재청 → 국민안전처 중앙소방본부
② 금화도감 → 경성소방서 → 국민안전처 중앙소방본부→ 소방방재청
③ 경성소방서 → 금화도감 → 소방방재청 → 국민안전처 중앙소방본부
④ 경성소방서 → 금화도감 → 국민안전처 중앙소방본부→ 소방방재청
⑤ 경성소방서 → 소방방재청 → 금화도감 → 국민안전처 중앙소방본부

015 □□□

우리나라 소방의 발전과정에 대한 설명 중 옳지 않은 것은? 2018년 통합

① 최초의 소방관서는 금화도감이다.
② 일제강점기에 최초의 소방서가 설치되었다.
③ 갑오개혁 이후 '소방'이라는 용어를 처음 사용하였다.
④ 대한민국 정부수립과 동시에 소방본부가 설치되었다.

016 □□□

우리나라 소방의 변천 과정에 대한 설명으로 옳지 않은 것은? 2025년 공채

① 고려 시대: 소방을 소재(消災)라 하였고, 우리나라 소방행정의 근원이라 볼 수 있는 금화원 제도를 시행하였다.
② 조선 시대: 5가를 1통으로 묶어 우물을 파고 물통을 준비하도록 하는 5가 작통제를 시행하였다. 아울러 세종 8년(1426년) 2월에 금화도감을 설치하였고, 6월에는 수성금화도감으로 개편하였다.
③ 일제 강점기: 1925년 최초의 소방서인 경성소방서가 설치되었다. 이후 1938년 부산 및 평양에 소방서가 개소되었으며, 1944년 용산·인천·함흥에 소방서가 증설되었다.
④ 미군정 시대: 1946년 소방부 및 소방위원회를 설치하고, 소방조직 및 업무를 경찰로부터 독립하여 자치소방체제로 전환하였다. 1947년 중앙소방위원회의 집행기구로 소방청이 설치되었다.

017 □□□

대한민국 정부수립 이후 1948 ~ 1970년까지의 소방체제는? 2017년 중앙

① 국가·자치 이원체제
② 국가소방체제
③ 자치소방체제
④ 군사소방체제

018 □□□

해방 이후의 소방조직 변천과정을 과거부터 현재까지 옳게 나열한 것은? 2019년 공채

ㄱ. 중앙에는 중앙소방위원회를 두고, 지방에는 도 소방위원회를 두어 독립된 자치소방제도를 시행하였다.
ㄴ. 소방행정이 경찰행정 사무에 포함되어 시·군까지 일괄적으로 관리하는 국가소방체제로 전환되었다.
ㄷ. 서울과 부산은 소방본부를 설치하였고, 다른 지역은 국가소방체제로 국가소방과 자치소방의 이원화시기였다.
ㄹ. 소방사무가 시·도 사무로 전환되어 전국 시·도에 소방본부가 설치되었다.

① ㄱ → ㄴ → ㄷ → ㄹ
② ㄱ → ㄴ → ㄹ → ㄷ
③ ㄴ → ㄱ → ㄷ → ㄹ
④ ㄴ → ㄱ → ㄹ → ㄷ

019 □□□ **우리나라 소방행정체제의 변천과정에 관한 내용으로 옳지 않은 것은?** 2023년 공채

① 중앙소방위원회 설치(1946) 당시에는 자치소방체제였다.
② 정부수립(1948) 당시에는 국가소방체제였다.
③ 중앙소방학교 설립(1978) 당시에는 국가소방과 자치소방의 이원적 체제였다.
④ 대구지하철 화재 발생(2003) 당시에는 국가소방체제였다.

020 □□□ **우리나라 소방행정에 관한 설명으로 옳은 것은?** 2020년 공채

① 미군정 시대에는 소방행정을 경찰에서 분리하여 자치 소방행정체제를 도입하였다.
② 1972년 전국 시·도에 소방본부를 설치·운영하고 광역소방행정체제로 전환하였다.
③ 소방공무원은 공무원 분류상 경력직 공무원 중 특수경력직 공무원에 해당한다.
④ 소방공무원의 징계 중 경징계에는 정직, 감봉, 견책이 있다.

021 □□□ **다음 중 소방조직에 대한 설명으로 옳지 않은 것은?** 2015년 중앙, 2017년 중앙

① 소방력의 3요소는 소방인력, 소방장비, 소방용수이다.
② 소방대는 소방공무원, 의무소방원, 의용소방원으로 구성되어 있다.
③ 위험물안전관리자가 해임 및 퇴직할 때에는 14일 이내 선임하여야 하고, 7일 이내 소방본부장과 소방서장에게 신고하여야 한다.
④ 소방공무원은 분류상 경력직 공무원 중 특정직 공무원에 해당된다.

022 □□□ **민간 소방조직의 설치에 관한 설명으로 옳지 않은 것은?** 2018년 통합

① 주유취급소에는 위험물안전관리자를 선임해야 한다.
② 소방안전관리대상물에는 소방안전관리자를 선임해야 한다.
③ 소방업무를 체계적으로 보조하기 위해 의용소방대를 설치한다.
④ 제4류 위험물을 저장·취급하는 제조소에는 반드시 자체 소방대를 설치해야 한다.

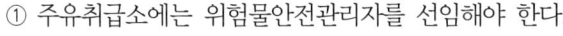

023 □□□ **「위험물안전관리법 시행령」상 제조소에서 취급하는 제4류 위험물의 최대수량의 합이 지정수량의 50만 배인 사업소의 경우, 자체소방대에 두는 화학소방자동차와 자체소방대원의 수로 옳은 것은?**

2023년 소방간부

	화학소방자동차	자체소방대원
①	1대	5인
②	2대	10인
③	3대	15인
④	4대	20인
⑤	5대	10인

024 □□□ **「위험물안전관리법」상 위험물안전관리자에 대한 내용으로 옳지 않은 것은?** 2021년 소방간부

① 안전관리자를 선임한 제조소 등의 관계인은 그 안전관리자를 해임하거나 안전관리자가 퇴직한 때에는 해임하거나 퇴직한 날부터 30일 이내에 다시 안전관리자를 선임하여야 한다.

② 제조소 등의 관계인은 관련 법령에 따라 안전관리자를 선임한 경우에는 선임한 날부터 14일 이내에 행정안전부령으로 정하는 바에 따라 소방본부장 또는 소방서장에게 신고하여야 한다.

③ 제조소 등의 관계인이 안전관리자를 해임하거나 안전관리자가 퇴직한 경우 그 관계인 또는 안전관리자는 소방본부장이나 소방서장에게 그 사실을 알려 해임되거나 퇴직한 사실을 확인받을 수 있다.

④ 안전관리자를 선임한 제조소 등의 관계인은 안전관리자의 해임 또는 퇴직과 동시에 다른 안전관리자를 선임하지 못하는 경우에는 「국가기술자격법」에 따른 위험물의 취급에 관한 자격취득자 또는 위험물안전에 관한 기본지식과 경험이 있는자로서 소방본부장이나 소방서장이 정하는 자를 대리자(代理者)로 지정하여 그 직무를 대행하게 하여야 한다.

⑤ 제조소 등의 종류 및 규모에 따라 선임하여야 하는 안전관리자의 자격은 대통령령으로 정한다.

025 □□□ **화재예방, 소방활동 또는 소방훈련을 위하여 사용되는 소방신호에 해당하는 것은?** 2018년 통합

① 대응신호
② 경계신호
③ 복구신호
④ 대비신호

026 □□□ 「소방기본법」 및 같은 법 시행규칙상 화재예방, 소방활동 또는 소방훈련을 위하여 사용되는 소방신호의 종류와 방법에 관한 내용으로 옳은 것은? 2023년 공채

① 소방신호의 방법으로는 타종신호, 싸이렌신호, 음성신호가 있다.
② 소방대의 비상소집을 하는 경우에는 훈련신호를 사용할 수 있다.
③ 타종신호로 하는 경우 경계신호는 5초 간격을 두고 30초씩 3회로 한다.
④ 소방신호의 종류에는 비상신호, 훈련신호, 해제신호, 경계신호가 있다.

027 □□□ 소방조직의 원리에 해당하지 않는 것은? 2021년 공채

① 조정의 원리
② 계층제의 원리
③ 명령분산의 원리
④ 통솔범위의 원리

028 □□□ 소방조직의 기본원리에서 특정사안에 대한 결정에 있어 의사결정 과정에서는 개인의 의견이 참여하지만, 결정을 내리는 것은 개인이 아닌 소속기관이 내리는 조직의 원리는? 2017년 중앙

① 계층제의 원리
② 업무조정의 원리
③ 계선의 원리
④ 명령통일의 원리

029 □□□ 다음 소방행정행위에서 법률적 행정행위가 아닌 것은? 2008년 광주

① 명령적 행정행위 중 하명
② 명령적 행정행위 중 허가
③ 명령적 행정행위 중 통지
④ 명령적 행정행위 중 면제

030 □□□ **다음 중 행정작용의 소방수인하명에 해당하는 것은?** 2011년 서울

① 소방대상물의 사용금지
② 강제피난 명령
③ 화재예방조치 명령
④ 소방자동차의 우선통행

031 □□□ **소방행정의 특수성에 해당하는 사항이 아닌 것은?** 2009년 경북

① 법제적 특성
② 조직적 특성
③ 업무적 특성
④ 시간적 특성

032 □□□ **소방행정조직의 업무적 특성을 <보기>에서 모두 고른 것은?** 2025년 공채

<보기>

ㄱ. 가외성
ㄴ. 긴급성
ㄷ. 신속·대응성
ㄹ. 전문성

① ㄱ, ㄷ
② ㄱ, ㄴ
③ ㄴ, ㄷ, ㄹ
④ ㄱ, ㄴ, ㄷ, ㄹ

033 □□□ **소방행정의 특수성 중 업무적 특성에서 소방조직이나 체제 또는 장비의 기본요소 이외에 여유자원 혹은 환경에 의한 동태성을 높일 수 있도록 중복현상을 나타내는 것은?** 2009년 전북

① 전문성
② 대기성
③ 가외성
④ 위험성

02 국가공무원법

정답 및 해설 p. 123

001 □□□ 「국가공무원법」상 용어의 정의로 옳지 않은 것은? 2010년 광주

① 직위: 1명의 공무원에게 부여하는 직무와 책임
② 직급: 직무의 종류·곤란성과 책임도가 상당히 유사한 직위의 군
③ 직무등급: 직무의 곤란성과 책임도가 상당히 유사한 직위의 군
④ 전직: 같은 직급 내에서 보직변경 등 고위공무원단 직위 간의 보직변경

002 □□□ 소방공무원에 대한 징계에 해당하지 않는 것은?
2006년 경기, 2007년 대구·충북, 2008년 인천, 2009년 부산, 2011년 울산

① 해임
② 견책
③ 정직
④ 직위해제

003 □□□ 소방공무원 징계 중 중징계에 속하는 것은? 2009년 경북, 2010년 강원

① 파면 · 해임 · 정직 · 견책
② 파면 · 해임 · 감봉 · 견책
③ 파면 · 해임 · 강등 · 정직
④ 파면 · 해임 · 강등 · 감봉

004 □□□ 다음 중 소방공무원의 징계에서 중징계에 해당하지 않는 것은? 2018년 중앙

① 파면
② 해임
③ 정직
④ 견책

03 소방공무원법

정답 및 해설 p. 124

001 □□□ **다음 중 소방공무원 임용령에 관한 설명으로 옳지 않은 것은?** 2009년 부산, 2010년 대구

① 소방공무원의 임용은 다른 법령에 특별한 규정이 있는 경우를 제외하고 소방공무원 임용령을 따라야 한다.
② 소방공무원 임용에 있어서 소방사 공개경쟁채용시험에 응시할 수 있는 자의 연령은 18세 이상 40세 이하로 한다.
③ 소방공무원 공개경쟁채용시험을 실시하고자 할 때에는 시험에 관한 제반사항을 시험실시 30일 전까지 공고하여야 한다.
④ 신규채용 시 채용예정인원이 정해져 있음에도 불구하고 동점자가 발생 시에는 모두 합격자로 결정한다.

002 □□□ **소방공무원 임용에 대한 설명 중 옳지 않은 것은?** 2010년 대구·경북

① 소방공무원인 소방준감은 소방청장의 제청으로 국무총리를 거쳐 대통령이 임용한다.
② 소방공무원인 소방위는 소방청장이 임용한다.
③ 소방령 이상의 소방공무원은 소방청장의 제청으로 국무총리를 거쳐 대통령이 임용한다.
④ 대통령은 임용권의 일부를 대통령령으로 정하는 바에 따라 소방청장 또는 소방본부장에게 위임할 수 있다.

003 □□□ **다음 중 경기도 분당 소방서장의 임용권을 가진 사람은?** 2005년 경기, 2008년 전남

① 대통령
② 시장·군수·구청장
③ 소방청장
④ 시·도지사

004 □□□ **다음 중 소방공무원의 계급으로 옳게 나열된 것은?** 2016년 중앙

① 소방총감 → 소방준감 → 소방정감 → 소방정 → 소방감
② 소방총감 → 소방정감 → 소방준감 → 소방감 → 소방정
③ 소방총감 → 소방정감 → 소방감 → 소방준감 → 소방정
④ 소방총감 → 소방감 → 소방준감 → 소방정 → 소방정감

005 □□□ **「소방공무원법」상 근속승진과 계급정년의 내용으로 옳은 것은?** 2024년 소방간부

	근속승진	계급정년
①	소방사를 소방교로: 해당 계급에서 4년 이상 근속자	소방령: 14년
②	소방장을 소방위로: 해당 계급에서 7년 6개월 이상 근속자	소방준감: 6년
③	소방위를 소방경으로: 해당 계급에서 8년 이상 근속자	소방경: 18년
④	소방교를 소방장으로: 해당 계급에서 6년 이상 근속자	소방감: 5년
⑤	소방경을 소방령으로: 해당 계급에서 10년 이상 근속자	소방정: 10년

006 □□□ **다음 중 「소방공무원법」에 관한 설명으로 옳지 않은 것은?** 2011년 제주

① 소방공무원의 임용은 소방령 이상은 대통령이 임용하고, 소방경 이하는 소방청장이 임용한다.
② 소방공무원을 신규채용하는 경우 소방장 이하는 6월, 소방위 이상은 1년의 기간 시보로 임용한다.
③ 소방공무원 중 소방령 이상 소방준감 이하의 소방공무원에 대한 정직 · 복직 · 직위해제 · 전보 · 휴직 · 강등은 대통령이 행한다.
④ 소방공무원의 계급은 소방총감, 소방정감, 소방감, 소방준감, 소방정, 소방령, 소방경, 소방위, 소방장, 소방교, 소방사 순으로 높다.

007 □□□ **다음 「소방공무원법」에서 소방공무원에 대한 설명 중 옳지 않은 것은?** 2009년 경북

① 소방공무원의 신규채용시험 및 승진시험과 소방간부후보생 선발시험은 시 · 도지사가 실시한다. 다만, 소방청장이 필요하다고 인정할 때에는 대통령령으로 정하는 바에 따라 그 권한의 일부를 소방청장에게 위임할 수 있다.
② 소방공무원 중에서 제일 높은 직급은 소방총감이다.
③ 소방령 이상 소방준감 이하의 소방공무원에 대한 전보 · 휴직 · 직위해제 · 강등 · 정직 · 복직은 소방청장이 행한다.
④ 소방공무원 중에서 소방경은 소방청장이 임용한다.

008 □□□ **다음 중 소방공무원 임용권자가 아닌 것은?** 2009년 대구

① 소방청장
② 시 · 도지사
③ 대통령
④ 소방본부장

009 □□□ **소방공무원에서 정하는 소방공무원의 시보임용에 관한 설명으로 옳지 않은 것은?** 2009년 충남

① 소방공무원으로 임용되기 전에 그 임용과 관련하여 소방공무원 교육훈련기관에서 교육훈련을 받은 기간은 시보임용기간에 산입한다.
② 휴직기간 · 직위해제기간 및 징계에 의한 정직 또는 감봉처분을 받는 기간은 시보임용기간에 산입하지 아니한다.
③ 신규채용하는 경우 소방장 이하는 6월, 소방위 이상은 1년의 기간 시보로 임용하고, 시보임용기간 중에 정규소방공무원으로 신분보장을 받는다.
④ 시보임용기간 중에 있는 소방공무원이 근무성적 또는 교육훈련성적이 불량한 때에는 규정에 불구하고 면직시키거나 면직을 제청할 수 있다.

010 □□□ **「소방공무원법」에 관한 설명으로 옳지 않은 것은?** 2025년 소방간부

① 소방공무원의 인사(人事)에 관한 중요사항에 대하여 소방청장의 자문에 응하게 하기 위하여 소방청에 소방공무원인사위원회를 둔다. 다만, 제6조 제3항 및 제4항에 따라 특별시장 · 광역시장 · 특별자치시장 · 도지사 · 특별자치도지사가 임용권을 행사하는 경우에는 특별시 · 광역시 · 특별자치시 · 도 · 특별자치도에 인사위원회를 둔다.
② 소방청장은 소방공무원의 능력을 발전시키고 소방사무의 연계성을 높이기 위하여 소방청과 시 · 도 간 및 시 · 도 상호 간에 인사교류가 필요하다고 인정하면 인사교류계획을 수립하여 이를 실시할 수 있다.
③ 소방공무원을 신규채용할 때에는 소방장 이하는 3개월 간 시보로 임용하고, 소방위 이상은 6개월 간 시보로 임용하며, 그 기간이 만료된 다음 날에 정규소방공무원으로 임용한다. 다만, 대통령령으로 정하는 경우에는 시보임용을 면제하거나 그 기간을 단축할 수 있다.
④ 소방공무원의 신규채용시험 및 승진시험과 소방간부후보생 선발시험은 소방청장이 실시한다. 다만, 소방청장이 필요하다고 인정할 때에는 대통령령으로 정하는 바에 따라 그 권한의 일부를 시 · 도지사 또는 소방청 소속기관의 장에게 위임할 수 있다.
⑤ 소방공무원은 제복을 착용하여야 한다. 소방공무원의 복제(服制)에 관한 사항은 행정안전부령으로 정한다.

011 □□□

다음 「소방공무원법」 관련 용어의 정의 중 옳지 않은 것은? 2011년 울산

① 임용: 신규채용 · 승진 · 전보 · 파견 · 강임 · 휴직 · 직위해제 · 정직 · 강등 · 복직 · 면직 · 해임 및 파면을 말한다.
② 전보: 소방공무원의 동일 지위 및 자격 내에서의 근무기관이나 부서를 달리하는 임용을 말한다.
③ 강등: 중징계의 하나로, 1계급 아래로 직급을 내리고 공무원 신분은 보유하나 6개월 동안 직무에 종사하지 못하며, 그 기간 중 보수의 3분의 2를 감한다.
④ 복직: 휴직 · 직위해제 또는 정직(강등에 따른 정직을 포함) 중에 있는 소방공무원을 직위에 복귀시키는 것을 말한다.

012 □□□

다음 중 소방행정조직 및 「소방공무원법」에 따른 내용으로 옳지 않은 것은? 2011년 중앙

① 소방공무원의 정년은 연령정년으로 제한한다.
② 소방공무원은 국가직 공무원이다.
③ 소방공무원의 계급구분은 11단계이다.
④ 소방공무원은 「소방공무원법」의 적용을 받는다.

013 □□□

「국가공무원법」 및 「소방공무원 징계령」에서 정하고 있는 소방공무원의 징계에 관한 내용으로 옳은 것은? 2022년 소방간부

① 중징계의 종류에는 파면, 해임, 강등, 정직, 감봉이 있다.
② 경징계의 종류에는 견책, 훈계, 경고가 있다.
③ 소방정인 지방소방학교장에 관한 징계는 시 · 도에 설치된 징계위원회에서 심의 · 의결한다.
④ 정직은 1개월 이상 3개월 이하의 기간으로 하고, 정직 처분을 받은 자는 그 기간 중 공무원의 신분은 보유하나 직무에 종사하지 못하며 보수는 전액을 감한다.
⑤ 감봉은 1개월 이상 3개월 이하의 기간 동안 보수의 2분의 1을 감한다.

PART 8

구조 및 구급

01 119구조·구급에 관한 법률

정답 및 해설 p. 127

001 □□□ **다음 중 119구조대 및 구급대에 관한 설명으로 옳지 않은 것은?** 2006년 충남

① 구조대의 편성·운영권자는 소방청장, 소방본부장, 소방서장이다.
② 국제구조대의 편성·운영 등에 관한 필요한 사항은 소방청장이 정한다.
③ 구급대의 편성·운영권자는 보건복지부장관, 소방본부장, 소방서장이다.
④ 구급대원 자격으로는 「응급의료에 관한 법률」에 의한 응급구조사 자격을 취득한 사람에 해당한다.

002 □□□ **다음 중 「119 구조·구급에 관한 법률 시행령」상 특수구조대에 해당하는 것을 <보기>에서 있는 대로 고른 것은?** 2021년 소방간부

<보기>	
ㄱ. 화학구조대	ㄴ. 수난구조대
ㄷ. 산악구조대	ㄹ. 고속국도구조대
ㅁ. 지하철구조대	ㅂ. 테러대응구조대

① ㄱ
② ㄱ, ㄴ
③ ㄱ, ㄴ, ㄷ, ㄹ
④ ㄱ, ㄴ, ㄷ, ㄹ, ㅁ
⑤ ㄱ, ㄴ, ㄷ, ㄹ, ㅁ, ㅂ

003 □□□ **다음 중 구조·구급의 설치·운영에 관한 설명으로 옳은 것은?** 2011년 서울

① 특수구조대로는 지하철구조대, 산악구조대, 고속국도구조대, 119항공대가 있다.
② 일반구조대는 시·군·구를 포함한 시·도의 소방서마다 1개 이상 설치한다.
③ 고속국도구급대는 교통사고의 발생빈도 등을 고려하여 소방본부장, 소방서장, 소방대장이 설치·운영할 수 있다.
④ 119항공대를 소방청과 소방본부에 직할구조대에 설치할 수 있다.

004 □□□ **다음 중 구급출동요청을 거절할 수 있는 사항 중 이송요청 거절사유가 아닌 것은?** 2014년 중앙

① 단순 감기환자
② 만성질환자로서 검진 또는 입원목적의 이송 요청자
③ 술에 만취되어 있는 자로 강한 자극에도 의식이 없는 경우
④ 단순 열상 또는 찰과상으로 지속적인 출혈이 없는 외상환자

005 □□□ **다음 중 구급출동 요청을 거절할 수 있는 사항으로 옳지 않은 것은?** 2008년 부산, 2010년 대구·경북, 2011년 중앙

① 당뇨 및 고혈압 환자로서 검진 또는 입원목적의 이송 요청환자
② 병원 간 이송 또는 자택으로의 이송 요청환자
③ 단순 열상 또는 찰과상으로 지속적인 출혈이 없는 외상환자
④ 감기환자로서 섭씨 38도 이상의 고열 또는 호흡이 곤란한 환자

006 □□□ **다음 중 국제구조대의 반별임무로 가장 옳은 것은?** 2011년 서울

① 응급의료, 시설관리, 국제통역, 안전평가, 탐색, 구조
② 공보연락, 안전평가, 시설관리, 응급이송, 인명탐색 및 구조
③ 시설관리, 안전평가, 탐색, 구조, 공보연락, 국제통역
④ 응급의료, 시설관리, 국제통역, 탐색, 구조, 공보연락

007 □□□ **다음 중 구조대장에 대한 설명으로 가장 거리가 먼 것은?** 2009년 서울

① 구조대장은 특별한 이유가 없을 시 직접 구조현장의 구조에 참가하지 않는다.
② 구조대장은 장비와 인원 등을 파악한다.
③ 구조대장은 자신이 직접 손수 요구자를 구조한다.
④ 구조활동은 후방에서 원활하도록 지휘한다.

008 □□□

다음 구조활동 중 인명구조의 우선순위로 맞는 것은? 2008년 전북·충남, 2009년 서울·경북

① 신체구출 - 구명 - 고통경감 - 재산보전
② 신체구출 - 고통경감 - 구명 - 재산보전
③ 구명 - 신체구출 - 고통경감 - 재산보전
④ 구명 - 고통경감 - 신체구출 - 재산보전

009 □□□

구조현장에서 요구조자 구출방법을 결정하는 원칙이 아닌 것은? 2009년 광주, 2010년 경남

① 현장의 상황 및 특성을 고려한 방법
② 가장 안전하고 신속한 방법
③ 개인적 경험을 바탕으로 한 방법
④ 실패가능성이 가장 적은 방법

010 □□□

다음 중 구조활동 시 기본원칙이 아닌 것은? 2006년 서울, 2010년 대구

① 불확실한 방법이라도 우선 시도하여 본다.
② 인명구조활동을 최우선으로 한다.
③ 2차 재해방지를 위하여 경계구역을 설정할 수 있다.
④ 현장응급, 종합적인 상황 등을 고려하여 실시한다.

011 □□□

다음 중 화재 시 현장에서 구조활동 순서로 옳은 것은? 2010년 부산

① 진입장해요인 제거 - 인명검색 - 구출 - 병원이송
② 인명검색 - 구출 - 진입장해요인 제거 - 병원이송
③ 구출 - 병원이송 - 인명검색 - 진입장해요인 제거
④ 인명검색 - 구출 - 병원이송 - 진입장해요인 제거

02 응급의료에 관한 법률

정답 및 해설 p. 128

001 □□□ **보건복지부 지정, 「응급의료에 관한 법률」에 의한 의료인에 해당하지 않는 것은?** 2010년 광주

① 보건복지부장관이 면허를 준 의사
② 보건복지부장관이 면허를 준 한의사
③ 보건복지부장관이 면허를 준 간호사
④ 보건복지부장관이 면허를 준 응급구조사

002 □□□ **다음 중 2급 응급구조사 업무범위가 아닌 것은?** 2007년 경남, 2008년 강원, 2009년 전북, 2010년 경기

① 구강 내 이물질 제거
② 정맥로 확보
③ 기본 심폐소생술
④ 산소투여

003 □□□ **환자의 평가 중 1차 평가가 아닌 것은?** 2007년 · 2010년 충북

① 환자의 병력
② 기도유지 평가
③ 호흡 평가
④ 순환평가(혈액순환)

004 □□□ **다음 응급처치단계 중 가장 우선적으로 해야 할 것은?** 2005년 인천

① 의식유무확인
② 기도유지
③ 호흡
④ 약물요법

005 □□□ **현장에서 응급처치 시 환자가 의식불명일 때 보호자가 없는 상태에서의 동의는 어디에 해당하는가?** 2006년 충북

① 고시된 동의
② 임의적 동의
③ 묵시적 동의
④ 상시적 동의

006 □□□ **다음 중 중증도에 따른 환자분류에서 이송순위를 순서대로 나열한 것은?** 2008년 경남, 2009년 인천

① 응급환자 - 긴급환자 - 지연환자 - 비응급환자
② 응급환자 - 긴급환자 - 비응급환자 - 지연환자
③ 지연환자 - 긴급환자 - 응급환자 - 비응급환자
④ 긴급환자 - 응급환자 - 비응급환자 - 지연환자

007 □□□ **환자의 중증도 중 수 분, 수 시간 내에 응급처치하지 않으면 생명이 위험한 환자는?** 2011년 전남

① 긴급환자
② 응급환자
③ 비응급환자
④ 지연환자

008 환자 중증도에 따른 분류 중 환자 상태에 따른 설명으로 옳지 않은 것은? 2008년 대전·경기, 2009년 부산·전북

□□□

① 응급환자(황색): 수 시간 내에 응급을 요하는 중증의 출혈
② 비응급환자(녹색): 다발성골절, 척추손상, 중증화상
③ 지연환자(흑색): 20분 이상 호흡이나 맥박이 없는 환자, 심폐소생술을 시도하여도 효과가 없다고 판단되는 경우
④ 긴급환자(적색): 쇼크, 기도폐쇄

009 화재현장에서 발생한 사상자를 검진하여 응급처치표를 작성하고 사상자의 상태에 따라 사망·긴급·응급 및 비응급의 4단계로 분류한다. 다음의 부상자 중 응급환자로 구분되는 것은? 2010년 부산

□□□

① 심각한 두부손상
② 기도화상을 동반한 중증의 화상
③ 쇼크
④ 척추손상(경추 제외)

010 다음 환자이송을 위한 중증도 분류에서 성격이 다른 하나는? 2011년 서울

□□□

① 응급환자
② 다발성 골절
③ 거북이 심볼
④ 적색

011 「긴급구조대응활동 및 현장지휘에 관한 규칙」상 중증도 분류별 표시방법으로 옳은 것은? 2023년 소방간부

□□□

① 사망: 적색, 십자가 표시
② 긴급: 녹색, 토끼 그림
③ 응급: 적색, 거북이 그림
④ 비응급: 녹색, 구급차 그림에 × 표시
⑤ 대기: 황색, 구급차 그림에 × 표시

012 □□□ **호흡과 맥박이 멈추었으며 심정지가 의심되는 환자(심장마비 환자)에게 인공으로 호흡과 혈액순환을 유지함으로써 산소공급을 유지시키기 위한 전환조치는?** 2005년 서울

① 기도유지 ② 화상
③ 출혈 ④ 심폐소생술

013 □□□ **다음 중 응급구조사가 의사의 지도 없이 행할 수 없는 행동은?** 2005년 부산·제주, 2006년 강원

① 약물투여 ② 기도기를 이용한 기도유지
③ 창상의 응급처치 ④ 산소투여

014 □□□ **긴급환자 심폐소생술 시 응급처치 순서로 옳은 것은?** 2008년 충북, 2010년 전남

① 의식유무 확인 → 도움 요청 → 흉부압박(30회) → 기도유지 → 인공호흡(2회)
② 의식유무 확인 → 도움 요청 → 흉부압박(50회) → 기도유지 → 인공호흡(2회)
③ 의식유무 확인 → 도움 요청 → 흉부압박(30회) → 인공호흡(2회) → 기도유지
④ 의식유무 확인 → 도움 요청 → 흉부압박(50회) → 인공호흡(2회) → 기도유지

015 □□□ **다음 중 응급처치에 관한 내용으로 옳지 않은 것은?** 2013년 광주

① 부상자가 의식이 있는 상태에서 말을 못하고 기침이나 호흡이 불가능할 때 하임리히법(복부 밀쳐 올리기)을 실시하여야 한다.

② 머리를 젖히고 턱 들기법(두부후굴 하악거상법)이란 가장 기본적인 기도확보방법이지만 경추손상을 초래할 수 있으므로 경추손상이 의심되는 환자에게는 사용하지 않는다.

③ 출혈이 계속적으로 있다면 생명을 잃기 쉽기 때문에 상처부위에 먼지나 세균의 침입을 막기 위해 소독된 거즈나 붕대를 이용하여 드레싱을 하고 즉시 지혈을 하도록 한다.

④ 쇼크는 산소를 공급하지 못하므로 환자의 경구를 통하여 물이나 음료 등을 많이 섭취하게 한다.

016 □□□ **머리, 목, 척추 손상환자의 경우에 사용하는 방법으로 환자의 머리 위쪽에 위치하여 두 손으로 환자의 하악골작을 잡고 밀어올리는 기도유지법은?** 2005년 경기, 2011년 전남

① 하임리히법 ② 하악견인법
③ 하악거상법 ④ 하임거상법

017 □□□ **다음 응급처치가 필요한 환자의 기도폐쇄 시 기도유지법으로 옳은 것은?** 2008년 대구, 2009년 서울

부상자가 의식이 있고 서 있거나 앉아있는 환자에게 기도 폐쇄를 해소하기 위하여 환자의 상복부를 흉곽쪽으로 주먹을 감싸 쥐고 빠른 동작으로 5회씩 밀쳐 올리며 압박하여 흉곽 내의 압력을 높여 기도 내의 이물질을 배출하는 방법이다.

① 심폐소생술 ② 두부후굴 - 하악거상법
③ 하악견인법 ④ 하임리히법

부록

최신 기출문제

01 2025년 소방직(2025년 3월 29일 시행)

정답 및 해설 p. 133

001 □□□

우리나라 소방의 변천 과정에 대한 설명으로 옳지 않은 것은?

① 고려 시대: 소방을 소재(消災)라 하였고, 우리나라 소방행정의 근원이라 볼 수 있는 금화원 제도를 시행하였다.

② 조선 시대: 5가를 1통으로 묶어 우물을 파고 물통을 준비하도록 하는 5가 작통제를 시행하였다. 아울러 세종 8년(1426년) 2월에 금화도감을 설치하였고, 6월에는 수성금화도감으로 개편하였다.

③ 일제 강점기: 1925년 최초의 소방서인 경성소방서가 설치되었다. 이후 1938년 부산 및 평양에 소방서가 개소되었으며, 1944년 용산·인천·함흥에 소방서가 증설되었다.

④ 미군정 시대: 1946년 소방부 및 소방위원회를 설치하고, 소방조직 및 업무를 경찰로부터 독립하여 자치소방체제로 전환하였다. 1947년 중앙소방위원회의 집행기구로 소방청이 설치되었다.

002 □□□

<보기>에서 설명하는 물소화약제의 첨가제로 옳지 않은 것은?

<보기>
물의 어는점(1기압, 0℃) 이하에서 동파 및 응고현상을 방지하기 위하여 첨가하는 물질

① 염화칼슘(Calcium Chloride)

② 글리세린(Glycerin)

③ 프로필렌글리콜(Propylene Glycol)

④ 폴리에틸렌옥사이드(Polyethylene Oxide)

003 □□□

소방행정조직의 업무적 특성을 <보기>에서 모두 고른 것은?

<보기>	
ㄱ. 가외성	ㄴ. 긴급성
ㄷ. 신속·대응성	ㄹ. 전문성

① ㄱ, ㄷ　② ㄱ, ㄴ

③ ㄴ, ㄷ, ㄹ　④ ㄱ, ㄴ, ㄷ, ㄹ

004 □□□ 민간 소방조직은 지속적으로 변천되어 왔다. 민간 소방조직의 변천 순서로 옳은 것은?

① 경방단 → 소방대 → 방공단 → 청원소방원
② 방공단 → 청원소방원 → 경방단 → 소방대
③ 소방대 → 방공단 → 청원소방원 → 경방단
④ 청원소방원 → 경방단 → 소방대 → 방공단

005 □□□ 「재난 및 안전관리 기본법」상 재난의 대응 단계에서 지역통제단장과 시장 · 군수 · 구청장은 재난이 발생할 우려가 있거나 재난이 발생하였을 때에는 즉시 관계 법령 등이 정하는 바에 따라 수방(水防) 및 그 밖에 재난 발생을 예방하거나 피해를 줄이기 위하여 필요한 응급조치를 하여야 한다. 이때 지역통제단장이 하여야 하는 응급조치로 옳지 않은 것은?

① 진화에 관한 응급조치
② 현장지휘통신체계의 확보
③ 재난을 발생시킬 요인의 제거
④ 긴급수송 및 구조 수단의 확보

006 □□□ 인화성 액체에 의한 화재는 액체 가연물이 바닥에서 흐르거나, 살포된 부위가 집중적으로 소훼되고 탄화경계가 뚜렷이 나타나는 특징이 있다. <보기>에서 설명하는 화재패턴으로 옳은 것은?

<보기>
인화성 액체가 쏟아지면서 주변으로 튀거나, 연소되면서 발생하는 열에 의해 가열되어 액면에서 끓고, 주변으로 튄 액체가 포어패턴(Pour pattern)의 미연소 부분에서 국부적으로 점처럼 연소된 흔적

① 도넛패턴(Doughnut pattern)
② 스플래시패턴(Splash pattern)
③ 원형패턴(Circular shaped pattern)
④ 틈새연소패턴(Seam burn pattern)

007 □□□ 에테인(C_2H_6)이 완전연소한다고 가정했을 때 존스(Jones)식에 따라 산출된 연소하한계(LFL)는? (단, 계산 결과는 소수점 둘째 자리에서 반올림한다.)

① 1.7　② 2.2
③ 3.1　④ 5.2

008 □□□

위험도(H) 값이 옳은 것만을 <보기>에서 모두 고른 것은? (단, 계산 결과는 소수점 둘째 자리에서 반올림한다.)

<보기>

ㄱ. 수소(H_2): 17.8
ㄴ. 프로페인(C_3H_8): 3.5
ㄷ. 일산화탄소(CO): 4.9
ㄹ. 아세틸렌(C_2H_2): 31.4

① ㄱ, ㄹ
② ㄴ, ㄷ
③ ㄱ, ㄷ, ㄹ
④ ㄱ, ㄴ, ㄷ, ㄹ

009 □□□

고체 가연물인 피크르산(Picric Acid)의 연소 형태로 옳은 것은?

① 훈소
② 자기연소
③ 표면연소
④ 증발연소

010 □□□

푸리에(Fourier)의 열전도법칙에 따라 물질을 통해 전달되는 열량에 대한 설명으로 옳지 않은 것은?

① 물질의 두께에 비례한다.
② 물질의 전열면적에 비례한다.
③ 물질 양면의 온도차에 비례한다.
④ 물질의 열전도율에 비례한다.

011 □□□

연소 시 발생하는 황화수소(H_2S)에 대한 설명으로 옳은 것은?

① 계란 썩는 냄새가 나는 가연성가스이다.
② 폴리염화비닐 등이 연소할 때 발생되는 맹독성가스이다.
③ 청산가스라고도 하며 동물의 털이 불완전연소할 때 발생한다.
④ 황(S)을 포함하고 있는 유기화합물이 완전연소할 때 발생한다.

012 □□□ **표준상태에서 메테인(CH_4) 2 mole이 완전연소할 때 필요한 산소의 부피[L]는?**

① 11.2
② 22.4
③ 44.8
④ 89.6

013 □□□ **내화구조물의 화재가혹도 판단을 위한 주요 요소 중 화재지속시간을 산정하기 위한 인자로 옳지 않은 것은? (단, 환기지배형 화재로 가정한다.)**

① 화재실의 바닥면적
② 화재실의 최고온도
③ 화재실의 개구부 높이
④ 화재실의 개구부 면적

014 □□□ **건축물의 지하층에서 화재가 발생한 경우, 화재하중 산정 시 필요하지 않은 항목을 <보기>에서 있는 대로 모두 고른 것은?**

<보기>
ㄱ. 각 가연물의 양[kg]
ㄴ. 건축물의 연면적[m^2]
ㄷ. 목재의 화재하중[4,500kg/m^2]
ㄹ. 가연물의 단위 발열량[kcal/kg]

① ㄱ, ㄴ
② ㄱ, ㄹ
③ ㄴ, ㄷ
④ ㄴ, ㄷ, ㄹ

015 □□□ **위험물의 성질 및 품명의 정의로 옳지 않은 것은?**

① "인화성고체"라 함은 고형알코올 그 밖에 1기압에서 인화점이 섭씨 40도 미만인 고체를 말한다.
② "제1석유류"라 함은 아세톤, 휘발유 그 밖에 1기압에서 인화점이 섭씨 21도 미만인 것을 말한다.
③ "특수인화물"이라 함은 이황화탄소, 디에틸에테르 그 밖에 1기압에서 발화점이 섭씨 100도 이하인 것 또는 인화점이 섭씨 영하 20도 이하이고 비점이 섭씨 40도 이하인 것을 말한다.
④ "자연발화성물질 및 금수성물질"이라 함은 고체 또는 액체로서 공기 중에서 발화의 위험성이 있거나 산과 접촉하여 발화하거나 고압 수증기를 발생하는 위험성이 있는 것을 말한다.

016 ☐☐☐ **제6류 위험물의 취급 시 유의 사항으로 옳지 않은 것은?**

① 유출사고 시에는 건조사 및 중화제를 사용한다.
② 불연성 물질로 분해 시 산소가 발생하며 대부분 염기성이다.
③ 저장하고 있는 용기는 파손되거나 액체가 누설되지 않도록 한다.
④ 소량 화재 시에는 다량의 물로 희석하는 소화방법을 사용할 수 있다.

017 ☐☐☐ **화재 피해조사 시 <보기>와 같은 조건의 '건물 피해산정' 추정액은?**

<보기>

ㄱ. 용도 및 구조: 아파트, 철근콘크리트 구조
ㄴ. 신축단가(m^2당): 1,000,000원
ㄷ. 경과연수: 10년
ㄹ. 내용연수: 40년
ㅁ. 소실면적: $50m^2$
ㅂ. 손해율: 50%
ㅅ. 잔가율: 80%

① 16,000,000원
② 20,000,000원
③ 24,000,000원
④ 28,000,000원

018 ☐☐☐ **소방의 화재조사 시 소방관서장이 화재합동조사단의 단원으로 임명 또는 위촉할 수 있는 사람에 해당하지 않는 것은?**

① 화재조사관
② 화재조사 업무에 관한 경력이 4년인 소방공무원
③ 국가기술자격의 직무분야 중 안전관리 분야에서 기능사 자격을 취득한 사람
④ 「고등교육법」 제2조에 따른 학교 또는 이에 준하는 교육기관에서 화재 조사, 소방 또는 안전관리 등 관련 분야에 조교수로 4년 재직한 사람

019 □□□ <보기>는 위험물과 해당 물질의 화재진압에 적응성이 있는 소화 방법을 연결한 것이다. 바르게 연결된 것만 모두 고른 것은?

> <보기>
>
> ㄱ. 황린(P_4) - 물을 사용한 냉각소화
>
> ㄴ. 과산화나트륨(Na_2O_2) - 물을 사용한 냉각소화
>
> ㄷ. 삼황화린(P_4S_3) - 팽창질석 등을 사용한 질식소화
>
> ㄹ. 아세톤(CH_3COCH_3) - 알코올포소화약제에 의한 질식소화
>
> ㅁ. 하이드록실아민(NH_2OH) - 이산화탄소소화약제에 의한 질식소화
>
> ㅂ. 과염소산($HClO_4$) - 다량의 물에 의한 희석소화(소량 화재 제외)

① ㄱ, ㄷ, ㄹ ② ㄱ, ㄹ, ㅁ

③ ㄴ, ㄷ, ㅂ ④ ㄴ, ㄷ, ㄹ, ㅂ

020 □□□ <보기>에서 피난구조설비에 해당하는 것만 고른 것은?

> <보기>
>
> ㄱ. 방열복 ㄴ. 제연설비
>
> ㄷ. 공기호흡기 ㄹ. 비상조명등
>
> ㅁ. 연소방지설비

① ㄱ, ㄴ, ㄷ ② ㄱ, ㄷ, ㄹ

③ ㄴ, ㄷ, ㅁ ④ ㄴ, ㄹ, ㅁ

021 □□□ 제3종 분말소화약제의 열분해 결과로 생성되는 물질의 소화효과로 옳지 않은 것은?

① H_2O: 냉각작용

② HPO_3: 방진작용

③ NH_3: 부촉매작용

④ H_3PO_4: 탈수탄화작용

022
□□□

(가) ~ (라)의 포소화약제 혼합방식에 관한 설명으로 옳지 않은 것은?

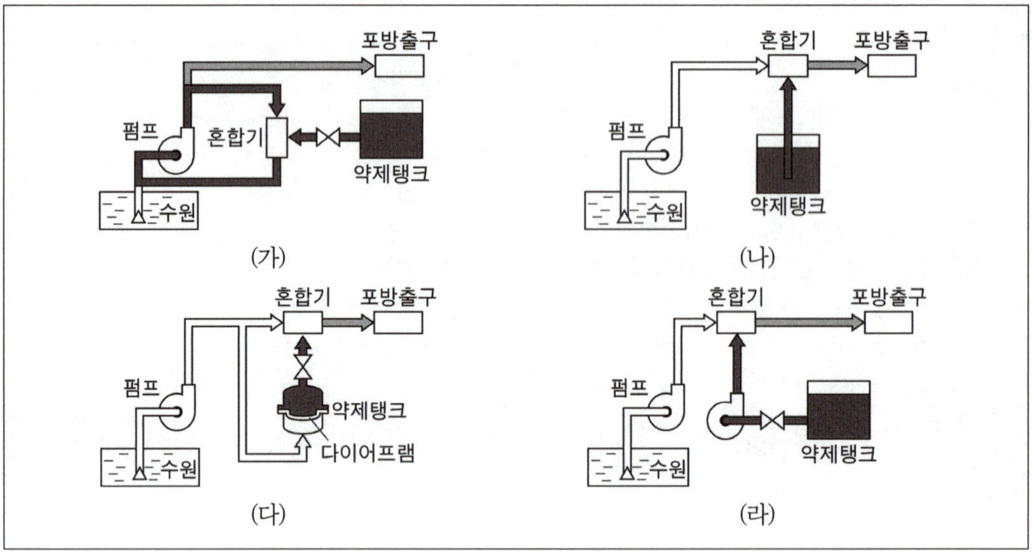

① (가): 화학소방차에 주로 사용하는 방식이다.
② (나): 혼합기의 압력손실이 적고, 흡입 가능한 유량의 범위가 넓다.
③ (다): 약제 원액 잔량을 버리지 않고 계속 사용할 수 있다.
④ (라): 비행기 격납고, 석유화학 플랜트 등과 같은 대단위 고정식 소화설비에 주로 사용하며, 설치비가 비싸다.

023
□□□

<보기>의 현상을 방지하기 위한 대책으로 옳지 않은 것은?

<보기>
소방펌프 내부 유속의 급속한 변화 또는 와류의 발생 등에 의해 액체의 압력이 증기압 이하로 낮아져 기포가 생성되고, 이로 인해 펌프의 성능이 저하되고 진동과 소음이 발생하는 현상

① 흡입관의 마찰 손실을 최대한 적게 한다.
② 펌프의 임펠러의 회전 속도를 낮게 한다.
③ 펌프의 흡입관의 관경 크기를 크게 한다.
④ 펌프의 설치 위치를 수원보다 높게 한다.

024 <보기>의 이산화탄소 소화설비의 작동 단계를 순서대로 바르게 나열한 것은?

<보기>
ㄱ. 기동용기 솔레노이드 동작 ㄴ. 분사헤드 가스 방출 ㄷ. 선택밸브 개방 ㄹ. 저장용기밸브 개방

① ㄱ → ㄷ → ㄹ → ㄴ
② ㄱ → ㄹ → ㄷ → ㄴ
③ ㄷ → ㄱ → ㄴ → ㄹ
④ ㄷ → ㄹ → ㄱ → ㄴ

025 화재알림설비에 대한 설명으로 옳지 않은 것은?

① "발신기"란 수동누름버튼 등의 작동으로 화재신호를 수신기에 발신하는 장치를 말한다.
② "원격감시서버"란 원격지에서 각각의 화재알림설비로부터 수신한 화재정보값 및 화재신호, 상태신호 등을 원격으로 감시하기 위한 서버를 말한다.
③ "화재알림형 비상경보장치"란 화재알림형 감지기, 발신기, 표시등, 지구음향장치(경종 또는 사이렌 등)를 내장한 것으로 화재발생 상황을 경보하는 장치를 말한다.
④ "화재알림형 중계기"란 화재알림형 감지기, 발신기 또는 전기적인 접점 등의 작동에 따른 화재정보값 또는 화재신호 등을 받아 이를 화재알림형 수신기에 전송하는 장치를 말한다.

02 2024년 소방직(2024년 3월 30일 시행)

정답 및 해설 p. 136

001 □□□

소방 조직의 설치가 시기순으로 옳게 나열된 것은?

① 내무부 소방과 - 내무부 소방국 - 도 소방위원회 - 시 · 도소방본부
② 도 소방위원회 - 내무부 소방국 - 시 · 도 소방본부 - 소방방재청
③ 중앙소방위원회 - 내무부 소방국 - 도 소방위원회 - 소방방재청
④ 내무부 소방국 - 중앙소방위원회 - 소방방재청 - 소방청

002 □□□

소방행정조직의 발전 과정에 관한 설명으로 옳지 않은 것은?

① 1426년(세종 8년)에 독자적인 소방 관리를 위해 금화도감을 설치하였으며 이후 성문도감과 병합하여 수성금화도감으로 개편하였다.
② 1894년에 경무청이 설치되고, '소방'이란 용어가 처음으로 사용되었다.
③ 1948년에 대한민국 정부가 수립되고 국가 소방체제로 전환하면서 소방행정조직이 경찰에서 분리되었다.
④ 2017년에 「정부조직법」 개정으로 국민안전처를 해체하고 소방청을 개설하였다.

003 □□□

「재난 및 안전관리 기본법 시행령」상 재난 및 사고 유형과 재난관리 주관기관의 연결이 옳지 않은 것은?

① 저수지 사고 - 국토교통부
② 자연우주물체의 추락 · 충돌 - 과학기술정보통신부 및 우주항공청
③ 지진재해 - 행정안전부
④ 대규모 점포의 화재 등으로 인해 발생하는 대규모 피해 - 산업통상자원부

004 □□□

다음은 재해 발생 과정에 관한 이론이다. 각 이론에서 재해 발생을 방지하기 위해 제거해야 하는 단계가 옳게 나열된 것은?

> ㄱ. 하인리히(H. W. Heinrich)의 도미노 이론: 사회적 환경 및 유전적 요소 → 개인적 결함 → 불안전한 행동 및 상태 → 사고 → 재해
> ㄴ. 버드(F. Bird)의 수정 도미노 이론: 제어의 부족 → 기본원인 → 직접원인 → 사고 → 재해

	ㄱ	ㄴ
①	개인적 결함	직접원인
②	개인적 결함	기본원인
③	불안전한 행동 및 상태	직접원인
④	불안전한 행동 및 상태	기본원인

005 □□□

연소에 관한 설명으로 옳은 것은?

① 작열연소: 화염이 없는 표면연소이다.
② 분해연소: 황이나 나프탈렌이 열분해되면서 일어나는 연소이다.
③ 증발연소: 액체에서만 발생하는 연소형태로서 액면에서 비등하는 기체에서 발생한다.
④ 자기연소: 제3류 위험물과 같이 물질 자체 내의 산소를 소모하는 연소로서 연소속도가 빠르다.

006 □□□

블레비(BLEVE)에 관한 설명으로 옳지 않은 것은?

① 가연물이 비점 이상으로 가열될 때 발생한다.
② 저장탱크의 기계적 강도 이상의 압력이 형성될 때 발생한다.
③ 저장탱크 균열로 인한 액상, 기상의 동적 평형 상태가 유지된다.
④ 저장탱크의 외부 표면에 열전도성이 작은 물질로 단열조치하여 예방한다.

007 □□□ **실내 일반화재 진행 과정에 관한 설명으로 옳은 것은?**

① 화재 초기에는 실내 온도가 급격하게 상승하기 시작한다.
② 성장기에는 급속한 연소 진행으로 환기지배형 화재 양상이 나타난다.
③ 최성기에는 실내 화염이 최고조에 도달하나 실내 산소 부족으로 연소속도가 느려진다.
④ 감쇠기에는 화염의 급격한 소멸로 훈소 상태가 되어 백드래프트(back draft)의 위험이 없다.

008 □□□ **불완전연소에 관한 설명으로 옳지 않은 것은?**

① 산소 과잉 상태에서 발생한다.
② 불꽃이 저온 물체와 접촉하여 온도가 내려갈 때 발생한다.
③ 일산화탄소, 그을음과 같은 연소생성물이 발생한다.
④ 연소실 내 배기가스의 배출이 불량할 때 발생한다.

009 □□□ **「위험물안전관리법」 및 같은 법 시행령, 시행규칙상 위험물의 지정수량과 위험등급의 연결이 옳지 않은 것은?**

① 황린 - 20kg - Ⅰ등급
② 마그네슘 - 500kg - Ⅲ등급
③ 염소산염류 - 50kg - Ⅰ등급
④ 과염소산 - 300kg - Ⅱ등급

010 □□□ **가연물의 발화온도와 발화에너지에 관한 설명으로 옳은 것은?**

① 점화원에 의해서 가연물이 발화하기 시작하는 최저 온도를 발화점(ignition point)이라고 한다.
② 점화원을 제거해도 자력으로 연소를 지속할 수 있는 최저온도를 연소점(fire point)이라고 한다.
③ 가연물의 최소발화에너지가 클수록 더 위험하다.
④ 가연물의 연소점은 발화점보다 높다.

011 □□□

백드래프트(back draft)의 발생 징후로 옳지 않은 것은?

① 유리창 안쪽에 타르와 유사한 물질이 흘러내려 얼룩진 경우
② 창문을 통해 보았을 때 건물 내에서 연기가 소용돌이치는 경우
③ 화염은 보이지 않지만 창문과 문손잡이가 뜨거운 경우
④ 균열된 틈이나 작은 구멍을 통하여 건물 밖으로 연기가 밀려 나오는 경우

012 □□□

다음은 폭연에서 폭굉으로 전이되는 과정이다. (　　) 안에 들어갈 단계로 옳은 것은?

착화 → (ㄱ) → (ㄴ) → (ㄷ) → 폭굉파

	ㄱ	ㄴ	ㄷ
①	화염전파	압축파	충격파
②	화염전파	충격파	압축파
③	압축파	화염전파	충격파
④	압축파	충격파	화염전파

013 □□□

일반화재에 해당하는 것만을 <보기>에서 있는 대로 고른 것은?

<보기>
ㄱ. 통전 중인 배전반에서 불이 난 경우
ㄴ. 외출 시 전원이 차단된 콘센트에서 불이 난 경우
ㄷ. 실외 난로가 넘어지면서 새어 나온 석유에 불이 붙은 경우
ㄹ. 실험실 시험대 위 나트륨 분말에서 불이 난 경우

① ㄱ　　② ㄴ
③ ㄴ, ㄹ　　④ ㄱ, ㄷ, ㄹ

014 □□□

유류저장탱크 내 유류 표면에 화재 발생 시 뜨거운 열류층이 형성되고 그 열파가 장시간에 걸쳐 바닥까지 전달되어 하부의 물이 비점 이상으로 가열되면서 부피가 팽창해 저장된 유류가 탱크 외부로 분출되었다. 이에 해당하는 현상으로 옳은 것은?

① 보일오버(boil over) ② 슬롭오버(slop over)
③ 프로스오버(froth over) ④ 오일오버(oil over)

015 □□□

구획실 화재에 관한 설명으로 옳은 것은?

① 플래시오버(flash over)는 최성기와 감쇠기 사이에서 발생하며 충격파를 수반한다.
② 굴뚝효과가 발생할 때는 개구부에 형성된 중성대 상부에서 공기가 유입되고, 중성대 하부에서 연기가 유출된다.
③ 연료지배형 화재는 환기지배형 화재보다 산소 공급이 원활하고 연소속도가 빠르다.
④ 화재플룸(fire plume)은 실내 공기의 압력 차이로 가연성 가스가 천장을 따라 화재가 발생하지 않은 복도 쪽으로 굴러다니는 것처럼 뿜어져 나오는 현상이다.

016 □□□

다음의 가연성 가스(A, B, C) 중 위험도가 낮은 것에서 높은 순서로 옳게 나열한 것은?

A: 연소하한계 = 2vol%, 연소상한계 = 22vol% B: 연소하한계 = 4vol%, 연소상한계 = 75vol% C: 연소하한계 = 1vol%, 연소상한계 = 44vol%

① A, B, C ② A, C, B
③ B, A, C ④ C, B, A

017 □□□ **주위 온도가 일정 상승률 이상 되는 경우에 작동하는 감지기로서 넓은 범위 내에서 열효과 누적에 의해 작동하는 것은?**

① 차동식 분포형 감지기
② 차동식 스포트형 감지기
③ 정온식 스포트형 감지기
④ 정온식 감지선형 감지기

018 □□□ **소방시설 중 경보설비에 관한 설명으로 옳지 않은 것은?**

① 시각경보기는 청각장애인에게 점멸 형태로 시각경보를 하는 장치이다.
② R형 수신기는 감지기 또는 발신기에서 1 : 1 접점방식으로 전송된 신호를 수신한다.
③ 비상방송설비는 수신기에 화재신호가 도달하면 방송으로 화재 사실을 알리는 설비이다.
④ 이온화식 감지기와 광전식 감지기는 연기를 감지하여 화재신호를 발하는 장치이다.

019 □□□ **위험물의 소화방법에 관한 내용으로 옳은 것만을 <보기>에서 있는 대로 고른 것은?**

<보기>

ㄱ. 황린: 물을 이용한 냉각소화
ㄴ. 황: 물을 이용한 냉각소화
ㄷ. 경유, 휘발유: 포 소화약제를 이용한 질식소화
ㄹ. 탄화알루미늄, 알킬알루미늄: 건조사, 팽창질석을 이용한 질식소화

① ㄱ, ㄷ
② ㄴ, ㄹ
③ ㄱ, ㄷ, ㄹ
④ ㄱ, ㄴ, ㄷ, ㄹ

020 □□□ **이산화탄소 소화약제의 특징으로 옳은 것은?**

① 무색, 무취로 전도성이며 독성이 있다.
② 질식소화 효과와 기화열 흡수에 의한 냉각효과가 있다.
③ 제3류 위험물, 제5류 위험물의 소화에 사용한다.
④ 자체 증기압이 매우 낮아 별도의 가압원이 필요하다.

021 □□□ **할론(Halon) 소화약제에 관한 설명으로 옳은 것은?**

① 지방족 탄화수소, 메테인, 에테인 등의 수소 원자 일부 또는 전부가 할로젠 원소(F, Cl, Br, I)로 치환된 화합물이며 메테인, 에테인과 물리·화학적 성질이 비슷하다.
② Halon 1301과 Halon 1211은 모두 상온, 상압에서 기체로 존재하며 유류화재, 전기화재, 금속의 수소화합물, 유기과산화물에 적응성이 있다.
③ Halon 2402는 상온, 상압에서 액체로 존재하며 자체적인 독성은 없지만 열분해 시 독성가스를 발생시킨다.
④ Halon 1211은 자체 증기압이 낮아 저장용기에 저장할 때 소화약제의 원활한 방출을 위해 질소가스로 가압한다.

022 □□□ **포 소화약제에 관한 설명으로 옳지 않은 것은?**

① 불화단백포 소화약제는 불소계 계면활성제를 첨가하여 단백포 소화약제의 단점인 유동성을 보완하였다.
② 알콜형포 소화약제는 케톤류, 알데히드류, 아민류 등 수용성 용제의 소화에 사용할 수 있다.
③ 단백포 소화약제는 단백질을 가수분해 한 것을 주원료로 하며 내유성이 뛰어나 소화속도가 빠르다.
④ 합성계면활성제포 소화약제는 유동성과 저장성이 우수하며 저팽창포부터 고팽창포까지 사용할 수 있다.

023 □□□ 화염의 직경이 0.1m 인 화원의 중심으로부터 1m 떨어진 물체에 전달되는 복사열유속[kW/m^2]은? (단, 화염의 열방출률은 120kW, 총 열방출에너지 중 복사된 열에너지 분율은 0.5, 원주율은 3으로 계산한다)

① 3.5 ② 4.0
③ 4.5 ④ 5.0

024 □□□ 가연성 가스 3종이 다음과 같이 혼합되어 있을 때 르샤틀리에(Le Chatelier)식에 따라 부피비로 계산된 혼합가스의 연소하한계[vol%]는?

• 혼합가스 내 각 성분의 체적(V): $V_A = 20vol\%$, $V_B = 40vol\%$, $V_C = 40vol\%$ • 각 성분의 연소하한계(L): $L_A = 4vol\%$, $L_B = 20vol\%$, $L_C = 10vol\%$

① 약 4.3 ② 약 9.1
③ 약 11.0 ④ 약 12.8

025 □□□ 물과 반응하여 산소를 발생시키는 위험물로 옳은 것은?

① 칼륨 ② 탄화칼슘
③ 과산화나트륨 ④ 오황화인

03 2023년 소방직(2023년 3월 18일 시행)

정답 및 해설 p. 139

001 □□□ **우리나라 소방행정체제의 변천과정에 관한 내용으로 옳지 않은 것은?**

① 중앙소방위원회 설치(1946) 당시에는 자치소방체제였다.
② 정부수립(1948) 당시에는 국가소방체제였다.
③ 중앙소방학교 설립(1978) 당시에는 국가소방과 자치소방의 이원적 체제였다.
④ 대구지하철 화재 발생(2003) 당시에는 국가소방체제였다.

002 □□□ **「소방기본법」 및 같은 법 시행규칙상 화재예방, 소방활동 또는 소방훈련을 위하여 사용되는 소방신호의 종류와 방법에 관한 내용으로 옳은 것은?**

① 소방신호의 방법으로는 타종신호, 싸이렌신호, 음성신호가 있다.
② 소방대의 비상소집을 하는 경우에는 훈련신호를 사용할 수 있다.
③ 타종신호로 하는 경우 경계신호는 5초 간격을 두고 30초씩 3회로 한다.
④ 소방신호의 종류에는 비상신호, 훈련신호, 해제신호, 경계신호가 있다.

003 □□□ **재난(재해)에 관한 설명으로 옳지 않은 것은?**

① 아네스(Br. J. Anesth)는 재난을 크게 자연재난과 인적(인위)재난으로 구분하였다.
② 존스(David K. Jones)는 재난을 크게 자연재난, 준자연재난, 인적(인위)재난으로 구분하였다.
③ 「재난 및 안전관리 기본법」 제3조 제1호에 따른 재난은 자연재난, 사회재난, 해외재난으로 구분된다.
④ 하인리히(H. W. Heinrich)의 도미노 이론은 재해발생과정을 유전적 요인 및 사회적 환경 → 개인적 결함 → 불안전 행동 및 불안전 상태 → 사고 → 재해(상해)라는 5개 요인의 연쇄작용으로 설명하였다.

004 □□□ **「재난 및 안전관리 기본법」상 재난관리 단계와 활동내용의 연결이 옳지 않은 것은?**

① 예방 단계 - 위험구역의 설정
② 대비 단계 - 재난현장 긴급통신수단의 마련
③ 대응 단계 - 재난 예보·경보체계 구축·운영
④ 복구 단계 - 특별재난지역 선포 및 지원

005 가연성 혼합기의 최소발화(점화)에너지(MIE, Minimum Ignition Energy)에 영향을 주는 요인에 관한 설명으로 옳지 않은 것은?

① 온도가 상승하면 최소발화에너지는 작아진다.
② 압력이 상승하면 최소발화에너지는 작아진다.
③ 열전도율이 낮아지면 최소발화에너지는 커진다.
④ 화학양론비 부근에서 최소발화에너지는 최저가 된다.

006 가연성 액체의 연소현상에 관한 설명으로 옳지 않은 것은?

① 가연성 액체의 연소와 관련된 온도는 발화점, 연소점, 인화점 순으로 높다.
② 인화점과 발화점이 가까운 액체일수록 재점화가 어렵고 냉각에 의한 소화활동이 용이하다.
③ 인화점과 연소점의 차이는 외부 점화원을 제거했을 경우 화염 전파의 지속성 여부에 따라 구분된다.
④ 연소반응은 열생성률(heat production rate)이 외부로의 열손실률(heat loss rate)보다 큰 조건에서 지속된다.

007 소방펌프 및 관로에서 발생되는 수격현상(water hammering)의 방지책으로 옳지 않은 것은?

① 수격을 흡수하는 수격방지기를 설치한다.
② 관로에 서지 탱크(surge tank)를 설치한다.
③ 플라이휠(flywheel)을 부착하여 펌프의 급격한 속도 변화를 억제한다.
④ 관경의 축소를 통해 유체의 유속을 증가시켜 압력 변동치를 감소시킨다.

008 화재 시 연소생성물에 관한 설명으로 옳지 않은 것은?

① 황화수소는 썩은 달걀과 비슷한 냄새가 난다.
② 연기로 인한 빛의 감소를 나타내는 감광계수는 가시거리와 반비례한다.
③ 일산화탄소는 산소와 헤모글로빈의 결합을 방해하여 질식에 이르게 할 수 있다.
④ TLV(Threshold Limit Value)로 측정한 독성가스의 허용농도는 불화수소, 시안화수소, 암모니아, 포스겐 순으로 높다.

009 □□□ **폭발에 관한 설명으로 옳은 것만을 <보기>에서 있는 대로 고른 것은?**

<보기>

ㄱ. 증기폭발은 액체의 급속한 기화로 인해 체적이 팽창 되어 발생하는 현상이다.
ㄴ. 가스폭발은 분진폭발보다 최소발화에너지가 크다.
ㄷ. 분해폭발은 공기나 산소와 섞이지 않더라도 가연성 가스자체의 분해 반응열에 의해 폭발하는 현상이다.
ㄹ. 폭발(연소)범위는 초기온도 및 압력이 상승할수록 분자간 유효충돌할 가능성이 높아지기 때문에 넓어진다.

① ㄱ, ㄴ
② ㄷ, ㄹ
③ ㄱ, ㄴ, ㄹ
④ ㄱ, ㄷ, ㄹ

010 □□□ **폭연(deflagration)과 폭굉(detonation)에 관한 설명으로 옳은 것은?**

① 예혼합가스의 초기압력이 높을수록 폭굉 유도거리가 길어진다.
② 화염전파속도는 폭연의 경우 음속보다 느리며, 폭굉의 경우 음속보다 빠르다.
③ 폭연은 폭굉으로 전이될 수 없으나 폭굉은 폭연으로 전이될 수 있다.
④ 폭연은 화염면에서 온도, 압력, 밀도의 변화가 불연속적으로 나타난다.

011 □□□ **분진폭발에 영향을 미치는 인자에 관한 설명으로 옳지 않은 것은?**

① 분진의 발열량이 클수록 폭발하기 쉽다.
② 분진의 부유성이 클수록 폭발이 용이해진다.
③ 분진폭발은 분진의 입자직경에 영향을 받는다.
④ 분진의 단위체적당 표면적이 작아지면 폭발이 용이해진다.

012 □□□ **전기화재(C급화재) 및 주방화재(K급화재)에 관한 설명으로 옳지 않은 것은?**

① 주방화재의 가연물 중 하나인 식용유의 발화점은 비점보다 낮다.
② 도체 주위의 자기장 변화에 의해 발생된 유도전류는 전기화재의 점화원으로 작용할 수 있다.
③ 식용유로 인한 화재 시 유면상의 화염을 제거하면 복사열에 의한 기화를 차단하여 재발화를 방지할 수 있다.
④ 전기화재의 발생 원인 중 누전은 전류가 전선이나 기구에서 절연 불량 등의 원인으로 정해진 전로(배선) 밖으로 흐르는 현상이다.

013 □□□

화재 시 구획실에서 발생하는 현상에 관한 설명으로 옳은 것은?

① 개구부의 크기는 플래시오버 발생과 관련이 없다.
② 구획실의 창문과 문손잡이의 온도로 백드래프트의 발생 가능성을 예측할 수 없다.
③ 준불연성이나 불연성의 내장재를 사용할 경우 플래시오버발생까지의 소요시간이 길어진다.
④ 구획실 내의 산소가 부족하여 훈소 상태에서 공기가 갑자기 다량 공급될 때 가연성 가스가 순간적으로 폭발하듯 발화하는 현상은 플래시오버이다.

014 □□□

그림은 구획실의 크기가 가로 10,000mm, 세로 8,000mm, 높이 3,000mm이며 가연물 A와 가연물 B가 놓여 있는 상태를 나타낸다. 다음과 같은 조건일 때 구획실의 화재하중[kg/m²]은? (단, 주어지지 않은 조건은 무시하고, 소수점 셋째 자리에서 반올림한다)

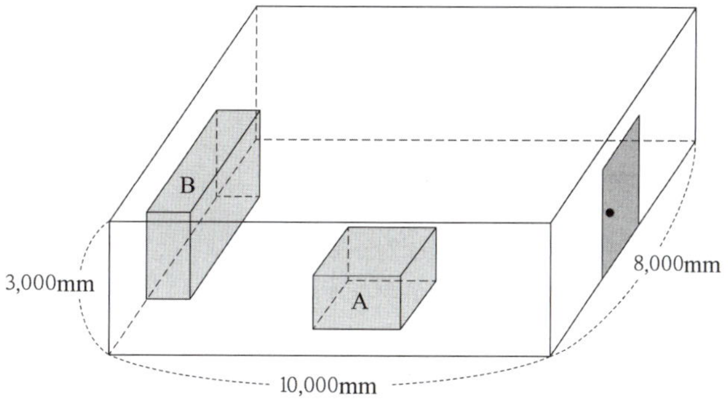

구분	단위발열량 [kcal/kg]	질량 [kg]
목재	4,500	-
가연물 A	2,000	200
가연물 B	9,000	100

① 1.20
② 2.41
③ 3.61
④ 7.22

015 □□□

구획실 화재에 관한 설명으로 옳지 않은 것은?

① 플래시오버 이후에는 연료지배형 화재보다 환기지배형 화재가 지배적이다.
② 환기가 잘되지 않으면 환기지배형 화재에서 연료지배형 화재로 바뀌며 연기 발생이 줄어든다.
③ 연료지배형 화재는 구획실 내 가연물의 연소에 필요한 산소가 충분히 공급되는 조건의 화재이다.
④ 성장기에는 천장 부분에서 축적된 뜨거운 가스층이 발화원으로부터 떨어져 있는 가연성 물질에 복사열을 공급하여 플래시오버를 초래할 수 있다.

016 ☐☐☐ **위험물의 유별 특성 중 옳은 것만을 <보기>에서 있는 대로 고른 것은?**

<보기>
ㄱ. 아염소산나트륨은 불연성, 조해성, 수용성이며, 무색 또는 백색의 결정성 분말 형태이다. ㄴ. 마그네슘은 끓는 물과 접촉 시 수소가스를 발생시킨다. ㄷ. 황린은 공기 중 상온에 노출되면 액화되면서 자연발화를 일으킨다.

① ㄱ, ㄴ
② ㄱ, ㄷ
③ ㄴ, ㄷ
④ ㄱ, ㄴ, ㄷ

017 ☐☐☐ **위험물의 유별 소화방법으로 옳지 않은 것은?**

① 탄화칼슘 화재 시 다량의 물로 냉각소화할 수 있다.
② 수용성 메틸알코올 화재에는 내알코올포를 사용한다.
③ 알킬알루미늄은 마른모래, 팽창질석, 팽창진주암으로 소화한다.
④ 적린은 다량의 물로 냉각소화하며, 소량의 적린인 경우에는 마른모래나 이산화탄소 소화약제도 일시적인 효과가 있다.

018 ☐☐☐ **「화재조사 및 보고규정」에 관한 내용으로 옳지 않은 것은?**

① 건물의 소실면적 산정은 소실 입체면적으로 산정한다.
② 건물의 소실정도에서의 반소는 건물의 30% 이상 70% 미만이 소실된 것을 말한다.
③ 건물 등 자산에 대한 최종잔가율은 건물·부대설비·구축물·가재도구는 20%로 하며, 그 이외의 자산은 10%로 정한다.
④ 발화일시의 결정은 관계인등의 화재발견 상황통보(인지) 시간 및 화재발생 건물의 구조, 재질 상태와 화기취급 등의 상황을 종합적으로 검토하여 결정한다. 다만, 자체진화 등 사후인지 화재로 그 결정이 곤란한 경우에는 발화시간을 추정할 수 있다.

019 ☐☐☐ **소화방법에 관한 설명으로 옳은 것만을 <보기>에서 있는 대로 고른 것은?**

<보기>

ㄱ. 산림화재 시 화재 진행방향의 나무를 벌목하는 것은 제거소화의 방법 중 하나이다.
ㄴ. 물은 비열, 증발잠열의 값이 작아서 주로 냉각소화에 사용된다.
ㄷ. 부촉매 소화는 화학적 소화에 해당한다.
ㄹ. 유류화재는 포 소화약제를 방사하여 유류 표면에 얇은층을 형성함으로써 공기 공급을 차단해 소화한다.
ㅁ. 물에 침투제를 첨가하는 이유는 표면장력을 증가시켜 소화능력을 향상하기 위함이다.

① ㄱ, ㄷ, ㄹ
② ㄴ, ㄹ, ㅁ
③ ㄱ, ㄴ, ㄷ, ㄹ
④ ㄱ, ㄷ, ㄹ, ㅁ

020 ☐☐☐ **분말소화약제에 관한 설명으로 옳지 않은 것은?**

① 제2종 분말소화약제의 주성분은 $KHCO_3$이다.
② 제1 · 2 · 3종 분말소화약제는 열분해 반응에서 CO_2가 생성된다.
③ $NaHCO_3$이 주된 성분인 분말소화약제는 B · C급 화재에 사용하고 분말 색상은 백색이다.
④ $NH_4H_2PO_4$이 주된 성분인 분말소화약제는 A · B · C급 화재에 유효하고 비누화현상이 일어나지 않는다.

021 ☐☐☐ **할로겐화합물 및 불활성기체 소화약제에 관한 설명으로 옳지 않은 것은?**

① IG - 01, IG - 55, IG - 100, IG - 541 중 질소를 포함하지 않은 약제는 IG - 100이다.
② 할로겐화합물 소화약제 중 HFC - 23(트리플루오르메탄)의 화학식은 CHF_3이다.
③ 부촉매 소화효과는 불활성기체 소화약제에는 없으나 할로겐화합물 소화약제는 있다.
④ 할로겐화합물 소화약제는 불소, 염소, 브롬 또는 요오드 중 하나 이상의 원소를 포함하고 있는 유기화합물을 기본 성분으로 하는 소화약제를 말한다.

022 □□□ **다음 그림의 주입 방식에 가장 적합한 포소화약제로만 짝 지어진 것은?**

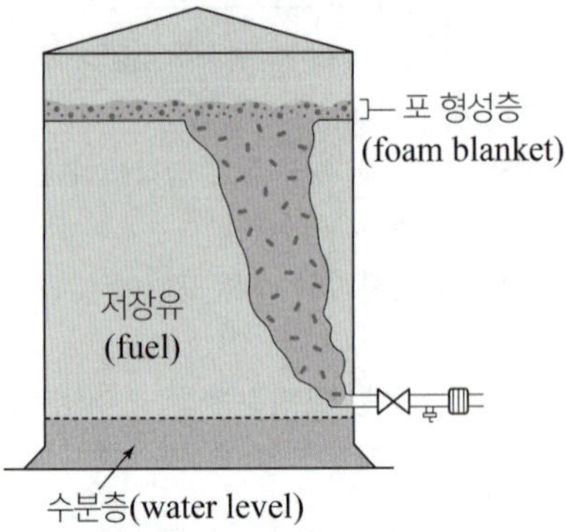

① 단백포, 불화단백포
② 수성막포, 불화단백포
③ 합성계면활성제포, 수성막포
④ 단백포, 수성막포

023 □□□ **차동식 분포형 감지기의 종류에 해당하지 않는 것은?**

① 공기관식
② 열전대식
③ 열반도체식
④ 광전식

024 □□□ **소방시설은 소화설비, 경보설비, 피난구조설비, 소화용수설비, 소화활동설비로 분류된다. 다음 정의로 분류되는 소방시설로 옳지 않은 것은?**

화재를 진압하거나 인명구조활동을 위하여 사용하는 설비

① 제연설비
② 인명구조설비
③ 연결살수설비
④ 무선통신보조설비

025 □□□ **포 소화설비에 관한 설명으로 옳지 않은 것은?**

① 팽창비란 최종 발생한 포 수용액 체적을 원래 포 체적으로 나눈 값을 말한다.
② 연성계란 대기압 이상의 압력과 대기압 이하의 압력을 측정할 수 있는 계측기를 말한다.
③ 국소방출방식이란 소화약제 공급장치에 배관 및 분사 헤드 등을 설치하여 직접 화점에 소화약제를 방출하는 방식을 말한다.
④ 프레셔사이드 프로포셔너방식이란 펌프의 토출관에 압입기를 설치하여 포 소화약제 압입용펌프로 포 소화약제를 압입시켜 혼합하는 방식을 말한다.

04 2022년 소방직(2022년 4월 9일 시행)

정답 및 해설 p. 144

001 □□□ 소방기관에서 실시하는 화재조사에 대한 일반적인 설명으로 옳지 않은 것은?

① 화재조사는 관계 공무원이 화재사실을 인지하는 즉시 실시한다.
② 화재조사는 강제성을 지니며, 프리즘식으로 진행한다.
③ 화재조사 시 건축·구조물 화재의 소실정도는 입체면적에 대한 비율을 적용하여 구분한다.
④ 소방관서장은 방화 또는 실화의 혐의가 있다고 인정되면 지체 없이 경찰서장에게 그 사실을 알리고 필요한 증거를 수집·보존하는 등은 경찰의 업무 범위이므로 범죄수사에 협력하지 않는다.

002 □□□ 「재난 및 안전관리 기본법」상 재난현장에서 임무를 직접수행하는 기관의 행동조치 절차를 구체적으로 수록한 문서는?

① 재난대응 활동계획
② 현장조치 행동매뉴얼
③ 위기대응 실무매뉴얼
④ 위기관리 표준매뉴얼

003 □□□ 그림에서 'A'에 대한 설명으로 옳지 않은 것은?

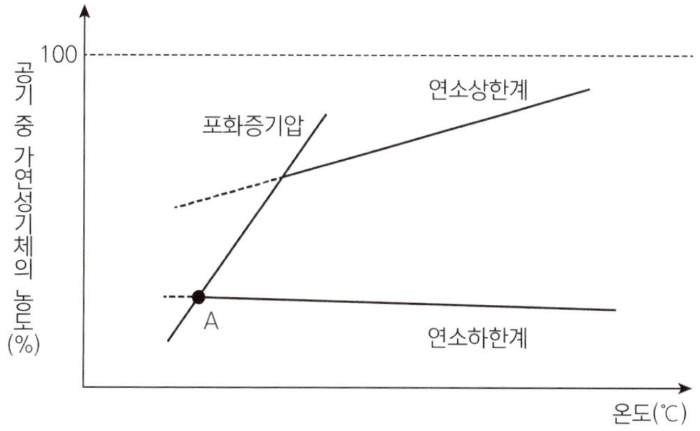

① 외부에너지에 의해 발화하기 시작하는 최저연소온도이다.
② 물질적 조건과 에너지 조건이 만나는 최저연소온도이다.
③ 화학양론비(stoichiometric ratio)에서의 최저연소온도이다.
④ 가연성 혼합기를 형성하는 최저연소온도이다.

004 □□□

화재가혹도(fire severity)에 대한 설명으로 옳지 않은 것은? (단, A는 개구부의 면적, H는 개구부의 높이이다)

① 화재가혹도의 크기는 화재강도와 화재하중의 영향을 받는다.
② 화재실의 최고온도와 지속시간은 화재가혹도를 판단하는 중요한 인자이다.
③ 화재실의 환기요소($A\sqrt{H}$)는 화재가혹도에 영향을 준다.
④ 화재가혹도는 화재실이나 화재구획의 단열성에 영향을 받지 않는다.

005 □□□

메틸알코올(CH_3OH)의 최소산소농도(MOC; Minimum Oxygen Concentration, %)로 옳은 것은? (단, CH_3OH의 연소상한계는 37%, 연소범위의 상·하한 폭은 30%이다)

① 5.0
② 8.5
③ 10.5
④ 14.0

006 □□□

폭발에 대한 일반적인 설명으로 옳은 것은?

① 아세틸렌과 산화에틸렌은 분해폭발을 일으키기 쉬운 물질이다.
② 상온에서 탱크에 저장된 중유가 유출되면 자유공간 증기운폭발이 일어난다.
③ 밀폐공간에서 조연성 가스가 폭발범위를 형성하면 점화원에 의해 가스폭발이 일어난다.
④ 다량의 고온물질이 물속에 투입되었을 때 물의 갑작스러운 상변화에 의한 폭발현상을 반응폭주라 한다.

007 □□□

가연성 물질의 화재 시 소화방법으로 옳은 것은?

① 탄화칼슘은 물을 분무하여 소화한다.
② 아세톤은 알콜형포 소화약제로 소화한다.
③ 나트륨은 할론 소화약제로 소화한다.
④ 마그네슘은 이산화탄소 소화약제로 소화한다.

008 □□□

위험물에 대한 일반적인 설명으로 옳은 것은?

① 제1류 위험물 중 질산염류는 연소속도가 빨라 폭발적으로 연소한다.
② 제3류 위험물 중 황린은 가열, 충격, 마찰에 의해 분해되어 산소가 발생하므로 가연물과의 접촉을 피한다.
③ 제4류 위험물 중 제1석유류는 인화점 및 연소하한계가 낮아 적은 양으로도 화재의 위험이 있다.
④ 제5류 위험물 중 유기과산화물은 공기 중에 노출되거나 수분과 접촉하면 발화의 위험이 있다.

009 □□□

자동기동방식의 펌프가 수원의 수위보다 높은 곳에 설치된 옥내소화전설비의 구성요소를 있는 대로 모두 고른 것은?

ㄱ. 기동용수압개폐장치	ㄴ. 릴리프밸브
ㄷ. 동력제어반	ㄹ. 솔레노이드밸브
ㅁ. 물올림장치	

① ㄱ, ㄴ, ㅁ
② ㄷ, ㄹ, ㅁ
③ ㄱ, ㄴ, ㄷ, ㄹ
④ ㄱ, ㄴ, ㄷ, ㅁ

010 □□□

「재난 및 안전관리 기본법」상 재난관리의 대비단계 관리사항을 있는 대로 모두 고른 것은?

ㄱ. 국가재난관리기준의 제정·운용	ㄴ. 재난 예보·경보체계 구축·운영
ㄷ. 재난안전분야 종사자 교육	ㄹ. 재난안전통신망의 구축·운영

① ㄱ, ㄴ
② ㄱ, ㄹ
③ ㄱ, ㄴ, ㄹ
④ ㄴ, ㄷ, ㄹ

011 □□□

위험물과 물이 반응할 때 발생하는 가스로 옳지 않은 것은?

	위험물	가스
①	탄화알루미늄	아세틸렌
②	인화칼슘	포스핀
③	수소화알루미늄리튬	수소
④	트리에틸알루미늄	에테인

012 □□□

800℃, 1기압에서 황(S) 1kg이 공기 중에서 완전 연소할 때 발생되는 이산화황의 발생량(m^3)은? (단, 황(S)의 원자량은 32, 산소(O)의 원자량은 16이며, 이상기체로 가정한다)

① 2.00
② 2.35
③ 2.50
④ 2.75

013 □□□

중질유화재 시 무상주수를 함으로써 기대할 수 있는 소화효과로 올바르게 묶인 것은?

① 질식소화, 부촉매소화
② 질식소화, 유화소화
③ 유화소화, 타격소화
④ 피복소화, 타격소화

014 □□□

재난관리 방식 중 분산관리에 대한 일반적인 설명으로 옳지 않은 것은?

① 재난의 종류에 따라 대응방식의 차이와 대응계획 및 책임기관이 각각 다르게 배정된다.
② 재난 시 유관기관 간의 중복적 대응이 있을 수 있다.
③ 재난의 발생 유형에 따라 소관부처별로 업무가 나뉜다.
④ 재난 시 유사한 자원동원 체계와 자원유형이 필요하다.

015 □□□

가연성 물질의 화재 위험성에 대한 설명으로 옳은 것은?

① 비열, 연소열, 비점이 작거나 낮을수록 위험하다.
② 증발열, 연소열, 연소속도가 크거나 빠를수록 위험하다.
③ 표면장력, 인화점, 발화점이 작거나 낮을수록 위험하다.
④ 비중, 압력, 융점이 크거나 높을수록 위험하다.

016 □□□

기체상 연료노즐에서의 연소에 대한 일반적인 설명으로 옳은 것을 있는 대로 모두 고른 것은?

ㄱ. 역화는 연료의 연소속도가 분출속도보다 빠를 때 불꽃이 연료노즐 속으로 빨려 들어가 연료노즐 속에서 연소하는 현상이다.
ㄴ. 선화는 불꽃이 연료노즐 위에 들뜨는 현상으로 연료노즐에서 연료기체의 연소속도가 분출속도보다 느릴 때 발생하는 현상이다.
ㄷ. 황염은 분출하는 기체연료와 공기의 화학양론비에서 공기량이 적을 때 발생한다.
ㄹ. 연료노즐에서 흐름이 난류(turbulent)인 경우, 확산연소에서 화염의 높이는 분출 속도에 비례한다.

① ㄱ, ㄴ
② ㄷ, ㄹ
③ ㄱ, ㄴ, ㄷ
④ ㄱ, ㄴ, ㄷ, ㄹ

017 □□□ **화재피해조사 산정기준 중 동일 소방대상물로서 한 건의 화재로 취급하는 기준에 대한 설명으로 옳지 않은 것은?**

① 한 곳에서 발생한 화재
② 누전점이 다른 2개소 이상에서 발생한 화재
③ 지진, 낙뢰 등 자연환경에 의해 발생한 여러 화재
④ 동일범에 의한 방화 또는 불장난으로 2개소 이상에서 발생한 화재

018 □□□ **할로겐화합물 소화약제가 갖추어야 할 일반적인 조건으로 옳지 않은 것은?**

① 독성이 적을수록 좋다.
② 지구 온난화에 끼치는 영향이 적을수록 좋다.
③ 대기 중에 잔존 시간이 길수록 좋다.
④ 오존층 파괴에 끼치는 영향이 적을수록 좋다.

019 □□□ **포(foam)에 대한 일반적인 설명으로 옳은 것은?**

① 불화단백포 및 수성막포는 표면하 주입방식에 사용할 수 있다.
② 불소를 함유하고 있는 합성계면활성제포는 친수성이므로 유동성과 내유성이 좋다.
③ 단백포는 유동성은 좋으나, 내화성은 나쁘다.
④ 알콜형포 사용 시 비누화현상이 일어나면 소화능력이 떨어진다.

020 □□□ **이산화탄소소화설비에 대한 일반적인 설명으로 옳지 않은 것은?**

① 기동용기의 가스는 압력스위치 및 자동폐쇄장치를 작동시키는 역할을 한다.
② 저장용기는 직사광선 및 빗물이 침투할 우려가 없는 곳에 설치한다.
③ 전역방출방식에서 환기장치는 이산화탄소가 방사되기 전에 정지되어야 한다.
④ 전역방출방식에서는 음향경보장치와 방출표시등이 필요하다.

05 2021년 소방직(2021년 4월 3일 시행)

정답 및 해설 p. 148

001 □□□ **백드래프트(back draft)에 대한 설명으로 옳은 것은?**

① 불완전 연소에 의해 발생된 일산화탄소가 가연물로 작용하여 폭발하는 현상이다.
② 화재 진압 시 지붕 등 상부를 개방하는 것보다 출입문을 먼저 개방하는 것이 효과적인 전술이다.
③ 밀폐된 실내에서 발생되는 현상으로, 출입문을 한 번에 완전히 개방하여 연기를 일순간에 배출해야 폭발력을 억제할 수 있다.
④ 연료지배형 화재가 진행되고 있는 공간에 산소가 일시적으로 다량 공급됨에 따라 가연성 가스가 폭발적으로 연소하는 현상이다.

002 □□□ **위험물의 종류에 따른 소화 방법으로 옳지 않은 것은?**

① 제1류 위험물인 알칼리금속의 과산화물은 물을 사용한다.
② 제2류 위험물인 마그네슘은 건조사를 사용한다.
③ 제3류 위험물인 알킬알루미늄은 건조사를 사용한다.
④ 제4류 위험물인 알코올은 내알코올포(泡, foam)를 사용한다.

003 □□□ **다음 ( ) 안에 들어갈 용어로 옳은 것은?**

> 소방관서장은 영 제7조 제1항에 해당하는 화재가 발생한 경우 다음에 따라 ( )을 구성하여 운영하는 것을 원칙으로 한다.
> 1. 소방청장: 사상자가 30명 이상이거나 2개 시·도 이상에 걸쳐 발생한 화재(임야화재는 제외한다)
> 2. 소방본부장: 사상자가 20명 이상이거나 2개 시·군·구 이상에 발생한 화재
> 3. 소방서장: 사망자가 5명 이상이거나 사상자가 10명 이상 또는 재산피해액이 100억원 이상 발생한 화재

① 화재피해조사단
② 화재합동조사단
③ 화재원인조사단
④ 재난원인조사단

004 □□□ 「재난 및 안전관리 기본법」에 대한 내용이다. (　　) 안에 들어갈 용어로 옳은 것은?

> (가)은 대통령령으로 정하는 재난이 발생하거나 발생할 우려가 있는 경우 사람의 생명·신체 및 재산에 미치는 중대한 영향이나 피해를 줄이기 위하여 긴급한 조치가 필요하다고 인정하면 (나)의 심의를 거쳐 (다)을/를 선포할 수 있다.

	(가)	(나)	(다)
①	중앙재난안전대책본부장	안전정책조정위원회	재난사태
②	행정안전부장관	중앙안전관리위원회	재난사태
③	중앙재난안전대책본부장	중앙안전관리위원회	특별재난지역
④	행정안전부장관	안전정책조정위원회	특별재난지역

005 □□□ 「재난 및 안전관리 기본법」상 재난현장에서 시·군·구 긴급구조통제단장의 긴급구조 현장지휘 사항을 모두 고른 것은?

> ㄱ. 재난현장에서 인명의 탐색·구조
> ㄴ. 추가 재난의 방지를 위한 응급조치
> ㄷ. 사상자의 응급처치 및 의료기관으로의 이송
> ㄹ. 긴급구조에 필요한 재난관리자원의 관리

① ㄱ, ㄴ　　② ㄱ, ㄴ, ㄷ
③ ㄴ, ㄷ, ㄹ　　④ ㄱ, ㄴ, ㄷ, ㄹ

006 □□□ 화재 시 발생하는 연기(smoke)에 대한 설명으로 옳지 않은 것은?

① 연기의 수직 이동속도는 수평 이동속도보다 빠르다.
② 연기의 감광계수가 증가할수록 가시거리는 짧아진다.
③ 중성대는 실내 화재 시 실내와 실외의 온도가 같은 면을 의미한다.
④ 굴뚝효과는 건축물의 내부와 외부의 온도차에 의해 내부의 더운 공기가 상승하는 현상이다.

007 □□□ **소화설비에 대한 설명으로 옳은 것은?**

① 산·알칼리 소화기는 가스계 소화기로 분류된다.
② CO_2 소화설비는 화재감지기, 선택밸브, 방출표시등, 압력스위치 등으로 구성된다.
③ 슈퍼바이저리패널(supervisory panel)은 습식 스프링클러설비의 구성요소이다.
④ 순환배관은 옥내소화전설비의 펌프 체절운전 시 수온 하강 방지를 위해 설치한다.

008 □□□ **우리나라 소방 역사에 대한 설명으로 옳은 것만을 모두 고른 것은?**

ㄱ. 고려시대에는 소방(消防)을 소재(消災)라 하였으며, 화통도감을 신설하였다.
ㄴ. 조선시대 세종 8년에 금화도감을 설치하였다.
ㄷ. 1915년에 우리나라 최초 소방본부인 경성소방서를 설치하였다.
ㄹ. 1945년에 중앙소방위원회 및 중앙소방청을 설치하였다.

① ㄱ, ㄴ
② ㄱ, ㄴ, ㄷ
③ ㄴ, ㄷ, ㄹ
④ ㄱ, ㄴ, ㄷ, ㄹ

009 □□□ **최소산소농도(MOC; Minimum Oxygen Concentration)에 대한 설명으로 옳지 않은 것은?**

① 연소상한계에 의해 최소산소농도가 결정된다.
② 연소할 때 화염이 전파되는 데 필요한 임계산소농도를 말한다.
③ 완전연소반응식의 산소 몰수에 의해 최소산소농도가 결정된다.
④ 프로판(C_3H_8) 1몰(mol)이 완전연소하는 데 필요한 최소산소농도는 10.5%이다.

010 □□□ 1기압, 20℃인 조건에서 메탄(CH_4) 2m^3가 완전 연소하는 데 필요한 산소 부피는 몇 m^3인가?

① 2
② 3
③ 4
④ 5

011 □□□ 연소속도에 영향을 미치는 요인을 모두 고른 것은?

ㄱ. 가연성 물질의 종류
ㄴ. 촉매의 존재 유무와 농도
ㄷ. 공기 중 산소량
ㄹ. 가연성 물질과 산화제의 당량비

① ㄱ, ㄴ
② ㄱ, ㄴ, ㄷ
③ ㄴ, ㄷ, ㄹ
④ ㄱ, ㄴ, ㄷ, ㄹ

012 □□□ 폭발에 대한 설명으로 옳지 않은 것은?

① 폭연은 폭굉보다 폭발압력이 낮다.
② 분해폭발은 산소에 관계없이 단독으로 발열·분해반응을 하는 물질에서 발생한다.
③ 물리적 폭발은 물질의 상태(기체, 액체, 고체)가 변하거나 온도, 압력 등 조건의 변화에 따라 발생한다.
④ 중합폭발은 가연성 액체의 무적(霧滴, mist)이 일정 농도 이상으로 조연성 가스 중에 분산되어 있을 때 착화하여 발생한다.

013 □□□ 소방조직의 원리에 해당하지 않는 것은?

① 조정의 원리
② 계층제의 원리
③ 명령분산의 원리
④ 통솔범위의 원리

014 □□□

블레비(BLEVE; Boiling Liquid Expanding Vapor Explosion) 현상의 특징으로 옳지 않은 것은?

① 액화가스 저장탱크에서 일어날 수 있다는 점에서는 증기운 폭발과 같다.
② 액화가스 저장탱크에서 물리적 폭발이 순간적으로 화학적 폭발로 이어지는 현상이다.
③ 블레비의 규모는 파열 시 액체의 기화량에는 차이가 있으나 탱크의 용량에 따른 차이는 없다.
④ 직접 열을 받은 부분이 액화가스 저장탱크의 인장 강도를 초과할 경우 기상부에 면하는 지점에서 파열하게 된다.

015 □□□

포혼합장치 중 펌프 프로포셔너(pump proportioner) 방식에 해당하는 것은?

①
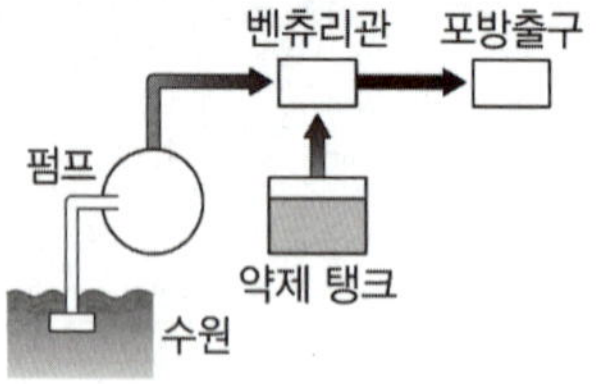

②
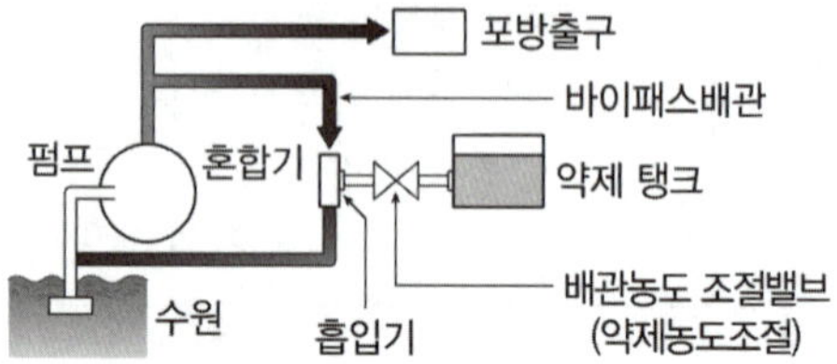

③
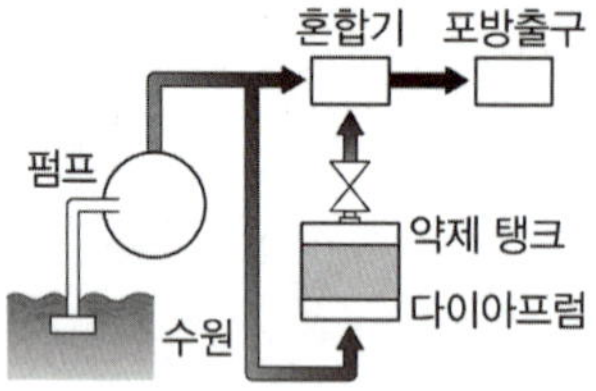

④
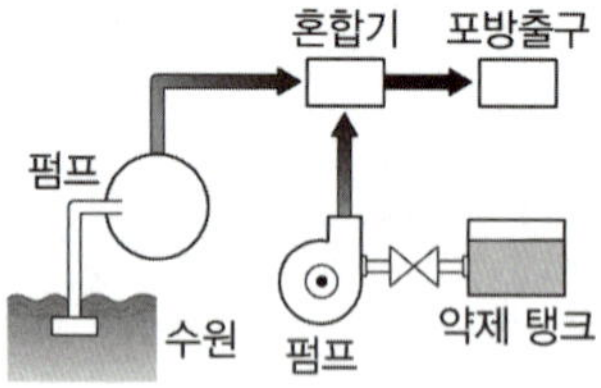

016 □□□

「재난 및 안전관리 기본법」상 재난관리 단계별 조치사항의 연결이 옳지 않은 것은?

① 예방단계 - 재난방지시설의 관리
② 대비단계 - 재난현장 긴급통신수단의 마련
③ 대응단계 - 특별재난지역의 선포
④ 복구단계 - 피해조사 및 복구계획 수립·시행

017 □□□

실내 화재의 진행 과정을 설명한 내용으로 옳지 않은 것은?

① 발화기 - 건물 내의 가구 등이 독립 연소하고 있으며 다른 동(棟)으로의 연소 위험은 없다.
② 성장기 - 화재의 진행이 급속히 이루어지고 개구부에서는 검은 연기가 분출된다.
③ 최성기 - 산소가 부족하여 연소되지 않은 가스가 다량 발생된다.
④ 감퇴기 - 지붕이나 벽체, 대들보나 기둥도 무너져 떨어지고 열 발산율은 증가하기 시작한다.

018 소화방법에 대해 옳은 설명만을 모두 고른 것은?

□□□

ㄱ. 질식소화는 일반적으로 공기 중 산소 농도를 낮추어 소화하는 방법을 말한다. ㄴ. 냉각소화가 가능한 약제로는 물, 강화액, CO_2, 할론 등이 있다. ㄷ. 피복소화는 비중이 물보다 큰 비수용성 유류화재 시 무상주수하여 소화하는 방법을 말한다. ㄹ. 부촉매소화는 가스화재 시 가스공급을 차단하여 소화하는 방법을 말한다.

① ㄱ, ㄴ
② ㄱ, ㄴ, ㄷ
③ ㄴ, ㄷ, ㄹ
④ ㄱ, ㄴ, ㄷ, ㄹ

019 물소화약제에 대한 설명으로 옳은 것은?

□□□

① 질식소화 작용은 기대하기 어렵다.
② 분무상으로 방사 시 B급 화재 및 C급 화재에도 적응성이 있다.
③ 물은 비열과 기화열 값이 작아 냉각소화 효과가 우수하다.
④ 수용성 가연물질인 알코올, 에테르, 에스테르 등으로 인한 화재에는 적응성이 없다.

020 피난구조설비에 대한 설명으로 옳지 않은 것은?

□□□

① 인공소생기란 호흡 부전 상태인 사람에게 인공호흡을 시켜 환자를 보호하거나 구급하는 기구이다.
② 피난구유도등이란 피난구 또는 피난경로로 사용되는 출입구를 표시하여 피난을 유도하는 등을 말한다.
③ 복도통로유도등이란 피난통로가 되는 복도에 설치하는 통로유도등으로서 피난구의 방향을 명시하는 것을 말한다.
④ 구조대란 사용자의 몸무게에 의하여 자동으로 하강하고 내려서면 스스로 상승하여 연속적으로 사용할 수 있는 무동력 피난기구를 말한다.

2026 대비 최신개정판

해커스소방

이영철 소방학개론

단원별 기출문제집

개정 7판 1쇄 발행 2025년 9월 5일

지은이	이영철 편저
펴낸곳	해커스패스
펴낸이	해커스소방 출판팀
주소	서울특별시 강남구 강남대로 428 해커스소방
고객센터	1588-4055
교재 관련 문의	gosi@hackerspass.com 해커스소방 사이트(fire.Hackers.com) 교재 Q&A 게시판
학원 강의 및 동영상강의	fire.Hackers.com
ISBN	979-11-7404-070-1 (13350)
Serial Number	07-01-01

2026 대비 최신개정판

해커스소방

이영철 소방학개론

단원별 기출문제집

약점 보완 해설집

해커스소방

해커스소방

이영철 소방학개론

단원별 기출문제집

약점 보완 해설집

해커스소방

PART 1 연소론 및 화재론

01 | 연소 관련 기초이론

정답

p. 12

001	①	002	③	003	④	004	①	005	④
006	①	007	③	008	③	009	①	010	②
011	①	012	④	013	①	014	②		

001 보일의 법칙 답 ①

보일의 법칙은 (절대)온도가 일정할 때 기체의 절대압력과 부피는 서로 반비례한다는 법칙이다. 예를 들어, 잠수부가 호흡할 때 생기는 공기방울은 물 위로 올라갈수록 커진다거나, 풍선이 하늘 위로 올라가면 점점 커지다 결국 터지는 현상들이 이에 해당한다.

선지분석

② 샤를의 법칙: 압력이 일정한 상태에서 기체의 부피와 온도는 비례한다는 법칙이다. 예를 들어, 찌그러진 탁구공을 뜨거운 물 속에 넣으면 펴진다거나, 열기구 속의 공기를 버너로 가열하면 공기가 팽창하여 열기구가 높이 떠오르는 현상 등이 있다.

③ 줄의 법칙: 전선에 전류가 흐를 때 단위 시간당 발생하는 열량은 전선의 저항과 전류의 제곱에 비례한다는 것을 정량적으로 밝힌 법칙이다. 즉, 전류에 열작용과 관계가 있는 법칙이다.

$$H = I^2Rt[J]$$
$$H = 0.24\,I^2Rt[cal]$$

H: 열량[J][cal], I: 전류[A], R: 저항[Ω], t: 시간[sec]

④ 뉴튼의 냉각법칙: 어떠한 고체 표면의 온도가 일정한 온도 T_w로 유지되고 이 물체의 주위에 온도가 T_∞인 유체가 흘러갈 경우, 고체로부터 유체로 단위 시간당 전달되는 열에너지의 양 Q는 고체의 표면적 A에 비례하고, 또 열전달계수 h에 비례한다.

$$q = hA(T_w - T_\infty)$$

- q: 단위 시간당 대류에 의한 이동 열량 = 열 유동률 = 열 이동률[W, kW, J/s, kJ/s]
- h: 대류열전달계수[$W/m^2 \cdot K$]
- A: 물체의 표면적[m^2]
- T_w: 고온유체 또는 고온물체의 온도[K]
- T_∞: 저온유체 또는 주변의 유체의 온도[K]

002 보일 - 샤를의 기체법칙 답 ③

- 절대온도인 켈빈온도(K) = ℃ + 273.15 ≒ 273
- 이상기체상태 방정식

$$PV = nRT,\ P \propto T,\ 400℃ + 273 = 673$$

- 보일-샤를 기체법칙

$$\frac{P_1V_1}{T_1} = \frac{P_2V_2}{T_2},\ P \propto T$$

$T_1 : 0[℃] + 273 = 273K$ $\quad P_1 : 1[atm]$

$T_2 : 400[℃] + 273 = 673K$ $\quad P_2 : ?[atm]$

$T_1 : P_1 = T_2 : P_2 \Rightarrow 273 : 1 = 673 : P_2$

$673/273 = 2.46 \fallingdotseq 2.5$

$P_2 = 2.5$

003 이상기체상태 방정식 답 ④

- 이상기체상태 방정식

$$PV = nRT \Rightarrow PV = \frac{W}{M}RT$$

- P[atm]: 기체의 압력
- V[l]: 기체의 부피
- n[mol]: 기체의 몰수
- R[atm · l/mol · k]: 기체의 상수 0.082
- T: 온도[℃, K]
- W[g]: 기체의 질량
- M[g/mol]: 기체의 분자량

- 황의 화학 반응식

$$S + O_2 \rightarrow SO_2$$

- 황(S): 32g일 때 이산화황(SO_2): 1몰이다.
- 황(S): 1000g일 때 이산화황(SO_2): X몰이다.
  그러므로 32 : 1 = 1000 : X, X = 31.25

$$V = \frac{nRT}{P} = \frac{31.25 \times 0.082 \times (800 + 273)}{1}$$
$$= 2749[L] = 2.75[m^3]$$

- $1[L] = 0.001[m^3]$
- $S + O_2 \rightarrow SO_2$
- (황)몰 = $\frac{질량}{분자량} = \frac{1000}{32} = 31.25$

∴ $31.25S + 31.25O_2 \rightarrow 31.25SO_2$

004	열전도	답 ①

열전도란 일반적으로 고체 내부에서 물질의 이동 없이 고온부에서 저온부로 열이 전달되는 방식을 말하며, 한 물체 내부에서, 혹은 둘 이상의 물체가 접촉할 경우 분자의 진동으로 열이 전달되는 것을 말한다. 즉, 기체나 액체는 분자 간의 충돌이나 확산, 고체는 분자의 진동, 자유전자의 이동을 통해서 열이 고온부에서 저온부로 열이 전달되는 방식을 열전도라 한다.

선지분석

② 대류: 기체나 액체와 같이 유동성이 있는 유체 내에서 일어나는 열전달 현상이다. 즉, 대류는 온도 차에 의해서 생겨난 유체의 흐름에 의해서 열이 이동하는 것을 말한다.

③ 복사: 열전도나 대류 열전달의 경우 에너지가 매질(고체, 유체) 내를 이동하지만 매질이 존재하지 않는 완전한 진공 내에서도 열이 이동된다. 이 경우 열은 전자기파의 형태로 전파되거나 가열된 물체 표면으로부터 전자파를 방출하는 현상을 말한다.

④ 비화: 화점에서 먼 거리에 있는 지역에까지 불꽃이 날아가 발화하는 현상을 말한다. 비화의 3요소는 불티, 바람, 가연물이다. 불티가 바람날려 발화하는 현상으로 화점으로부터 풍하방향이 약 30°의 범위로 분포하나 10~15°의 범위가 가장 위험하다(예 산불 화재).

005	열복사	답 ④

스테판-볼츠만의 법칙(Stefan-Boltzmann's Law)에서 완전 흑체에서 방출되는 복사에너지는 흑체의 절대온도 4승에 비례하고 열전달 면적에 비례한다.

$$q = \sigma A T^4 = \varepsilon \sigma A T^4$$

- q: 단위 시간당 복사에 의한 이동 열량=열 유동율=열 이동율[W, kW, J/s, kJ/s]
- σ: 스테판-볼쯔만 상수[$5.67 \times 10^{-8} W/m^2 \cdot K^4$]
- A: 물체의 표면적[m^2]
- T: 물체 표면의 온도[K, ℃]
- ε: 복사능($0 < \varepsilon < 1$)

- 열전도: 매질(물체)이 존재하에 열에너지가 물질의 이동 없이 온도 구배가 존재할 경우 고온부에서 저온부로 연속적으로 열을 전달하는 방식을 말한다.
- 퓨리에(Fourier) 법칙: 단위 시간당 전달되는 열량은 접촉된 단면적(전열면적)과 물체의 온도차에 비례하고 길이(두께)에 반비례한다.

$$q = -k \cdot A \cdot \frac{\Delta T}{\Delta L}$$

- q: 단위 시간당 전도에 의한 열 이동량=열 유동율=열 이동율[W, kW, J/s, kJ/s, kcal/hr]
- K: 각 물질의 열전도도(열전도율)[W/m·K]
- A: 접촉된 단면적[㎡]
- ΔT: 물체의 온도 차[K, ℃]
- ΔL: 길이(두께)차[m]

006	열복사	답 ①

복사: 열전도나 대류 열전달의 경우 에너지가 매질(고체, 유체) 내를 이동하지만, 매질이 존재하지 않는 완전한 진공 내에서도 열이 이동된다. 이 경우 열은 전자기파의 형태로 전파되거나 가열된 물체 표면으로부터 전자파를 방출하는 현상을 말한다.

선지분석

② 푸리에의 법칙은 전도의 법칙이다.

③ 열전달이 고체 또는 정지상태의 유체 내에서 매질을 통해 이루어지는 것은 전도이다.

④ 유체입자의 유동에 의해 열에너지가 전달되는 현상은 대류이다.

007	열복사	답 ③

일반적으로 건축물 화재 시 화재가 성장하는 가운데 화염에서 방출되는 열에너지와 고온의 연기에서 방출되는 열에너지가 가연물 표면의 온도를 올려 그 물질이 스스로 연소가 가능한 발화점에 도달하면 연소가 진행되어 화재가 확대되는 주원인은 복사에너지이다.

선지분석

① 전도: 물체 간의 직접적인 접촉을 통해서 열이 전달되는 현상이다. 즉, 열전도는 열에너지가 물질(매질)의 이동을 수반하지 않고 고온부에서 저온부로 연속적으로 전달되는 현상을 말하며, 주로 고체 내부에서 일어난다.

② 대류: 기체나 액체와 같이 유동성이 있는 유체 내에서 일어나는 열전달 현상이다. 즉, 대류는 온도 차에 의해서 생겨난 유체의 흐름에 의해서 열이 이동하는 것을 말한다.

④ 비화: 화점에서 먼 거리에 있는 지역에까지 불꽃이 날아가 발화하는 현상을 말한다.

008	대류와 복사	답 ③

- 감지기 또는 스프링클러 헤드의 작동과 관련해 대류 열전달이 가장 중요하게 취급되나 화재의 이동경로나 연소상태 등에 가장 큰 영향을 주는 열전달은 복사에너지이다.
- 대류 열전달은 순환하는 매개체를 통하여 열전달이 이루어진다. 화재에 의해 가열된 공기는 화재기류에서 상승하고 또한 화재기류(Plume)가 천장에 부딪쳐 사방으로 분산되면서 천장열류(Ceiling Gas Jet)를 만들게 된다. 이 천장열류의 유동 두께는 화원 위에서 천장까지 높이의 약 5~12% 정도이며, 최대온도와 최대속도는 천장과 화원 사이의 거리의 약 1% 위치에서 나타난다. 이때 천장열류 내 감지기나 헤드의 감열체는 고온 공기에 의해 열이 전도된다.

009	열전달	답 ①

ㄱ. 열전도: 열전도는 열에너지가 물질(매질)의 이동을 수반하지 않고 고온부에서 저온부로 연속적으로 전달되는 현상을 말하며, 주로 고체 내부에서 일어난다.
ㄴ. 열대류: 대류는 온도 차에 의해서 생겨난 유체의 흐름에 의해서 열이 이동하는 것을 말한다.
ㄷ. 열복사: 열전도나 대류 열전달의 경우 에너지가 매질(고체, 유체) 내를 이동하지만 매질이 존재하지 않는 완전한 진공 내에서도 열이 이동된다.
ㄹ. 비화: 연소 중인 물질의 일부분이 기류를 타거나 폭발에 의해 불티로 날려 가연물질에 착화되어 연소하는 현상이다. 비화는 불티, 바람 및 가연물의 조건에 따라 발생한다.

010	열대류	답 ②

강제대류 열전달은 화재 감지와 관련된 감지기나 스프링클러 헤드의 감열부에 열전달이 화재로부터 뜨거운 연소생성물의 흐름에 노출되는 것을 말한다.

- 자연대류(난로, 화로)
- 강제대류(온풍기, 감지기, 스프링클러헤드)

011	열전달 방식	답 ①

ㄱ. 전도: 일반적으로 화재의 초기단계에서 열의 전달이며, 물체 간의 직접적인 접촉을 통해서 열이 전달되는 현상이다.
ㄴ. 대류: 뜨거운 난로 주위의 공기가 데워져 부력에 의하여 더운 공기가 모락모락 상승하는 등의 방법으로 유체의 유동이 발생되는 열전달 현상이다.

012	복사 열유속	답 ④

$$q=\frac{QX_r}{4\pi r^2}=\frac{120\times 0.5}{4\times 3\times 1^2}=5[kW/m^2]$$

- Q: 화재의 연소에너지 방출(화염의 열방출률)
- X_r: 총 방출에너지 중 복사된 에너지 분율(0.15~0.6)
  즉, 전도, 대류, 복사 중 복사에너지로 나오는 열의 비율
- r: 화재중심과 목표물과의 거리(m)
- $4\pi r^2$: 구의 표면적

013	푸리에(Foruier)의 열전도 법칙	답 ①

푸리에의 법칙: $q = -KA\frac{\Delta T}{\Delta L}$[W, kW, J/s, kJ/s]

여기서, q: 단위 시간당 전도에 의한 열 이동량 = 열 유동율 = 열 이동율[W, kW, J/s, kJ/s, kcal/hr]
K: 각 물질의 열전도도(열전도율)[W/m·K]
A: 접촉된 단면적[m^2]
ΔT: 물체의 온도 차[K, ℃]
ΔL: 길이(두께)차[m]

014	열전달	답 ②

대류는 뉴턴의 냉각법칙을 따르며, 고체 표면과 움직이는 유체 사이에서 일어난다.

02 | 연소 개론

정답

p. 16

001	②	002	③	003	④	004	③	005	③
006	④	007	①	008	④	009	②	010	④
011	②	012	②	013	④	014	①	015	④
016	①	017	③	018	②				

001	발열반응	답 ②

화학 반응에서 반응 물질이 생성 물질보다 더 많은 에너지를 함유하고 있으면 반응이 진행되면서 물질이 함유한 에너지가 감소한다. 이때 감소한 에너지를 외부로 방출하는데, 이러한 반응을 발열반응이라고 한다. 일반적으로 발열반응이 일어날 때에는 외부로 열을 방출하므로 주위의 온도가 올라가며, 빠르게 진행되는 경우 많은 양의 열이 일시에 방출되어 연소 또는 폭발 현상이 수반되기도 한다.

$$C_3H_8 + 5O_2 \rightarrow 3CO_2 + 4H_2O + Q\uparrow$$

개념플러스 반응열(연소열)

1. 발열반응
   ① 빛과 열을 발산(방출)
   ② 반응물질 > 생성물질, 열생성률 > 외부열손실률
2. 흡열반응
   ① 빛과 열을 흡수
   ② 반응물질 < 생성물질, 열생성률 < 외부열손실률

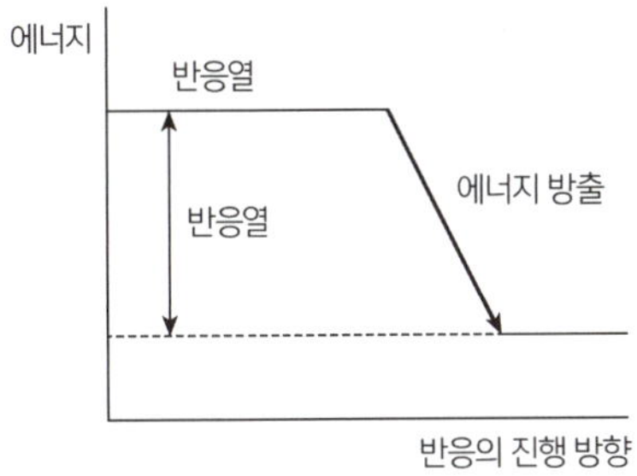

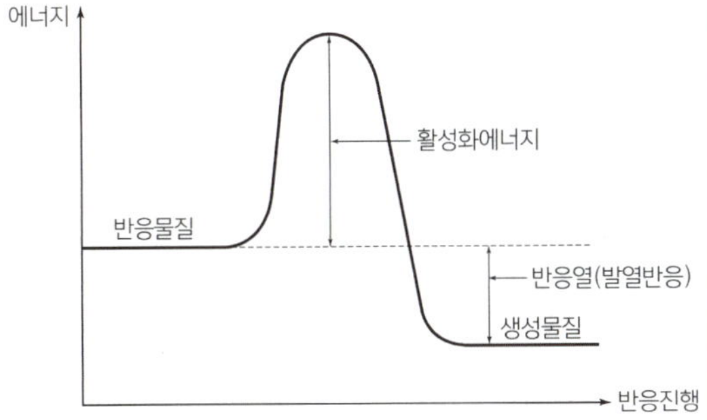

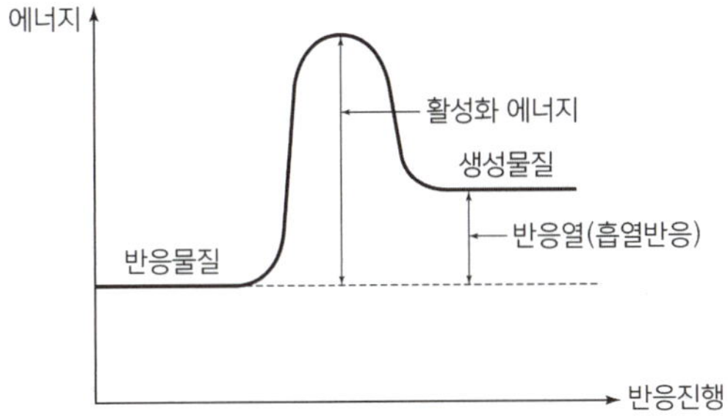

개념플러스 산화와 환원

1. **산화**: 물질이 산소와 결합하는 대표적인 반응에는 연소반응이 있는데 연소반응처럼 물질이 산소와 결합하는 과정을 산화라고 한다.
2. **환원**: 산화와 반대로 산소와 결합한 물질이 산소를 잃는 과정을 환원이라고 한다.

구분	산화	환원
산소(O_2)	얻음(+)	잃음(-)
산화수	증가(+)	감소(-)
수소(H_2)	잃음(-)	얻음(+)
전자	잃음(-)	얻음(+)
위험물	• 제1류 위험물: 산화성 고체 • 제6류 위험물: 산화성 액체[(강)산화제]	제2류 위험물: 가연성 고체 [(강)환원제]

3. **산화 · 환원(산화 ↔ 환원)**

구분	산소	산화수	수소	전자
산화	○	○	×	×
환원	×	×	○	○

002 연소 답 ③

산소는 조연성(지연성) 물질로서 그 양이 많을수록 연소를 활성화시킨다.

개념플러스 조연성(지연성) 물질

산소(O_2), 이산화질소(NO_2), 산화질소(NO), 불소(F_2), 오존(O_3), 염소(Cl_2) 등

003 연소의 정의 답 ④

연소(Combustion)라 함은 가연물이 공기 중 산소와 화합하여 열과 빛을 발하는 급속한 산화반응현상을 말한다.

004 가연성 물질의 구비조건 답 ③

열전도도(열전도율)가 작아야 한다.

선지분석

① 산소와 친화력이 커야 한다.
② 반응열과 비표면적이 커야 한다.
④ 활성화 에너지가 작아야 한다.

개념플러스 가연성 물질의 구비조건

1. 산소와 친화력이 클 것
2. 반응열(연소열)이 클 것
3. 비표면적(공기와의 접촉면적)이 클 것
4. 열전도도(열전도율)가 작을 것
5. 활성화 에너지가 작을 것
6. 연쇄반응을 일으킬 수 있을 것
7. 건조도가 높을 것(함수율이 작을 것)

즉, 열전도율, 활성화에너지만 작고 나머지는 클 것

005 가연성물질 답 ③

활성화에너지는 작고 발열량은 커야 한다.

개념플러스 가연성 물질이 되기 위한 조건 (쉽게 발화하는 조건, 잘 타는 물질의 조건)

1. 산소와의 친화력이 클 것: 화학적 활성도(화학반응이 일어나기 쉽게 되어 있는 상태)가 클 것
2. 반응열(연소열) 클 것: 열량이 커야 좋은 가연물
3. (비)표면적이 클 것: 산소(공기)와 접촉하는 표면적이 클 것
4. 열전도율(열전전도)이 작을 것: 열의 축적이 용이 할 것
5. 활성화 에너지가 작을 것: 필요한 에너지가 적을 것
6. 연쇄반응을 일으킬 수 있을 것: 불꽃을 내면서 지속적으로 타는 반응
7. 건조도가 높을수록[수분율(함수율)이 작을수록]

즉, 열전도율, 활성화에너지는 작고, 나머지는 다 클 것

006 불연성 물질 답 ④

시안화수소는 독성이 있는 가연성 물질이다.

선지분석

① He(헬륨): 불활성기체
② CO_2(이산화탄소), ③ P_2O_5(오산화인), ⑤ SO_3(삼산화황): 반응종결물질

개념플러스 불연성 물질

1. 주기율표의 0족 원소(불활성 기체)
   ① 불활성 기체는 안정된 전자 배치를 갖고 있기 때문에 다른 원소와 화학반응을 일으키기 어려운 기체 원소를 말하며, 비활성 기체라고도 한다.
   ② 헬륨(He), 네온(Ne), 아르곤(Ar), 크세논(Xe), 크립톤(Kr), 라돈(Rn) 등이 있다.
2. 반응종결 물질(포화산화물)
   ① 완전연소에 의한 생성물질 중 더 이상 산소와 반응하지 않는 물질을 말한다.
   ② 수증기(H_2O), 이산화탄소(CO_2), 오산화인(P_2O_5), 산화알루미늄(Al_2O_3), 삼산화황(SO_3), 삼산화크로뮴(CrO_3), 이산화규소[규조토(SiO_2)] 등이 있다.
3. 산화·흡열반응 물질
   ① 산화반응은 일어나지만 발열반응이 아닌 흡열반응을 하는 물질을 말한다.
   ② 질소(N_2) 또는 질소 산화물(N_2O, NO, NO_2) 등이 있다.

$$N_2+O_2 \rightarrow 2NO-43.1[Kcal]$$
└ -Q 반응열(흡열반응)

4. 물질 자체가 연소하지 않는 물질: 물질 자체가 연소하지 않는 돌, 흙 등의 물질을 말한다.

007 산소공급원 답 ①

질소(N_2)는 산화·흡열반응 물질이므로 불연성 물질에 해당된다.

선지분석

②③④ 과염소산, 알칼리금속의 과산화물, 산소는 산소공급원 역할을 한다.

개념플러스 산소공급원

1. 공기: 연소에 필요한 산소는 공기 중에서 약 21%(V%)로 존재하고 있다.
2. 산화제: 제1류 위험물, 제6류 위험물
   ① 알칼리금속의 과산화물(무기과산화물): 제1류 위험물
   ② 과염소산: 제6류 위험물
3. 자기반응성 물질: 제5류 위험물

008 산소공급원 답 ④

제2류 위험물: 가연성 고체인 환원성 물질로서 산소를 가지고 있지 않다.

선지분석

산화제 역할을 하는 제1류 위험물, 제6류 위험물과 자기반응성 물질인 제5류 위험물이 위험물 중 산소공급원 역할을 한다.

009 메탄 1몰(mol) 완전연소 시 필요한 산소량 답 ②

- 탄화수소계 가스의 화학방정식

$$C_mH_n + (m+\frac{n}{4})O_2 \rightarrow mCO_2 + \frac{n}{2}H_2O + Q\uparrow$$

- 메탄(CH_4)가스 완전연소 시 화학방정식

$$CH_4 + (1+\frac{4}{4})O_2 \rightarrow CO_2 + \frac{4}{2}H_2O + Q\uparrow$$
$$CH_4 + 2O_2 \rightarrow CO_2 + 2H_2O + Q\uparrow$$

메탄 $1m^3$이 완전연소 시 필요한 이론 산소량은 $2m^3$이다. 또는 메탄 1몰(mol)이 완전연소 시 필요한 이론 산소량은 2몰(mol)이다.

010 메탄 1몰(mol) 완전연소 시 필요한 산소량 답 ④

- 탄화수소계 가스의 화학방정식

$$C_mH_n + (m+\frac{n}{4})O_2 \rightarrow mCO_2 + \frac{n}{2}H_2O + Q\uparrow$$

- 이론 공기량 = 이론 산소량 ÷ 0.21
- 메탄이 완전연소 시 필요한 산소량, 즉 몰(mol)을 구한다.

$$CH_4 + (1+\frac{4}{4})O_2 \rightarrow CO_2 + \frac{4}{2}H_2O + Q\uparrow$$
$$CH_4 + 2O_2 \rightarrow CO_2 + 2H_2O + Q\uparrow$$

즉, 메탄 1몰(mol)이 완전연소 시 필요한 이론 산소량은 2몰(mol)이다.

- 메탄이 완전연소 시 필요한 이론 공기량
  이론 공기량 = 2mol ÷ 0.21 = 9.52mol(약 9.5배)
  메탄이 완전연소 시 필요한 이론 공기량은 약 9.5배이다.
  또는 공기량 : 산소량 = 메탄의 공기량 : 메탄의 산소량
  100(%) : 21(%) = X : 2(%)
  ∴ X = 9.52 ≒ 9.5배이다.

011	이론 산소량	답 ②

- 이론 산소량 = 이론 산소 몰(mol)수 × 산소분자량

  $= \frac{1}{2} \times 32 = 16g$

- Mg몰(mol) = $\frac{질량}{분자량} = \frac{24}{24} = 1mol$
- $Mg + \frac{1}{2}O_2 = MgO$, 즉 마그네슘 1몰(mol)을 연소하기 위해서는 산소 $\frac{1}{2}$몰(mol)이 필요하다.
- 산소분자량$[O_2]$ = 원자량 × 개수 = 16 × 2 = 32

012	연소방정식	답 ②

$N + O_2 \rightarrow NO_2$
(반응물) (생성물)

013	화학열	답 ④

ㄱ. 분해열 - 화학열 에너지: 어떤 화합물 1몰(mol)이 상온에서 가장 안정한 상태의 성분원소로 분해할 때 발생하는 열을 말한다.
ㄴ. 연소열(산화열) - 화학열 에너지: 어떤 물질 1mol 또는 1g이 완전연소할 때 발생하는 열을 말한다.
ㄷ. 압축열 - 기계열 에너지: 밀폐된 기계 내부에서 단열 압축 시 발생된 열을 말한다.
ㄹ. 산화열(연소열) - 화학열 에너지: 어떤 물질 1mol 또는 1g이 완전연소할 때 발생하는 열을 말한다.

참고 화학열 에너지(Chemical Heat Energy): 연소(산화)열, 자연발열, 분해열, 용해열, 생성열이 있다.

014	유도열	답 ①

유도열은 도체 주위의 자장(자기장, 자계)에 의해 전위차가 발생될 때 유도전류에 의해 발생하는 열을 말한다. 즉, 유도된 전류가 흐르는 도체에 그 유도전류의 크기에 적당한 전류용량을 갖지 못하는 경우에 나타나는 저항 때문에 발생되는 열을 말한다.

개념플러스 전기적 열원의 종류

1. **저항열**: 전기저항 때문에 전기에너지 일부가 열로 변환되어 발생하는 열(예 백열전구)
2. **유도열**: 자장(자기장, 자계)에 의해 유도전류에 의해 발생하는 열
3. **유전열**: 누설전류가 흐를 때 발생되는 열
4. **아크열**: 회로의 개폐될 때 발생되는 열
5. **정전기열**: 물질접촉, 분리(박리)할 때 발생하는 열
6. **낙뢰에 의한 열**: 번개 열

선지분석

② 유전열: 누설전류가 흐를 때 발생되는 열이다.
③ 아크열: 회로가 개폐될 때 발생되는 열이다.
④ 정전기열: 물질이 접촉·분리(박리)할 때 발생하는 열이다.

015	기화열(증발열)	답 ④

액체가 기체로 변할 때 외부로부터 흡수되는 열을 말한다. 흡수된 열이 온도상승을 위해 사용되지 않고 기화를 위한 에너지로 사용되므로 기화잠열이라고도 한다.

선지분석

① 저항열: 전기적 에너지이다.
② 분해열: 화학적 에너지이다.
③ 압축열: 기계적 에너지이다.

개념플러스 점화원

1. 점화원이 될 수 없는 것: 잠열[융해잠열, 기화(증발)잠열], 현열, 비열, 단열팽창, 절연저항 증가, 역기전력, 단선, 승압기 등
2. 점화원이 될 수 있는 것: 단열압축, 절연저항감소, 기전력발생, 단락(합선)

016	줄의 법칙	답 ①

줄의 법칙(Jule's Law)은 전선에 전류가 흐를 때 단위 시간당 발생하는 열량은 전선의 저항과 전류의 제곱에 비례한다는 것을 정량적으로 밝힌 법칙이다. 즉, 전류의 열작용과 관계가 있는 법칙이다.

$$H = I^2 R t [J]$$
$$H = 0.24 I^2 R t [cal]$$

H: 열량[J][cal], I: 전류[A], R: 저항[Ω], t: 시간[sec]

선지분석

② 아보가드로의 법칙(Avogadro Law): "모든 기체는 같은 온도와 같은 압력인 경우, 같은 부피 속에서 같은 개수의 입자를 포함한다." 라고 하여 물질 1g mol 속의 분자 개수는 6.02×10^{23}개로 이 숫자를 아보가드로의 수라고 하며, 1g mol이 차지하는 부피는 1atm 0℃인 표준상태에서 22.4L로 모든 기체에서 같은 값을 갖는다. 즉, 모든 기체는 22.4L 속에 분자 6.02×10^{23}개의 개수를 가지고 있으며, 물체의 부피는 몰수비에 비례한다는 법칙이다.
③ 보일의 법칙: 기체 관련 법칙 중 보일(Boyle)의 법칙은 "(절대)온도가 일정할 때 기체의 절대압력과 부피는 서로 반비례한다."라는 법칙이다.
④ 샤를의 법칙(또는 게이뤼삭의 법칙): 압력이 일정한 상태에서 기체의 부피와 온도는 비례한다. 부피가 일정한 상태에서 기체의 압력과 온도는 비례한다.

017 연소 답 ③

가연성 물질이 연소를 하기 위하여 요구되는 활성화 에너지가 작은 물질일수록 연소하기 쉬운 물질이며 위험성이 증가한다.

018 액화천연가스(LNG) 답 ②

대기압하(상압)에서 (극)저온으로 액화되어 있는 물질이다.

개념플러스 액화천연가스(LNG)

1. 메탄을 주성분으로 한 혼합가스이며, 천연가스를 냉각해서 액화한 것이다.
2. 기화 시 공기보다 약 0.55배 가볍다.

$$\frac{\text{메탄}(CH_4)\ \text{분자량}\ 16}{\text{공기분자량}\ 29} = 0.55$$

3. 무색, 무취, 무미이지만, 누설의 경우 알 수 있게 부취제를 넣고 있다.
4. −162℃에서 액화가 가능하다.
5. 기체상태인 경우 공기보다 가볍다.
6. 대기압하(상압)에서 (극)저온으로 액화되어 있는 물질이다.

개념플러스 액화석유가스(LPG)와 액화천연가스(LNG) 비교

구분	액화석유가스(LPG)	액화천연가스(LNG)
주성분	프로판(C_3H_8), 부탄(C_4H_{10})	메탄(CH_4)
상태	• 액화 및 기화가 용이하다. • 상온에서 가압하에 액화되어 있는 물질이다.	• 액화 및 기화가 용이하다. • 상압에서 극저온으로 액화되어 있는 물질이다.
폭발(연소) 범위	• 프로판: 2.1 ~ 9.5 • 부탄: 1.8 ~ 8.4	메탄: 5 ~ 15
연소속도	늦다.	빠르다.
비점	• 프로판: −42.1℃ • 부탄: −0.5℃	메탄: −162℃
비중	• 기체는 공기보다 무겁다. • 액체는 물보다 가볍다.	• 기체는 공기보다 가볍다. 단, −113℃ 이하는 공기보다 무겁다. • 액체는 물보다 가볍다.

참고
- 상온: 15℃~25℃
- 상압(대기압): 1기압[1atm]

03 | 연소의 과정과 특성

정답 p. 20

001	②	002	①	003	③	004	③	005	④
006	②	007	③	008	②	009	③	010	④
011	②	012	④	013	⑤	014	①	015	③
016	③	017	④	018	①	019	③	020	④
021	①	022	④	023	③	024	④	025	③
026	①	027	③	028	④	029	③	030	②
031	③	032	④	033	④	034	③	035	③
036	④	037	①	038	①	039	③	040	③

001 인화점 답 ②

- 가연성 액체나 고체에서 발생하는 증기가 공기와 혼합하여 가연범위 내로 조성되었을 때, 점화원이 있으면 인화가 일어난다.
- 액체에 있어서 액면상의 증기압은 액체온도에 의존한다. 따라서 인화가 되려면 액체온도에 한계온도가 있으며, 그 이하의 온도로는 점화원의 에너지가 아무리 크더라도 물질조건이 충족되지 않으므로 인화가 안 된다. 이 온도를 인화점(Flash point)이라고 한다.

선지분석

① 발화점(착화점): 직접적인 외부 점화원의 접촉 없이 가연물 표면에 가열된 열의 축적에 의하여 발화되고 연소가 일어나는 최저온도를 말한다. 점화원과 직접 접촉해서 발화(인화점, 연소점)하는 것을 유도발화, 점화원과 직접 접촉하지 않고 가열 공급으로 발화(발화점 = 착화점)하는 것을 자연(자동)발화라 한다.

③ 비점: 끓는점이다.

④ 연소점: 점화원에 의해 지속적으로(계속해서) 연소하는 최저온도를 말한다.

002 인화점 답 ①

인화점(Flash point)은 기체 또는 휘발성 액체에서 발생하는 증기가 공기와 섞여서 가연성 또는 폭발성 혼합기체를 형성하고, 여기에 불꽃을 가까이 댔을 때 순간적으로 섬광을 내면서 연소하는, 즉 인화되는 최저의 온도를 말한다(하한인화점).

003 연소점 답 ③

가연성 액체의 표면에서 그 증기와 공기의 혼합기체가 한번 점화되면 더 이상 점화원이 존재하지 않더라도 계속 연소가 진행될 만큼의 증기를 증발시킬 수 있는, 다시 말하여 그와 같은 증발속도를 나타낼 수 있는 액체 표면의 온도를 그 액체의 연소점이라 한다.

선지분석

② 인화점에 대한 설명이다.
④ 발화점에 대한 설명이다.

개념플러스 연소점

1. 연소점이란 한 번 발화된 후 연소를 지속시킬 수 있는 충분한 증기를 발생시킬 수 있는 물질의 최저온도이다. 즉, 가연성 증기의 발생속도가 연소속도보다 빠를 때 연소점이라고도 한다(증기발생속도 > 연소속도).
2. 인화점보다 5 ~ 10℃ 정도 높은 온도로서 연소상태가 5초 이상 유지될 수 있는 온도이다.

004 발화점 답 ③

발화점(착화점)이 낮아지는 조건은 가연물의 구비조건과 동일하다. 즉, 파라핀계 직쇄탄화수소의 경우 탄소수가 증가할수록 발화점은 낮아진다.

개념플러스 발화점(착화점)이 낮아지는 조건

1. 산소와 친화력이 클수록(화학적 활성도가 클수록)
2. 반응계의 압력이 클수록
3. 분자구조가 복잡하고 발열량이 클수록
4. 활성화 에너지가 적고, 열전도율이 작을수록
5. 파라핀계 직쇄탄화수소의 경우
   ① 탄소수가 증가할수록
   ② 분자량이 클수록
   ③ 탄소쇄의 길이가 길수록

즉, 가연물의 구비조건과 비슷하다(열전도율, 활성화에너지만 작고 나머지는 클 것).

005 연소 답 ④

일반적으로 파라핀계 직쇄탄화수소계열에서 탄소수가 증가할수록 발화점이 낮아진다.

개념플러스 탄소수

1. **탄소수가 증가할수록**
   ① 분자량이 증가하며, 분자구조는 복잡해진다.
   ② 직쇄탄화수소의 길이가 길어진다.
   ③ 단위발열량이 커진다.
   ④ 비점이 높아진다.
   ⑤ 인화점이 높아진다.
   ⑥ 발화점이 낮아진다.
   ⑦ 연소속도는 감소한다.
   ⑧ 증기압이 감소한다.
   ⑨ 연소범위가 좁아진다.
   ⑩ 연소하한계가 낮다.
2. **탄소수 증가**: 발화점, 연소속도, 연소범위, 연소하한계, 증기압↓ / 나머지는↑

탄소수	화학식	대한화학회 명명법	밀도(20℃)
1	CH_4	메테인	기체
4	C_4H_{10}	부테인	기체
5	C_5H_{12}	펜테인	액체
12	$C_{12}H_{26}$	도데케인	액체
20	$C_{20}H_{42}$	이코세인	고체
50	$C_{50}H_{102}$	펜타콘테인	고체

006 가연물의 발화온도와 발화에너지 답 ②

점화원을 제거해도 자력으로 연소를 지속할 수 있는 최저 온도를 연소점(fire point)이라고 한다.

선지분석

① 점화원에 의해서 가연물이 발화하기 시작하는 최저 온도를 인화점(Flash point)이라고 한다.
③ 가연물의 최소발화에너지가 작을수록 더 위험하다.
④ 가연물의 연소점은 발화점보다 낮다.

개념플러스

1. 발화온도 = 발화점
2. 연소온도 = 연소점
3. 인화온도 = 인화점
4. 발화에너지 = 활성화에너지

007 가연물질의 연소과정 답 ③

- 높은 온도 순서는 발화점 > 연소점 > 인화점 순이다.
- 발화점은 외부에서 직접적인 점화원의 공급 없이 물질 자체의 축적된 열에 의해 연소가 시작되는 온도이기 때문에 인화점이나 연소점에 비해 수백도 높은 온도를 나타낸다.
- 즉, 온도는 발화점, 연소점, 인화점 순으로 높다(온도는 인화점, 연소점, 발화점 순으로 낮다).

008 가연성 액체의 연소현상 답 ②

인화점과 발화점이 가까운 액체일수록 재점화가 쉽게 되어 재발화 우려가 있으므로 냉각에 의한 소화활동이 용이하다. 즉, K급화재(식용유화재)를 의미한다.

선지분석

① 가연성 액체의 연소와 관련된 온도는 발화점, 연소점, 인화점 순으로 높다. 즉, 높은 온도는 발화점 > 연소점 > 인화점이다.

③ 인화점은 화염의 전파가 지속되지 않고 연소점은 화염의 전파의 지속된다.

④ 연소반응이 지속되기 위해서는 열생성률 > 외부 열손실률이어야 한다.

개념플러스 K급화재(식용유화재)

1. 인화점과 발화점의 온도 차이가 적고 발화점(288~385℃) 이 비점 이하인 기름이 착화되면 유온이 상승하여 바로 발화점 이상 → 재발화 → 끓는 기름의 온도(발화점)를 낮추어야만 소화된다.
2. 식용유 화재(K급)는 발화점이 비점 이하이므로 재발화의 위험이 있다.

즉, 비점(예 300℃) / 발화점(예 200℃) 인 것이다.

009 인화점 답 ③

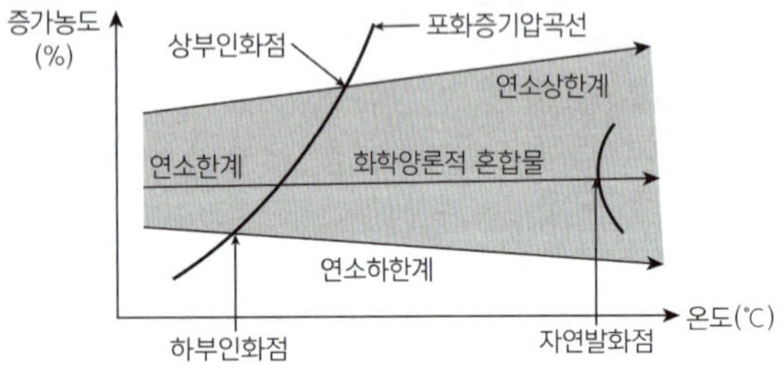

▲ 연소범위그래프

- A지점은 하부인화점(하한인화점)이다. 즉, 외부에너지에 의해 발화하기 시작하는 최저연소온도이다.
- A지점은 화학양론비(화학양론적 혼합물)와는 상관이 없다.

선지분석

③ 화학양론비(stoichiometric ratio)에서의 최저연소온도는 발화점이다.

010 가연물의 연소범위 답 ④

일반적으로 가연성 기체 중 아세틸렌의 연소범위(2.5 ~ 81%)가 가장 넓다.

선지분석

① 이황화탄소: 1.2 ~ 44%
② 수소: 4 ~ 75%
③ 프로판: 2.1 ~ 9.5%

011 가연물의 연소범위 답 ②

(디)에틸에테르의 연소범위는 1.9 ~ 48%이다.

012 가연물의 연소범위 답 ④

일산화탄소의 연소범위[12.5 ~ 74(75)%]가 가장 넓다.

선지분석

① 암모니아: 15 ~ 28%
② 메탄: 5 ~ 15%
③ 프로판: 2.1 ~ 9.5%

013 제4류 위험물(인화성액체) 인화점 답 ⑤

ㄱ. 아세톤 - 영하 18℃
ㄴ. 글리세린 - 영상 160℃
ㄷ. 이황화탄소 - 영하 30℃
ㄹ. 메틸알코올 - 영상 11℃
ㅁ. 디에틸에테르 - 영하 45℃

따라서 인화점이 낮은 것부터 높은 순은 ㅁ - ㄷ - ㄱ - ㄹ - ㄴ 순이다.

개념플러스

특수인화물
↓
제1석유류
↓
동식물류
↓
제2석유류
↓
제3석유류
↓
제4석유류
↓
동식물류

(아래로 갈수록) 인화점 높다, 지정수량 증가

참고

인화점순서: 이소프렌 - 디에틸에테르 - 아세트알데히드 - 산화프로필렌 - 이황화탄소 - 가솔린 - 아세톤 - 벤젠 - 톨루엔

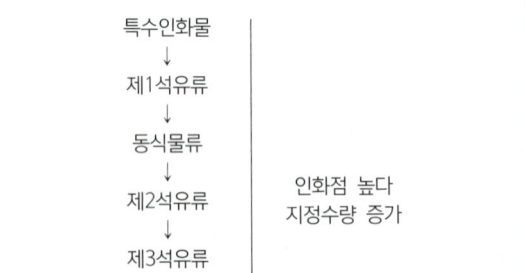

014 가연물의 연소범위 답 ①

아세틸렌(2.5 ~ 81%) > 시안화수소(6 ~ 41%) > 메탄(5 ~ 15%) > 프로판(2.1 ~ 9.5%) 순이다. 일반적으로 액체보다 기체가 연소범위(폭발범위, 가연범위)가 넓다.

- 연소범위: 아세틸렌 > 산화에틸렌 > 수소 > 일산화탄소 > 에테르 > 이황화탄소 > 황화수소 > 시안화수소 > 암모니아
- 연소범위: 메탄 > 에탄 > 프로판 > 부탄
- 위험도: 메탄 < 에탄 < 프로판 < 부탄

015 혼합물에 대한 연소범위를 구하는 식 [르샤트리에(Le Chatelier)의 법칙] 답 ③

여러 가지 가연성 가스가 혼합되어 있는 혼합물의 연소범위는 이들을 구성하고 있는 각 단독성분가스의 연소범위를 이용하여 르샤트리에(Le Chatelier)의 법칙에 의해 근사적으로 계산하여 구할 수 있다.

$$LFL = \frac{100}{\frac{V_1}{L_1}+\frac{V_2}{L_2}+\frac{V_3}{L_3}+\cdots\frac{V_n}{L_n}} = \frac{100}{\frac{60}{3}+\frac{30}{1.5}+\frac{10}{1.0}} = 2$$

- LEL: 연소하한계
- $V_1+V_2+V_3+\cdots\cdots V_n$: 각 단독성분의 혼합가스 중의 부피(V%)
- $L_1+L_2+L_3+\cdots\cdots L_n$: 각 단독성분의 연소하한계(V%)

016 연소하한계 답 ③

- 연소하한계 = 0.55 × Cst = 0.55 × 5.66 = 3.11 = 3.1
- 에테인 화학방정식 $C_2H_6 + 3.5O_2 \rightarrow 2CO_2 + 3H_2O$
- $화학양론조성비[Cst] = \frac{연료몰수}{연료몰수+(산소몰수 \div 0.21)} \times 100$

$화학양론조성비[Cst] = \frac{1}{1+(3.5 \div 0.21)} \times 100 = 5.66$

참고 에테인 연소범위: 3 ~ 12.5

017 연소범위 답 ④

일반적으로 가연성 가스의 압력이 높아지면 연소하한은 크게 변하지 않지만 연소상한이 증가한다. 즉, 연소범위는 넓어진다(단, 일산화탄소는 제외한다).

(선지분석)

⑤ 일산화탄소는 압력이 높아지면 연소하한은 크게 변하지 않지만 연소상한이 감소한다. 즉, 연소범위는 좁아진다.

018 연소범위 답 ①

산소가 유입되면 연소하한계는 거의 변화가 없고, 연소상한계는 크게 증가한다.

019 연소범위 답 ③

압력이 증가하면 연소범위가 넓어진다.(단, 일산화탄소는 제외한다). 일산화탄소는 압력이 높아지면 역으로 연소상한계가 좁아진다.

(선지분석)

ㄱ. 연소범위는 물질이 연소하기 위한 물적 조건과 관련이 크다. 여기서 물적조건(가연성 + 산소)은 가연성 가스 농도를 의미한다.

020 위험도 답 ④

- $위험도 = \frac{연소상한 - 연소하한}{연소하한} = \frac{연소범위}{연소하한}$

ㄱ. 수소(H_2): $\frac{75-4}{4} = 17.75 = 17.8$, 연소범위: 4~75

ㄴ. 프로페인(C_3H_8): $\frac{9.5-2.1}{2.1} = 3.52 = 3.5$,

연소범위: 2.1~9.5

ㄷ. 일산화탄소(CO): $\frac{74-12.5}{12.5} = 4.92 = 4.9$,

연소범위: 12.5~74

ㄹ. 아세틸렌(C_2H_2): $\frac{81-2.5}{2.5} = 31.4$, 연소범위: 2.5~81

021 가연성 가스의 위험도 답 ①

$위험도 = \frac{연소상한 - 연소하한}{연소하한}$

A: 연소하한계 = 2vol%, 연소상한계 = 22vol%,

$위험도 = \frac{22-2}{2} = 10$

B: 연소하한계 = 4vol%, 연소상한계 = 75vol%,

$위험도 = \frac{75-4}{4} = 17.75$

C: 연소하한계 = 1vol%, 연소상한계 = 44vol%,

$위험도 = \frac{44-1}{1} = 43$

022 가연성 가스의 위험도 답 ④

- 위험도 $= \dfrac{\text{연소상한} - \text{연소하한}}{\text{연소하한}} = \dfrac{\text{연소범위}}{\text{연소하한}}$
- 부탄 $= \dfrac{8.4 - 1.8}{1.8} ≒ 3.67$

선지분석

① 메탄 $= \dfrac{15-5}{5} = 2$

② 에탄 $= \dfrac{12.4-3}{3} = 3.133$

③ 프로판 $= \dfrac{9.5-2.1}{2.1} = 3.523$

참고

- 연소범위: 메탄 > 에탄 > 프로탄 > 부탄
- 위험도: 메탄 < 에탄 < 프로탄 < 부탄

023 연소범위 및 위험도 답 ③

물질	연소범위	위험도
수소	4 ~ 75	$\dfrac{\text{연소상한} - \text{연소하한}}{\text{연소하한}} = \dfrac{\text{연소범위}}{\text{연소하한}} = \dfrac{75-4}{4} = 17.75$
아세틸렌	2.5 ~ 81	$\dfrac{\text{연소상한} - \text{연소하한}}{\text{연소하한}} = \dfrac{\text{연소범위}}{\text{연소하한}} = \dfrac{81-2.5}{2.5} = 31.4$
메탄	5 ~ 15	$\dfrac{\text{연소상한} - \text{연소하한}}{\text{연소하한}} = \dfrac{\text{연소범위}}{\text{연소하한}} = \dfrac{15-5}{5} = 2$
프로판	2.1 ~ 9.5	$\dfrac{\text{연소상한} - \text{연소하한}}{\text{연소하한}} = \dfrac{\text{연소범위}}{\text{연소하한}} = \dfrac{9.5-2.1}{2.1} = 3.52$

개념플러스 아세틸렌과 이황화탄소의 비교

물질	연소범위	위험도	비교
아세틸렌	2.5 ~ 81	31.4	연소범위 1등
이황화탄소	1.2 ~ 44	35.7	위험도 1등

024 연소범위와 인화점 답 ④

휘발성 성분이 첨가되면(가연성 증기가 잘 나온다) 연소하한이 낮아져 위험성이 증가한다.

025 가연성 가스 답 ③

ㄱ, ㄷ, ㅁ이 옳은 내용이다.

개념플러스 공기 중의 산소농도가 증가하면 발생되는 현상

1. 연소속도가 빨라진다.
2. 발화점은 낮아진다.
3. 화염의 온도는 높아진다.
4. 폭발(연소, 가연) 범위는 넓어진다.
5. 점화에너지는 작아진다.

026 가연성 액체의 위험의 정도의 기준 답 ①

인화점은 점화원에 의해 불이 붙는 최저온도를 말한다. 일반적으로 인화성(가연성) 액체의 위험의 정도는 인화점을 기준으로 한다. 인화점을 기준으로 인화성 액체(밀폐식 인화점이 100°F 미만인 액체)와 가연성 액체(밀폐식 인화점이 100°F 이상인 액체)로 분류한다.

선지분석

② 연소범위: 가연성 가스가 공기 중에 섞여 가연성 혼합기를 만드는데 이때 이 혼합기의 농도가 적정한 농도범위 내에 있어야만 연소가 발생할 수 있다. 이 범위가 연소범위이다. 일반적으로 가연성 기체의 위험의 정도는 연소범위를 기준으로 한다.

③ 연소속도: 연소 시 화염이 미연소 혼합가스에 대하여 수직으로 이동하는 속도를 말한다.

④ 연소점: 점화원에 의해 지속적으로(계속해서) 연소하는 최저온도를 말한다.

027 화재위험성 답 ③

- 온도, 열량, 연소열, 압력, 연소(폭발, 가연)범위, 화학적 활성도, 화염전파속도가 클수록 위험성이 증가한다.
- 표면장력, 증발(잠)열[기화(잠)열], 비열, 인화점, 발(착)화점, 점성, 비중, 비점(끓는점), 융점(녹는점), 열전도율, 활성화에너지가 작을수록 위험성이 증가한다.

028 최소 발화에너지(MIE) 답 ④

열전도율이 높으면 열축적이 안되므로 최소 발화에너지(MIE)는 증가한다. 연소범위 내 농도가 감소하면 최소 발화에너지(MIE)는 증가한다.

개념플러스 최소 발화에너지(MIE)에 영향을 주는 요인

1. 온도가 상승하면 분자운동이 활발해지므로 최소 발화에너지(MIE)는 작아진다.
2. 압력이 상승하면 분자 간의 거리가 가까워지므로 최소 발화에너지(MIE)는 작아진다.
3. 농도가 증가하면 분자 간의 유효 충돌 횟수가 증가하므로 최소 발화에너지(MIE)는 작아진다.
4. 열전도율이 낮아지면 열축적이 용이하여 최소발화에너지는 작아진다.
5. 가연성 가스의 조성이 화학양론적 조성 부근일 경우 최소 발화에너지(MIE)는 최저가 된다.
6. 일반적으로 연소속도가 클수록 최소 발화에너지(MIE)는 낮아진다.
7. 동일 유속 시 난류의 강도가 커지면 최소발화에너지(MIE)는 증가한다.

029	최소발화(점화)에너지	답 ③

열전도율이 낮아지면 열축적이 용이하여 최소발화에너지는 작아진다.

개념플러스 최소 발화에너지(MIE)에 영향을 주는 요인

1. 온도가 상승하면 분자운동이 활발해지므로 최소 발화에너지(MIE)는 작아진다.
2. 압력이 상승하면 분자 간의 거리가 가까워지므로 최소 발화에너지(MIE)는 작아진다.
3. 농도가 증가하면 분자 간의 유효 충돌 횟수가 증가하므로 최소 발화에너지(MIE)는 작아진다.
4. 열전도율이 낮아지면 열축적이 용이하여 최소발화에너지는 작아진다.
5. 가연성 가스의 조성이 화학양론적 조성 부근일 경우 최소 발화에너지(MIE)는 최저가 된다.
6. 일반적으로 연소속도가 클수록 최소 발화에너지(MIE)는 낮아진다.
7. 동일 유속 시 난류의 강도가 커지면 최소발화에너지(MIE)는 증가한다.

030	발화점 및 최소발화에너지	답 ②

파라핀계 탄화수소는 분자량이 클수록 발화온도가 낮아진다.

031	연소속도	답 ③

선지분석

①② 온도가 높아질수록 반응속도가 상승하며, 압력을 증가시키면 단위부피 중의 입자수가 증가하므로 결국 기체의 농도가 증가하여 반응속도 또한 상승한다.

④ 연소 시 화염이 미연소 혼합가스에 대하여 수직으로 이동하는 속도를 연소속도라 한다.
- 연소속도 = 화염속도 - 미연소가스의 이동속도(불이 붙지 않은 가스)
- 화염속도란 가연물이 불꽃을 발생시켜 그 주변으로 화염이 확대될 때 이동하는 속도
- 화염속도 = 연소속도 + 미연소가스의 이동속도(불이 붙지 않은 가스)

개념플러스 연소속도에 영향을 미치는 요인

1. 온도
2. 압력
3. 완전연소(화학양론혼합 조성, 가연성 물질과 산화제의 당량비)
4. 난류
5. 가연물의 종류
6. 공기 중의 산소량
7. 촉매의 존재 유무와 농도
8. 불활성 가스(억제제)

연소속도에 영향을 미치는 요인은 비중량과 관련 없다.

032	연소속도에 영향을 미치는 요인	답 ④

모두 연소속도에 영향을 미치는 요인이다.

개념플러스 연소속도에 영향을 미치는 요인

1. 가연성 물질의 종류
2. 촉매의 존재 유무와 농도
3. 공기 중 산소량
4. 온도, 압력 등
5. 가연성 물질과 산화제의 당량비

참고 당량비
- 당량비란 연료와 공기 또는 산소가 완전히 연소할 경우의 연료와 공기 또는 산소의 비(화학양론적 조성)로, 실제의 연소 상태에 있어서의 연료와 공기 또는 산소의 공급량의 비를 나눈 값을 말한다.
- 당량비 = 1: 완전연소
  당량비 < 1: 연료부족
  당량비 > 1: 산소부족

033	부탄(C_4H_{10})의 연소반응식	답 ④

$2C_4H_{10} + 13O_2 = 8CO_2 + 10H_2O$, 즉 13+8+10=31이다.

034	프로판(C_3H_8)가스 화학방정식	답 ③

- 프로판(C_3H_8)가스 화학방정식: $C_3H_8 + 5O_2 \rightarrow 3CO_2 + 4H_2O$
- 산소 몰수(부피): 5mol(m^3)(L)

035 LNG의 연소반응(메탄) 답 ③

- $CH_4 + 2O_2 \rightarrow CO_2 + 2H_2O$
- $2CH_4 + 4O_2 \rightarrow 2CO_2 + 4H_2O$
  (mol) (mol)
  (m^3) (m^3)
  (L) (L)

036 LNG의 연소반응(메탄) 답 ④

- 메테인(CH_4) 화학방정식 $CH_4 + 2O_2 \rightarrow CO_2 + 2H_2O$
  $2CH_4 + 4O_2 \rightarrow 2CO_2 + 4H_2O$
  산소의 부피[L]: 4[몰] × 22.4[L] = 89.6[L]

참고 표준상태[0℃ 1기압]일 때 기체 1(mol)부피는 22.4(ℓ)이다.

037 프로판 가스의 화학 반응식 답 ①

- 최소산소농도(MOC) = 산소양론계수($\frac{\text{산소몰수}}{\text{연소가스의 몰수}}$)× 연소하한 = $\frac{5}{1}$ × 2.1% = 10.5%
- 프로판 가스의 화학 반응식: $C_3H_8 + 5O_2 \rightarrow 3CO_2 + 4H_2O$
- 프로판 가스가 완전연소 시 필요한 이론 산소량 X값은 5몰(mol) ($5m^3$), (5L)이다.
- 프로판 가스의 연소범위: 2.1 ~ 9.5%

개념플러스 최소산소농도(임계산소농도)

물질	산소몰수	연소범위	최소산소농도(MOC)
CH_4(메테인, 메탄)	$2O_2$	5 ~ 15	10%
C_2H_6(에테인, 에탄)	$3.5O_2$	3 ~ 12.5	10.5%
C_3H_8(프로페인, 프로판)	$5O_2$	2.1 ~ 9.5	10.5%
C_4H_{10}(부테인, 부탄)	$6.5O_2$	1.8 ~ 8.4	11.7%

1. 산소몰수가 1.5 증가한다.
2. 산소몰수와 상관없이 최소산소농도(MOC)값은 변하지 않는다.

038 최소산소농도(임계산소농도, MOC) 답 ①

최소산소농도(MOC) = 산소의 양론계수($\frac{\text{산소몰수}}{\text{연소가스몰수}}$) × 연소하한계(폭발하한계)이므로 산소몰수 및 연소하한계가 최소산소농도를 결정한다.

- 프로판가스의 화학방정식: $C_3H_8 + 5O_2 \rightarrow 3CO_2 + 4H_2O$
- 프로판가스의 연소범위: 2.1 ~ 9.5%
- 프로판가스의 최소산소농도(MOC) = 5 × 2.1 = 10.5%이다.

039 최소산소농도(MOC) 답 ③

- 메틸알코올(CH_3OH) 화학방정식

$$CH_3OH + O_2 \rightarrow CO_2 + H_2O$$
$$CH_3OH + \frac{3}{2}O_2 \rightarrow CO_2 + 2H_2O$$

- 최소산소농도(MOC) = 산소양론계수($\frac{\text{산소몰수}}{\text{연소가스의 몰수}}$) × 연소하한계(폭발하한계)
- 최소산소농도(MOC) = 산소양론계수($\frac{\frac{3}{2}}{1}$) × 7 = $\frac{3}{2}$ × 7 = 10.5%
- 연소상한계: 37%. 연소범위의 상·하한 폭은 30%이다. 그러므로 연소하한계: 7%, 즉, '연소범위 30% = 연소상한계 37% - 연소하한계'이므로 연소하한계는 7%이다.

040 최소산소농도(MOC) 답 ③

에틸알코올(C_2H_5OH) 화학방정식

- $C_2H_5OH + 3O_2 \rightarrow 2CO_2 + 3H_2O$
- 최소산소농도(MOC) = 산소의 양론계수($\frac{\text{산소몰수}}{\text{연소가스의 몰수}}$) × 연소하한계(폭발하한계)
- 최소산소농도(MOC) = $\frac{3}{1}$ × 4.3 = 12.9

04 | 연소의 형태

정답

p. 30

001	②	002	④	003	③	004	①	005	④
006	①	007	①	008	②	009	④	010	③
011	②	012	③	013	④	014	③	015	⑤
016	⑤	017	①	018	④	019	①	020	④
021	①	022	③	023	②				

001 불꽃연소(발염연소)의 특성 답 ②

불꽃연소를 하는 가연물은 모두 순조로운 연쇄반응이 일어난다.

선지분석

①④ 작열연소에 비해 연소속도가 매우 빠르며 단위 시간당 발생열량이 크다.

③ 연쇄반응이 포함되는 연소이므로 냉각·질식·제거 외에 연쇄반응의 억제에 의한 부촉매소화가 효과적이다.

개념플러스 불꽃연소와 표연연소 비교

구분	불꽃연소 	표면연소 
같은 용어	유염연소, 발염연소, 표면화재	무염연소, 작열연소, 심부화재
연소요소	연소의 4요소	연소의 3요소
불꽃(화염) 유무	불꽃(화염) 有	불꽃(화염) 無
연소가스	일반적으로 CO_2 ↑, CO ↓	일반적으로 CO_2 ↓, CO ↑
연소성질	일반적으로 완전연소가 쉽다.	일반적으로 불완전연소 우려가 있다.
연쇄반응 유무	연쇄반응 有	연쇄반응 無
소화방법	물리적 소화+화학적 소화 → 부촉매 효과가 있다.	물리적 소화 → 부촉매 효과가 없다.
연소속도 및 방출열량	연소속도는 빠르고 시간당 방출열량이 많다.	연소속도는 느리고 시간당 방출열량이 적다.
연소물질	• 가솔린 등 인화성 액체 • 메탄 등 가연성 기체 • 종이 등 가연성 고체 • 열가소성 합성수지류	• 숯, 코크스, 금속분, 목탄분 등 가연성 고체 • 열경화성 합성수지류
연기입자	작다.	크다.

002 가연성 기체의 연소형태 답 ④

가연성 기체와 공기를 인접한 2개의 분출구에서 분출을 확산시켜 계면에 가연성 혼합기를 형성하여 연소시키는 현상이다. 즉, 발화 직전에 혼합하는 확산연소이다.

선지분석

① 표면연소: 가연성 고체의 연소일 경우 고체 가연물이 열분해에 의해 가연성 가스를 발생하지 않고 그 물질 자체가 계면에서 산소와 직접 반응하여 적열되면서 화염 없이 연소하는 형태를 말한다(예 숯, 코크스, 목탄, 금속분 등).

② 자기연소: 가연성 고체의 연소일 경우 가연물이 물질의 분자 내에 산소를 함유하고 있어 열분해에 의해서 가연성 가스와 산소를 동시에 발생시키므로 공기 중의 산소 없이 연소하는 형태를 말한다[예 제5류 위험물인 나이트로셀룰로오스(NC), 나이트로글리세린(NG), 트리나이트로톨루엔(TNT), 트리나이트로페놀(TNP) 등].

③ 분해연소: 가연성 고체의 연소일 경우 목재와 같은 고체 가연물이 열분해하여 생성된 CO, CO_2 H_2, CH_4 등의 다양한 가스 가운데 가연성 가스를 연소하는 형태이다(예 목재, 석탄, 종이, 플라스틱 등).

003 가연성 액체의 증발방법에 따른 연소형태 답 ③

- 액면연소는 용기 내에 담겨진 액체연료의 표면에서 증발된 가연성 증기가 공기와 혼합하여 연소범위 내에 있을 때 점화원에 의하여 연소하는 현상을 말한다(예 가솔린, 등유, 경유, 아세톤 등).
- 등심연소는 연료를 심지로 빨아올려 등심(심지) 표면에서 증발시켜 확산연소하는 현상을 말한다(예 상하조절식 버너, 알코올램프 등).
- 분무연소는 액체연료를 미립화하여 증발표면적을 증가시켜 연소하는 현상을 말한다(예 공업용 보일러의 버너연소 등). 인화점 이하에도 연소가 가능하다.

선지분석

① • 불꽃연소: 가연성 고체, 가연성 액체, 가연성 기체의 연소
　• 작열연소: 가연성 고체의 연소
　• 확산연소: 가연성 기체의 연소

② 비중이 큰 액체일수록 무거워서 증발하기 어렵다.

④ 분해, 표면, 증발, 자기연소: 가연성 고체의 연소

004 연소의 형태 답 ①

- 분해연소는 목재·석탄·고무류 등과 같은 고체 가연물을 가열하면 열분해에 의하여 발생된 가연성 가스가 공기와 혼합되어 연소하는 형태에 해당된다. 즉, 표면화재이다.

• 표면연소: 가연성 고체의 연소일 경우 고체 가연물이 열분해에 의해 가연성 가스를 발생하지 않고 그 물질 자체가 계면에서 산소와 직접 반응하여 적열되면서 화염 없이 연소하는 형태를 말한다(예 숯, 코크스, 목탄, 금속분 등).

(선지분석)

② 증발연소
  • 가연성 액체: 아세톤, 휘발유, 등유, 경유와 같이 액체를 가열하면 액체표면에 발생한 가연성 증기와 공기가 혼합된 상태에서 연소가 되는 형태로 액체의 가장 일반적인 연소형태이다. 일반적으로 제4류 위험물 중 특수인화물·제1석유류 및 제2석유류가 해당된다.
  • 가연성 고체: 고체 가연물이 열분해를 일으키지 않고 증발하여 증기가 연소되거나, 먼저 융해된 액체가 기화하여 증기가 된 다음 연소하는 형태를 말한다[예 초(양초, 파라핀), 황, 나프탈렌 등].

③ 분해연소
  • 가연성 고체: 액체가 비휘발성이거나 비중이 커 증발하기 어려운 경우에는 높은 온도를 가해 열분해하여 그 분해가스를 연소시키는 것을 말한다(예 목재, 석탄, 종이, 플라스틱 등).
  • 가연성액체: 중유, 벙커C유, 타르와 같이 점도가 크고 비점이 높은 액체 가연물을 가열하면 열분해를 일으켜 가연성 증기가 발생하며, 이 증기에 착화되어 계속 분해를 일으켜 연소가 이루어지는 형태이다. 일반적으로 제4류 위험물 중 제3석유류 및 제4석유류가 해당된다.

④ 자기연소: 가연성 고체연료로 가연물이 물질의 분자 내에 산소를 함유하고 있어 열분해에 의해서 가연성 가스와 산소를 동시에 발생시키므로 공기 중의 산소 없이 연소하는 형태를 말한다[예 제5류 위험물인 나이트로셀룰로오스(NC), 나이트로글리세린(NG), 트리나이트로톨루엔(TNT), 트리나이트로페놀(TNP) 등].

005	분해연소	답 ④

고체 가연물질을 가열하면 열분해를 일으켜 나온 분해가스 등이 연소하는 형태를 말하며 열분해에 의해 생기는 물질에는 일산화탄소, 이산화탄소, 수소, 메탄 등이 있다.

(선지분석)

① 자기(내부)연소에 대한 내용이다.
② 표면(작열)연소에 대한 내용이다.
③ 비가연성(불연성) 가스는 열분해가 안되므로 연소가 안 된다.

006	연소	답 ①

(선지분석)

② 증발연소: 황이나 나프탈렌이 열분해 되기 전에 일어나는 연소이다.
③ 증발연소: 고체 및 액체에서만 발생하는 연소형태로서 액면에서 비등하는 기체에서 발생한다.
④ 자기연소: 제5류 위험물과 같이 물질 자체 내의 산소를 소모하는 연소로서 연소속도가 빠르다.

007	표면연소	답 ①

표면연소(surface combustion)에는 숯, 코크스, 목탄, 금속분 등이 있다.

(선지분석)

ㄹ. 플라스틱은 분해연소에 해당한다.

008	가연물의 연소형태	답 ②

ㄱ. 표면연소, ㄹ. 자기연소: 고체연소형태
ㄴ. 분무연소: 액체연소형태
ㄷ. 폭발연소, ㅁ. 예혼합연소: 기체연소형태

009	고체 가연물의 연소	답 ④

가연성 고체
• 분해연소: 목재, 석탄, 종이, 섬유, 플라스틱, 고무류(합성수지류) 등
• 증발연소: 초(양초, 파라핀), 황, 나프탈렌, 요오드(아이오딘) 등

010	훈소연소	답 ③

훈소연소란 적열된 상태에서 불꽃을 발생하지 않고 적열상태를 유지하며 열분해에 의한 연기 또는 가스를 발생하면서 연소하는 현상을 말한다.
• 무염착화에서 발염착화(불꽃연소)되기 전까지
• 연소속도가 느리고 연쇄반응이 일어나지 않는다.

(선지분석)

④ 표면연소: 고체 가연물이 열분해나 증발하지 않고 표면에서 산소와 산화반응하여 연소하는 현상, 즉 숯 등이 가열을 하더라도 열분해에 의해서 가연성 가스를 발생하지 않고 그 물질 자체가 연소하는 현상을 말한다.

개념플러스 표면연소와 훈소연소의 비교

1. **공통점**: 연소의 외관적 형태는 불꽃이 없이 작열하는 형태이므로 동일하다.
2. 차이점
   ① 표면연소는 가연물 자체가 가열되어도 열분해나 승화, 증발 등의 과정이 없고 가연성 기체를 발생시키지 않는 것들의 연소로 온도가 상승하거나 산소가 충분히 공급되어도 불꽃연소로 전환될 수 없다.
   즉, 가연성고체+산소와 결합
   예 숯, 코크스, 목탄, 금속분 등
   ② 훈소연소는 가연성 기체를 발생시키는 가연물들이 온도 부족이나 산소 부족으로 인해 가연성 기체에 착화되지 못하는 상태이므로 이후 조건을 만족시키게 되면 불꽃연소로 전환될 수 있다.
   즉, 가연성고체 → 열분해 → 가연성가스+부족한 온도나 산소와 결합
   예 솜뭉치, 담배 등

011	가연성 고체의 연소형태	답 ②

• 제5류위험물인 피크르산(트리나이트로페놀)은 자기연소한다.

개념플러스 제5류위험물 중 나이트로 화합물

• 트리나이트로톨루엔[$C_6H_2CH_3(NO_2)_3$] → TNT
• 트리나이트로페놀[$C_6H_2OH(NO_2)_3$] = 피크르산 → TNP

012	가연성 물질의 연소형태	답 ③

선지분석

ㄴ. 나프탈렌, 황은 증발연소에 해당한다.
ㄹ. 가솔린엔진(내연기관), 분젠버너는 예혼합연소에 해당한다.

참고

라이타, 토치램프, 적화식 버너는 확산연소에 해당한다.

013	가연물의 연소형태	답 ④

선지분석

ㄱ. 일반 석유난로의 액체 연료를 미립화한 연소형태: 액체의 증발방법 중 분무연소(액적연소)
ㄴ. 휘발성이 적은 액체 가연물을 가열하면 열분해에 의해 발생된 가스와 공기가 혼합하여 연소하는 형태: 액체의 연소행태 중 분해연소
ㄷ. 가연성 고체의 분해생성물이 공기와 혼합기체를 만들어 연소하는 형태: 고체의 연소행태 중 분해연소

014	연소형태	답 ③

표면연소는 가연성 고체가 열분해에 따른 가연성 증기발생 과정을 거치지 않고, 고체표면에서 산소와 반응하여 적열상태만 나타나며, 화염은 발생하지 않는 연소형태이다. 즉, 무염연소, 작열연소, 표면연소라 한다.

선지분석

① 가연성고체와 액체의 공통적 연소형태는 분해연소와 증발연소가 해당된다.
② 확산연소는 산소의 공급을 가스의 확산에 의하여 주위의 공기와 혼합하는 연소현상이다.
④ 예혼합연소는 가연성 기체가 미리 산소와 혼합한 상태로 연소하는 현상이다.

015	기체연소와 액체연소	답 ⑤

ㄱ. 증발연소하는 물질로는 아세톤, 휘발유, 알코올류 등이 있다.
ㄴ. 확산연소는 예혼합연소에 비해 연소속도가 느리다.

016	역화	답 ⑤

역화(back fire): 연료의 분출속도 < 연소속도
→ 혼합관 속에서 연소하는 현상

017	역화	답 ①

연소속도보다 혼합가스의 분출속도가 느릴 때이다.

개념플러스 역화(Back fire)의 원인

1. 혼합 가스량이 너무 적을 때(1차 공기가 적은 경우)
2. 공급가스의 압력이 낮은 경우
3. 염공이 크거나 부식으로 분출구멍이 커진 경우
4. 버너의 과열
5. 연소속도보다 혼합가스의 분출속도가 느릴 때

개념플러스 역화와 선화 비교

구분		역화(Back fire) [연료분출속도 < 연소속도]	선화(Lifting) [연료분출속도 > 연소속도]
원인	혼합 가스량(1차 공기)	↓	↑
	압력	↓	↑
	염공 직경(관경)	↑	↓
	버너의 과열	상관있다.	상관없다.
결과		염공 안쪽으로 불꽃이 들어간다.	염공 바깥쪽으로 불꽃이 공중부양한다.

018	선화	답 ④

선화, 즉 리프팅(Lifting)은 염공에서 연료가스의 분출속도가 연소속도보다 빠를 때 발생한다.

019	블로우 오프	답 ①

블로우 오프(Blow off)란 선화 상태에서 연료가스의 분출속도가 증가하거나 주위 공기의 유동이 심하면 화염이 노즐에 정착하지 못하고 떨어져 화염이 꺼지는 현상을 말한다. 버너의 경우 가연성 기체의 유출속도가 연소속도보다 클 경우 일어난다.

선지분석

④ 불완전연소: 연소범위 내에서 가연성 가스와 산소농도가 적절하게 있지 않을 때의 연소이다.

020	가스 연소 시 발생되는 이상현상	답 ④

역화(Back Fire)란 기체 연료를 연소시킬 때 혼합가스의 압력이 비정상적으로 낮거나 혼합가스의 양이 너무 적을 때 발생되는 이상 연소현상이다.

선지분석

① 공기의 공급량(산소 공급량)이 부족: 일산화탄소, 그을음(유리탄소), 훈소, 백드래프트(BD), 황염 현상 등이 발생한다.

② 연소소음: 연소소리 및 폭발소리를 의미한다.

021	불완전연소	답 ①

불완전연소의 원인

- 가스의 조성이 균일하지 못할 경우(가연성가스와 산소가 적절하지 않을 때)
- 공기(산소)의 공급량이 부족할 경우
- 주위온도가 너무 낮을 경우
- 환기 또는 배기가 잘 되지 않을 경우
- 노즐의 분무상태가 나쁠 때(가연물 부족, 연료 부족)
- 공급연료(가연물)가 많아 상태가 불안정할 때 → 상대적으로 산소 부족

022	가연성 기체 연소 형태	답 ③

선지분석

ㄱ, ㄴ 역화와 선화의 비교표

구분		역화(Back fire) [연료분출속도 < 연소속도]	선화(Lifting) [연료분출속도 > 연소속도]
원인	혼합 가스량 (1차 공기)	↓	↑
	압력	↓	↑
	염공 직경(관경)	↑	↓
	버너의 과열	상관 있다.	상관 없다.
결과		염공 안쪽으로 불꽃이 들어간다.	염공 바깥쪽으로 불꽃이 공중부양한다.

ㄷ. 황염(Yellow Tip) 현상: 불꽃의 끝이 적황색으로 되어 연소하는 현상을 말하며, 공기(산소)가 부족할 때(불완전연소 시)에 발생한다.

ㄹ. 연료노즐에서 흐름이 층류(laminar flow)인 경우, 확산연소에서 화염의 높이는 분출 속도에 비례한다. 연료노즐에서 흐름이 난류(turbulent)인 경우, 확산연소에서 화염의 높이는 분출 속도와 관계없이 일정하다. 화염의 높이(길이)는 일정하나 화염의 폭이 증가한다. 폭이 증가한다는 것은 열방출율이 증가한다. 그래서 층류보다 난류가 열방출율이 크다.

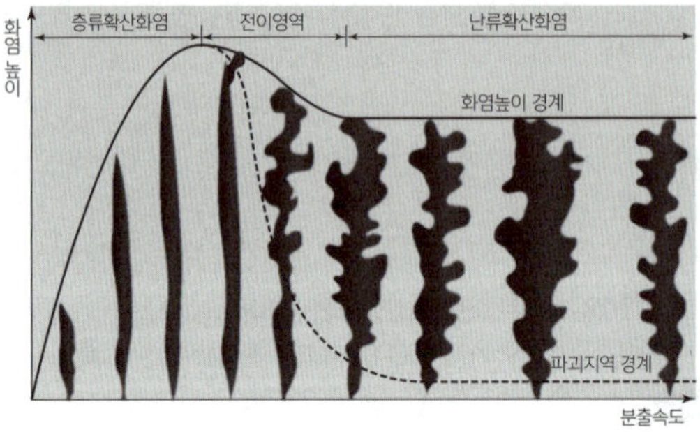

023	연소 시 불꽃의 온도	답 ②

암적색(700℃) → 휘적색(950℃) → 백적색(1,300℃) → 휘백색(1,500℃)

- 가연물질이 완전연소 시에는 공기의 공급량이 충분하기 때문에 연소불꽃은 가장 온도가 높은 휘백색(1500℃)이 나타난다.
- 가연물질이 불완전 연소 시에는 공기의 공급이 부족하기 때문에 연소의 불꽃은 가장 온도가 낮은 담암적색(520℃)이 나타난다.

연소불꽃의 색	온도(℃)	연소불꽃의 색	온도(℃)
담암적색	520	황적색	1100
암적색	700	백적색	1300
적색	850	휘백색	1500 이상
휘적색	950		

05 | 자연발화

정답

p. 36

001	④	002	④	003	①	004	①	005	①
006	③	007	④	008	④				

001 자연발화 답 ④

공기 중의 연료에서 느린 산화와 함께 시작될 수 있는 연소과정이며, 인위적으로 가열하지 않고 상온상태에서 물질이 공기 중에서 자연산화 또는 자연 분해하여 발생된 열에 의하여 반응이 점차적으로 가속되어 열을 축적하므로 발화점(발화온도)에 도달하여 부분적으로 발화되는 현상을 자연발화라 한다.

002 자연발화 발생조건 답 ④

공기 중 노출되거나 얇은 상태의 물질보다 여러 겹의 중첩상황이나 분말상태가 좋다(덩어리 < 얇게 중첩 < 분말).
- 집적: 뭉쳐있다는 의미이다.
- 괴상: 덩어리상태를 말한다.

선지분석

① 발열량: 발열량이 클수록 열의 축적이 크다. 그러나 발열량이 크다 하더라도 반응속도가 느리면 축적열은 작게 된다(열의 발생속도 = 발열량 × 반응속도).
② 수분: 적당량의 수분이 존재하면 수분이 촉매역할을 하여 반응속도가 가속화되는 경우가 많다. 따라서 고온·다습한 환경의 경우가 자연발화를 촉진시키며, 저온·건조한 경우는 자연발화가 일어나지 않는다.
③ 표면적: 일반적으로 산화반응의 반응속도는 산소의 양에 비례하기 때문에 산소함유 물질을 제외한 물질 중 산소량이 적거나 없는 경우는 자연발화가 일어나지 않는다. 따라서 공기 중의 산소와의 접촉관계가 중요하다.

개념플러스 자연발화

구분	발생	방지법
열축적	• 밀폐된 공간 • 열전도율, 증기압력, 휘발성↓ • 분말	• 개방된 공간 • 열전도율, 증기압력, 휘발성↑ • 괴상(덩어리)
열 발생속도 (발열량 × 반응속도)	• 온도↑, 수분↑ (고온다습) • 발열량↑ • 표면적↑	• 온도↓, 수분↓ (저온건조) • 발열량↓ • 표면적↓

참고 가연물의 구비조건 VS 자연발화

가연물의 구비조건 (잘 타는 조건)	자연발화 발생
건조	습도(수분)
가연물이 잘 타는지 않는 조건	자연발화 방지
습도(수분)	건조

003 자연발화 발생조건 답 ①

선지분석

② 고온·다습하며, 비교적 공기와의 접촉 면적이 클수록 자연발화가 용이하다.
③ 주위온도가 높고, 발열량이 커야 자연발화가 용이하다.
④ 공기가 정체될수록, 열전도율이 작을수록 자연발화가 용이하다.

004 자연발화 방지책 답 ①

통풍, 환기, 저장방법을 고려하여 열의 축적을 방지한다.

개념플러스 자연발화 방지책

1. 통풍, 환기, 저장방법을 고려하여 열의 축적을 방지한다.
2. 반응속도가 온도에 크게 좌우되므로 저장실 및 주위의 온도를 낮게 유지한다.
3. 습기, 수분 등은 물질에 따라 촉매작용을 하므로 가급적 습도가 높은 곳은 피한다.
4. 가능한 입자를 크게 하여 공기와의 접촉면적을 적게 유지한다.
5. 활성이 강한 황린은 물 속에 저장한다.
6. 리튬, 칼륨, 나트륨 등 알칼리금속은 석유 속에 저장한다.

005 자연발화 방지책 답 ①

자연발화를 방지하기 위해서는 저장실의 온도를 낮추고 습도가 낮은 상태로 저장하여야 한다(저온건조).

006	자연발화의 종류	답 ③

자연발화의 종류에는 산화열에 의한 발화, 분해열에 의한 발화, 흡착열에 의한 발화, 중합열에 의한 발화, 미생물(발효)열에 의한 발화가 있다.

선지분석

① 흡착열에 의한 발화: 활성탄, 유연탄, 목탄분 등

② 산화열에 의한 발화: 유지류가 적셔진 다공성 가연물, 원면, 금속분류, 석탄분, 고무조각, 황철광, 기름걸레, 산화에틸렌 등

④ 중합열에 의한 발화: 액화시안화수소, 산화에틸렌, 아크릴로니트릴, 스틸렌, 메틸아크리레이트, 비닐아세틸렌 등

개념플러스 완만한 온도상승을 일으키는 경우 자연발화의 분류

1. **산화열에 의한 발화**: 유지류가 적셔진 다공성 가연물, 원면, 금속분류, 석탄분, 고무조각, 황철광, 기름걸레, 산화에틸렌 등
2. **분해열에 의한 발화**: 나이트로셀룰로오스(질화면), 셀룰로이드류, 나이트로글리세린, 아세틸렌, 산화에틸렌 등(제5류 위험물)
3. **흡착열에 의한 발화**: 활성탄, 유연탄, 목탄분 등
4. **중합열에 의한 발화**: 액화시안화수소, 산화에틸렌, 아크릴로니트릴, 스틸렌, 메틸아크리레이트, 비닐아세틸렌 등
5. **미생물(발효)열에 의한 발화**: 먼지, 퇴비, 비료, 곡물 등

참고 산화에틸렌: 산화열, 분해열, 중합열 다 발생한다.

007	자연발화	답 ④

셀룰로이드류는 분해열에 의한 자연발화가 가능하지만, 유지류 중 건성유는 산화열의 축적에 의해 자연발화가 일어난다. 건성유는 유지류 중 가장 산화되기 쉽고 자연발화의 위험성이 크다.

개념플러스 유지류(동·식물류)

1. **요오드가**: 100g의 유지가 불포화기를 포화시키는 데 소모되는 요오드의 g수를 말한다.
2. **불포화도**: 불포화 탄화수소가 추가로 결합 가능한 수소의 양을 말한다.
3. **유지류**
   ① 건성유: 요오드가가 130 이상(예 해바라기기름, 동유, 아마인유, 정어리기름, 들기름 등)
   ② 반건성유: 요오드가가 100 ~ 130(예 청어유, 옥수수기름, 참기름, 콩기름 등)
   ③ 불건성유: 요오드가가 100 이하(예 돼지기름, 올리브유, 팜유, 땅콩기름 등)
4. 불포화성이 크고 요오드가가 클수록 산화되기 쉽고 자연발화의 위험성이 크다.

008	자연발화	답 ④

유지류의 경우 아이오딘값(Iodine value)이 클수록 자연발화하기 쉽다.

06 | 폭발

정답

p. 38

001	③	002	①	003	④	004	①	005	④
006	②	007	①	008	②	009	②	010	④
011	③	012	①	013	②	014	①	015	③
016	①	017	①	018	④	019	④	020	④
021	④	022	③	023	①	024	④	025	②
026	④	027	④	028	③	029	②	030	③
031	③	032	③						

001	폭발	답 ③

폭발은 물질원인에 따라 물리적 폭발과 화학적 폭발로 분류한다. 일반적으로 화학적 폭발은 화염을 동반하지만, 물리적 폭발은 화염을 동반하지 않는다.

개념플러스 물질원인에 따른 폭발분류

구분	물리적 폭발	화학적 폭발
원인	• 양적 변화 • 상태변화에 따른 폭발 • 가역적 반응	• 질적 변화 • 화학반응에 따른 폭발 • 비가역적 반응
종류	• 수증기폭발 • 증기폭발(블래비) • 고체폭발(전선폭발, 고상간전이폭발) • 감압폭발 등	• 가스폭발 • 분무폭발 • 분해폭발 • 중합폭발 • 분진폭발 • 증기운폭발(UVCE) • 박막폭발

참고

제5류 위험물은 액체, 고체이므로 물질의 상태는 응상폭발이며 물질의 원인은 화염을 동반하므로 화학적 폭발에 해당한다.

예 혼합위험성 물질에 의한 폭발, 폭발성화합물의 폭발은 제5류 위험물을 의미한다.

002	폭굉	답 ①

폭연은 급격한 압력의 상승 또는 개방에 의해 가스가 격한 음을 내면서 팽창하는 현상이고, 화염의 전파속도는 약 0.1~10 m/s이다.

003	폭굉과 폭연을 나누는 기준	답 ④

- 폭굉과 폭연을 나누는 기준은 화염의 전파속도(연소의 전파속도, 반응계의 전파속도)이다.
- 미 반응 물질 속으로 화염의 전파(Propagation) 속도가 아음속일 때 폭연(Deflagration)이 되고, 초음속일 때는 폭굉(Detonation)이 된다.

004	폭연에서 폭굉으로 전이	답 ①

폭굉의 단계

- 착화(발화) → (화염전파) → (압축파) → (충격파) → 폭굉파
- 발화 → 연소파 → 압축파 → 충격파 → 폭굉
  (화염전파) (연소파중첩) (압축파중첩) (단열압축)

참고

연소파(화염전파) → 폭연파 → 폭굉파

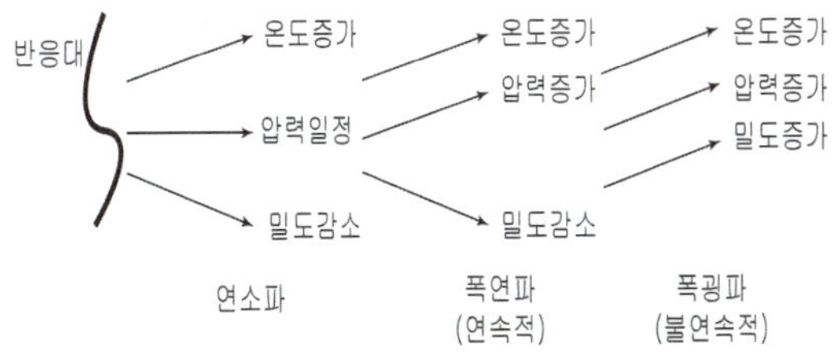

005	폭연 및 폭굉	답 ④

선지분석

① 폭연은 음속보다 느리고 폭굉은 음속보다 빠르다.
② 폭굉의 온도상승은 열에 의한 전파보다 충격파에 기인한다.
③ 폭연은 화염면의 전파가 분자량이나 공기 등의 난류확산에 영향을 받으며, 폭굉은 화염면에서 온도, 압력, 밀도가 불연속적으로 나타난다.

006	폭연	답 ②

폭굉은 에너지 방출속도가 물질전달속도에 영향 받지 않고 매우 빠르다.

개념플러스 폭연과 폭굉

구분	폭연	폭굉
화염 전파속도	0.1~10m/s로서 음속 이하 [아음속(亞音速)]	1,000~3500m/s로서 음속 이상 [초음속(超音速)]
화염 전파에 필요한 에너지	열전달인 전도, 대류, 복사	충격파에 의한 압력
폭발압력	8배까지	10배 이상 (통상적으로 20배 이상)
화재의 파급효과	크다.	작다.
충격파	발생하지 않는다.	발생한다.
파면에서 온도, 압력, 밀도	• 연속적(난류확산) • 연소파를 수반하는 난류확산	• 불연속적 • 충격파를 수반하는 불연속적
에너지 방출속도	물질전달속도에 기인한다.	물질전달속도에 기인하지 않고 아주 짧은 시간 내에 방출한다.

007	폭발	답 ①

- 폭발은 정상연소에 비해 연소속도와 화염전파속도가 매우 빠른 비정상연소를 말한다.
- 폭발은 어떤 물질이 급속하게 반응하여 소리를 내며 주위로 압력의 전파를 일으켜 고압으로 팽창 또는 파열현상을 일으키는 것으로, 물리적 또는 화학적 에너지가 열과 압력파인 기계적 에너지로 빠르게 변화하는 현상이다.
- 폭발의 본질은 급격한 압력상승이다.
  - 연쇄반응(연소의 4요소) - 불꽃연소(화염이 보인다). 즉, 불꽃연소는 연쇄반응을 일으킨다.
  - 폭발은 화염을 동반하지 않는 물리적 폭발과 화염을 동반하는 화학적 폭발이 있다.

선지분석

③ • 농도 조건: 가연성농도, 산소농도
  • 에너지 조건: 점화원

008	폭연과 폭굉	답 ②

선지분석

① 예혼합가스의 초기압력이 높을수록 폭굉 유도거리가 짧아진다.
③ 폭연은 폭굉으로 전이될 수 있으나 폭굉은 폭연으로 전이될 수 없다.
④ 폭굉은 화염면에서 온도, 압력, 밀도의 변화가 불연속적으로 나타난다.

개념플러스 폭연과 폭굉

구분	폭연	폭굉
화염 전파속도	0.1~10m/s로서 음속 이하 [아음속(亞音速)]	1,000~3500m/s로서 음속 이상 [초음속(超音速)]
화염 전파에 필요한 에너지	열전달인 전도, 대류, 복사	충격파에 의한 압력
폭발압력	8배까지	10배 이상 (통상적으로 20배 이상)
화재의 파급효과	크다.	작다.
충격파	발생하지 않는다.	발생한다.
파면에서 온도, 압력, 밀도	• 연속적(난류확산) • 연소파를 수반하는 난류확산	• 불연속적 • 충격파를 수반하는 불연속적
에너지 방출속도	물질전달속도에 기인한다.	물질전달속도에 기인하지 않고 아주 짧은 시간 내에 방출한다.

009 물리적 폭발 답 ②

증기폭발, 전선폭발은 물리적 폭발에 해당한다.

선지분석

①③④ 중합폭발, 가스폭발, 분해폭발, 산화폭발, 분무폭발, 증기운폭발, 박막폭발은 화학적 폭발에 해당한다.

개념플러스 화학적 폭발과 물리적 폭발

1. **화학적 폭발**: 화학반응의 결과로 압력파를 형성하여 고압으로 팽창 또는 파열현상을 일으켜 폭발하는 현상이다. 이 폭발을 유발하는 화학반응은 산화, 분해, 중합, 촉매 등이므로 화학적 폭발은 다음과 같이 분류된다.
   ① 산화폭발[가스폭발, 분무폭발, 분진폭발, 증기운(UVCE) 폭발, 박막폭발]
   ② 분해폭발
   ③ 중합폭발
   ④ 촉매폭발
2. **물리적 폭발**: 고압생성의 전체과정이 반응물질이 가진 고유성질의 변화가 없이 일어나며, 단지 물리적 변화에 의해서만 일어나는 폭발현상이다.
   ① 증기폭발
      ㉠ 보일러폭발
      ㉡ 수증기폭발
      ㉢ 블래비(BLEVE)
   ② 고체폭발
      ㉠ 전선폭발(알루미늄 전선에 한도 이상의 대전류가 순식간에 흐를 때 발생)
      ㉡ 고상간 전이 폭발(안티몬 전이에 의한 폭발)

010 화학적 폭발 답 ④

기상폭발이 물질원인에 따른 분류에서는 화학적 폭발에 속한다. 그러므로 화학적 폭발은 가스폭발, 분해폭발, 분무폭발, 분진폭발, 증기운폭발, 중합폭발, 박막폭굉 등이 있다.

선지분석

ㄴ. 수증기폭발은 물리적 폭발에 해당한다.

011 폭발분류 답 ③

산화폭발은 가연성 물질과 공기, 산소, 염소 등의 산화제와 혼합하여 산화반응을 일으켜 착화폭발하는 것으로, 수소에 의한 폭발, 폭발성 혼합가스의 폭발 등이 있다.

선지분석

① 중합폭발: (액화)시안화수소, 부타디엔, 염화비닐, 산화에틸렌 등과 같이 중합하기 쉬운 물질이 일정한 용기에 장기간 저장하게 되면 분자와 분자가 중합하여 그때 생성되는 중합열에 의한 폭발이다.
② 분해폭발: 아세틸렌, 에틸렌, 산화에틸렌, 하이드라진유도체와 같은 분해성 가스와 다이아조화합물과 같은 자기 분해성 물질이 분해하여 착화폭발하는 것으로서 가스의 분해폭발이다.
④ 분진폭발: 가연성 고체의 미분 등이 어느 농도 이상 공기 중에 분산되어 있을 때 점화원에 의한 착화폭발이다.

개념플러스 분해·중합·산화폭발 등

1. **분해폭발**: 아세틸렌, 에틸렌, 산화에틸렌
2. **중합폭발**: 액화시안화수소, 산화에틸렌
3. **분해·중합·산화폭발**: 산화에틸렌

012 폭발 답 ①

분해폭발물질은 에틸렌, 산화에틸렌, 아세틸렌, 비닐아세틸렌, 메틸아세틸렌, 사불화에틸렌 등이다.

선지분석

② 액화저장탱크에서 가스가 유출되면 자유공간 증기운폭발이 일어난다.
③ 밀폐공간에서 가연성 가스가 폭발범위를 형성하면 점화원에 의해 가스폭발이 일어난다.
④ 다량의 고온물질이 물 속에 투입되었을 때 물의 갑작스러운 상변화에 의한 폭발현상을 수증기폭발이라고 한다.

참고 반응폭주: 반응속도가 지수 함수적으로 증대되고, 반응용기 내에 온도, 압력이 급격히 이상 상승되어 규정조건을 벗어나고, 반응이 과격화 되는 현상을 말한다.

013	응상폭발	답 ②

ㄱ. 증기폭발 - 응상폭발
ㄴ. 분진폭발 - 기상폭발
ㄷ. 분해폭발 - 기상폭발
ㄹ. 전선폭발 - 응상폭발
ㅁ. 분무폭발 - 기상폭발

개념플러스 폭발의 형태

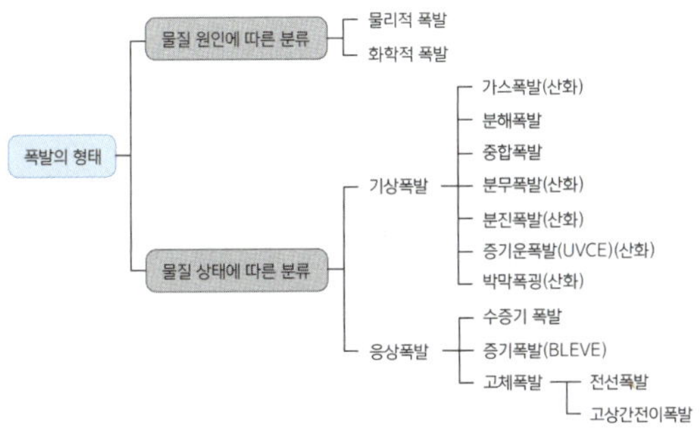

014	폭발	답 ①

분해폭발은 화학적 폭발이므로 물질의 상변화와는 관계가 없다.

개념플러스 물질 원인에 따른 분류

구분	물리적 폭발	화학적 폭발
원인	• 양적 변화 • 상태변화에 따른 폭발 • 가역적 반응	• 질적 변화 • 화학반응에 따른 폭발 • 비가역적 반응
종류	• 수증기폭발 • 증기폭발(블래비) • 고체폭발(전선폭발, 고상간전이폭발) • 감압폭발 등	• 가스폭발 • 분무폭발 • 분해폭발 • 중합폭발 • 분진폭발 • 증기운폭발(UVCE) • 박막폭발

015	기상폭발	답 ③

ㄴ. 가스폭발, ㄷ. 가스폭발, ㄹ. 분무폭발에 대한 내용으로 모두 기상폭발에 해당한다.

선지분석

ㄱ. 고상간(고체상태)의 전이에 의한 폭발에 대한 내용으로 응상폭발에 해당한다.
ㅁ. 수증기폭발(급격한 상변화에 의한 폭발)에 대한 내용으로 응상폭발에 해당한다.

016	폭발	답 ①

- 증기폭발은 폭발물질의 물리적 상태에 따른 분류 중 기상폭발이 아니라 응상폭발에 해당한다.
- 증기폭발은 물질원인에 따른 분류 중 화학적 폭발이 아니라 물리적 폭발에 해당한다.

017	폭굉유도거리	답 ①

폭굉유도거리란 최초의 완만한 연소가 격렬한 폭굉으로 발전할 때까지의 거리를 말한다. 관경이 작을수록 폭굉유도거리가 짧아진다.

개념플러스 폭굉유도거리가 짧아지는 요인

1. 압력이 높을수록
2. 주위온도가 높을수록
3. 점화원의 에너지가 강할수록
4. 연소속도가 큰 가스일수록
5. 관경이 작을수록(가늘수록)
6. 관속에 장애물이 있는 경우

즉, 폭굉유도거리가 짧아지는 요인에서 관경만 작고 나머지는 다 크다.

018	폭발등급 및 안전간격	답 ④

폭발등급이 1등급에 해당하는 물질에는 메탄, 에탄, 일산화탄소, 암모니아, 아세톤, LPG 등이 있다.

선지분석

①②③ 아세틸렌, 수소, 이황화탄소는 폭발 3등급에 해당하는 물질이다.

개념플러스 폭발등급 및 안전간격

1. 폭발 1등급
   ① 안전간격 기준: 0.6mm 이상
   ② 종류: 메탄, 에탄, 일산화탄소, 암모니아, 아세톤, LPG 등
2. 폭발 2등급
   ① 안전간격 기준: 0.4mm 이상 0.6mm 미만
   ② 종류: 에틸렌, 석탄가스 등
3. 폭발 3등급
   ① 안전간격 기준: 0.4mm 미만
   ② 종류: 아세틸렌, 이황화탄소, 수소 등

019 폭발의 유형 답 ④

- 중합폭발이란 중합해서 발생하는 반응열을 이용해서 폭발하는 것으로 초산비닐, 염화비닐 등의 원료인 모노머가 폭발적으로 중합되면 격렬하게 발열하여 압력이 급상승되고 용기가 파괴되는 폭발을 말한다.
- 분무폭발이란 공기 중에 분출된 가연성 액체의 무적(霧滴, mist)이 공기 중에 부유한 상태로 폭발농도 이상으로 있을 때 점화원에 의해 착화하여 발생한다.
- 중합반응: 저분자 물질에서 고분자 물질로 바뀌는 화학반응이다.
- 분무 = 무상 = 무화 = 무적 = 미립화 = 액적(mist)

020 폭발의 종류 답 ④

분진폭발은 미분탄, 소맥분, 금속분, 플라스틱의 분말과 같은 가연성 고체가 미분말이 되어 공기 중에 부유한 상태로 폭발농도 이상으로 있을 때 점화원에 의해 발생하는 폭발을 말한다.

개념플러스 분진폭발의 조건

1. 고체이면서 가연성 물질
2. 미분상태(부유된 분진): 100마이크로 이하
3. 지(조)연성 가스(공기) 중에서의 교반과 유동
4. 점화원 존재

선지분석

① 가스폭발: 메탄, 에탄, 프로판, 수소, 아세틸렌 등의 가연성 가스와 가솔린, 알코올 등 인화성 액체의 증기가 공기와 혼합해서 가연성 혼합기체를 형성하여 점화원에 의해 발생하는 폭발을 말한다.

② 분무폭발: 공기 중에 분출된 가연성 액체의 미세한 액적이 (분)무상으로 되어 공기 중에 부유한 상태로 폭발농도 이상으로 있을 때 점화원이 존재함으로써 발생한다.

③ 분해폭발: 다른 공기나 조연성 가스와 혼합되지 않더라도 일정한 조건이 충족되면 발열을 동반한 급격한 압력팽창으로 인한 폭발을 분해폭발이라 한다. 물질로는 에틸렌, 산화에틸렌, 아세틸렌, 비닐아세틸렌, 메틸아세틸렌, 사불화에틸렌, 하이드라진유도체, 오존, 이산화질소 등이 분해폭발을 한다.

021 분진폭발 답 ④

분진폭발은 가스폭발에 비해 폭발압력이 작다.

선지분석

① 금속가루도 가연성분진에 해당한다.

② 분진폭발은 불완전연소를 하기 때문에 가스폭발에 비하여 일산화탄소의 발생이 더 많다.

③ 분진폭발은 가스폭발에 비해 점화에너지, 발생에너지가 크다.

개념플러스 가스폭발과 분진폭발

구분	연소속도	폭발압력	연소대의 길이 (연소시간)	발생 에너지	파괴력
가스폭발	○	○	-	-	-
분진폭발	-	-	○	○	○

개념플러스 가스폭발과 분진폭발의 특징 비교

1. 분진폭발은 가스폭발에 비해 최소발화에너지(점화에너지)가 크다.
2. 분진폭발은 가스폭발에 비해 발생에너지가 크다.
3. 분진폭발은 가스폭발에 비해 연소속도가 느리다.
4. 분진폭발은 가스폭발에 비해 폭발압력이 작다.
5. 분진폭발은 가스폭발에 비해 파괴력과 그을음의 크기가 크다(분진폭발은 불완전연소이므로 그을음이 크다).

참고

- 가스폭발이 분진폭발보다 최소발화에너지가 작으므로 착화는 더 쉽다.
- 분진폭발이 가스폭발보다 최소발화에너지가 크므로 착화는 더 어렵다.

022 분진폭발 답 ③

구상 입자일 때보다 침상이 비표면적이 크고 침상보다 평면상일 때 비표면적이 가장 크기 때문에 폭발이 용이하다(구상 < 침상 < 평면상). 또한 표면이 매끄러운 분진보다 거친 분진이 폭발에 용이하다.

선지분석

① 입자의 크기: 분진입자의 평균 입자가 작고 밀도가 작을수록 비표면적도 크게 되고 표면에너지도 크게 되어 폭발이 용이해진다.

② 휘발성분이 포함된 분진은 휘발성분이 많을수록 폭발하기 쉽다.

④ 분진의 부유성: 일반적으로 입자가 작고 가벼운 것은 공기 중에서 산란, 부유하기 쉬우며, 부유성이 큰 쪽이 공기 중에서 체류하는 시간이 길어 위험성이 커진다.

023 분진폭발 답 ①

- 분진은 입자 표면에서 반응하기 때문에 입자 표면적이 입자 체적에 비교하여 커지면 열의 발생속도가 열의 방산속도를 상회하게 되어 열의 축적이 용이해져 폭발이 용이하다(열의 발생속도 > 열의 방산속도).
- 열의 방산속도: 열이 흩어지는 속도

선지분석

② 평균입자직경이 작고, 밀도가 작을수록 가벼워서 분진이 공기 중에 부유하여 폭발이 용이하다.

③ 분진 속에 존재하는 수분은 폭발성에 영향을 준다. 즉, 분진의 부유성을 억제한다.
④ 분진의 발열량이 클수록, 휘발성분이 많을수록 폭발성이 크다.

024	분진폭발	답 ④

분진의 단위체적당 표면적(비표면적)이 클수록 폭발이 용이해진다.

개념플러스 분진의 부유성

1. 분진의 부유성이 클수록 폭발이 용이하여 폭발력이 증가한다.
2. 분진의 부유성이 길수록 산화피막이 형성되어 폭발력이 감소한다.

025	분진폭발에 영향을 미치는 인자	답 ②

입자의 크기가 작고 밀도가 작을수록 표면적이 크고 폭발이 용이해진다.

026	연소와 폭발현상	답 ④

분진폭발은 금속, 플라스틱, 농산물, 석탄, 황, 섬유물질 등의 가연성 고체가 미세한 분말상태로 공기 중에서 부유 상태로 폭발하한계 이상의 농도로 유지되고 있을 때 점화원의 존재하에 폭발하는 현상을 말한다.

선지분석

① 산화에틸렌은 산화폭발, 분해폭발, 중합폭발하는 불꽃연소(표면화재)이다.
② 폭발은 밀폐된 공간에서 급격한 압력으로 파괴력과 소음을 동반하는 이상팽창을 말한다.
③ 블래비(BLEVE) 현상은 고압의 액화가스용기(탱크로리, 탱크 등) 등이 외부 화재에 의해 가열되면 탱크 내 액체가 비등하고 증기가 팽창하면서 폭발을 일으키는 현상을 말한다.

개념플러스 분진을 일으키지 않는 물질

1. 석회석[탄산칼슘($CaCO_3$)], 생석회[산화칼슘(CaO)], 소석회[$Ca(OH_2)$]
2. 산화알루미늄(Al_2O_3), 시멘트가루, 대리석가루, 가성소다(NaOH)
3. 유리

027	폭발	답 ④

선지분석

ㄴ. 가스폭발은 분진폭발보다 최소발화에너지가 작다. 즉, 분진폭발이 가스폭발보다 최소발화에너지가 크므로 착화는 더 어렵다.

개념플러스 분진폭발의 특징

구분	연소 속도	폭발 압력	연소대의 길이(연소시간)	발생 에너지	파괴력
가스폭발	○	○	-	-	-
분진폭발	-	-	○	○	○

028	방폭구조	답 ③

• 압력 방폭구조란 용기 내부에 보호기체(불활성 기체)를 삽입하여 내부압력을 유지함으로써 폭발성 가스 침입을 방지하는 구조이다.
• 본질안전 방폭구조(ia or ib)란 정상 또는 사고 시에 발생하는 전기불꽃, 아크, 고온에 의해 폭발성 가스가 점화되지 않는 것이 점화시험 등에 의해 확인된 구조(가장 안전성이 있으며, 계측기, 제어장치 등의 소용량 전기기기에 적합하다)이다.
• 유입 방폭구조(o)란 전기불꽃, 아크, 고온이 발생하는 부분을 기름(절연유) 속에 넣어 기름면 위의 폭발성 가스에 인화될 우려가 없도록 한 구조이다.

선지분석

• 내압 방폭구조는 전폐구조로 용기 내부에서 폭발성 가스, 증기가 폭발했을 때 용기가 압력에 견디는 구조이다.
• 안전증 방폭구조(e)는 정상적인 상태에서 종합적으로 고장을 일으킬 확률을 0에 가까운 값에 갖도록 하여 안전도를 증가한 구조이다.

029	본질안전 방폭구조	답 ②

• 정상상태뿐만 아니라 사고 시 발생하는 전기불꽃 또는 고온부가 폭발성 가스에 점화될 위험이 없다는 것이 시험 및 기타방법에 의해 충분히 입증된 방폭구조를 말한다.
• 단선이나 단락 등에 의해 전기회로 중에서 전기불꽃이 생겨도 폭발성 혼합가스에 점화되지 않는다는 것이 점화시험으로 성능이 입증된 방폭구조를 말한다.
• 본질안전 방폭구조는 방폭지역(위험장소) 0종 장소에 사용한다.

선지분석

① 내압 방폭구조: 전폐구조로 용기 내부에서 폭발성 가스, 증기가 폭발했을 때 용기가 압력에 견디는 구조이다.

③ 충전 방폭구조: 컨테이너 내에 설치된 부품 주위로 충전재(고체석영 또는 고체유리입자)를 완전히 둘러쌈으로써 외부 폭발성 가스 분위기의 점화를 방지하기 위한 구조이다. 즉, 충전재가 폭발을 견딘다.
④ 안전증 방폭구조: 정상적인 상태에서 종합적으로 고장을 일으킬 확률을 0에 가까운 값에 갖도록 하여 안전도를 증가한 구조이다.

030	블레비(BLEVE)	답 ③

- 블레비는 액상, 기상의 동적 평형 상태가 유지되면 저장탱크는 균열이 생기지 않는다.
- 탱크외벽(열전도가 작은 물질)과 탱크내벽(열전도가 큰 물질)을 열평행 상태로 하면 블레비를 방지할 수 있다.

참고
열평행 법칙: 액상, 기상의 동적 평형 상태가 유지

031	블레비(BLEVE; Boiling Liquid Expanding Vapor Explosion)현상	답 ③

블레비의 규모는 파열 시 액체의 기화량 및 탱크의 용량에 따른 차이가 있다.

개념플러스 블레비(BLEVE)의 발생과정

1. 주변 화재발생 ⇨ 탱크강판 가열 ⇨ 약해져 있는 탱크파열 ⇨ 폭발 및 가스유출
2. 외부 화재발생 ⇨ 액온상승 ⇨ 압력증가 ⇨ 연성파괴 ⇨ 액격현상 ⇨ 취성파괴 ⇨ 폭발 및 가스유출
3. 액화저장탱크(액화저장) ⇨ 응상폭발 ⇨ 물리적 폭발 ⇨ 화학적 폭발로 전이

참고 액화저장탱크에서 발생하는 것은 블레비와 증기운폭발이다.

032	증기운폭발	답 ③

저온의 액화가스 저장탱크나 고압의 가연성 액체 용기가 파괴되어 다량의 가연성 증기가 대기(자유공간) 중으로 급격히 방출되어 공기 중에 분산·확산되어 있는 상태를 증기운이라고 한다. 이 가연성 증기운에 점화원이 주어지면 이를 증기운폭발이라고 한다.

선지분석

① 보일오버
- 중질류 탱크에서 장시간 조용히 연소하다가 탱크 내의 잔존기름이 갑자기 분출하는 현상이다.
- 탱크 바닥에 물과 기름의 에멀젼이 섞일 때 물의 비등으로 인해 급격히 분출하는 현상이다.
- 연소 유면으로부터 100℃ 이상의 열파(열파침강)가 탱크 저부로 전달되어 탱크 저부에 고여 있는 물을 비등하게 하면서 연소유를 탱크 밖으로 비산시키며 연소하는 현상이다.
- 유류저장탱크의 화재 중 열류층을 형성하여 화재진행과 더불어 열류층이 점차 탱크 바닥으로 도달하여 탱크 저부에 물 또는 물과 기름의 에멀젼이 수증기로 변하여 부피팽창에 의한 탱크 내의 유류가 갑작스럽게 탱크 밖으로 분출하게 되어 화재를 확대시키는 현상이다.

② 슬롭오버: 물이 연소유의 뜨거운 표면에 들어갈 때 발생하는 오버플로우(Over Flow) 현상이다. 연소유 표면온도가 100℃를 넘을 때 연소유면에 주수되는 소화용수가 비등하면서 연소유를 비산시켜 탱크 밖까지 확대시킨다.
④ 블래비: 고압의 액화가스용기(탱크로리, 탱크 등) 등이 외부화재에 의해 가열되면 탱크 내 액체가 비등하고 증기가 팽창하면서 저장탱크 벽면이 파열되는 폭발현상을 말한다.

07 | 유류저장탱크 화재 시 이상 현상

정답 p. 47

001	②	002	①	003	①	004	①	005	①
006	①	007	③	008	④				

001	슬롭오버	답 ②

슬롭오버 현상은 고온의 열류층이 형성되어 있는 상태에서 소화작업으로 표면으로부터 물이 주입되면 물의 급격한 증발에 의하여 유면에 거품이 일어나거나 열류의 교란에 의하여 고온의 열류층 아래의 찬 기름이 급히 열팽창하여 유면을 밀어 올려 유류가 불이 붙은 채로 탱크 벽에서 넘치는 현상을 말한다. 슬롭오버 현상은 유류의 점성이 크고 액 표면의 온도가 물의 비점보다 높은 온도에서 잘 일어난다.

예 • 중유 비점: 350℃
• 물 비점: 100℃

개념플러스 슬롭오버

1. 유류저장탱크 내 화재 발생 시 화재확대 및 진화 목적으로 고온의 열류층에 소화 작업으로 물이 주입되면 물의 급격한 증발에 의하여 유면에 거품이 일어나거나 열류의 교란에 의해 고온의 열류층 아래의 찬 기름이 열 팽창하여 유면을 밀어 올려 불이 붙은 채로 탱크 벽에서 넘치는 것을 말한다.

2. 슬롭오버(Slop over)는 유류의 점성이 크고 액 표면의 온도가 물의 비점보다 높은 온도에서 잘 일어난다.
3. 뜨거운 식용유에 밀가루 반죽을 입힌 고기류의 튀김요리를 만들 때 끓는 소리를 내면서 뜨거운 방울이 밖으로 튀어나오는 것을 흔히 목격할 수 있는데, 이러한 현상도 슬롭오버(Slop over) 현상에 의한 격이다.
4. 위험성은 직접적 화재발생요인에 해당되지 않는다.

선지분석

① 보일오버
- 중질류 탱크에서 장시간 조용히 연소하다가 탱크 내의 잔존기름이 갑자기 분출하는 현상이다.
- 탱크 바닥에 물과 기름의 에멀젼이 섞일 때 물의 비등으로 인해 급격히 분출하는 현상이다.
- 연소 유면으로부터 100℃ 이상의 열파(열파침강)가 탱크 저부로 전달되어 탱크 저부에 고여 있는 물을 비등하게 하면서 연소유를 탱크 밖으로 비산시키며 연소하는 현상이다.
- 유류저장탱크의 화재 중 열류층을 형성하여 화재진행과 더불어 열류층이 점차 탱크 바닥으로 도달하여 탱크 저부에 물 또는 물과 기름의 에멀젼이 수증기로 변하여 부피팽창에 의한 탱크 내의 유류가 갑작스럽게 탱크 밖으로 분출하게 되어 화재를 확대시키는 현상이다.

③ 프로스오버: 탱크 속의 물이 점성을 가진 뜨거운 기름의 표면 아래에서 끓을 때 기름이 넘쳐흐르는 현상이다. 화재 이외의 경우에도 물이 고점도 유류 아래서 비등, 탱크 밖으로 물과 기름이 거품과 같은 상태로 넘치는 현상이다.

④ 블래비: 고압의 액화가스용기(탱크로리, 탱크 등) 등이 외부화재에 의해 가열되면 탱크 내 액체가 비등하고 증기가 팽창하면서 저장탱크 벽면이 파열되는 폭발현상을 말한다.

002	보일오버(boil over)	답 ①

보일오버(boil over)에 대한 설명이다.

참고

고온의 열류층: 원유나 중질유와 같이 비점이 넓은 혼합물 저장탱크에 화재가 발생하여 장시간 진행되면 고비점 분자가 열을 계속 축적하는 현상

003	보일오버	답 ①

비점이 넓은 유류이어야 한다.

선지분석

② 상부에 지붕이 없는 유류저장탱크 내의 화재 시 발생한다.
③ 탱크 저부에는 물 또는 물-기름의 유화층이 형성되어 있어야 한다.
④ 점성이 크고 고온의 열유층이 형성하는 유류이어야 한다. 즉, 인화성액체인 비수용성, 고점도, 고비점, 다비점(비점이 넓은, 비점이 서로 다른)일 때 잘 발생한다. 즉, 가솔린, 경유, 등유보다 중질유, 원유에서 잘 발생한다.

참고

보일오버, 슬롭오버, 프로스오버: 인화성액체인 비수용성, 고점도, 고비점, 다비점(비점이 넓은, 비점이 서로 다른)일 때 잘 발생한다. 즉, 가솔린, 경유, 등유보다 중질유, 원유에서 잘 발생한다.

004	프로스오버	답 ①

유류저장탱크 내 중질유 화재 시 탱크 저부에서부터 넘치는 현상은 보일오버에 대한 설명이다.

<보일오버>

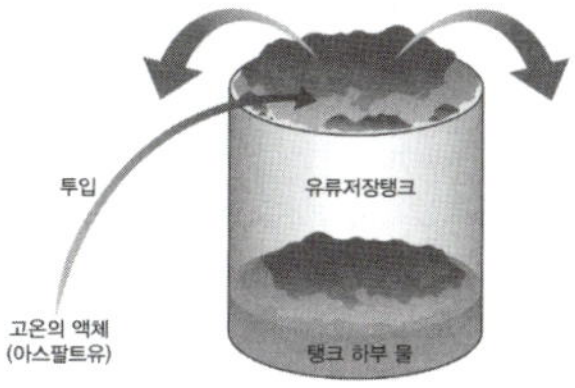

<프로스오버>

개념플러스 유류 화재

1. **유류 화재 시 이상 현상**
   ① 오일오버(Oil over)
   ② 보일오버(Boil over)
2. **유류 화재 시 이상 현상과 관련 없는 이상 현상:** 슬롭오버(Slop over)
3. **유류 화재와 관련 없는 이상 현상:** 프로스오버(Froth over)

005 보일오버 　답 ①

(선지분석)

② 윤화현상(Ring Fire)에 대한 설명이다.

> **개념플러스 윤화(Ring Fire)**
>
> 1. **현상**: 대형 유류저장탱크의 소화작업 시 불꽃이 치솟는 유면에 폼을 투입하였을 때 탱크 윗면의 중앙부는 불이 꺼졌어도 탱크의 벽면을 따라 환상(원)으로 화염이 남아 연소가 지속되는 현상을 말한다.
> 2. **원인**: 가열된 탱크의 철재 벽면의 열에 의해 벽 주위의 폼이 열화되어 안정성이 저하된 상태에서 철재벽의 열에 의해 기름을 증발시켜 생성된 가연성 증기가 폼을 뚫고 상승하여 그 증기에 불이 붙는 현상이다. 대형 유류저장탱크에 화재가 나면 대개 탱크의 벽면의 온도가 700 ~ 800℃까지 상승한다.

③ 슬롭오버에 대한 설명이다.

④ 끓는점이 낮은 물질이 높은 쪽에서 먼저 나오고 끓는점이 높은 물질일수록 낮은 쪽에서 나온다. 증류 순서는 액화석유가스, 휘발유, 나프타, 등유, 경유, 중유, 아스팔트 순으로 분리된다.

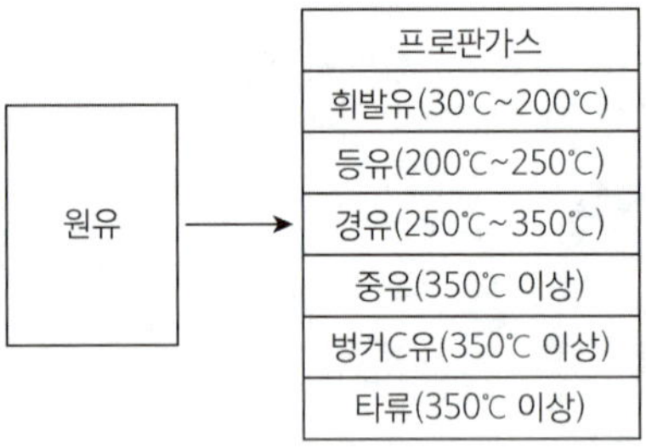

▲ 분류탑

006 유류화재의 이상현상 　답 ①

(선지분석)

② 오일오버(Oil over)에 대한 설명이다.

③ 보일오버(Boil over)에 대한 설명이다.

④ 블레비(BLEVE)에 대한 설명이다.

⑤ 슬롭오버(Slop over)에 대한 설명이다.

007 오일오버 　답 ③

- 분출력에 의해 탱크가 파열되는 현상으로 저장탱크 내에 저장된 제4류 위험물의 양이 탱크 내용적의 1/2(50%) 이하로 충전되어 있을 때 화재로 인하여 저장탱크 내의 유류를 외부로 분출하면서 탱크가 파열되는 현상을 말하며, 보일오버, 슬롭오버, 프로스오버 현상보다 위험성이 가장 크다.
- 보일오버, 슬롭오버, 프로스오버의 원인은 물이고, 오일오버의 원인은 증기압이다.

008 오일오버 　답 ④

오일오버(oil over)는 저장된 유류 저장량이 내용적의 50% ($\frac{1}{2}$) 이하로 충전되어 있는 저장탱크에서 발생한다.

08 | 연소생성물

정답 p. 50

001	②	002	③	003	②	004	①	005	①
006	③	007	④	008	③	009	②	010	④
011	④	012	②	013	④	014	①	015	④
016	③	017	②	018	②	019	③	020	③
021	②	022	①	023	③	024	③	025	③
026	②	027	④	028	⑤	029	④	030	①
031	②	032	②						

001 이산화탄소 　답 ②

일산화탄소(CO)
- 허용농도는 50ppm이다.
- 무색·무취·무미의 가스로서 모든 종류의 유기화합물이 연소할 때 발생한다. 특히 산소공급이 원활하지 못할 때 불완전연소에 의해 다량으로 발생한다.
- 상온에서 염소와 작용하여 유독성 가스인 포스겐을 생성하기도 한다.
- 가장 유독한 연소가스는 아니지만 양에 있어서는 가장 큰 독성가스성분이며, 인체에 질식에 의한 해를 끼치는 영향이 가장 크다.
- 일산화탄소와 헤모글로빈에 대한 결합력은 산소와 헤모글로빈과의 결합력보다 210배가 크기 때문에 산소운반을 방해하고 그에 따른 두통, 근육조절의 장애를 일으킨다.

(선지분석)

① 이산화탄소(CO_2)
- 허용농도는 5,000ppm이다.
- 무색·무취·무미의 가스로서 공기보다 무거우며, 모든 종류의 유기화합물이 완전연소할 때 발생한다.
- 가스 자체의 독성은 거의 없으나 다량으로 존재할 때 사람의 호흡속도를 증가시킴으로써 유해가스의 흡입을 증가시켜 위험을 가중시킨다.
- 불연성 물질, 무독성 물질(독성이 없는 물질)이다.

③ 시안화수소(HCN)
- 허용농도는 10ppm이다.
- 공기보다 약간 가볍고 무색의 특이한 냄새를 가진 가연성 가스로, 일명 청산가스라고도 한다.
- 질소성분을 포함하고 있는 합성수지, 동물의 털, 인조견 등의 섬유가 불완전연소를 할 때에 발생하는 독성가스로서 0.3%의 농도에서도 즉시 사망을 할 수가 있다.
- 일산화탄소와는 다르게 헤모글로빈과 결합하지 않고 세포에 의한 산소의 이동을 막아 순간적으로 호흡을 정지되게 만드는 가스이다.
- 대량 흡입되면 전신경련, 호흡정지, 심박동정지로 사망에 이른다.
- 합성고분자 물질 중 폴리우레탄이 연소 시에 많이 발생한다.

④ 불화수소(HF)
- 허용농도는 3ppm이다.
- 합성수지인 불소수지가 연소할 때 발생되는 연소생성물로서 무색의 자극성 기체이며 유독성이 강하다.
- 모래·유리를 부식시키는 성질이 있다.

002	일산화탄소	답 ③

일산화탄소는 가연물의 불완전연소 시 많이 발생하여 인명피해를 주며, 공기보다 가벼운 무색·무미의 유독성 가스이다. 일산화탄소(CO)의 분자량은 28, 공기분자량은 29로, 일산화탄소(CO) 증기비중 $= \frac{28}{29} = 0.96$이므로 공기보다 약간 가볍다.

(선지분석)

①, ③ 일산화탄소는 헤모글로빈과의 결합력이 극히 강하여 인체 내 산소결핍으로 질식작용에 의한 독성을 나타낸다.

④ 일산화탄소의 독성허용농도는 50ppm이며, 1.3%에서 2~3번의 호흡으로 의식을 잃고 수분 내 사망한다.

003	암모니아	답 ②

암모니아(NH_3)는 질소성분을 포함하고 있는 나일론, 나무, 실크, 아크릴, 플라스틱, 멜라민수지 등의 물질이 연소할 때 발생하는, 독성과 강한 자극성을 가진 무색의 기체이다. 주로 비료공장, 냉동시설의 냉매로 많이 쓰이고 있어 냉동창고 화재 시 누출 가능성이 크며, 허용농도는 25ppm이다.

(선지분석)

① 포스겐($COCl_2$)
- 허용농도는 0.1ppm이다.
- 염소성분을 포함하고 있는 독성이 매우 큰 무색의 기체로서 수지류 등이 탈 때 발생한다.
- 일반적인 물질이 연소할 경우는 거의 생성되지 않지만 일산화탄소와 염소가 반응하여 생성하기도 한다.
- 포스겐은 물과 반응해 이산화탄소와 염산을 만든다.
- 사염화탄소(CCl_4)를 고온의 공기 및 습기 중 또는 적열된 금속화재 시 사용하면 생성된다.
- 건조 상태에서는 금속을 부식시키지 않으나 수분이 존재하면 포스겐이 가수분해하여 염소를 발생시키므로 금속을 부식시킨다.

③ 일산화탄소(CO)
- 허용농도는 50ppm이다.
- 무색·무취·무미의 가스로서 모든 종류의 유기화합물이 연소할 때 발생한다. 특히 산소공급이 원활하지 못할 때 불완전연소에 의해 다량으로 발생한다.
- 상온에서 염소와 작용하여 유독성 가스인 포스겐을 생성하기도 한다.
- 가장 유독한 연소가스는 아니지만 양에 있어서는 가장 큰 독성가스성분이며, 인체에 질식에 의한 해를 끼치는 영향이 가장 크다.
- 일산화탄소와 헤모글로빈에 대한 결합력은 산소와 헤모글로빈과의 결합력보다 210배가 크기 때문에 산소운반을 방해하고 그에 따른 두통, 근육조절의 장애를 일으킨다.

④ 시안화수소(HCN)
- 허용농도는 10ppm이다.
- 공기보다 약간 가볍고 무색의 특이한 냄새를 가진 가연성 가스로, 일명 청산가스라고도 한다.
- 질소성분을 포함하고 있는 합성수지, 동물의 털, 인조견 등의 섬유가 불완전연소를 할 때에 발생하는 독성가스로서 0.3%의 농도에서도 즉시 사망할 수가 있다.
- 일산화탄소와는 다르게 헤모글로빈과 결합하지 않고 세포에 의한 산소의 이동을 막아 순간적으로 호흡을 정지하게 만드는 가스이다.
- 대량 흡입되면 전신경련, 호흡정지, 심박동정지로 사망에 이른다.
- 합성고분자 물질 중 폴리우레탄이 연소 시 많이 발생한다.

004	황화수소	답 ①

(선지분석)

② 포스겐

③ 시안화수소

④ 이산화황(아황산가스)

005 질소 함유물질이 연소 시 생성물질 답 ①

염화수소(HCl)는 질소성분이 포함되지 않은 연소 가스이다.

개념플러스 질소 함유물질이 연소 시 생성물질

일산화질소(NO), 이산화질소(NO_2), 시안화수소(HCN), 암모니아(NH_3) 등

006 일산화탄소 답 ③

일산화탄소는 상온에서 무색, 무취, 무미의 기체로 존재하며 물에 잘 녹지 않는다. 유기화합물이 불완전연소 시 생성되며, 유독성 가스이면서, 가연성 가스이다.

이산화탄소	일산화탄소
완전연소	불완전연소
불연성	가연성
무독성	유독성
공기보다 무겁다.	공기보다 약간 가볍다.
물에 용해된다.	물에 용해되지 않는다.

007 연소가스 답 ④

일산화탄소는 물에 용해되지 않고, 이산화탄소는 물에 용해된다.

이산화탄소	일산화탄소
완전연소	불완전연소
불연성	가연성
무독성	유독성
공기보다 무겁다.	공기보다 약간 가볍다.
물에 용해된다.	물에 용해되지 않는다.

008 연소가스 답 ③

건축물 내의 전선의 절연재 및 배관재료 등이 탈 때 발생하는 연소가스는 염화수소(HCl)이다.

개념플러스 염화수소(HCl)

1. 허용농도는 5ppm이다.
2. 염소성분을 포함하고 있는 무색의 기체로서 수지류 등이 탈 때 발생한다.
3. 건축물 내의 전선의 절연재 및 배관재료 등이 탈 때 발생한다.
4. 사람이 싫어하는 자극적인 냄새가 나며, 금속을 부식시킬 뿐만 아니라 호흡기 계통도 부식시킨다.
5. 합성고분자 물질 중 폴리염화비닐(PVC)이 연소 시 많이 발생한다.

009 연소가스 답 ②

일산화탄소(CO)는 불완전연소 시에 발생하고 이산화탄소(CO_2)는 완전연소 후 생성되는 물질이다.

선지분석

① 포스겐($COCl_2$)은 폴리염화비닐(PVC), 수지류 등이 탈 때 생성되면 허용농도는 0.1ppm이다.
③ 염화수소(HCl)는 전선의 절연재, 배관재료 등이 탈 때 생성되는 무색의 기체로서 눈·호흡기에 영향을 주며, 금속에 대한 강한 부식성이 있다.
④ 시안화수소(HCN)는 일명 청산가스라고 하며, 질소 성분을 포함하고 있는 합성수지류, 동물의 털, 인조견 등의 섬유가 불완전연소를 할 때에 발생하는 맹독성 가스로서 0.3%의 농도에서도 즉시 사망할 수 있다.

010 아크릴로레인(아크롤레인, 아크릴알데히드) 답 ④

허용농도가 0.1ppm으로서 석유제품, 유지류, 나무, 종이 등이 연소할 때 발생되는 연소생성물로 맹독성 가스를 말하는 것은 아크롤레인이다.

011 브롬화수소(HBr) 답 ④

- 브롬화수소(HBr)는 방염수지류 등이 연소할 때 발생하며, 상온·상압에서 무색의 자극성 기체로 물에 잘 용해된다. 허용농도는 5ppm이다.
- 시안화수소(HCN)의 경우 최소허용노출농도(TLV-TWA)는 독성가스로 분류되고, 반수치사농도(LC50)는 맹독성가스로 분류한다.
  - 최소허용노출농도(TLV-TWA): 독성가스(200ppm 이하) → 10ppm
  - 반수치사농도(LC50): 맹독성가스(200ppm 이하) → 140ppm

012 유독가스 답 ②

암모니아(NH_3)

- 허용농도는 25ppm이다.
- 질소성분을 포함하고 있는 나일론, 나무, 실크, 아크릴, 플라스틱, 멜라민수지 등의 물질이 연소할 때 발생하는 암모니아는 독성과 강한 자극성을 가진 무색의 기체이다.
- 가스 형태의 암모니아는 무색의 가연성 가스이고 특유의 자극적인 냄새가 나며, 피부나 점막의 자극 및 부식성이 강하고 그 작용은 체내조직의 심부에 이르기 쉽고, 고농도의 암모니아가 접촉되면 점막을 심하게 자극하여 결막부종 및 각막혼탁을 초래하고 점점 시력장해의 후유증을 남기는 경우가 있다.

- 암모니아를 흡입하면 폐수종을 일으키거나 호흡 정지를 일으키는 경우도 있다.
- 주로 냉동시설의 냉매로 많이 쓰이고 있으므로 냉동 창고 화재 시 누출 가능성이 크므로 주의하여야 한다.

선지분석

① 시안화수소(HCN)에 대한 내용이다.
③ 포스겐($COCl_2$)의 독성의 허용 농도는 0.1ppm이다.
④ 염화수소(HCl)에 대한 내용이다.
⑤ 황화수소(H_2S) = 유화수소에 대한 내용이다.

참고 폴리우레탄 연소 시 생성되는 가스는 시안화수소, 황화수소, 이산화질소이다. 그 외는 폴리염화비닐 연소 시 생성되는 가스이다.

013 TLV-TWA(최소허용노출농도) 답 ④

- 포스겐($COCl_2$) - 0.1ppm
- 불화수소(HF) - 3ppm
- 시안화수소(HCN) - 10ppm
- 암모니아(NH_3) - 25ppm

즉, 독성가스 허용농도는 암모니아, 시안화수소, 불화수소, 포스겐 순으로 높다.

014 연기의 유해성 답 ①

건축물 화재 발생 시 피난활동 중 인체의 시계적 제약요인이 가장 큰 연소생성물은 연기이다.

개념플러스 연기의 유해성

1. **시계적 영향**: 피난상의 장애요인
2. **생리적 영향**: 독성 및 호흡장애
3. **심리적 영향**: 공포감(Panic)

015 연기 유동 답 ④

ㄱ, ㄴ, ㄷ, ㄹ 모두 고층 건축물에서 연기 유동을 일으키는 요인이다.

개념플러스 연기의 유동력

1. **저층 건축물**: 열, 대류이동, 화재실의 압력
2. **고층 건축물**
   ① 굴뚝효과(연돌효과): 실내·외 온도차 및 밀도차
   ② 온도에 의한 가스팽창: 온도상승에 의해 증기가 팽창
   ③ 부력: 비중차
   ④ 외부 바람 영향(풍력): 바람에 의한 압력차
   ⑤ 건물 내에서의 강제적인 공기 유동: 공기조화설비(HVAC- SYSTEM)]

016 연기 유동력 답 ③

저층 건물에서의 연기 유동은 열, 대류이동, 화재의 압력과 같은 화재의 직접적인 영향이 주요 원인이다.

017 연돌효과(굴뚝효과) 답 ②

건물 내·외의 온도차에 의해 부력으로 연기를 상승하게 하는 힘을 굴뚝효과(연돌, stack effect 또는 chimney effect)라 한다. 굴뚝효과는 주로 고층건축물 내부에서 발생되는 것으로 건축물 내·외의 온도차이가 있을 경우 부력에 의한 압력차가 발생하여 연기가 수직공간을 따라 상승하려는 현상이다.

018 연돌효과(굴뚝효과) 답 ②

층의 면적은 연돌효과(굴뚝효과)에 영향을 주는 요인과 거리가 멀다.

개념플러스 연돌효과(굴뚝효과)에 영향을 주는 요인

1. 건물의 높이
2. 건물 실내·외의 온도차
3. 화재실의 온도(화재실의 온도가 높다는 것은 실내온도 > 실외온도)
4. 건물의 외벽의 기밀성
5. 건물의 각 층간 공기 누설

019 화재상황에 따른 감광계수 및 가시거리 답 ③

선지분석

① 연기감지기가 작동할 경우: $-0.1m^{-1}$, 20 ~ 30m
② 건물 내부에 익숙한 사람이 피난에 지장을 느낄 정도: $0.3m^{-1}$, 5m
④ 거의 앞이 보이지 않을 정도: $1.0m^{-1}$, 1 ~ 2m

020 감광계수 및 가시거리 답 ③

연기에 대한 감광계수가 0.3m^{-1}, 가시거리 5m일 경우 화재상황은 건물 내부에 익숙한 사람이 피난에 지장을 느낄 정도이다.

개념플러스 화재상황에 따른 감광계수 및 가시거리

감광계수	가시거리(m)	상황
0.1	20 ~ 30	연기감지기가 작동할 정도
0.3	5	건물 내부에 익숙한 사람이 피난에 지장을 느낄 정도의 농도
0.5	3	어두침침한 것을 느낄 정도의 농도
1.0	1 ~ 2	거의 앞이 보이지 않을 정도
10	0.2 ~ 0.5	화재 최성기때의 연기농도 또는 유도등이 보이지 않을 정도
30	-	출화실에서 연기가 분출될 때의 농도

021 연기 유동속도 답 ②

계단실 > 수직 > 수평 순으로 연기 유동속도가 빠르다.

개념플러스 연기 유동속도

1. **수평방향 연기 유동속도**: 약 0.5 ~ 1m/s
2. **수직방향 연기 유동속도**: 약 2 ~ 3m/s
3. **계단실 등 수직방향 연기 유동속도**: 약 3 ~ 5m/s
   ① 계단실 등 수직방향 연기 유동 속도(화재 초기): 약 2~3m/s
   ② 계단실 등 수직방향 연기 유동 속도(농연): 약 3~5m/s

022 연기의 유동속도 답 ①

수평방향은 0.5 ~ 1m/s, 수직방향은 2 ~ 3m/s, 계단실은 3 ~ 5m/s 이므로 수평방향보다 수직방향으로 더 빠르게 이동한다.

선지분석

② 건축물 내부의 온도가 외부 온도보다 높을 때 굴뚝효과 또는 연돌효과에 영향을 받는다.
③ 감광계수와 가시거리에 반비례한다.
④ 연기 자체는 독성이 없으나, 유독가스(연소가스)를 포함하기 때문에 연기를 마시면 독성이 있다는 표현을 사용하며, 연기 속 미립자는 고체(탄소입자) 또는 액체(타르입자) 미립자이다.

023 건축물 화재 시 연기 유동 상태 답 ③

실험에 의하면, 이 연기층의 하부에 맞닿은 공기층에서는 화재 진행에 따라 연소에 필요한 신선한 공기가 화재실 쪽으로 향하고 연기의 전달방향과는 반대로 흐르고 있는 현상을 볼 수 있다.

선지분석

① 실험에 의하면 연기의 온도는 화재가 발생된 방에서 멀어짐에 따라 급속히 내려가고 연기층의 두께는 연기온도가 내려가도 거의 변하지 않는 것으로 확인되었다.
② 건물 내에서 화재가 발생한 경우 화재실에서 유출된 연기는 일반적으로 화재실의 출구에서 복도, 계단 등을 통해 위층으로 이동한다. 이 경우 화재실에서 유출된 연기는 공기보다 훨씬 고온이기 때문에 기류를 움직이는 조건이 없으면 복도의 천장하면을 따라서 흐르게 된다.
④ 수평방향이 0.5 ~ 1m/s, 수직방향이 2 ~ 3m/s이므로 수평방향보다 수직방향으로 더 빠르게 이동한다.

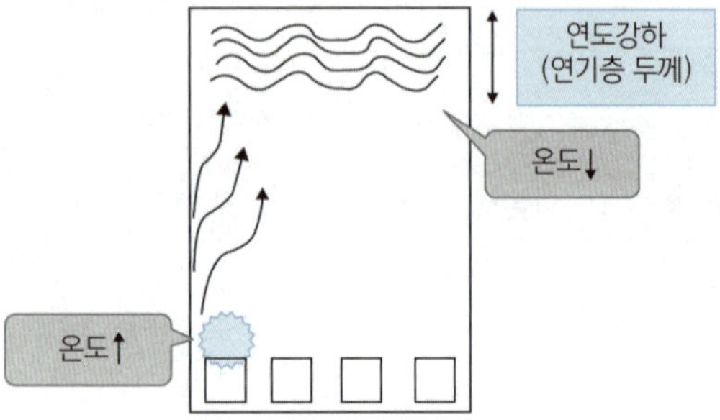

• 연기층의 두께는 연도강하와 관계가 있다.

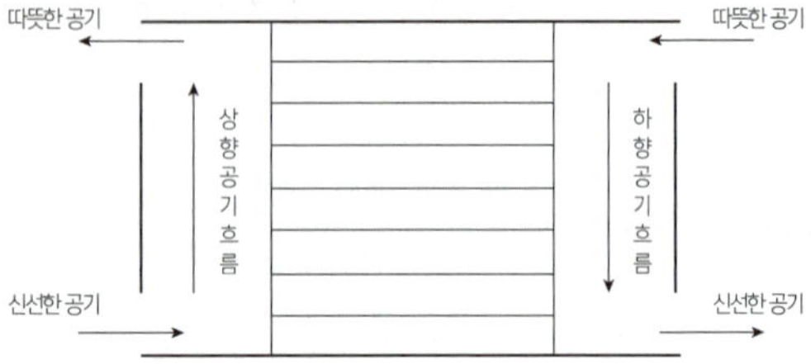

• 신선한 공기는 화재실 쪽으로 향하고, 연기의 유동방향과 역방향이다.

참고

연도강하: 연기층이 쌓여서 내려오는 길

024 건물 내의 연기 유동력 답 ③

저층 건물이 아니라 고층 건물에서의 연기 유동 요인에 관한 내용이다.

개념플러스 고층 건물에서의 연기 유동 요인

1. 굴뚝효과(= 연돌효과)
2. 온도에 의한 가스의 팽창
3. 부력
4. 외부바람의 영향(풍압)
5. 건물 내에서의 강제적인 공기 유동 등(공기조화설비)

025	중성대(중성점, 중립면, 중립점)	답 ③

건물의 내·외 수평적(수직적) 압력이 같으면(실내·외정압) 공기는 정체한다. 즉, 압력이 0인 지대이다. 실내·외 온도가 같을 때가 아니고 압력이 같을 때이다.

026	중성대(중성점, 중립점, 중립면)	답 ②

건물 화재가 발생하면 연소열에 의한 온도가 상승함으로써 부력에 의해 실의 천장 쪽으로 고온기체가 축적되고 온도가 높아져 기체가 팽창하여 실내·외의 압력이 달라지는데, 대체적으로 실의 상부는 실외보다 압력이 높고 하부는 압력이 낮다. 따라서 그 사이 어느 지점에 실내·외의 정압이 같아지는 경계면(0포인트)이 형성되는데 그 면을 중성대(neutral plane)라고 한다.

선지분석

③ 삼중점: 고체, 액체, 기체가 공존하는 상태점을 말한다.

027	중성대	답 ④

화재실 내 하층 개구부로 신선한 공기가 유입된다면 연소 확대와 동시에 연기량은 증가하여 연기 층이 급속히 아래로 확대되면서 중성대의 경계면은 하층으로 내려오게 된다. 반대로 상층 개구부를 개방한다면 연소는 확대되지만 발생한 연기는 빠른 속도로 상승하여 외부로 배출되므로 중성대의 경계선은 위로 축소되고 중성대 하층의 면적이 커지므로 소방대원과 대피자들의 활동공간과 시야가 확보되어 신속히 대피할 수 있다.

028	중성대(중성점, 중립점, 중립면)	답 ⑤

선지분석

ㄱ. 중성대의 하부 개구부로 외부 공기가 유입되면, 중성대는 아래쪽으로 하강한다.

ㄴ. 중성대의 하부 면적이 커질수록 대피자들의 활동공간과 시야가 확보되어 신속히 대피할 수 있다.

029	연기의 유동속도	답 ④

건축물 내에서 연기의 유동속도는 수직방향보다 수평방향이 느리다.

030	연기의 제어방법	답 ①

선지분석

② 희석: 건물 내의 연기를 계속적으로 외부로 배출하거나 다량의 신선한 공기를 유입시킴으로써 연기나 연소생성물을 위험수준 이하로 희석하는 것이다.

③ 배기: 고층 건물에서 배기를 효과적으로 하려면 연기의 유동로와 유동력이 필요하게 되며, 유동력은 압력차를 이용한다.

④ 차단: 일정한 장소 내로 연기가 들어오지 않도록 차단하는 것이다.

031	연기의 제어방법	답 ②

특별피난계단의 계단실 및 부속실 제연은 옥내(거실, 복도)와의 압력차(40Pa)를 두어 연기의 침투를 차단하는 방식을 사용하여야 한다.

선지분석

① 희석: 건물 내의 연기를 계속적으로 외부로 배출하거나 다량의 신선한 공기를 유입시킴으로써 연기나 연소생성물을 위험수준 이하로 희석하는 것이다.

③ 배기: 고층 건물에서 배기를 효과적으로 하려면 연기의 유동로와 유동력이 필요하게 되며, 유동력은 압력차를 이용한다.

032	화상	답 ②

2도 화상(수포성 화상, 부분층화상)은 그 부위가 분홍색을 띄고 화상 직후 혹은 하루 이내에 물집(수포)이 생기는 화상으로, 물집이 터져 진물이 나고 감염의 위험이 있다.

개념플러스 열 또는 불의 화상 정도

1. **1도 화상(홍반성 화상, 표피화상)**: 그 부위가 피부의 표층에 국한되는 것으로 환부가 빨갛게 되며, 가벼운 부어오름과 통증을 수반하는 화상이다. 치료 시 흉터 없이 치료된다.
2. **2도 화상(수포성 화상, 부분층화상)**: 그 부위가 분홍색을 띄고 화상 직후 혹은 하루 이내에 물집(수포)이 생기는 화상이다. 물집이 터져 진물이 나고 감염의 위험이 있다.
3. **3도 화상(괴사성 화상, 전층화상)**: 피부의 전체층이 죽어 궤양화하는 화상이다. 피부에 체액이 통하지 않아 화상부위는 건조하며 통증이 없다.
4. **4도 화상(흑색 화상, 증기화상)**: 더욱 깊은 피하지방 근육 또는 뼈까지 도달하는 화상이다.

09 | 화재론

정답

p. 59

001	③	002	②	003	②	004	②	005	⑤
006	④	007	③	008	③	009	④	010	③
011	④	012	③						

001 급수별(가연물별) 화재의 분류 답 ③

가연물의 종류별, 급수별, 성상별로 화재를 분류한다.

002 급수(가연물별) 화재 분류 답 ②

B급 화재(유류화재)에 대한 설명이다. B급 화재 연소 후 재를 남기지 않으며, 연소열이 크고 연소성이 좋기 때문에 일반화재(A급)보다 위험하다. 소화를 위해서는 포 등을 이용한 질식소화가 적응성이 있으나 알코올 등의 수용성액체는 일반 포는 적응성이 없으므로 내알코올형포를 쓰는 등의 주의를 해야 한다.

선지분석

① 폴리에스테르, 폴리아크릴, 폴리아미드 등의 합성고분자 화재: A급 화재
③ 목재·섬유, 플라스틱의 화재: A급 화재
④ 알루미늄분 등의 금속분의 화재: D급 화재

003 일반화재 답 ②

ㄴ. 외출 시 전원이 차단된 콘센트에서 불이 난 경우: 일반화재(A급 화재)
통전 중인(전기가 흐르고 있는 상태) 전기시설로서 발전실, 변전실, 분전반실, 전기실, 통신실 등을 말한다. 즉, 전기에너지가 발화원으로 작용하는 화재가 아니라 전기가 흐르고 있는 전기설비에서 화재가 난 경우를 말한다.

선지분석

ㄱ. 통전 중인 배전반에서 불이 난 경우: 전기화재(C급 화재)
ㄷ. 실외 난로가 넘어지면서 새어 나온 석유에 불이 붙은 경우: 유류화재(B급 화재)
ㄹ. 실험실 시험대 위 나트륨 분말에서 불이 난 경우: 금속화재(D급 화재)

004 전기화재(C급 화재) 답 ②

- 색상표시는 청색이며, C급 화재라고도 한다.
- 화재 시 물 또는 포(Foam)는 감전에 우려가 있으므로 이산화탄소·할론·할로겐화합물 및 불활성기체·분말소화·고체에어졸 소화약제로 질식소화한다.
- 합선, 과부하, 누전, 지락 등에 의해서 일어나기 쉽다.

005 전기화재에 적응성 있는 소화약제 답 ⑤

마른 모래·팽창질석·팽창진주암·금속화재 분말소화기(드라이파우더)는 금속화재(D급 화재)에 적응성이 있다.

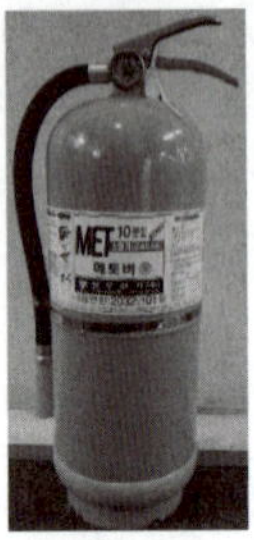

▲ 금속화재용분말소화기

선지분석

② 인산염류 소화약제: 제3종분말소화약제(제1인산암모늄)
③ 중탄산염류 소화약제
  - 제1종분말소화약제(중탄산나트륨)
  - 제2종분말소화약제(중탄산칼륨)

006 화재의 종류와 화재별 소화원리 답 ④

금속화재는 주수소화가 아니라 질식소화이다. 질식소화에는 마른 모래, 팽창질석, 팽창진주암, 건조분말, 드라이파우더 등이 있다.

개념플러스 화재의 종류와 화재별 소화원리

급수	종류	색상	소화
A급	일반화재	백색	냉각·질식소화
B급	유류화재	황색	질식소화
C급	전기화재	청색	질식소화
D급	금속화재	무색	질식소화

007 금속화재(D급 화재) 소화 답 ③

물과 반응하여 폭발성이 강한 가연성 가스를 발생시키므로 화재 시 수계 소화약제를 사용할 수 없기 때문에 팽창질석, 팽창진주암, 마른 모래, 드라이파우더 등에 의한 질식소화를 한다.

008	주방화재, 식용유화재(K급)	답 ③

식용유로 인한 화재 시 유면상의 화염을 제거하면 냉각 및 질식(비누화작용)에 의한 기화를 차단하여 재발화를 방지할 수 있다.

- 인화점과 발화점의 온도 차이가 적고 발화점(288~385℃)이 비점 이하인 기름이 착화되면 유온이 상승하여 바로 발화점 이상 → 재발화 → 끓는 기름의 온도(발화점)를 낮추어야만 소화된다.
- 식용유화재(K급)는 발화점이 비점 이하이므로 재발화의 위험이 있다.

즉, 비점(예 300℃) / 발화점(예 200℃) 이다.

참고

- 누수: 물이 밖으로 새는 것
- 누전: 전기가 밖으로 새는 것

009	화재	답 ④

선지분석

ㄴ. 목조건축물 화재는 유류나 가스 화재와는 달리 일반적으로 무염착화를 거쳐 발염착화로 이어진다.

010	자연발화 및 정전기	답 ③

접지를 하고, 공기를 이온화하며 공기 중 상대습도를 70% 이상으로 한다.

선지분석

① 자연발화의 방지책은 저장실의 온도 및 습도가 낮게 유지되어야 한다.

② 액체류가 파이프 등 내부에서 유동할 때 액체와 관벽 사이(전기 2중층 형성)에 정전기가 발생하므로 유속을 늦추어 정전기 발생을 방지한다. 분체 및 액체류가 단면적이 작은 분출구를 통해 공기 중으로 분출될 때 분출되는 물질과 분출구의 마찰에 의해 정전기가 발생하므로 분출하는 데 방해가 되는 물질을 제거하여 되도록 정전기 발생을 최소화하여야 한다.

④ 자연발화는 인위적으로 외부에서 점화원의 공급을 받지 않고 물질이 공기 중에서 화학반응을 일으켜 오랜 시간에 걸쳐 열의 축적으로 온도가 서서히 상승하여 물질의 온도가 발화점 이상이 되면 발화하는 현상을 말한다.

개념플러스 수분증가 시

1. **정전기**: 70% 이상 유지하면 정전기 방지책
2. **자연발화**: 촉매 역할하여 열의 발생속도 증가
3. 분진폭발(금속분 제외) 방지

011	전기화재의 발생원인	답 ④

역기전력(逆起電力)은 전기 회로에서, 가해진 기전력에 반대로 작용하는 기전력이다.

선지분석

① 누전: 절연부분이 열화되거나 불량 또는 손상되어 일정량 이하의 전류가 새는 현상이다.

② 지락(地絡, 아크): 전류가 흐르는 상태에서 절연부분이 열화 또는 손상되어 충전부가 타 물체와 접촉되어 대지로 전기가 흐르는 현상이다.

③ 과전류(過電流): 전기기기 또는 전선에서 정하고 있는 허용전류 값 이상으로 전류가 흐르는 것을 의미하며, 과전류에는 단락전류, 과부하전류, 과도전류로 나눌 수 있다. 단락전류는 보통 선로가 합선 되었을 때, 과부하전류는 부하의 변동 등에 의해 정격전류보다 큰 전류가 흐를 경우, 과도전류는 변압기 투입전류 콘덴서 투입 및 개방 시, 전동기 기동 시 등 매우 짧은 시간에만 존재하고 서서히 감쇄하여 정상값으로 되돌아가는 과전류를 말한다.

012	정전기	답 ③

정전기 발생	정전기 발생 방지법
• 유속이 빠를 때 • 필터를 통과할 때 • 압력이 클 때 • 습도가 낮을 때 • 비전도성(절연체, 부도체) 물질이 많을 때 • 와류가 형성될 때 • 낙차가 클 때 • 공기의 부상, 물 등이 침전할 때 • 대전서열이 멀수록	• 정전기의 발생이 우려되는 장소에 접지시설(본딩)을 한다. • 정전기는 습도가 낮거나 압력이 높을 때 많이 발생하므로 공기 중 습도를 70% 이상으로 한다. • 전기의 저항이 큰 물질은 대전이 용이하므로 전도체 물질을 사용한다. • 실내의 공기를 이온화(이온전류)한다. • 접촉하는 전기의 전위차(전압)를 작게 한다. • 정전기차폐장치를 설치한다. • 제전기를 사용한다.

- 대전서열: (+) 털가죽 – 유리 – 명주 – 나무 – 고무 – 에보나이트(–)

10 | 화재소화

정답 p. 62

001	②	002	③	003	④	004	③	005	④
006	①	007	②	008	①	009	④	010	②
011	②	012	①	013	①				

001 제거소화방법 답 ②

ㄱ, ㄴ, ㅁ은 제거소화방법에 해당한다.

개념플러스 제거소화

1. 산불화재 시 주위 산림을 벌채하는 것(방화선 구축)
2. 촛불을 입으로 불어 가연성 가스와 점화원과 접촉을 격리시키는 것(희석소화도 됨)
3. 화학반응기 가스 화재 시 원료 공급관의 밸브를 잠그는 것(가스밸브차단)
4. 전기 화재 시 전원차단
5. 유류탱크 화재 시 탱크 밑으로 기름을 빼내는 방법 등

선지분석

ㄷ. 일반화재 시 옥내소화전 사용은 냉각소화에 해당한다.
ㄹ. 유류화재 시 포소화약제 사용은 질식소화에 해당한다.

002 냉각소화 답 ③

냉각소화는 비열이나 증발잠열(기화잠열)이 큰 물질을 이용하여 연소하고 있는 가연물에서 열을 뺏어 온도를 낮춤으로써 가연물을 인화점 및 발화점 이하로 떨어뜨려 소화하는 방법이다. 물이 냉각효과에 우수한 이유는 비열이나 증발잠열(기화잠열)이 크고 열용량이 크기 때문이다.

선지분석

① 희석소화: 가연성 기체가 연소하려면 그것이 산소와 연소범위에 있는 혼합기를 만들지 않으면 안 된다. 따라서 산소나 가연성 물질의 어느 것의 농도가 희박해지면 연소는 계속하지 못한다. 이와 같이 기체·고체·액체에서 나오는 분해가스, 증기의 농도를 작게 하여 연소를 중지시키는 소화를 말한다. 즉, 농도를 엷게 하는 소화이다.
② 질식소화: 공기 중 산소를 차단하여 산소농도가 15% 이하가 되면 연소가 지속될 수 없으므로 이를 이용하여 소화하는 방법을 말한다. 즉, 연소하고 있는 가연성 고체나 액체가 들어있는 용기를 기계적으로 밀폐하여 외부와 차단하거나 타고 있는 액체나 고체의 표면을 거품 또는 불연성의 액체로 덮어서 연소에 필요한 공기의 공급을 차단시켜 소화하는 방법을 말한다.
④ 제거소화: 연소반응이 일어나고 있는 가연물과 그 주위의 가연물을 제거해서 연소반응을 중지시켜 소화하는 방법으로서 가장 좋은 소화방법이 될 수 있고 가장 원시적인 방법이라 할 수 있다.

003 질식소화 답 ④

질식소화란, 공기 중 산소를 차단하여 산소농도가 15% 이하가 되면 연소가 지속될 수 없으므로 이를 이용하여 소화하는 방법이다. 대표적으로 포(Foam), 가스계소화설비(이산화탄소, 할론, 할로겐화합물 및 불활성기체, 분말, 고체에어졸소화약제가 있으며, 이 외 수계(水系)소화설비도 보조적으로 수증기에 의한 질식효과도 있다.

- 불연성 기체(이산화탄소, 질소, 무상의 물 등)로 가연물을 덮는 방법
- 불연성 포(Foam)로 가연물을 덮는 방법
- 고체(마른 모래, 팽창질석, 팽창진주암 등)로 가연물을 덮는 방법
- 연소실을 완전히 밀폐하여 소화하는 방법

선지분석

① 물을 방사하여 주위온도를 발화점 이하로 낮추어 소화하는 원리는 냉각소화이다.
② 가연물을 제거하여 소화하는 원리는 제거소화이다.
③ 연소 시 생성된 라디칼(수소기, 수산기)의 화학반응을 억제시켜 소화하는 원리는 부촉매소화(억제소화)이다.

004 유화효과 답 ③

유화효과(에멀젼효과)는 비중이 물보다 큰 비수용성 기름 화재 시 물을 무상(안개모양)으로 방사하거나 포(Foam) 등을 방사하여 유류표면에 유화층의 막(수막층)을 형성시켜 유류의 증발능력을 떨어뜨려 소화하는 작용을 말한다.

선지분석

① 질식소화: 공기 중 산소를 차단하여 산소농도가 15% 이하가 되면 연소가 지속될 수 없으므로 이를 이용하여 소화하는 방법을 말한다. 즉, 연소하고 있는 가연성 고체나 액체가 들어있는 용기를 기계적으로 밀폐하여 외부와 차단하거나 타고 있는 액체나 고체의 표면을 거품 또는 불연성의 액체로 덮어서 연소에 필요한 공기의 공급을 차단시켜 소화하는 방법을 말한다.
② 희석소화: 가연성 기체가 연소하려면 그것이 산소와 연소범위에 있는 혼합기를 만들지 않으면 안 된다. 따라서 산소나 가연성 물질의 어느 것의 농도가 희박해지면 연소는 계속하지 못한다. 이와 같이 기체·고체·액체에서 나오는 분해가스, 증기의 농도를 작게 하여 연소를 중지시키는 소화를 말한다. 즉, 농도를 옅게 하여 소화하는 방법이다.

④ 냉각소화: 비열이나 증발잠열이 큰 물질을 이용하여 연소하고 있는 가연물에서 열을 빼어 온도를 낮춤으로써 가연물을 인화점 및 발화점 이하로 떨어뜨려 소화하는 방법이다.

005	소화방법	답 ④

ㄱ. 화학적 소화방법인 부촉매소화(억제소화)는 연소의 4요소 중 연쇄반응을 일으키는 연쇄 연락자인 수소기(H^+)나 수산기(OH^-) 등의 활성화를 차단하여 소화하는 방법이다. 중간체, 자유라디칼[수소기(H^+)나 수산기(OH^-)]이 연쇄 연락자가 된다.
ㄴ, ㄷ. 물리적 소화에 해당된다.
- 연소에너지 한계에 바탕을 둔 소화방법: 냉각소화
- 소화농도 한계에 바탕을 둔 소화방법: 질식소화
- 화염의 불안정화에 의한 소화방법은 물리적 소화: 제거소화

ㄹ. 화재소화방법 중 촉매소화는 없다.

개념플러스 소화방법

물리적소화	냉각소화, 질식소화, 제거소화, 희석소화, 유화소화, 피복소화, 타격소화
화학적소화	부촉매소화(=억제소화)

006	화학적 소화방법	답 ①

연소반응의 메커니즘에서 연쇄반응 차단에 의한 소화방법을 말하며, 주된 소화가 부촉매소화인 소화약제로는 할론소화약제·할로겐화합물 소화약제·분말소화약제·강화액소화약제·고체에어졸소화약제가 있다.

선지분석

②③④ 질식소화, 냉각소화, 제거소화는 모두 물리적 소화방법에 해당된다.

007	제거소화	답 ②

식용유 화재 시 주변의 야채를 집어 넣어 소화하는 방법 - 냉각소화

008	식용유화재 시 소화방법	답 ①

- 주변에 싱싱한 야채에 수분을 이용하여 소화하는 냉각소화와 야채잎을 넓게 펴서 산소농도를 낮추는 질식소화한다.
- 주변에 새 식용유를 부어 소화하는 방법은 냉각소화이다.

선지분석

④ 뚜껑을 덮어 소화하는 방법은 질식소화이다. 제1종 분말소화약제의 비누화현상에 의해 소화하는 방법은 질식소화이다. K급 소화기로 소화하는 방법은 냉각소화, 비누화현상에 의한 질식소화이다.

009	제거소화	답 ④

유전 화재 시 발생하는 증기가 연소하므로 질소폭탄을 이용하여 순간적으로 폭풍을 일으켜 증기를 날려 보냄으로써 하는 소화로 제거소화 또는 희석소화라 한다. 단, 폭탄을 이용하여 주변공기를 일시에 소진하는 소화는 질식소화에 해당된다.

선지분석

① 억제소화(부촉매소화): 연소반응의 메커니즘(Mechanism)에서 연쇄반응 차단에 의한 소화방법을 말하며, 주된 소화가 부촉매소화인 소화약제로는 할론소화약제·할로겐화합물 소화약제·분말소화약제·강화액소화약제가 있다.
② 유화소화(에멀젼소화): 비중이 물보다 큰 수용성 기름 화재 시 물을 무상(안개모양)으로 방사하거나 포(Foam) 등을 방사하여 유류표면에 유화층의 막(수막층)을 형성시켜 유류의 증발능력을 떨어뜨려 연소를 억제하여 소화한다.
③ 질식소화: 공기 중 산소를 차단하여 산소농도가 15% 이하가 되면 연소가 지속될 수 없으므로 이를 이용하여 소화하는 방법을 말한다. 즉, 연소하고 있는 가연성 고체나 액체가 들어있는 용기를 기계적으로 밀폐하여 외부와 차단하거나 타고 있는 액체나 고체의 표면을 거품 또는 불연성의 액체로 덮어서 연소에 필요한 공기의 공급을 차단시켜 소화하는 방법을 말한다.

010	질식소화	답 ②

소화용수로 연소물을 덮는 것은 냉각소화에 대한 설명이다.

개념플러스 질식소화방법

1. 불연성 기체(이산화탄소, 질소, 무상의 물 등)로 가연물을 덮는 방법
2. 불연성 포(Foam)로 가연물을 덮는 방법
3. 고체(마른 모래, 팽창질석, 팽창진주암, 드라이파우더 등)로 가연물을 덮는 방법
4. 연소실을 완전히 밀폐하여 소화하는 방법

011	질식소화	답 ②

유류화재에 물을 무상에 형태로 방사하는 경우 증발하여 수증기로 되므로 원래 물의 용적의 약 1,700배의 불연성 기체로 되기 때문에 소화하는 원리는 주로 질식소화이다. 일반화재(무상)는 냉각소화, 유류화재(무상)는 질식소화이다.

012	소화방법	답 ①

ㄱ. 공기 중 산소 농도를 낮추어 소화하는 방법은 질식소화이다.
ㄴ. 대표적인 냉각소화는 물 소화약제이며 강화액, CO_2, 할론, 분말 등의 주된 소화는 냉각은 아니지만 보조소화로 냉각소화를 한다.

선지분석

ㄷ. 유화소화(에멀젼)는 비중이 물보다 큰 비수용성 유류화재 시 무상주수하여 소화하는 방법을 말한다.
ㄹ. 제거소화는 가스화재 시 가스공급을 차단하여 소화하는 방법을 말한다.

013	소화방법	답 ①

선지분석

ㄴ. 물은 비열, 증발잠열의 값이 커서 주로 냉각소화에 사용된다.
ㅁ. 물에 침투제를 첨가하는 이유는 표면장력을 감소시켜 소화능력을 향상하기 위함이다.

11 | 건축물 화재의 성상

정답

p. 66

001	④	002	④	003	②	004	②	005	③
006	④	007	②	008	③	009	③	010	④
011	②	012	③	013	③	014	④	015	④
016	①	017	④	018	①	019	①	020	④
021	③	022	②	023	②	024	④	025	①
026	③	027	①	028	③	029	③	030	①
031	③	032	①	033	④	034	②	035	④
036	④	037	④	038	①	039	③	040	③
041	①	042	③	043	④	044	③	045	①
046	③	047	④	048	⑤	049	④	050	②
051	④	052	④	053	③	054	①		

001	건축물 구획화재	답 ④

건축물 화재현장에서 개구부가 많고 개구부의 면적이 넓을수록 환기량이 많아지며, 환기량에 비례하여 연소속도가 빨라진다. 즉, 화재 확산속도가 증가한다.

선지분석

① 환기량(연소속도, 연소시간)에 따라 연료지배형 화재와 환기지배형 화재로 구분한다.
② 환기지배형 화재는 연료지배형 화재에 비해 폭발성과 역화의 우려가 높다. 건축물 화재에서 폭발은 백드래프트이다.
- 건축물 화재에서 폭발 및 역화는 백드래프트이다.
- 건축물 화재에서 역화는 플래시백이다.

즉, 산소부족일 때 발생하는 현상이므로 환기지배형 화재일 때 발생한다.
③ 환기지배형 화재는 연료지배형 화재보다 불완전연소에 따른 연기 및 연소가스의 발생량이 높다.

개념플러스 환기 파라미터(환기인자)

환기지배 영역의 실내화재에 있어서 연소속도는 개략적으로 다음 식으로 표현된다.

$$R = K A \sqrt{H}$$

- R: 연소속도(kg/min)
- K: 계수(콘크리트조 건물의 경우 5.5 ~ 60)
- A: 개구부면적(m^2)
- H: 개구부높이(m)

1. 건물에서 개구부가 많고 개구부의 면적이 넓을수록 환기량이 많아진다.
2. 개구부의 면적뿐 아니라 개구부의 높이도 환기량을 결정하는 변수가 된다. 즉, 같은 면적의 개구부라도 높이가 긴 개구부일수록 환기량이 많아진다.
3. 환기량은 개구부의 면적[A]과 개구부높이[H]의 평방근(루트)에 비례한다.

002	건축물의 구획화재의 화재현상	답 ④

화재초기에는 개구부 크기, 실내가연물의 양, 가연물의 연소특성에 따라 연료지배형 화재로서 개구부를 통한 산소공급에 연소속도가 빨라진다. 지하실이나 주차장, 또는 소규모 창문이 고정된 밀폐된 실내는 연소가 환기량의 지배를 받기 때문에 연소속도나 연소시간이 느려지는 화재를 환기지배형 화재라 한다.

003	건축물 화재 시 화재진행 과정	답 ②

초기 ⇨ 성장기 ⇨ 최성기 ⇨ 감쇠기(쇠퇴기, 종기)의 순이다.

004	건축물 화재 성장기	답 ②

성장기는 최성기로 넘어가는 전단계로서 화재진행변화가 심하며, 이 시기에 플래시오버가 발생한다.

005	롤오버(Roll over)	답 ③

롤오버(Roll over)는 연소과정에서 발생된 가연성 가스가 공기와 혼합되어 천장부분에 집적된 상태에서 발화온도에 도달하여 발화함으로써 화재의 선단부분이 매우 빠르게 확대되어 가는 현상을 말하는 것으로, 화재가 발생한 장소의 출입구 바로 바깥쪽 복도 천정에서 연기와 산발적인 화염이 굽이쳐(파도모양, 깃털모양) 흘러가는 현상을 말한다.

선지분석

① 플래시오버: 실내 화재 시 상부의 연기 및 고열 가스층 등에서 나오는 복사열에 의해 화재실 내부에 존재하는 가연물의 모든 노출표면에 대한 가열이 계속되면, 가연물의 모든 노출표면에서 빠르게 열분해가 일어나 가연성 가스가 충만해지는데, 이때 충만한 가연성 가스가 빠르게 발화하게 되면 그때부터 가연물 모두가 격렬하게 타기 시작하는 현상(전실화재, 순발연소, 폭발적인 착화현상)이다.

② 주염: 가연성 가스가 연소하면서 바람을 타고 흘러가는 현상이다.

④ 연소소음: 가연성 혼합가스의 연소속도나 분출속도가 대단히 클 때 연소음 및 폭발음 등이 발생하는 현상이다.

006	플래시오버와 롤오버	답 ④

롤오버 시 발생되는 복사열은 플래시오버 시 발생되는 복사열보다 약하다.

개념플러스 플래시오버(Flash over) 현상과 롤오버(Roll over) 현상

구분	플래시오버 (Flash over)	롤오버 (Roll over)
복사열	열의 복사가 강하다.	열의 복사가 플래시오버에 비해 상대적으로 약하다.
확대범위	일순간 전체 공간으로 발화 확대된다.	화염선단 부분이 주변 공간으로 확대된다.
확산 매개체	공간 내 모든 가연물의 동시 발화가 매개체이다.	천장부의 고온증기의 발화가 매개체이다.

007	플래시오버 발생 시기	답 ②

건축물 실내 화재 시 플래시오버 발생 시기는 성장기 또는 성장기에서 최성기로 넘어가는 분기점이다.

008	실내 일반화재 진행 과정	답 ③

최성기에는 실내 화염이 최고조에 도달하나 실내 산소 부족으로 연소속도가 느려진다.

선지분석

① 화재 초기에는 실내 온도가 서서히 상승하기 시작한다.

② 성장기에는 급속한 연소 진행으로 연료지배형 화재 양상이 나타난다.

④ 감쇠기에는 화염의 급격한 소멸로 훈소 상태가 되어 백드래프트(back draft)의 위험이 있다.

009	구획실 화재	답 ③

선지분석

① 플래시오버(flash over)는 성장기 또는 성장기와 최성기 사이에서 발생하며 충격파를 수반하지 않는다.

② 굴뚝효과가 발생할 때는 개구부에 형성된 중성대 하부에서 공기가 유입되고, 중성대 상부에서 연기가 유출된다.

010	연료지배형 화재와 환기지배형 화재	답 ④

일반적으로 플래시오버 이전에는 연료지배형 화재, 플래시오버 이후에는 환기지배형 화재가 지배적이다.

011	구획실 화재	답 ②

환기가 잘되지 않으면 연료지배형 화재에서 환기지배형 화재로 바뀌며 연기 발생이 증가한다.

선지분석

① 일반적으로 플래시오버 이전에는 연료지배형 화재, 이후에는 환기지배형 화재가 지배적이다.

③ 연료지배형 화재는 산소가 부족하지 않으므로 산소가 충분히 공급되는 조건의 화재이다.

④ 플래시오버 발생시기는 성장기 또는 성장기에서 최성기로 넘어가는 분기점에서 발생한다.

012	천장제트흐름(천장열류)	답 ③

화재감지를 빨리 하기 위하여 스프링클러헤드나 화재 감지기는 천장제트흐름 안에 설치하여야 한다.

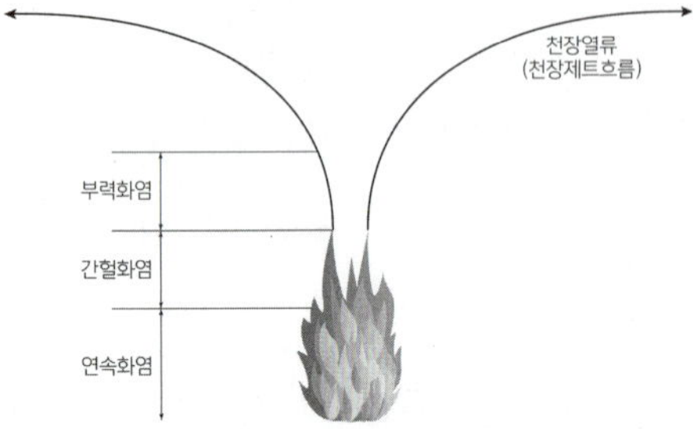

개념플러스 천장제트흐름(Ceiling Jet Flow)

1. 일반적으로 화재 초기에 존재한다.
2. 천장제트흐름 영역에서의 온도는 수직 열기류로부터의 거리와 함수관계가 있다.
3. 천장열류보다 온도가 낮은 천장재(불연재료, 난연재료)와 유입공기쪽에서 일어나는 열손실에 의해 천장열류의 온도는 감소한다.
4. 천장열류는 화원으로부터 천장까지의 높이의 5~12% 정도이다. 예를 들면, 화원으로부터 천장까지 3m로 가정하면

$$3m\times\frac{5}{100}\sim 3m\times\frac{12}{100}=0.15m\sim 0.36m$$
(0.05) (0.12)
$$=15cm\sim 36cm$$

이 사이가 천장열류 = 천정제트흐름이므로 이 사이에 감지기 또는 스프링클러헤드 설치하여야 한다.

5. 화재감지를 빨리 하기 위하여 스프링클러헤드나 화재 감지기는 천장제트흐름(천장열류) 안에 설치하여야 한다.

013	플래시오버(Flash over)	답 ③

건축물 실내 화재 시 복사열에 의해 실내의 가연물이 일시에 폭발적인 착화(착시)현상을 일으키는 것을 플래시오버(Flash over)라 한다. 즉, 플래시오버는 폭발이 아니다. 그러나 백드래프트는 폭발이다.

개념플러스 플래시오버(Flash over)

1. 건축물 실내 화재 시 복사열에 의해 실내의 가연물이 일시에 일으키는 폭발적인 착화현상
2. 국부화재로부터 구획 내 모든 가연물이 타기 시작하는 큰 화재로 전이되는 현상
3. 연료지배형 화재로부터 환기지배형 화재로의 전이현상
4. 전실화재 혹은 순발(순간)연소

014	플래시오버(Flash over)	답 ④

백드래프트(Back draft) 현상에 대한 설명이다.

개념플러스 백드래프트(Back draft) 현상

1. 건물 화재 시 산소가 부족한 화재실내에 산소가 다량으로 공급되어 일어나는 폭발적인 연소현상이다. 건축물 화재에서 적절하게 배연이 되지 않은 상태, 즉 산소가 결핍된 실내 화재의 경우 실내공간은 미연소된 가연성 가스가 충만하게 되고 연소는 산소 결핍으로 인해 천천히 진행하게 된다. 이때 갑자기 문을 열면 외부로부터 급격하게 공기(산소)가 유입되어 가연성 가스와 공기가 폭발적인 반응을 하게 된다. 이 때의 폭발적인 연소 현상을 말한다.
2. 농연의 분출, 파이어볼의 형성, 건물 벽체의 도괴 등의 현상을 수반한다.
3. 화학적 폭발에 해당된다.

015	플래시오버(Flash over)	답 ④

건축물의 개구부가 클수록 연소속도가 빠르며, 실내온도가 높고 화력이 강하다.

016	플래시오버(Flash over)	답 ①

난연재료는 잘 안타는 재료이기 때문에 가연재료보다 늦게 발생한다. 일반적으로 가연재료, 난연재료, 준불연재료, 불연재료 순으로 발생한다.

개념플러스 건축물 설계 시 플래시오버(Flash over)의 지연대책

1. 가연물
   ① 내장재: 실내의 내장재에 있어, 되도록 잘 안타는 재료로서 두께가 두껍고 열전도율이 큰 재료를 되도록 천장 면과 벽 상부 등의 실내 높은 위치부터 우선적으로 쓸 것. 다시 말하면, 천장, 벽, 바닥 순으로 불연화하여 화재의 발전을 지연시킨다.
   ② 화원의 크기: 화원의 크기가 클수록 플래시오버(Flash over)까지의 시간이 짧아지므로 가연성 가구 등은 되도록 소형으로 할 것. 다시 말하면, 건물 내에 가연물이 많으면 단시간 내에 연소하고 다른 가연물의 연소매체가 된다. 이를 방지하기 위해 건물 내 가연물의 양을 제한하고, 수용 가연물을 불연화 및 난연화한다.
2. 산소
   ① 개구율이라 함은 벽 면적에 대한 개구부의 면적을 말한다.
   ② 개구인자가 작으면 플래시오버(Flash over)의 발생 시기는 늦어지므로 개구부의 크기를 제한함으로써 플래시오버(Flash over)를 지연시킨다. 또한 개구인자가 아주 클수록 플래시오버(Flash over)의 발생시기가 늦어진다.

017 플래시오버 지연방법 답 ④

측면공격법은 백드래프트를 예방하거나 발생 가능성을 줄일 수 있는 소방전술이다.

개념플러스 지연 및 예방대책

화재 현장에서 소방 전술에 따른 플래시오버(Flash over) 지연방법	백드래프트(Back draft) 소방전술 예방대책
• 배연지연법 • 공기차단지연법 • 냉각지연법	• 배연법(지붕환기) • 급냉법(담금질) • 측면공격법

선지분석

화재 현장에서 소방 전술에 따른 플래시오버(Flash over) 지연방법에는 배연지연법, 공기차단지연법, 냉각지연법이 있다.

① 배연지연법: 창문 등을 개방하여 배연(환기)함으로써, 공간 내부에 쌓인 열을 방출시켜 플래시오버를 지연시킬 수 있으며, 가시성 또한 향상시킬 수 있다.
② 냉각지연법: 분말소화기 등 이동식 소화기를 분사하여 화재를 완전하게 진압하는 것이 아니고 일시적으로 온도를 낮출 수 있으며, 플래시오버를 지연시키고 관창호스를 연결할 시간을 벌 수 있다.
③ 공기차단지연법: 배연(환기)과 반대로 개구부(창문)를 닫아 산소를 감소시킴으로써 연소속도를 줄이고 공간 내 열의 축적 현상도 늦추게 하여 지연시키는 방법이다. 이 방법은 관창호스연결이 지연되거나 모든 사람이 대피했다는 것이 확인된 경우 적합한 방법이다.

018 건축물 화재 시 최성기 화재진행 상황 답 ①

연료지배형 화재인 경우(최성기): 연기의 양은 적어지고 화염의 분출이 강해지며, 유리는 불연재료이므로 연소하지 않고 파손된다.

019 건축물 화재 시 최성기 구간의 특징 답 ①

다량의 흑색연기가 점차 분출되고 연기농도가 짙어지는 시기는 성장기에 속한다.

020 화재성상 4단계 답 ④

감퇴기: 지붕이나 벽체, 대들보나 기둥도 무너져 떨어지고 열발산율은 감소하기 시작한다.

개념플러스 화재성상 4단계

초기(발화기) ⇨ 성장기 ⇨ 최성기 ⇨ 감퇴기(쇠퇴기, 종기)

021 훈소 답 ③

훈소(Smoldering)는 가연성 기체를 발생시키는 가연물들이 온도 부족이나 산소 부족으로 인해 가연성 기체에 착화되지 못하는 상태로 소극적인 연소현상을 말하며, 차후 조건을 만족시키게 되면 불꽃연소로 전환될 수 있다.

선지분석

② 윤화현상: 대형 유류저장탱크의 소화작업 시 불꽃이 치솟는 유면에 폼을 투입했을 때 탱크 윗면의 중앙부는 불이 꺼졌어도 탱크의 벽면을 따라 환상으로 화염이 남아 연소가 지속되는 현상을 말한다.
④ 불완전연소: 연소 시 가스와 공기의 혼합이 불충분하거나 연소온도가 낮을 경우 등 여러 가지 요인으로 노즐의 선단에 적황색 부분이 늘어나거나, 일산화탄소나 그을음이 발생하는 연소현상을 말한다.

참고

산소부족: 불완전연소, 황염, 훈소, 일산화탄소, 백드래프트

022 백드래프트(Back draft) 답 ②

백드래프트(Back draft)는 불완전연소가 진행 중인 훈소 상태에 있는 실내에 산소가 일시적으로 다량 공급될 때 가연성 가스가 공기와 폭발적으로 발화하는 현상을 말한다.

선지분석

① 플래시오버: 실내 화재 시 상부의 연기 및 고열 가스층 등에서 나오는 복사열에 의해 화재실 내부에 존재하는 가연물의 모든 노출표면에 대한 가열이 계속되면, 가연물의 모든 노출표면에서 빠르게 열분해가 일어나 가연성 가스가 충만해지는데, 이때 충만한 가연성 가스가 빠르게 발화하게 되면 그때부터 가연물 모두가 격렬하게 타기 시작하는 현상(전실화재, 순발연소, 폭발적인 착화현상)을 말한다.
③ 롤오버: 연소 과정에서 발생된 가연성 가스가 공기와 혼합되어 천장 부분에 집적된 상태에서 발화온도에 도달하여 발화함으로써 화재의 선단부분이 매우 빠르게 확대되는 현상을 말하는 것으로, 화재가 발생한 장소의 실·내외 압력차에 의해 출입구 바로 바깥쪽 복도 천장에서 연기와 고온의 가연성 가스가 산발적인 화염이 굽이쳐(깃털모양처럼, 파도처럼) 흘러가는 현상을 말한다.
④ 블래비현상: 고압의 액화가스용기(탱크로리, 탱크 등) 등이 외부화재에 의해 가열되면 탱크 내 액체가 비등하고 증기가 팽창하면서 폭발을 일으키는 현상을 말한다.

023 백드래프트(Back draft) 답 ②

화재실의 열의 집적과 적절하게 배연되지 않는 상태에서 불완전연소 시 발생된 가연성 가스가 발화점 이상의 상태이어야 한다.

- 고온의 가연성가스인 상태에서 산소유입으로 스스로 불이 붙는다(발화점).
- 건축물화재에서는 불이 붙은 개념이므로 발화점 이상으로 해석하여야 한다.

024	백드래프트의 발생 징후	답 ④

백드래프트 현상의 징후: 연기가 균열된 틈이나 작은 구멍을 통하여 빠져 나오고 건물 안으로 연기가 빨려 들어가는 현상이 발생된 경우

참고

백드래프트의 발생시기
- 성장기: 실내 화재진행이 '환기지배형화재'일 경우에 발생한다.
- 감쇠기: 실내 화재진행이 '환기지배형화재'일 경우에 발생한다.

025	백드래프트(Back draft)	답 ①

백드래프트(Back draft)는 밀폐된 공간에서의 산소공급을 말한다.

026	플래시오버와 백드래프트	답 ③

선지분석

① 플래시오버는 성장기에 발생하고 백드래프트는 성장기, 종기에 발생한다.
② 플래시오버의 원인은 복사열이고 백드래프트의 원인은 산소공급이다.
④ 플래시오버는 연료지배형 또는 환기지배형 화재상태에서 나타나는 현상이고, 백드래프트는 환기지배형 화재상태에서 나타나는 현상이다.

027	플래시오버와 백드래프트	답 ①

선지분석

② 백드래프트는 환기지배형 화재에서 발생한다.
③ 백드래프트가 플래시오버보다 발생 빈도가 낮다.
④ 백드래프트는 폭발의 일종이지만 플래시오버는 폭발이 아니다.
⑤ 플래시오버의 발생원인은 열이며, 백드래프트는 공기가 원인으로 작용한다.

028	구획실 화재	답 ③

플래시오버 발생시간: 일반적인 내장재는 가연재료, 난연재료, 준불연재료, 불연재료 순으로 발생한다.

선지분석

① 개구부의 크기는 플래시오버 발생과 관련이 있다. 즉, 개구부의 크기에 따라 플래시오버 발생이 빠르게 또는 늦게 발생한다.
② 구획실의 창문과 문손잡이의 온도로 백드래프트의 발생 가능성을 예측할 수 있다. 즉, 화염은 보이지 않으나 창문이 뜨거운 경우 또는 문손잡이가 뜨거운 경우에는 실내부의 온도가 높다는 의미이다.
④ 구획실 내의 산소가 부족하여 훈소 상태에서 공기가 갑자기 다량 공급될 때 가연성 가스가 순간적으로 폭발하듯 발화하는 현상은 백드래프트이다.

029	백드래프트(Back draft)	답 ③

백드래프트는 화재실의 고온상태, 가연성 기체와 점화원은 이미 있다. 산소유입에 의해 발생한다.

선지분석

② 화재실의 출입문을 개방하기 전에 천장 부분을 개방하여 고온의 가스를 건물 외부로 방출하는 환기를 시킴으로써 백드래프트의 폭발력을 억제할 수 있다.
④ 백드래프트는 농연의 분출, 파이어볼의 형성, 건물 벽체의 도괴 등의 현상을 수반한다.

030	백드래프트(Back draft)	답 ①

- 밀폐된 공간에서 화재 발생 시 산소 부족(불완전연소)으로 불꽃을 내지 못하고 가연성 가스(일산화탄소)만 축적되어 있는 상태에서 갑자기 문을 개방하면 신선한 공기 유입으로 폭발적인 연소가 시작되는 현상을 말한다.
- 산소 부족: 불완전연소, 일산화탄소, 훈소, 백드리프트(BD)

선지분석

② 화재 진압 시 출입문을 먼저 개방하는 것보다 지붕 등 상부를 개방하는 것이 효과적인 전술이다.
③ 밀폐된 실내에서 발생되는 현상으로, 출입문을 한 번에 완전히 개방하여 연기를 일순간에 배출해야 폭발력을 증대시킬 수 있다.
④ 환기지배형 화재가 진행되고 있는 공간에 산소가 일시적으로 다량 공급됨에 따라 가연성 가스가 폭발적으로 연소하는 현상이다.

참고

산소부족: 불완전연소, 황염, 훈소, 일산화탄소, 백드래프트

031 특수화재현상의 대응절차 답 ③

파이어볼(Fire ball)은 복사열로 인한 피해를 방지하지 위해서 밸브나 배관에서 누출되는 가스가 연소하는 화염은 소화하지 않고, 그 화염에 의해서 가열되는 면을 냉각한다.

(선지분석)

① 비등액체팽창증기폭발(BLEVE)
- 탱크 아래 바닥과 탱크 외면으로부터 최소 5m까지의 바닥은 경사도 15° 이상인 콘크리트로 경사지게 하여 누설물이 저장소 내에 체류하지 않도록 한다.
- 외부 화염으로부터 탱크로리의 입열을 억제하고, 단열(진공), 지하에 매립, 물분무 소화설비 설치한다.
- 폭발방지장치를 설치한다. 열전도도가 큰 알루미늄 합금 박판을 설치하여 기상부의 온도 상승을 액상부로 신속히 전달시킴으로써 강판의 온도를 파괴점 이하로 유지시킨다.
- 용기 내압강도를 유지할 수 있도록 견고하게 탱크를 제작한다.

② 보일오버(Boil over)
- 탱크 저면이나 측면 하단에 배수관(드레인밸브)을 설치하여 수분(물)을 배출한다.
- 비등석, 모래 등을 탱크 내부에 집어넣어 물의 비등(끓는점)을 억제한다.
- 기계적 교반 실시: 수분을 유류와 에멀젼 상태로 머무르게 한다.

④ 백드래프트(Back draft): 배연법(지붕환기), 급냉법, 측면 공격법 전술을 사용해야 한다.

⑤ 플래임오버(Flame over): 복도 내부 벽과 천장은 비가연성 물질로 마감해야 한다.

032 플래시오버와 백드래프트 답 ①

플래시오버는 폭발이 일어나지 않지만 백드래프트는 화학적 폭발이 일어난다.

(선지분석)

② 백드래프트의 주원인은 산소공급이다.

③ 일반화재(건축물 실내화재)에 해당하는 이상 현상이다.

④ 플래시오버는 최성기가 시작되기 전 성장기 때 발생한다.

033 이상 현상 발생 순서 답 ④

- 화재 성장기: 플래임오버 ⇨ 백드래프트 ⇨ 롤오버 ⇨ 플래시오버
- 화재 감쇠기: 백드래프트

034 목조건축물 화재진행 과정 답 ②

- 화재원인의 성립 ⇨ 무염착화 ⇨ 발염착화 ⇨ 발화 ⇨ 최성기 ⇨ 감쇠기
- 화재원인의 성립 ⇨ 발염착화 ⇨ 발화 ⇨ 최성기 ⇨ 감쇠기

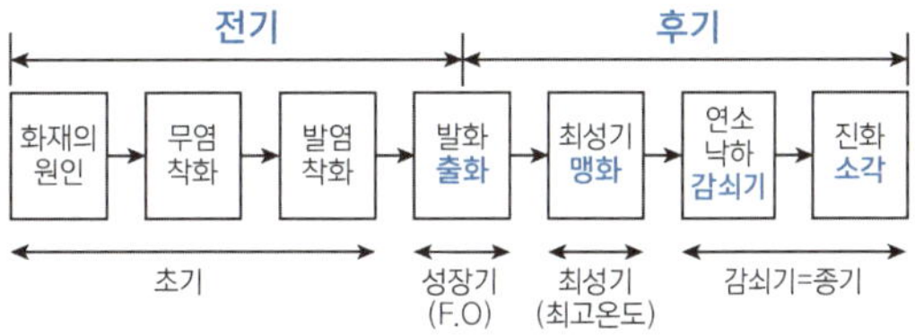

035 건축물 화재 시 특징 답 ④

- 내화건축물 화재는 목조건축물에 비해 저온 장시간형이다.
- 목조건축물 화재는 내화건축물에 비해 고온 단시간형이다.

(선지분석)

① 건축물 화재 시 최고온도(최성기)는 내화건축물이 약 1100℃(평균 최고온도는 약 800 ~ 900℃), 목조건축물이 약 1300℃(평균 최고온도는 약 1100℃)이다.

036 목조건축물 화재의 진행 과정 답 ④

발화 ~ 최성기(맹화)
- 연료지배형 화재의 성격을 띤다.
- 천정, 대들보 등이 내려앉는 시기이며 검은 연기가 개구부를 통해 분출된다.
- 화염이 충만한 시기이므로 화염의 분출이 강해진다.
- 플래시오버(Flash-over)가 발생하며 이때 실내온도는 800~900℃ 정도이다.
- 대들보나 기둥이 내려앉고 이때 강한 복사열로 인해 실내온도는 1300℃ 정도이다.
- 무풍상태(0~3m/s)에서 출화에서 최성기까지가 약 4분에서 14분 정도 진행된다.

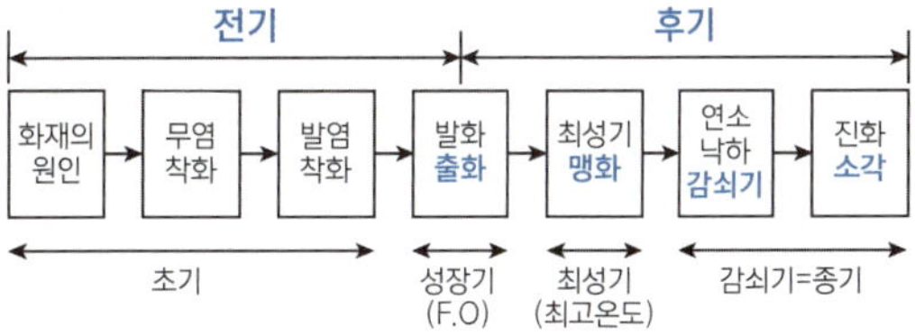

참고

발염착화~발화(출화)
- 연료지배형 화재의 성격을 띤다.
- 가재의 일부가 발화한 상태가 아니라 천장에 불이 붙는 시기
- 목조건물의 천장까지 불이 번져 전체에 불기운(불기)이 도는 시기
- 옥내출화와 옥외출화로 구분된다.

옥내출화	옥외출화
• 천장에 발염착화 • 불연천정인 경우 뒷면 판에 발염 착화 • 천장 속·벽 속 등에 발염착화	• 창·출입구에 발염착화 • 건축물 외부 가연재료에 발염착화 - 가옥인 경우에는 벽·지붕에 발염착화 - 가옥인 경우에는 추녀 밑에 발염착화

037 화재하중 답 ④

• 화재하중은 바닥의 단위면적당 목재로 환산 시의 등가 가연물의 중량(kg/m^2)으로 표현된다.
• 화재하중은 예상 최대 가연물의 양으로, 가연물의 총 발열량으로 표현된다. 즉, 화재하중은 화재의 위험성을 나타내는 척도이다. 화재하중이 크다는 것은 가연물의 양이 많아 지속시간이 긴 것을 의미하며, 주수시간을 결정하는 요소이다.

> **개념플러스 화재하중**
>
> 시간 인자 = $A_f / A\sqrt{H}$
>
> (단, $A\sqrt{H}$: 환기인자, A_f: 화재실의 바닥면적)
> 즉, 개구부가 작을수록 지속시간이 길어져 화재하중이 커진다.

선지분석

① 화재강도: 화재 실내에서의 열발생률과 당해 실 외부로 빠져나가는 열누설률에 따라 결정되는 단위시간당 축적되는 열의 양(kcal/hr)을 말한다.
② 화재저항: 화재진행시간 동안 건축물의 주요 구성요소들이 화재에 대항하여 제 기능을 유지할 수 있는 능력을 말한다.
③ 화재가혹도: 발생한 화재가 당해 건물과 그 내부의 수용재산 등을 파괴하거나 손상을 입히는 능력의 정도를 말한다.

038 화재하중 답 ①

$$q = \frac{\sum G_t H_t}{H_O\ A} = \frac{\sum Q_t}{4500A} = \frac{5kg \times 9,000kcal/kg}{4,500kcal/kg \times 10m^2} = 1kg/m^2$$

즉, 10m²당 고무 5kg 연소하는 것과 1m²당 목재 1kg 연소하는 것이 같다는 의미이다.
• q: 화재하중(kg/m^2)
• A: 화재실의 바닥면적(m^2)
• G_t: 가연물 중량(kg)
• H_t: 가연물의 단위발열량(kcal/kg)
• $\sum Q_t$: 화재실내의 가연물의 전발열량(kcal)
• H_0: 목재의 단위발열량(kcal/kg)

039 화재하중 답 ③

$$q = \frac{\sum G_t H_t}{H_O A} = \frac{\sum Q_t}{4500A}$$
$$= \frac{(1000 \times 5000) + (2000 \times 9000)}{4500 \times 200}$$
$$= \frac{(5000000) + (18000000)}{900000} = \frac{23000000}{900000} = \frac{230}{9} = 25.555$$
$$= 25.56$$

• q: 화재하중(kg/m^2)
• A: 화재실의 바닥면적(m^2)
• G_t: 가연물 중량(kg)
• H_t: 가연물의 단위발열량(kcal/kg)
• $\sum Q_t$: 화재실내의 가연물의 전발열량(kcal)
• H_0: 목재의 단위발열량(kcal/kg)

040 화재하중 답 ③

$$q = \frac{\sum G_t H_t}{H_O\ A} = \frac{\sum Q_t}{4500A}$$
$$= \frac{(200 \times 2000) + (100 \times 9000)}{4500 \times 80}$$
$$= \frac{(400000) + (900000)}{360000} = \frac{1300000}{360000} = \frac{130}{36} = 3.611$$
$$= 3.61[kg/m^2]$$

> $$q = \frac{\sum G_t H_t}{H_O\ A} = \frac{\sum Q_t}{4500A}$$
>
> • q: 화재하중 (kg/m²)
> • A: 화재실의 바닥면적(m²),
> • G_t: 가연물 중량(kg)
> • H_t: 가연물의 단위발열량(kcal/kg),
> • $\sum Q_t$: 화재실내의 가연물의 전발열량(kcal)
> • H_0: 목재의 단위발열량(kcal/kg) → 4500(kcal/kg)
>
> **참고** 단위 1[mm] = 0.001[m]

041 화재하중 답 ①

가연물의 배열상태는 화재하중을 산출하는 요소에 해당하지 않는다.

> $$q = \frac{\Sigma G_t H_t}{H_O\ A} = \frac{\Sigma Q_t}{4500A}$$
>
> • q: 화재하중(kg/m^2)
> • A: 화재실의 바닥면적(m^2)
> • G_t: 가연물 중량(kg)
> • H_t: 가연물의 단위발열량(kcal/kg)

- ΣQ_t: 화재 실내의 가연물의 전발열량(kcal)
- H_0: 목재의 단위발열량(kcal/kg)

즉, 가연물의 중량, 가연물의 단위발열량을 감소시키거나 화재실의 바닥면적을 넓게 하면 화재하중은 감소한다.

참고 화재하중 산출의 의미는 화재하중 공식을 말한다.

042 화재하중 답 ③

목재의 화재하중는 4,500[kcal/kg]이다.

개념플러스

$$q = \frac{\sum G_t H_t}{H_0 A} = \frac{\sum Q_t}{4500A}$$

- q: 화재하중 (kg/m²)
- A: 화재실의 바닥면적(m²),
- G_t: 가연물 중량(kg)
- H_t: 가연물의 단위발열량(kcal/kg),
- $\sum Q_t$: 화재실내의 가연물의 전발열량(kcal)
- H_0: 목재의 단위발열량(kcal/kg) → 4500(kcal/kg)

043 화재하중 답 ④

- 화재하중은 화재실 또는 건물 안에 포함된 모든 가연성 물질의 완전연소에 따른 전체 발열량을 의미한다.
- 화재하중 = 예상 최대 가연물의 양 = 가연물의 총발열량 = 단위면적당 가연물의 양[kg/m^2]

선지분석

① 설계최대하중: 구조물 설계 시에 안정성을 고려하여 설정되는 최대하중을 말한다.
② 화재강도: 화재 실내에서의 열발생률과 당해 실 외부로 빠져나가는 열누설률에 따라 결정되는 단위시간당 축적되는 열의 양(kcal/hr)을 말한다.
③ 화재가혹도: 발생한 화재가 당해 건물과 그 내부의 수용재산 등을 파괴하거나 손상을 입히는 능력의 정도를 말한다.

044 화재강도 답 ③

화재강도는 단위시간당 축적되는 열의 양(kcal/hr)을 말한다.

선지분석

① 훈소: 온도가 낮거나 산소 부족으로 적열된 상태에서 불꽃을 내지 않고 서서히 타들어가는 현상을 말한다.
② 화재하중: 바닥의 단위면적당 목재로 환산 시 등가 가연물의 중량(kg/m^2)으로 표현된다.
④ 화재가혹도(Fire Severity): 발생한 화재가 당해 건물과 그 내부의 수용재산 등을 파괴하거나 손상을 입히는 능력의 정도(건물에 손상을 주는 화세의 능력)를 말한다.

045 화재강도 답 ①

가연물의 중량은 화재강도에 영향을 주는 요소가 아니다. 가연물의 중량은 화재하중과 관련있다. 즉, 가연물의 양이 많다고 해서 꼭 화재강도가 커지는 것은 아니다(예 핵 우라늄은 양이 적어도 다른 물질에 비해 화재강도가 크다).

개념플러스 화재강도의 정의

1. 화재 실내에서의 열 발생률과 당해 실 외부로 빠져나가는 열 누설율에 따라 결정되는 단위시간당 축적되는 열의 양(kcal/hr)을 말한다.
2. 화재규모 중 최고온도를 결정하는 요소이다.
3. 화재강도의 결정: 온도인자

온도인자(개구인자) = $A\sqrt{H} / A_t$

$A\sqrt{H}$: 환기인자, A_t: 연소실의 전 표면적

개념플러스 화재강도에 영향을 끼치는 주요소

1. 가연물의 연소열(발열량)
2. 가연물의 연소속도
3. 가연물의 비표면적 및 구조적 특성
4. 공기의 공급조절 및 환기상태
5. 화재실의 벽·천장·바닥 등의 단열성

046 화재가혹도 답 ③

- 화재가혹도(= 화재의 세기 = 화재심도)는 발생한 화재가 당해 건물과 그 내부의 수용재산 등을 파괴하거나 손상을 입히는 정도(건물에 손상을 주는 화세의 능력)를 말한다.
- 화재가혹도의 크기는 최고온도와 화재지속시간의 곱으로 나타낸다. 즉, '화재가혹도 = 최고온도[화재강도(질적 개념)] × 화재지속시간[화재하중(양적 개념)]'이다.
- 화재가혹도(주수량) = 화재강도(주수율) × 화재하중(주수시간)

선지분석

① 화재하중: 바닥의 단위 면적당 목재로 환산 시 등가 가연물의 중량(kg/m^2)으로 표현된다.
② 화재저항: 화재진행시간 동안 건축물의 주요 구성요소들이 화재에 대항하여 제 기능을 유지할 수 있는 능력을 말한다.
④ 화재강도: 화재 실내에서의 열발생률과 당해 실 외부로 빠져나가는 열누설률에 따라 결정되는 단위시간당 축적되는 열의 양(kcal/hr)을 말한다.

047 화재가혹도 답 ④

연소속도(환기속도)는 개구부면적과 높이 평방근(제곱근, 루트)의 곱에 ($A\sqrt{H}$) 비례한다.

개념플러스 화재가혹도

1. 화재가혹도 = 최고온도(화재강도) × 화재지속시간(화재하중)
2. **연소속도(환기속도)의 식**

$$R = KA\sqrt{H}$$

- R: 연소속도(kg/min)
- K: 계수(콘크리트조 건물의 경우 5.5 ~ 60)
- A: 개구부면적(m^2)
- H: 개구부높이(m)

048	화재용어	답 ⑤

전체 가연물의 양(발열량)이 동일할 때 화재실의 바닥면적이 커지면 화재하중은 감소한다. 즉, 화재하중과 바닥면적은 반비례한다.

$$q = \frac{\Sigma G_t H_t}{H_O A} = \frac{\Sigma Q_t}{4500A}$$

- q: 화재하중(kg/m^2)
- A: 화재실의 바닥면적(m^2)
- G_t: 가연물 중량(kg)
- H_t: 가연물의 단위발열량(kcal/kg)
- ΣQ_t: 화재 실내의 가연물의 전발열량(kcal)
- H_0: 목재의 단위발열량(kcal/kg)

선지분석

② 화재실의 열방출률(가연물의 열방출률)이 클수록 화재강도(kcal/hr)는 증가한다. 단열성이 우수하거나, 방열이 적으면 열 축적이 용이하므로 화재강도가 증가한다.

049	화재가혹도	답 ④

화재가혹도(화재의 세기, 화재심도)는 건물에 손상을 주는 화세의 능력(건물에 손상정도의 크기)이므로 단열성이 우수할수록 화재실의 열축적이 잘 되므로 화재가혹도는 커진다.

- 화재가혹도 = 최고온도[화재강도(질적 개념)] × 화재지속시간 화재하중(양적 개념)]
- 화재가혹도(주수량) = 화재강도(주수율) × 화재하중(주수시간)

050	화재가혹도	답 ②

화재지속시간 산정(공식)하는 경우 화재실의 최고온도는 관계가 없다.

개념플러스

- 화재지속시간 $T(\min) = \dfrac{W(kg)}{R(kg/\min)}$

  T: 화재지속시간. R: 연소속도(kg/min)

  $R = 5.5A\sqrt{H}$. W: 실내가연물의 량(kg)
- 온도 인자(화재강도) = $\dfrac{A\sqrt{H}}{A_t}$
- 시간 인자(화재하중) = $\dfrac{A_f}{A\sqrt{H}}$

  여기서, $A\sqrt{H}$: 환기인자, A_t: 화재실(연소실)의 전 표면적, A_f: 화재실(연소실)의 바닥면적

  개구부가 클수록 화재강도가 커지고 개구부가 작을수록 지속시간이 길어져 화재하중이 커진다.

051	화재하중	답 ④

화재하중은 단위면적(m^2)당 목재로 환산 시의 등가 가연물의 중량(kg)이다.

052	내화구조	답 ④

내화구조란 화재에 견딜 수 있는 성능을 가진 구조로서 국토교통부령이 정하는 기준에 적합한 구조를 말한다.

개념플러스 「건축법」상 내화구조 정의

철근콘크리트, 연와조, 석조, 기타 이와 유사한 구조로서 화재 시 쉽게 연소가 되지 않음은 물론, 상당한 시간 동안에 구조상 내력을 감소시키지 않고 보통 방화구획 내에서 진화되어 인접 부분에 화기의 전달을 차단할 수 있으며, 또한 최종적 단계에서 전소해도 수리하여 재사용할 수 있는 구조를 말한다.

선지분석

① 방화구조: 화염의 확산을 막을 수 있는 성능을 가진 구조로서 국토교통부령이 정하는 기준에 적합한 구조를 말한다.
② 불연구조: 불에 타지 아니하는 구조를 말한다.
③ 방연구조: 연기의 확산을 막을 수 있는 성능을 가진 구조이다.

참고

주요구조부는 내화구조: 내력벽(耐力壁), 기둥, 바닥, 보, 지붕틀 및 주계단

053	주요구조부	답 ③

- 「건축법」에서 건축물의 주요구조부가 아닌 것은 옥외계단이다.
- 건축물의 주요구조부란 내력벽(耐力壁), 기둥, 바닥, 보, 지붕틀 및 주계단(主階段)을 말한다. 다만, 사이 기둥, 최하층 바닥, 작은 보, 차양, 옥외계단, 그 밖에 이와 유사한 것으로 건축물의 구조상 중요하지 아니한 부분은 제외한다.

054	방화문의 구조	답 ①

방화문은 화재를 막기 위하여 설치한 문을 말한다.

개념플러스 방화문의 구조

1. **60분+방화문**: 연기 및 불꽃을 차단할 수 있는 시간이 60분 이상이고, 열을 차단할 수 있는 시간이 30분 이상인 방화문
2. **60분 방화문**: 연기 및 불꽃을 차단할 수 있는 시간이 60분 이상인 방화문
3. **30분 방화문**: 연기 및 불꽃을 차단할 수 있는 시간이 30분 이상 60분 미만인 방화문

12 | 건축방화계획

정답

p. 80

001	④	002	④	003	④	004	②	005	③
006	③	007	①	008	①	009	④	010	①

001	건축물 방화계획	답 ④

구조안정성은 공간적 대응과 관련이 없다.

선지분석

① 대항성이란 건물의 내화성능, 방화성능, 방화구획성능, 화재방어 대응성, 초기소화대응력 등의 화재사상과 대항하여 저항하는 성능 또는 항력을 말한다.
② 도피성은 그 사상과 공간과의 대응관계 사이에서 사람이 궁지에 몰리지 않고 보다 안전하게 재난으로부터 도피, 피난할 수 있는 공간성과 시스템 등의 성상을 말한다.
③ 회피성은 건축물의 난연화, 불연화, 내장재 제한, 구획의 세분화, 방화훈련, 불조심 등 방화유발, 확대 등을 저감시키고자 하는 예방적 조치 또는 상황을 말한다.

개념플러스 건축물 방화계획

재해 발생 시 화재의 확대방지, 건축물의 방화대책 및 피난안전에 대한 대응은 공간적 대응과 설비적 대응으로 구분한다.

1. **공간적 대응**: 화염, 연기, 유독가스에 대응하여 사람이 안전공간으로 조기 이탈하고자 하는 대응
   ① 대항성: 건물의 내화성능, 방화성능, 방화구획성능, 화재방어 대응성, 초기소화대응력 등의 화재사상과 대항하여 저항하는 성능 또는 항력
   ② 도피성: 그 사상과 공간과의 대응관계 사이에서 사람이 궁지에 몰리지 않고 보다 안전하게 재난으로부터 도피 피난할 수 있는 공간성과 시스템 등의 성상
   ③ 회피성: 건축물의 난연화, 불연화, 내장재 제한, 구획의 세분화, 방화훈련, 불조심 등 방화유발, 확대 등을 저감시키고자 하는 예방적 조치 또는 상황
2. **설비적 대응**: 공간적 대응을 보조하는 설비적 대응
   ① 대항성: 제연설비, 방화문, 방화셔터, 자동화재탐지설비, 자동소화설비 등의 설비로 보조
   ② 도피성: 유도등, 비상전원, 피난기구 등을 설치하여 보조
   ③ 회피성: 방염커텐, 방염블라인드, 수막설비 등을 설치하여 보조

002	피난계획의 일반적인 원칙	답 ④

피난설비는 고정적인 시설에 따라야 하며, 가반식의 기구와 장치 등은 도피하는 소수의 인원을 위한 것으로서 극히 예외적인 보조수단으로 생각해야 한다.

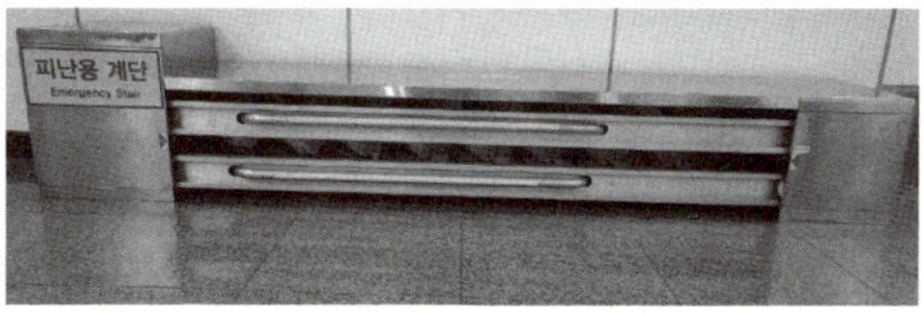

▲ 가반식 기구-피난사다리

참고

가반식의 기구와 장치는 이동식을 의미한다.

003	피난계획	답 ④

최소 2방향 이상 피난로를 확보하는 것은 Fail safe와 관련 있다.

개념플러스 Fail safe

1. **정의**: 하나의 수단이 고장 등으로 실패하여도 다음의 수단에 의하여 그 기능이 발휘될 수 있도록 고려하는 방식
2. **안전공학적 원칙**
   ① 실패하더라도 안전해야 한다.
   ② 2중, 3중의 안전조치를 마련하여야 한다.
3. **실제 예시**
   ① 2방향 이상 피난경로를 설치하여야 한다.
   ② 비상전원 등을 확보한다.
   ③ 시스템의 여분 또는 병렬화를 확보한다.
   ④ 재해 초기부터 서브시스템 일부가 적극적으로 붕괴되도록 해둔다. 이상사태의 전체 파급을 방지한다.
   ⑤ 화재의 발생이나 확대방지를 위한 안전율을 높인 설계로 한다.

선지분석

①②③ Fool proof와 관련된 내용이다.

개념플러스 Fool proof

1. **정의**: 비상사태에서는 정신이 혼란하여 동물과 같은 지능상태가 되므로 누구나 알아보기 쉽게 문자보다는 그림과 색채를 이용하는 방식이다.
2. **인간공학적인 원칙**: 행동이나 판단의 능력이 떨어지더라도 안전하여야 한다.

3. 실제 예시
① 소화설비, 경보기기 위치, 유도표지에 문자보다 쉬운 판별을 위한 색채를 사용한다.
② 피난방향으로 문을 열 수 있게 해 준다.
③ 도어의 노브는 회전식이 아닌 레버식으로 해둔다.
④ 정전 시에도 피난구를 알 수 있도록 외광이 들어오는 위치에 도어를 설치한다.
⑤ 피난계단의 위치
⑥ 전원스위치의 높이

004 피난동선의 특징 답 ②

피난동선은 비상의 통로 및 계단을 이용한다. 귀소본능에 의한다면 엘리베이터 옆에 있는 계단은 일반적으로 비상계단이다. 그러나 엘리베이터 옆에 계단이 하나 밖에 없으면 상용 및 비상계단 공용이다.

개념플러스 피난동선의 특징

1. 수평동선과 수직동선으로 구분한다.
2. 가급적 단순형태가 좋다.
3. 상호 반대 방향으로 다수의 출구와 연결되는 것이 좋다.
4. 어느 곳에서도 2개 이상의 방향으로 피난할 수 있으며, 그 말단은 화재로부터 안전한 장소이어야 한다. 그래서 말단에 계단이 있다.
5. 피난동선은 비상의 통로 및 계단을 이용한다.

005 피난계획 답 ③

선지분석
① 피난동선은 그 말단이 갈수록 단순할수록 좋다.
② 피난동선의 막다른 통로와 미로를 지양한다.
④ 피난동선은 건물의 양쪽 종단으로 향하고 종단에서 지상 또는 피난층까지 안전한 장소로 피난할 수 있어야 한다.

006 피난시설의 안전구획 답 ③

거실: 화재실

개념플러스 피난시설의 안전구획

1. **1차 안전구획**: 거실에 대하여 복도를 방화, 방연구획하여 피난의 일시적 안전도모가 가능한 곳
2. **2차 안전구획**: 복도에 연결된 계단 또는 특별피난계단의 부속실, 발코니, 노대 등으로서 어느 정도 장시간 피난 대기 가능한 곳
3. **3차 안전구획**: 현관의 로비 및 특별피난계단의 계단실이 해당되며, 화재 최성기에도 안전성이 확보 가능한 곳

007 피난방향 및 피난로의 방향 답 ①

CO형, H형: 피난자들이 집중되어 패닉현상이 일어날 우려가 있다.

선지분석
②④ X형, Y형: 확실한 피난로가 보장된다.
③ I형, T형: 방향이 확실하게 분간하기 쉽다.

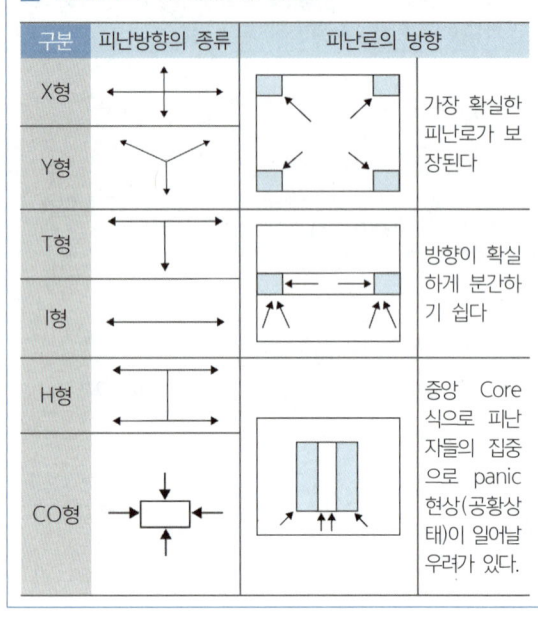

개념플러스 피난방향 및 피난로

구분	피난방향의 종류	피난로의 방향	
X형	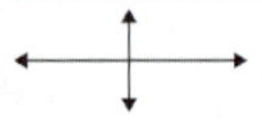	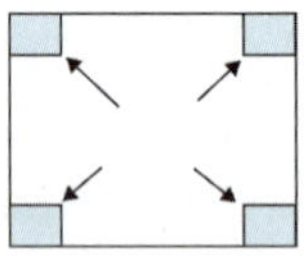	가장 확실한 피난로가 보장된다
Y형			
T형		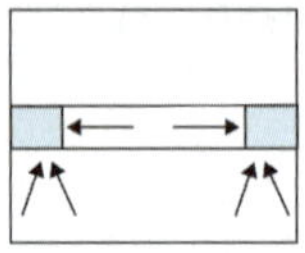	방향이 확실하게 분간하기 쉽다
I형			
H형	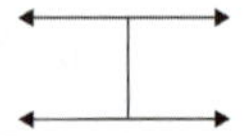	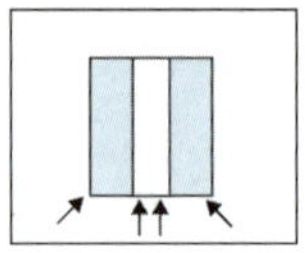	중앙 Core식으로 피난자들의 집중으로 panic현상(공황상태)이 일어날 우려가 있다.
CO형	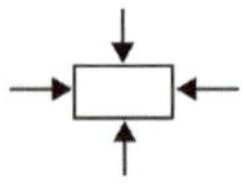		

008 피난계획 답 ①

중앙 core식은 패닉(Panic)이 일어날 우려가 있다. 피난방향의 설계는 X형, Y형 피난로 방향이 확실한 피난로가 보장된다.

선지분석
② 피난대책의 일반원칙은 Fool proof와 Fail safe 원칙을 따른다.
③ 피난경로는 간단·명료하여야 한다.
④ 피난동선은 수직동선과 수평동선으로 구분하며, 계단의 배치는 상호 반대방향으로 다수의 출구와 연결되는 것이 좋다.

009 인간의 피난본능 답 ④

오른손잡이가 오른발을 축으로 반시계방향인 좌측으로 돌게 되는 본능을 좌회본능이라 한다.

개념플러스 화재 시 인간의 피난행동 특성

1. 퇴피(회피)본능
2. 귀소본능
3. 좌회본능
4. 지광본능
5. 추종본능

010	지광본능	답 ①

화재 시에 검은 연기가 유동하거나 혹은 정전되는 경우도 많아 사람들은 밝은 곳을 찾아 외부로 달아나는 성질이 있기 때문에 연기 위험에 대하여 발코니와 옥외계단과 같은 외주 피난로가 유리하게 된다. 대부분이 지하 또는 무창층에서는 지상의 통로와 계단 개구부를 찾아 탈출을 시도하기 때문에 피난경로를 집중적으로 밝게 하고 혼동하기 쉬운 일반 장식등은 제한하기도 하며 필요에 따라 소등하는 것이 바람직할 것이다.

선지분석

② 퇴피본능(회피본능)에 대한 내용이다.
③ 귀소본능에 대한 내용이다.
④ 추종본능에 대한 내용이다.

PART 2 소화약제

01 | 물소화약제

정답 p. 86

001	④	002	①	003	②	004	①	005	③
006	③	007	③	008	①	009	①	010	②
011	③	012	①	013	④	014	②	015	②
016	③	017	①	018	④	019	③	020	①

001 물소화약제의 특성 답 ④

숨은열(잠열)은 어떤 물질이 온도 변화는 없고 상(相)변화가 요구되는 데 필요한 열을 말한다. 숨은열(잠열)은 응고열, 융해열(응해열), 승화열, 액화열(응결열), 기화열(증발열) 등으로 구분한다.

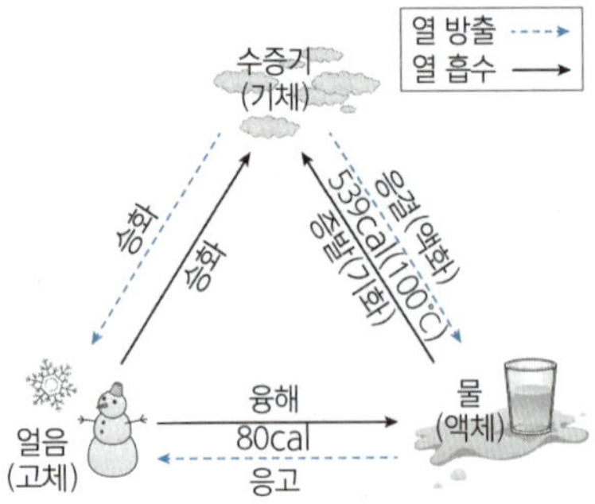

(선지분석)

① 주변에서 구하기 쉽고 경제적이다.
② 열용량·비열과 증발잠열(기화열)이 커서 냉각효과가 우수하다.
③ 무상주수 시 냉각, 질식, 유화, 희석소화 가능하다.

> **개념플러스**
>
> 1. **온도변화는 없고 물질상태만 변화**: 잠열(숨은열)
> 2. **물질의 상태(형태) 변화 없이 온도 변화**: 현열(감열)

002 물질의 물리적 특성 답 ①

잠열은 온도의 변화를 수반하지 않고 상(相)의 변화로 생성되는 에너지이며, 현열은 어떤 물질이 상(相)의 변화가 일어나지 않고 열을 흡수하여 온도변화를 일으키는 데 요구되는 열에너지를 말한다.

(선지분석)

② 비열은 어떤 물질 1g의 온도를 1℃ 올리는 데 필요한 열량을 말하며, 물인 경우 14.5℃의 물 1g을 15.5℃로 1℃의 온도를 올리는 데 필요한 열량과의 비율을 말한다.
③ 미국·영국에서 공업상 사용하는 열량단위를 말하며, 1BTU는 1lb를 표준기압하(1atm)에서 60.5°F로부터 61.5°F까지 높이는 데 필요한 열량을 말한다.
④ 융점(녹는점)은 일정한 압력하에서 물질이 고체에서 액체로 상태변화가 일어날 때의 온도를 그 물질의 용융점 또는 융해점이라 한다.

> **개념플러스** **열량(열의 양)**
>
> 1. 1cal: 순수한 물 1g의 온도를 1℃ 만큼 올리는데 필요한 열량
> 2. 1kcal: 순수한 물 1kg의 온도를 1℃ 만큼 올리는데 필요한 열량
> 3. 1BTU: 순수한 물 1lb의 온도를 1°F 만큼 올리는데 필요한 열량
> 4. 1cal = 4.184J, 1BTU = 252cal

003 물소화약제의 특성 답 ②

(선지분석)

ㄴ. 물의 비중은 1기압, 4℃에서 가장 크다.
ㄹ. 물의 비열은 대기압 상태에서 1cal/g·℃이다.

004 물소화약제의 장점 답 ①

비열 및 증발잠열이 커서 냉각효과가 우수하다.

(선지분석)

② 기체는 압축성 유체로서 압력을 가하면 쉽게 압축되어 저장이 용이하다.
③ 물은 가연물별 화재분류에서 일반화재(가연성 고체)에 적응성이 있다. 만약 물을 유류화재 및 전기화재에 사용하기 위해서는 무상으로 방사하여야 하며, 금속화재에는 적응성이 없다.
④ 사용 후 2차 피해인 수손피해의 우려가 높다.

005 물의 물리적 특성 답 ③

- 물의 융해열(=용융열): 0℃의 얼음 1g이 0℃의 액체상인 물 1g으로 상(相)의 변화를 가져오는 데 필요한 열량은 80cal/g이다.
- 물의 현열: 0℃의 물 1g이 100℃ 물로 변화를 가져오는 데 필요한 열량은 100cal/g이다. 물의 현열 영역은 100등분하여 계산한다.
- 물의 기화열(증발열): 100℃의 물 1g이 기체상인 수증기 1g으로 100℃의 상(相)의 변화를 가져오는 데 필요한 열량은 539cal/g이다.
- 0℃ 얼음 1kg이 100℃ 수증기가 된다. 따라서 필요한 총 열량은 719kcal이다(80+100+539).

개념플러스 물의 물리적 특성

1. 잠열과 현열의 의의
   ① **잠열(융해열, 기화열)**: 온도변화는 없고 물질상태만 변한다.
   - **융해열**: 80cal/g
   - **기화열**: 539cal/g

   ② **현열**: 물질상태는 변화가 없고 온도만 변한다.
2. 얼음 0°C → 물 0°C → 물 100°C → 수증기 100°C

   얼음 0°C —1g→ 수증기 100°C • 열용량q=80cal+100cal+539cal=719cal
   <고체> <기체> (융해열) (현열) (기화열)

   물 0°C —1g→ 수증기 100°C • 열용량q=100cal+539cal=639cal
   <액체> <기체> (현열) (기화열)
3. 물의 열용량
   ① 1g 얼음 0°C가 수증기 100°C로 변할 때 열용량은 719cal이다.
   ② 1g 물 0°C가 수증기 100°C로 변할 때 열용량은 639cal이다.

006 물의 물리적 특성 답 ③

- 현열: 물 0℃에서 물 100℃
  $q = m \times C_p \times \Delta t$ = 2g × 1cal/g·℃ × (100−0)℃
  =200cal
- 증발잠열: 물 100℃에서 수증기 100℃
  q = m×증발잠열 = 2g × 539cal/g = 1078cal
- 2g의 물을 0℃에서 100℃의 수증기로 만드는 데 필요한 총 열량 = 200cal + 1078cal = 1278cal이다.
  또는 열용량 q=100cal+539cal=639cal × 2g=1278cal이다.
  (현열) (기화열)

참고
- c: 물의 비열 "1"
- m: 질량
- t: 온도

007 물소화약제 소화효과 답 ③

연쇄반응을 차단하는 화학적 소화방법인 부촉매소화(억제소화)가 없다.

선지분석

①②④ 물소화약제 소화효과에는 냉각효과, 질식효과, 유화효과, 희석효과, 타격효과가 있다.

008 소화약제의 특성 답 ①

물은 산소원자 1개와 수소원자 2개가 위치하여 있는 각도가 산소원자를 중심으로 180°가 아닌 104.5°이기 때문에 분자가 한쪽으로 치우쳐 있는 모양을 가지게 되어 물 분자끼리는 서로 강한 결합력을 나타내게 되고 이로 인하여 물의 표면장력이 커지게 된다.
그러나 물은 다른 소화약제와 비교하면 표면장력이 작고 침투성이 있다.

선지분석

④ 물은 비슷한 분자량을 가지는 물질에 비하여 비열, 기화열(증발잠열) 등이 크고, 녹는점과 끓는점도 매우 높다.

009 물소화약제의 주수형태 답 ①

- 봉상주수(직사주수, 직상주수): 막대기 모양
- 적상주수(살수주수): 물방울 모양
- 무상주수(분무주수): 안개입자 모양

선지분석

② 봉상주수(직사주수, 직상주수)는 냉각효과를 얻을 수 있다.

개념플러스 물의 주수형태에 따른 소화효과

1. **봉상주수(직사주수, 직상주수)**: 냉각효과
2. **적상주수(살수주수)**: 냉각효과
3. **무상주수(분무주수)**: 냉각·질식·유화·희석효과 등
4. 물소화약제를 방사형관창(노즐)을 이용하여 주수할 경우 직수·분무 두 가지의 방사형태가 가능하다.

③ 스프링클러설비의 물소화약제 방사 시 주수방법은 적상주수(살수주수)에 해당한다.

개념플러스 적상주수(살수주수)

1. 화재의 소화를 위해 봉상주수방법 다음으로 많이 사용하는 물의 방사형태이다.
2. 물입자는 물방울 모양이고, 직경은 0.5~4mm이다.
3. 주된 소화효과는 냉각효과이다.
4. 적용설비로는 스프링클러설비, 연결살수설비, 연소방지설비가 있다.

④ 물분무소화설비 또는 미분무소화설비의 방수형태는 무상주수이다.

개념플러스 무상주수

1. 물을 구름 또는 안개모양으로 방사하는 방법이다.
2. 물 입자의 직경은 0.01~1.0mm로 적어 대기에 방사되면 안개모양을 갖는다(소화효과의 측면에서 본 이론적 최적입경은 0.35mm 정도).
3. 전기의 전도성이 없어 전기화재의 소화에도 적응성이 있다.
4. 유류화재의 소화에도 적응성이 있다.
5. 적용설비로는 옥내소화전설비(분무노즐 사용), 옥외소화전설비(분무노즐 사용), 연결송수관설비, 물분무소화설비, 미분무소화설비가 있다.

010 분무주수(무상주수)형태 답 ②

분무주수는 화점에 대한 명중률이 떨어진다.

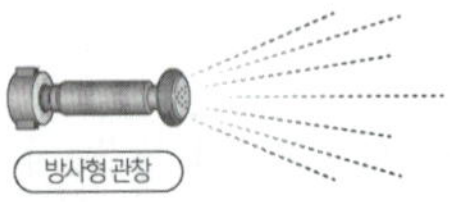

• 방사형 관창: 봉상, 분무(무상)주수

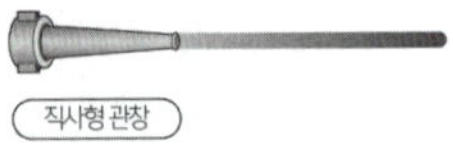

• 직사형 관창: 봉상주수

개념플러스 분무주수(무상주수)형태

1. 분무주수는 단거리 수비전술에 사용하며, 실외 등 개방된 공간에는 효과가 적다.
2. 분무주수는 화점에 대한 명중률이 떨어진다.
3. 분무주수는 질식소화에 효과적이다.
4. 분무주수는 유류화재에 적응성이 있다.
5. 분무주수는 봉사주수나 적상주수에 비해 화점에 대한 명중률이 떨어진다.
6. 화점에 대한 명중률은 봉상주수가 가장 뛰어나다.

011 물의 분무(무상)수주 답 ③

물소화약제 중 무상주수 형태일 때 적응화재는 A급·B급·C급 화재이다. 나트륨 등 금속화재(D급 화재)에는 적응성이 없다.

선지분석

① 전기화재: C급 화재
② 중유탱크화재 : B급 화재
④ 실내목재화재: A급 화재

012 물 소화약제 답 ①

물은 분자 내에서는 극성공유결합을, 분자 간에는 수소결합을 하여 소화약제로써의 효과가 뛰어나다.

013 물소화약제의 분무주수 시 소화효과 답 ④

선지분석

희석소화, 질식소화, 냉각소화 등은 물분무 및 미분무 소화효과와 관련이 있는 내용이다.

개념플러스 물소화약제의 분무주수 시 소화효과

1. 냉각소화
2. 질식소화
3. **유화소화**: 비수용성 유류화재 시
4. **희석소화**: 수용성 유류화재 시

014 물소화약제의 특성 답 ②

분무상으로 방사 시 B급 화재 및 C급 화재에도 적응성이 있다.

선지분석

① 무상주수는 질식소화 가능하다.
③ 물은 비열과 기화열 값이 커서 냉각소화 효과가 우수하다.
④ 수용성 가연물질인 알코올, 에테르, 에스테르 등으로 인한 화재에는 희석소화에 적응성이 있다.

개념플러스 물소화약제 주수형태

물의 주수형태	주된 소화	적응 화재	적용설비 [호스(노즐),헤드]
봉상 (물의 모양: 막대기)	냉각	A급 화재	호스: 옥내·외 소화전설비 연결송수관설비
적상 [물의 모양: 물(빗)방울]	냉각	A급 화재	헤드: 스프링클러설비 연결살수설비 연소방지설비
무상 (물의 모양: 안개입자)	냉각, 질식, 유화, 희석	A, B, C급 화재	호스: 옥내·외 소화전설비 연결송수관설비 헤드: 물분무소화설비 미분무 소화설비

참고 봉상, 적상, 무상: 희석소화 가능하지만 효과는 무상이 더 좋다.

015	분무주수(무상주수)	답 ②

중질유는 비수용성이므로 무상주수 시 질식, 유화소화한다.

물의 주수형태	주된 소화	적응 화재	적용설비[호스(노즐),헤드]
봉상 [물의 모양 막대기]	냉각	A급 화재	호스: 옥내·외 소화전설비 연결송수관설비
적상 [물의 모양 물(빗)방울]	냉각	A급 화재	헤드: 스프링클러설비 연결살수설비 연소방지설비
(분)무상 [물의 모양 안개입자]	냉각, 질식 유화, 희석	A, B, C급 화재	호스: 옥내·외 소화전설비 연결송수관설비 헤드: 물분무소화설비 미분무소화설비

016	물소화약제의 소화방법	답 ③

질식소화는 분무방수법으로 가연물의 산소공급을 차단하여 소화하는 방법이다.

개념플러스 방사형 관창과 직사형 관창

1. **방사형 관창**: 봉상, 분무(무상)주수 → 냉각소화, 질식소화
2. **직사형 관창**: 봉상주수 → 냉각소화

017	물소화약제의 소화효과	답 ①

냉각소화는 봉상주수형태일 때, 질식소화는 무상주수형태일 때 큰 효과를 낼 수 있다.

018	동결방지제	답 ④

동결방지제[부동제, 부동액(영하 20℃)]
- 유기물계통: (에틸렌, 프로필렌, 디에틸)글리콜, 글리세린
- 무기물계통: 염화나트륨, 염화칼슘

④ 폴리에틸렌옥사이드(Polyethylene Oxide): 유동제
  - 물의 마찰손실을 줄여 방사량을 증가하는 첨가제
  - Rapid Water: 물 + 유동제(폴리에틸렌옥사이드)

019	물소화약제	답 ③

침투제는 물의 표면장력을 낮추어 침투성을 강화한다. 속불화재(심부화재)에 적합하다.

선지분석

① 부동제: 물의 빙점(0℃)하에서 동파 및 물의 응고현상을 방지하기 위하여 물에 첨가하는 물질이다.
② 증점제: 가연물질에 대한 물소화약제의 부착성(접착성)을 증가시키기 위해서 첨가하는 물질이다.
④ 유동제: 배관 내 마찰손실을 줄여 방사량을 증가시키기 위하여 첨가하는 물질이다.

참고

물 첨가제
- 물 + 동결방지제(에틸렌글리콜)
- 물 + 침투제(합성계면활성제) → 유수(Wet Water)
- 물 + 증점제[카르복시메틸셀룰로오스(CMC)] → Thick Water
- 물 + 유동제(폴리에틸렌옥사이드) → Rapid Water

020	물소화약제	답 ①

알칼리금속의 과산화물 화재에서 제1류 위험물 중 알칼리금속 과산화물(무기과산화물)은 가열, 충격, 마찰 외에도 물과 반응 시 대량에 산소를 발생하고 발열하므로 물을 사용할 수 없다. 그래서 소화약제 이외의 약제인 마른 모래, 팽창질석, 팽창진주암, 드라이파우더 등으로 질식소화한다.

선지분석

② 슈퍼마켓 화재 - 일반화재 - 적상·봉상주수
③ 컴퓨터실 화재 - 전기화재 - 가스계소화약제, 무상주수
④ 알코올저장탱크 화재 - 유류화재 - 알코올포소화약제, 무상주수

02 | 강화액소화약제

정답 p. 91

001	④	002	①

001	강화액소화약제	답 ④

선지분석

① 강화액소화약제는 겨울철 물소화약제의 어는 단점을 보완하기 위해서 물에 알칼리금속염류(탄산칼륨, 탄산나트륨, 황산칼륨, 인산암모늄)와 침투제 등을 가하여 제조된 소화약제이다.
② 강화액의 형식승인 및 제품검사기준상 응고점(어는점)은 영하 20℃ 이하이다.
③ 강화액소화약제를 무상방사 시 A급·B급·C급 화재에 적응성이 있다.

주수형태	주된소화	적응화재
봉상	부촉매(억제), 냉각	A급 화재 (B, K급 가능)
무상	부촉매(억제), 냉각, 질식	A, B, C급 화재 (K급 가능)

002 강화액소화약제 답 ①

K^+, Na^+, NH_4, F^-, Cl^-, Br^-로 인해 부촉매소화효과를 가진다.

03 | 포소화약제

정답

p. 92

001	④	002	②	003	③	004	③	005	②
006	②	007	③	008	①	009	②	010	⑤
011	④	012	②	013	②	014	②	015	④
016	⑤	017	②	018	②	019	③		

001 포소화약제 답 ④

합성계면활성제포는 고발포와 저발포 둘 다 사용이 가능하다.

선지분석

① 포(Foam)는 유류보다 가벼운 미세한 기포의 집합체인 거품으로 연소물의 표면을 덮어 공기와의 접촉을 차단하여 질식 효과를 나타내며 함께 사용된 물에 의해 냉각 효과도 나타난다. 즉, 포소화약제는 질식효과와 냉각효과에 의해 화재를 진압한다.

② 분말소화약제와 병용할 수 있는 포소화약제는 수성막포, 불화단백포이다. 분말 소화약제인 CDC가 개발되게 되었으며, 이들을 함께 사용하는 Twin agent system(2약제 소화방식)으로 사용되게 되었다.

③ 수성막포소화약제는 불소계 계면활성제를 주성분으로 드라이케미컬(분말 소화약제)과 혼합 시 소화력이 7 ~ 8배 상승하는 효과를 갖기 때문에 유류화재에 가장 탁월한 포소화약제이다. 수성막포소화약제는 일반적으로 단백포소화약제보다 3배 정도의 소화력이 우수하여 유류화재 시 가장 적합한 소화약제이다.
- 불화단백포: 주성분인 단백포에 불소계계면활성제를 첨가
- 수성막포: 주성분인 불소계계면활성제에 불소원자로 치환한 계면활성제

002 합성계면활성제포 답 ②

합성계면활성제포는 계면활성제를 기제로 하여 기포 안정제를 첨가하여 제조한 것으로, 고발포용과 저발포용 2가지가 있다. 저발포로 사용할 경우에는 내열성 및 내유성이 불량하여 단백포보다 유류화재에 적응성이 낮으며, 이로 인하여 일반적으로는 고발포용으로 사용한다. 고발포로 사용할 경우 지하상가 또는 창고, 공장 화재에 적합하다. 즉, 개방된 장소에는 포가 가벼워서 날리기 때문에 밀폐된 장소에 사용한다.

003 알코올포 답 ③

- 알코올포 = 내알콜형포 = 수용성액체용 포 = 극성용제용 포소화약제
- 수용성액체용 포소화약제 또는 내알콜형 포소화약제라고 하며, 수용성 가연성 물질인 알콜류, 케톤류, 에스테르류, 아민류, 초산글리콜류 등과 같이 물에 용해되면서 가연성인 물질의 화재 진압에 적합하다.
- 약제의 종류는 금속비누형, 불화단백형, 고분자겔형 포소화약제가 있으며, 금속비누형은 현재 거의 사용하지 않고 불화단백형 내알코올포소화약제가 많이 사용되고 있다.

004 알코올 포소화약제 답 ③

비수용성 유류화재에 사용되는 포소화약제(단백포, 합성계면활성제포, 수성막포)를 수용성 유류화재에 사용할 경우 파포현상에 의해 거품이 파괴되는 현상이 나타나므로 수용성 기름화재에 사용할 수 없다. 그래서 개발된 포 소화약제를 내알코올포소화약제라 한다.

005 포소화약제 답 ②

- 포소화약제는 유류화재에 대해 질식소화작용 외에 냉각소화작용과 유화소화작용의 역할도 함으로써 물소화약제에 비하여 탁월한 소화성능을 가지며, 유류에 대한 재착화를 방지할 수 있어 가스계 소화약제에 비하여 위험물 옥외탱크에서 발생하는 대형화재에는 유용하게 사용된다.
- 포소화약제를 유류화재 시에 사용하면 포가 유류의 표면에 떠 전개되어 가연성 증기의 발생을 억제·차단 또는 방해하기 때문에 빠른 시간 내에 화재를 질식소화할 수 있다.

006	단백포 소화약제	답 ②

단백포

주성분	장점	단점
동·식물성 단백질을 가수분해+안정제, 방부제, 부동액을 첨가	• 내열성·점착성(봉쇄성) 및 재연소 방지효과 우수 • 얼지 않음 • 인체무해 • 저렴한 가격	• 유동성 작아 소화속도 늦음 • 내유성이 약해 오염되기 쉬움 • 변질·부패 우려

007	포 소화약제	답 ③

단백포 소화약제는 단백질을 가수분해 한 것을 주원료로 하며 내열성이 뛰어나지만 유동성이 작아 소화속도가 느리다.

008	표면하주입방식	답 ①

수성막포 및 불화단백포는 내유성이 우수하여 탱크 저부에서 포(Form)를 주입하는 표면하주입방식을 할 수 있다.

선지분석

② 불소를 함유하고 있는 불화단백포, 수성막포는 친수성이므로 유동성과 내유성이 좋다.
  • 친수성: 물과 친한 성질이므로 물과 잘 섞인다.
  • 친유성: 기름과 친한 성질이므로 기름과 잘 섞인다.

③ 단백포는 내열성(내화성)은 좋으나, 유동성이 나쁘다.

④ 비수용성 기름화재 시 알콜형포 사용 시 파포현상이 일어나면 소화능력이 떨어진다.

개념플러스 단친매성과 양친매성

1. 단친매성
   ① 물하고만 친한 성질이므로 물과 잘 섞인다(친수성).
   ② 단친매성 물질은 불소를 함유하고 있는 불화단백포, 수성막포이다.
   ③ 불화단백포, 수성막포: 내유성 좋아 기름과 친하지 않아 기름과 섞이지 않는다.
2. 양친매성
   ① 물과 기름 모두 친한 성질이므로 물, 기름과 잘 섞인다(친수성+친유성).
   ② 양친매성 물질은 단백포, 합성계면활성제포이다.

참고
- 친수성: 물과 친한 성질
- 친유성: 기름과 친한 성질

009	포소화약제	답 ②

그림을 보면 콘루프탱크이다. 포가 아래에서 방사하는 Ⅲ형(표면하주입방식 방출구)이다. 표면하주입방식을 사용하는 포 소화약제는 수성막포, 불화단백포이다.

개념플러스 위험물탱크(Tank)

CRT (Cone Roof Tank)	• 콘루프탱크 사용[중질유사용] • Ⅰ형 방출구[통계단(활강로, 미끄럼판)에 설치한 방출구], Ⅱ형 방출구[반사판(디플렉터) 방출구], Ⅲ형 방출구[표면하 주입식 방출구], Ⅳ형 방출구[반표면하 주입식 방출구]
FRT (Floating Roof Tank)	• 플루팅루프탱크(부상식탱크) 사용[경질유사용] • 특형 포방출구[플루팅루프탱크의 측면과 굽도리 판(방지턱)에 의하여 형성된 환상부분에 포를 방출]

010	수성막포	답 ⑤

개념플러스 수성막포

주성분	불소계 계면활성제+불소원자로 치환한 계면활성제
장점	• 초기 소화속도가 빨라 소화력이 가장 우수하다. • 내유성과 유동성이 우수하다. • 표면하주입방식이다. • 분말소화약제와 병용하여 소화 작업한다. • 화학적으로 매우 안정되며 장기보존이 가능하다. • 재연방지에 효과적이다. • 인체에 무해하다.
단점	• 내열성이 약해 윤화(Ring Fire) 현상이 있다. • 값이 비싸다. • 부식성이 크다.

참고

수성막포 부식성의 의미

1. 수성막포 자체는 부식성이 없거나 또는 낮고 유독하지 않으며 pH가 중성이며, 화학적으로 안정하고 생물학적으로 분해가 쉬워 안전성이 높은 소화약제이다. 또한, 다른 소화약제와 병용하여 사용 가능한 내약품성이다. (CDC분말소화약제)중성에 가까워서 부식성이 더욱 낮다.
2. 포수용액의 확산계수나 성분, 그리고 저장조건에 따라 부식 가능성이 달라질 수 있다. 저장조건으로는 화학적으로 안정된 화학소화약제이므로 적절한 용기(부식성이 없는)에 저장하면 장기간 성능에 이상 없이 보존된다. 즉, 화학소방차, 소방정 등에 적재하여도 장기간 보존이 가능하며 관리가 용이하다. 일반용기에 저장하면 부식하므로 부식성이 없는 용기에 저장하여야 한다. 수성막포가 발포가 되면 그 물체에 부식성이 있다.

011 수성막포 소화약제 답 ④

(선지분석)

ㄴ. 수성막포는 비수용성이므로 수용성인 알코올류, 케톤류, 에스테르류 등 화재에는 소화 적응성이 없다.

> **개념플러스 수성막포[AFFF(Aqueous Film Forming Foam)]**
>
> 1. 상품명: 라이터 워터
> 2. 유출된 기름화재, 항공기 화재
> 3. 유동성 가장 우수(수막층과 유출된 기름이 같은 속도로 이동)
> 4. 분말소화약제와 병행 가능[CDC분말소화약제](겉불꽃: 분말, 속불꽃: 포)
> 5. 내유성이 우수하여 표면하 주입방식, 반 표면화 주입방식 가능
> 6. 내열성이 약해 윤화(Ring Fire)현상 발생

012 포소화약제 답 ②

- 단백포의 단점을 개선한 것이 불화단백포이다.
- 불화단백포소화약제는 단백포소화약제의 소화성능을 향상시키기 위해서 불소계 계면활성제가 첨가되어 있어 유류화재에 대해 뛰어난 내유성과 내열성이 뛰어난 포소화약제이다.

> **개념플러스 단백포**
>
> 단백포는 동물의 뼈·뿔·발톱 등으로부터 젤라틴 ⇨ 단백질 추출 ⇨ 가수분해+황산+제1철염 첨가제 혼합 제조
>
> 참고
>
> 제1철염: 방부제 및 내열성을 높이기 위한 첨가제이다.

013 라인 프로포셔너(Line Proportioner) 답 ②

펌프와 발포기 중간에 설치된 벤츄리관의 벤츄리작용에 따라 포소화약제를 흡입·혼합하는 방식을 말한다.

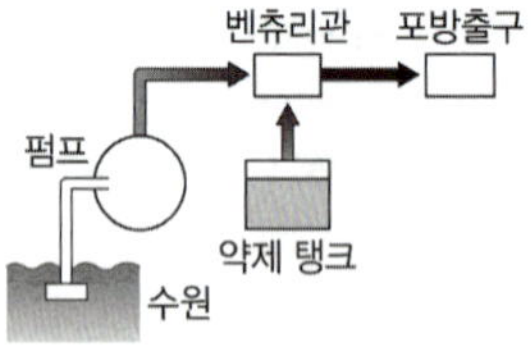

(선지분석)

① 펌프 프로포셔너방식: 펌프의 토출관과 흡입관 사이의 배관 도중에 설치된 흡입기에 펌프에서 토출된 물의 일부는 보내고 농도조절밸브에서 조정된 포소화약제의 필요량을 포소화약제 탱크에서 펌프 흡입 측으로 보내어 이를 혼합하는 방식이다.

③ 프레져 프로포셔너방식: 펌프와 발포기의 중간에 설치된 벤츄리관의 벤츄리 작용과 펌프 가압수의 포소화약제 저장탱크에 대한 압력에 의하여 포소화약제를 흡입·혼합하는 방식이다.

④ 프레져사이드 프로포셔너방식: 펌프의 토출관에 압입기를 설치하여 포소화약제 압입용 펌프로 포소화약제를 압입시켜 혼합하는 방식이다.

> **개념플러스 공기포소화약제의 혼합 방식**
>
> 1. **펌프 프로포셔너 방식(Pump Proportioner Type)**: 펌프의 토출관과 흡입관 사이의 배관 도중에 설치된 흡입기에 펌프에서 토출된 물의 일부는 보내고 농도조절밸브에서 조정된 포소화약제의 필요량을 포소화약제 탱크에서 펌프 흡입 측으로 보내어 이를 혼합하는 방식이다.
> 2. **라인 프로포셔너 방식(Line Proportioner Type)**: 관로 혼합 방식으로, 펌프와 발포기의 중간에 설치된 벤츄리관의 벤츄리 작용에 의하여 포소화약제를 흡입·혼합하는 방식이다.
> 3. **프레져 프로포셔너 방식(Pressure Proportioner Type)**: 펌프와 발포기의 중간에 설치된 벤츄리관의 벤츄리 작용과 펌프 가압수의 포소화약제 저장탱크에 대한 압력에 의하여 포소화약제를 흡입·혼합하는 방식이다.
> 4. **프레져 사이드 프로포셔너 방식(Pressure side Proportioner Type)**: 펌프의 토출관에 압입기를 설치하여 포소화약제 압입용 펌프로 포소화약제를 압입시켜 혼합하는 방식이다.
> 5. **압축공기포 믹싱챔버방식(Compressed Air Foam Mixing Chamber Type)**: 포수용액에 가압원으로 압축된 공기 또는 질소를 일정비율로 혼합하는 방식으로, 공기혼합기 및 압축공기공급기 등으로 구성된 방식이다[포원액+물+공기(질소)를 미리 혼합한 상태].

014 프레져 프로포셔너(Pressure Proportioner) 답 ②

펌프와 발포기의 중간에 설치된 벤츄리관의 벤츄리 작용과 펌프 가압수의 포소화약제 저장탱크에 대한 압력에 의하여 포소화약제를 흡입·혼합하는 방식으로 압입식과 압송식이 있다.

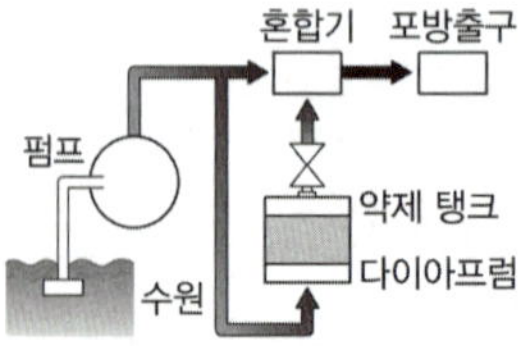

(선지분석)

① 프레져사이드 프로포셔너(Pressure-side Proportioner): 펌프의 토출관에 압입기를 설치하여 포소화약제 압입용 펌프로, 포소화약제를 압입시켜 혼합하는 방식으로 대형설비에 사용한다.

③ 라인 프로포셔너(Line Proportioner): 펌프와 발포기의 중간에 설치된 벤츄리관의 벤츄리 작용에 의하여 포소화약제를 흡입·혼합하는 방식으로, 소형이며 경제적이다.

④ 펌프 프로포셔너(Pump Proportioner): 펌프의 토출관과 흡입관 사이의 배관 도중에 설치된 흡입기에 펌프에서 토출된 물의 일부는 보내고 농도조절밸브에서 조정된 포소화약제의 필요량을 포소화약제 탱크에서 펌프 흡입 측으로 보내어 이를 혼합하는 방식이다.

⑤ 압축공기포 혼합장치: 포수용액에 가압원으로 압축된 공기 또는 질소를 일정비율로 혼합하는 방식으로, 공기혼합기 및 압축공기공급기 등으로 구성된다[포원액+물+공기(질소)를 미리 혼합한 상태]. 유일하게 A, B, C급 모두 사용 가능한 방식이다.

015	프레셔 사이드 프로포셔너 (Pressure side Proportioner)	답 ④

프레셔 사이드 프로포셔너(Pressure side Proportioner)는 펌프의 토출관에 압입기를 설치하여 포소화약제 압입용 펌프로 포소화약제를 압입시켜 혼합하는 방식이다.

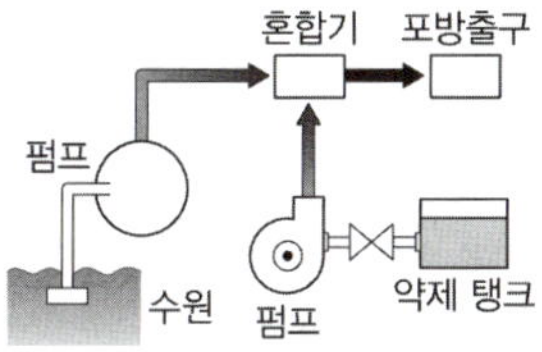

선지분석

① 라인 프로포셔너(line Proportioner): 펌프와 발포기의 중간에 설치된 벤츄리관의 벤츄리 작용에 의하여 포소화약제를 흡입·혼합하는 방식이다.

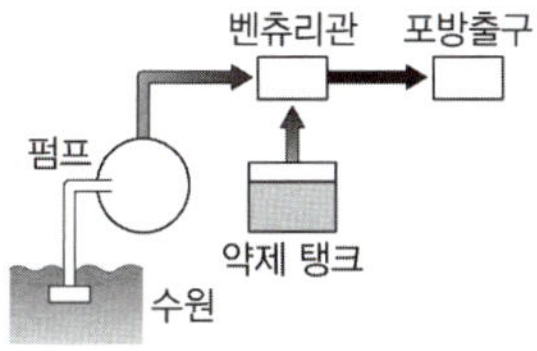

② 펌프 프로포셔너(pump Proportioner): 펌프의 토출관과 흡입관 사이의 배관 도중에 설치된 흡입기에 펌프에서 토출된 물의 일부는 보내고 농도조절밸브에서 조정된 포소화약제의 필요량을 포소화약제 탱크에서 펌프 흡입 측으로 보내어 이를 혼합하는 방식이다.

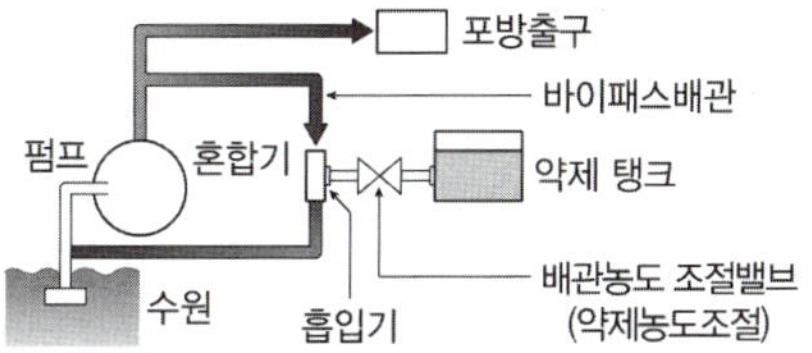

③ 프레셔 프로포셔너(pressure Proportioner): 펌프와 발포기의 중간에 설치된 벤츄리관의 벤츄리 작용과 펌프 가압수의 포소화약제 저장탱크에 대한 압력에 의하여 포소화약제를 흡입·혼합하는 방식이다.

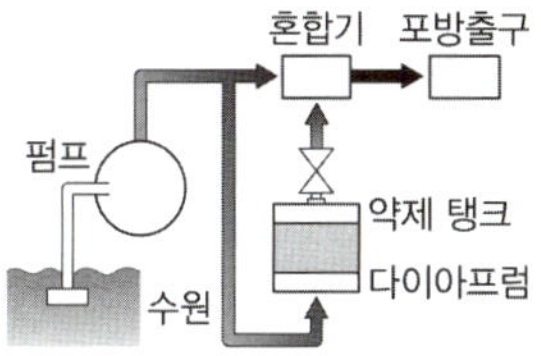

016	프레셔 사이드 프로포셔너 방식 (Pressure side Proportioner)	답 ⑤

① 프레셔 프로포셔너방식
② 라인 프로포셔너방식
③ 펌프 프로포셔너방식
④ 압축공기포 믹싱챔버방식

017	펌프 프로포셔너 방식 (Pump Proportioner Type)	답 ②

펌프의 토출관과 흡입관 사이의 배관 도중에 설치된 흡입기에 펌프에서 토출된 물의 일부는 보내고 농도조절밸브에서 조정된 포소화약제의 필요량을 포소화약제 탱크에서 펌프 흡입 측으로 보내어 이를 혼합하는 방식이다.

선지분석

① 라인 프로포셔너 방식(Line Proportioner Type): 관로혼합 방식으로 펌프와 발포기의 중간에 설치된 벤츄리관의 벤츄리 작용에 의하여 포소화약제를 흡입·혼합하는 방식이다.

③ 프레져 프로포셔너 방식(Pressure Proportioner Type): 펌프와 발포기의 중간에 설치된 벤츄리관의 벤츄리 작용과 펌프 가압수의 포소화약제 저장탱크에 대한 압력에 의하여 포소화약제를 흡입·혼합하는 방식이다.

④ 프레져사이드 프로포셔너 방식(Pressure side Proportioner Type): 펌프의 토출관에 압입기를 설치하여 포소화약제 압입용 펌프로 포소화약제를 압입시켜 혼합하는 방식이다.

018	포소화약제 혼합방식	답 ②

(나) 라인 프로포셔너 방식: 혼합기의 압력손실이 크며, 흡입 가능한 유량의 범위가 좁다.

019	팽창비	답 ③

고발포인 제2종 기계포의 팽창비는 250 이상 500 미만이다.

개념플러스 팽창비

1. 저발포: 20 이하
2. 고발포
   ① 제1종 기계포: 80 이상 250 미만
   ② 제2종 기계포: 250 이상 500 미만
   ③ 제3종 기계포: 500 이상 1000 미만

04 | 이산화탄소소화약제

정답

p. 98

001	①	002	①	003	③	004	①	005	①
006	②	007	⑤	008	①	009	③		

001	이산화탄소소화약제의 소화효과	답 ①

이산화탄소소화약제는 연쇄반응을 차단하는 부촉매소화효과가 없다.

참고 가스계소화약제 중 부촉매 소화효과 없음: 이산화탄소, 불활성기체 소화약제

선지분석

② 냉각소화: 증발잠열
③ 질식소화: 공기 중 산소를 차단한다.
④ 피복소화: 증기비중이 공기보다 1.53배 무겁다.

002	이산화탄소소화약제	답 ①

제시문의 내용은 이산화탄소소화약제에 관한 내용이다.

개념플러스 이산화탄소소화약제의 장·단점

장점	• 전역방출방식(실이 밀폐인 경우)으로 할 때에는 일반 가연물화재(A급 화재)에도 적용 • 화재를 소화할 때에는 피연소물질의 내부까지 침투(피복소화) • 피연소물질에 피해를 주지 않음(물과 비교) • 증거보존이 가능 • 소화약제의 구입비가 저렴 • 전기의 부도체(비전도성, 불량도체) • 장기간 저장하여도 변질·부패·분해를 일으키지 않음 • 자체압력으로 방출이 가능
단점	• 고압가스에 해당되므로 저장 및 취급 시 주의를 요함 • 소화약제의 방출 시 동상의 우려 • 저장용기에 충전하는 경우 고압을 필요 • 인체의 질식이 우려 • 소화약제의 방출 시 소리가 요란 • 소화시간이 다른 소화약제에 비하여 길(물리적 소화로서 주된 소화는 질식소화)

003	이산화탄소소화약제	답 ③

- 이산화탄소소화약제가 가스계 소화약제 중 증발잠열(56.1cal/g)이 가장 크다.
- 제5류 위험물은 가연성 물질이면서 산소를 함유하고 있어 분해 시 가연성 가스와 산소가 방출되어 공기 중에 산소를 사용하지 않고 연소가 가능한 물질이기 때문에 공기 중 산소를 차단하여 질식소화를 시키는 이산화탄소소화약제는 소화효과가 없다.

개념플러스 이산화탄소소화약제 저장용기 압력

1. 이산화탄소는 액화저장할 때 압력↑, 온도↓하기 때문에 내부압력이 엄청 크고 영하에서도 얼지 않는다. 그래서 고압가스에 주의하여야 하며 자체압력으로 방사가 가능하다.
2. 이산화탄소는 자체압력으로 방사가 가능하므로 별도의 가압원이 없다(외부동력원이 필요 없다).

004	이산화탄소소화약제	답 ①

증발잠열을 이용한 냉각 소화활동으로 동상 우려가 있다.

선지분석

② 저장용기는 40℃ 이하의 온도변화가 없는 곳에 설치한다.

개념플러스 소화약제의 저장용기

▲ 저장용기실(방호구역 외에 설치하며, 방화문 설치)

1. **이산화탄소, 할론, 분말 소화약제의 저장용기**: 온도가 40℃ 이하
2. **할로겐화합물 및 불활성기체 소화약제의 저장용기**: 온도가 55℃ 이하

005	이산화탄소소화약제	답 ①

소화약제의 방출 시 소리가 요란하다.

개념플러스 이산화탄소소화약제의 단점

1. 소화약제의 방출 시 소리가 요란하다.
2. 소화시간이 다른 소화약제에 비하여 길다.
3. 인체의 질식이 우려된다.
4. 소화약제 방출 시 동상이 우려된다.
5. 고압가스에 해당하므로 저장 및 취급 시 주의를 요한다.

006 이산화탄소 소화약제 답 ②

질식소화 효과와 기화열 흡수에 의한 냉각효과가 있다.

선지분석

① 무색, 무취로 비전도성이며, 독성이 없다.
③ 사람이 있는 장소, 제3류 위험물, 제5류 위험물의 소화에 사용할 수 없다.
④ 자체 증기압이 매우 높아 별도의 가압원이 필요 없다(외부 동력원 필요 없음).

007 이산화탄소 소화농도 답 ⑤

이산화탄소 소화농도 $CO_2(\%) = \frac{21-O_2}{21} \times 100$

$= \frac{21-10}{21} \times 100 = 52.38 = 53\%$

008 이산화탄소 소화농도 답 ①

- $CO_2(\%) = \frac{21-O_2}{21} \times 100$
- $\frac{20-O_2}{20} \times 100 = \frac{20-10}{20} \times 100 = 50\%$

009 이산화탄소 소화농도 답 ③

- CO_2 소화농도(%) $= \frac{21-O_2}{21} \times 100 = \frac{21-10.5}{21} \times 100$ $= 50\%$
- 최소산소농도(MOC) = 산소의 양론계수($\frac{\text{산소몰수}}{\text{연소가스몰수}}$) × 연소하한계(폭발하한계) $= \frac{5}{1} \times 2.1 = 10.5\%$
- 프로페인가스의 화학방정식: $C_3H_8 + 5O_2 \rightarrow 3CO_2 + 4H_2O$

05 | 할론소화약제

정답 p. 100

001	③	002	②	003	④

001 할론 1301의 기체비중 답 ③

- 할론 1301(CF_3Br) 분자량 = 12 + (19 × 3) + 80 = 149
- 기체비중 $= \frac{\text{물질의 분자량}}{\text{공기분자량}} = \frac{149}{29} = 5.137 \fallingdotseq 5.14$
- 분자량 = 원자량 × 개수
  - C분자량 = 원자량 × 개수 = 12 × 1 = 12
  - F_3분자량 = 원자량 × 개수 = 19 × 3 = 57
  - Br분자량 = 원자량 × 개수 = 80 × 1 = 80

∴ CF_3Br의 분자량 = 12 + 57 + 80 = 149

개념플러스 할론 소화약제의 화학식

구분	C	F	Cl	Br
할론 1211	C	F_2	Cl	Br
할론 1301	C	F_3		Br
할론 2402	C_2	F_4		Br_2

1. 할론 1211: CF_2ClBr
2. 할론 1301: CF_3Br
3. 할론 2402: $C_2F_4Br_2$

002 연쇄반응 답 ②

설문은 부촉매(억제)소화에 대한 설명으로 연소의 4요소 중 연쇄적인 산화반응을 약화시킨다. 할론소화약제, 할로겐화합물소화약제, 분말소화약제, 강화액소화약제, 고체에어졸소화약제를 사용한다.

선지분석

① 냉각소화에 해당한다.
③ 제거소화에 해당한다.
④ 유화소화에 해당한다.

003 할론소화약제 답 ④

할로겐족 원소는 활성이 강하여 대기 성층권을 구성하는 오존층의 오존과 반응함으로써 오존층을 파괴하기 때문에 오존층 보호를 위한 국제적인 환경보호기구 및 관련단체의 국제협약과 의정서 채택 등으로 인하여 할론소화약제의 생산 및 사용이 제한 또는 금지되었다. 우리나라도 2010년도부터 사용을 금지하였다.

06 | 할로겐화합물 및 불활성기체 소화약제

정답 p. 101

001	②	002	④	003	③	004	②	005	④
006	④	007	③	008	①	009	④	010	③

001 할로겐화합물 및 불활성기체 소화약제 답 ②

할론소화약제는 자기 자신이 오존과의 반응성이 강한 브롬(취소)을 함유하고 있어 태양으로부터 발산되는 자외선을 흡수·차단시켜 지구상의 동·식물 및 인체를 보호하여 주는 오존층을 파괴함으로써 사용이 제한 및 금지되었다. 따라서 오존과의 반응성이 강한 브롬(취소)이 포함되지 않고 화재에 대한 소화기능이 우수함과 동시에 오존층을 보호할 수 있는 대체품목인 할로겐화합물 및 불활성기체 소화약제를 개발하였다.

002 할로겐화합물 소화약제 답 ④

트리플루오로이오다이드(FIC-13I1)-CF_3I는 할로겐화합물 소화약제이다.

선지분석

① CF_3Br: 할론 1301
② CF_2ClBr: 할론 1211
③ CCl_4: 할론 104

> **개념플러스 할로겐화합물 소화약제 기본구성(5가지)**
> 1. FC(Fluoro Carbons, 불화탄소)
> 2. HFC(Hydro Fluoro Carbons, 불화탄화수소)
> 3. HCFC(Hydro Chloro Fluoro Carbons, 염화불화탄화수소)
> 4. FIC(Fluoro Lodine Carbons, 불화요오드화탄소)
> 5. FK(Fluoro Ketones, 불화케톤기)

003 불활성기체 소화약제 답 ③

헬륨, 네온, 아르곤 또는 질소가스 중 하나 이상의 원소를 기본성분으로 하는 소화약제가 불활성기체 소화약제이다.

004 하이드로클로로플루오로카본혼화제 (HCFC BLEND A) 답 ②

소화약제	화학식
하이드로클로로플루오로카본혼화제 (HCFC BLEND A)	• HCFC-123($CHCl_2CF_3$): 4.75% • HCFC-22($CHClF_2$): 82% • HCFC-124($CHClFCF_3$): 9.5% • $C_{10}H_{16}$: 3.75%

선지분석

② 헵타플루오로프로판(HFC-227ea): C_3HF_7

참고

우리나라에서 현재까지 설계 및 시공에 사용되는 약제는 크게 6가지 소화약제를 사용한다.

소화약제	화학식
하이드로클로로플루오로카본 혼화제 (이하 "HCFC BLEND A"라 한다) ↦ 상품명: NAFS-III	$HCFC-123(CHCl_2CF_3)$: 4.75% $HCFC-22(CHClF_2)$: 82% $HCFC-124(CHClFCF_3)$: 9.5% $C_{10}H_{16}$: 3.75%
펜타플루오로에탄 (이하 "HFC-125"라 한다)	CHF_2CF_3
헵타플루오로프로판 (이하 "HFC-227ea"라 한다) ↦ 상품명: FM-200	CF_3CHFCF_3
트리플루오로메탄 (이하 "HFC-23"라 한다) ↦ 상품명: FE-13	CHF_3
불연성·불활성 기체혼합가스 (이하 "IG-541"이라 한다)	N_2: 52%, Ar: 40%, CO_2: 8%
도데카플루오로-2-메틸펜탄-3-원 (이하 "FK-5-1-12"라 한다) ↦ 상품명: Novec-1230	$CF_3CF_2C(O)CF(CF_3)_2$

005 할로겐화합물 소화약제 답 ④

할로겐화합물 소화약제라 함은 불소, 염소, 브롬 또는 요오드 중 하나 이상의 원소를 포함하고 있는 유기화합물을 기본성분으로 하는 소화약제를 말한다.

> **개념플러스 할로겐화합물 및 불활성기체 소화약제 관련 용어의 정의**
> 1. **할로겐화합물 및 불활성기체 소화약제**: 할로겐화합물(할론 1301, 할론2402, 할론1211 제외) 및 불활성기체로서 전기적으로 비전도성이며 휘발성이 있거나 증발 후 잔여물을 남기지 않는 소화약제
> 2. **할로겐화합물 소화약제**: 불소, 염소, 브롬 또는 요오드 중 하나 이상의 원소를 포함하고 있는 유기화합물을 기본성분으로 하는 소화약제
> 3. **불활성기체 소화약제**: 헬륨, 네온, 아르곤 또는 질소가스 중 하나 이상의 원소를 기본성분으로 하는 소화약제

006 불활성기체 소화약제 답 ④

불활성기체 소화약제 중 주성분이 Ar에 해당하는 것은 IG-01이다.

(선지분석)

① IG-100의 주성분은 N_2이다.
② IG-55는 N_2가 50%, Ar이 50%이다.
③ IG-541는 N_2가 52%, Ar이 40%, CO_2가 8%이다.

007	불활성기체 소화약제	답 ③

'IG-541: N_2(52%), Ar(40%), CO_2(8%)'이다.

(선지분석)

① IG-01: Ar
② IG-100: N_2
④ IG-55: N_2(50%), Ar(50%)

008	할로겐화합물 및 불활성기체 소화약제	답 ①

IG-01, IG-55, IG-100, IG-541 중 질소를 포함하지 않은 약제는 IG-01이다. 즉, IG-01은 아르곤으로만 포함되어 있는 약제이다.

개념플러스 불활성기체 소화약제(4종)

1. IG-01: Ar
2. IG-100: N_2
3. IG-541: N_2(52%), Ar(40%), CO_2(8%)
4. IG-55: N_2(50%), Ar(50%)

(선지분석)

② 할로겐화합물 소화약제 중 HFC-23(트리플루오르메탄)의 화학식은 CHF_3이다.

HFC-2 3
- └F의 수: 3 → F3
- H의 수: 1(H의 수+1=2, H의 수=2-1=1)
- C의 수: 1 → C(C의 수-1=0, C의 수=0+1=1)

→ 분자식: CHF_3

③ • 할로겐화합물 소화약제: 부촉매소화, 질식소화, 냉각소화한다. 즉, 화학적, 물리적소화를 한다.
• 불활성기체 소화약제: 질식소화, 냉각소화한다. 즉, 물리적소화를 한다.

009	할로겐화합물 및 불활성기체 소화약제	답 ④

할로겐화합물 및 불활성기체 소화약제라 함은 할로겐화합물(할론 1301, 할론 2402, 할론 1211 제외) 및 불활성기체로서 전기적으로 비전도성이며 휘발성이 있거나 증발 후 잔여물을 남기지 않는 소화약제를 말한다.

개념플러스 오존파괴지수와 지구온난화지수

1. Ozone Depletion Potential(오존파괴지수)
   ① CFC-11을 기준으로 오존 파괴 능력을 상대적으로 나타낸 지표
   ② $ODP = \frac{\text{비교물질 1kg이 파괴하는 오존량}}{\text{CFC-11 1kg이 파괴하는 오존량}}$
2. GWP(Global Warming Potential, 지구온난화지수)
   ① CO_2 기준으로 물질 1kg 지구온난화영향 상대적으로 나타낸 지표
   ② $GWP = \frac{\text{비교물질 1kg이 기여하는 지구온난화정도}}{CO_2\text{ 1kg이 기여하는 지구온난화정도}}$
   ③ 지구온난화 주된 역할: 이산화탄소

010	대기잔존년수(ALT; Atmosphere Life Time)	답 ③

• 대기잔존년수(ALT; Atmosphere Life Time): 어떤 물질이 방사되어 분해되지 않은 채로 존재하는 기간, 즉 대기 중에 존재하는 기간을 년수로 표시한 것이다.
• 대기 중에 잔존하는 시간이 길수록 오래 머물기 때문에 잔존시간이 짧을수록 좋다.

개념플러스 용어의 정의

1. 오존파괴지수(ODP; Ozone Depletion Potential)

   $$ODP = \frac{\text{비교물질 1kg이 파괴하는 오존량}}{\text{CFC-11 1kg이 파괴하는 오존량}}$$

2. 지구온난화지수(GWP; Global Warming Potential)

   $$GWP = \frac{\text{비교물질 1kg이 기여하는 지구온난화 정도}}{\text{이산화탄소}(CO_2)\text{ 1kg이 기여하는 지구온난화 정도}}$$

3. 대기잔존년수(ALT; Atmosphere Life Time): 어떤 물질이 방사되어 분해되지 않은 채로 존재하는 기간, 즉 대기 중에 존재하는 기간을 년수로 표시한 것이다.
4. NOAEL(No Observed Adverse Effect Level): 소화약제를 방출시킨 후 농도를 증가시켰을 때 인체(심장)에 생리학적 또는 독성의 악영향이 감지되지 않는 최대 농도이다.
5. LOAEL(Lowest Observed Adverse Effect Level): 공간에 방출된 소화약제의 농도를 감소시켰을 때 인체(심장)에 생리학적 또는 독성의 악영향이 감지되는 최소 농도이다.
6. 반수치사농도(LC50; Lethal Concentration 50%): 성숙한 흰 쥐의 집단에 대해 대기 중에서 1시간 동안의 흡입실험(노출시키는 실험)에 의하여 14일 이내에 실험동물의 50%를 사망시킬 수 있는 독성물질의 최저 농도이다.
7. 근사치사농도(ALC; Approximate Lethal Concentration): 실험대상 동물(쥐)의 50%가 15분 이내에 사망하는 농도이다.

07 | 분말소화약제

정답

p. 104

001	①	002	④	003	②	004	②	005	③
006	④	007	③	008	③	009	①	010	②
011	④	012	③	013	③				

001 제1종 분말소화약제 답 ①

주성분이 탄산수소나트륨인 제1종 분말소화약제의 주된 소화효과는 부촉매소화효과이며, 식용유화재(K급 화재)의 경우 비누화현상에 따른 소화효과가 다른 분말소화약제에 비해 뛰어나다.

- 제1종 분말소화약제: 탄산나트륨, 이산화탄소, 물이 생성된다.

$$2NaHCO_3 \xrightarrow[\triangle]{270℃} Na_2CO_3 + CO_2\uparrow + H_2O\uparrow - 30.3kcal$$

- Na^+: 부촉매, 비누화효과가 있다.

선지분석

① 제1종 분말소화약제: 부촉매효과, 질식효과, 냉각효과, 비누화효과, 복사열차단효과
② 제2종 분말소화약제: 부촉매효과, 질식효과, 냉각효과, 복사열차단효과
③ 제3종 분말소화약제: 부촉매효과, 질식효과, 냉각효과, 방진효과, 탈수·탄화효과, 복사열차단효과
④ 제4종 분말소화약제: 부촉매효과, 질식효과, 냉각효과, 복사열차단효과

- 제1종 분말소화약제: 비누화효과
- 제3종 분말소화약제: 방진효과, 탈수·탄화효과

002 분말소화약제의 화재 시 열분해 방정식 답 ④

- 제1종 분말소화약제: 탄산나트륨, 이산화탄소, 물이 생성된다.

$$2NaHCO_3 \xrightarrow[\triangle]{270℃} Na_2CO_3 + CO_2\uparrow + H_2O\uparrow - 30.3kcal$$

- 제2종 분말소화약제: 탄산칼륨, 이산화탄소, 물이 생성된다.

$$2KHCO_3 \xrightarrow[\triangle]{190℃} K_2CO_3 + CO_2\uparrow + H_2O\uparrow - 29.82kcal$$

- 제3종 분말소화약제: 메타인산(HPO_3), 암모니아, 물이 생성된다.

$$NH_4H_2PO_4 \xrightarrow[\triangle]{360℃} HPO_3 + NH_3\uparrow + H_2O\uparrow - 76.95kcal$$

- 제4종 분말소화약제: 탄산칼륨, 암모니아, 이산화탄소가 생성된다.

$$2KHCO_3 + (NH_2)_2CO \rightarrow K_2CO_3 + 2NH_3 + 2CO_2\uparrow - Q\,kcal$$

- 따라서 제1종과 제2종의 열분해 시 생성되는 물질에 공통적으로 들어있는 것은 수증기, 이산화탄소이다. 제3종 열분해 시 생성되는 물질에 이산화탄소가 없고, 제4종 열분해 시 생성되는 물질에 수증기는 없다.

003 분말소화약제의 소화효과 답 ②

제거소화는 분말소화약제의 소화효과에 해당되지 않는다.

선지분석

①③④ 질식소화, 복사열(방사열)차단효과, 부촉매소화는 분말소화약제의 소화효과에 해당된다.

004 제1종 분말소화약제 답 ②

제1종 분말 소화약제의 주성분은 탄산수소나트륨(중탄산나트륨)[$NaHCO_3$]이다.

005 제3종 분말소화약제 답 ③

제3종 분말소화약제는 주성분은 제1인산암모늄($NH_4H_2PO_4$)이며, 인산염이라고도 한다.

선지분석

① 탄산수소나트륨($NaHCO_3$): 제1종 분말소화약제의 주성분이다.
② 탄산수소칼륨($KHCO_3$): 제2종 분말소화약제의 주성분이다.
④ 탄산수소칼륨과 요소[$KHCO_3 + (NH_2)_2CO$]: 제4종 분말소화약제의 주성분이다.

006 제3종 분말소화약제 화학반응식 답 ④

$$NH_4H_2PO_4 \xrightarrow[\triangle]{360℃} HPO_3 + NH_3\uparrow + H_2O\uparrow - 76.95kcal$$

$NH_4H_2PO_4$	HPO_3	$NH_3\uparrow$	$H_2O\uparrow$	$-76.95kcal$
제1인산암모늄	메타인산 방진효과	암모니아 <질식> 암모늄 [NH_4^+] <부촉매효과>	수증기 <질식>	-Q <냉각효과>

개념플러스 제3종 분말소화약제

제3종 분말소화약제의 주성분인 제1인산암모늄으로부터 360℃ 이상의 온도에서 열분해하는 과정 중에 생성되는 액체상태의 점성을 가진 메타인산(HPO_3)이 일반가연물질인 나무, 종이, 섬유 등의 연소과정인 잔진상태(불꽃 없이 숯불모양으로 연소하는 형태)의 숯불표면에 유리(glass)상의 피막을 이루어 공기 중의 산소의 공급을 차단시키며, 숯불모양으로 연소하는 작용을 방지한다. 이러한 과정에 의해서 소화된 화재는 주위에 점화원이 존재하더라도 재착화할 위험이 없다.

007 제3종 분말소화약제 답 ③

제3종 분말소화약제와 관련된 내용이다.

$$NH_4H_2PO_4 \xrightarrow[\triangle]{360℃} HPO_3 + NH_3\uparrow + H_2O\uparrow -76.95kcal$$

제1인산암모늄	메타인산 방진효과	암모니아 <질식> 암모늄 [NH_4^+] <부촉매효과>	수증기 <질식>	-Q <냉각효과>

선지분석

① 제1종 분말소화약제

$$2NaHCO_3 \xrightarrow[\triangle]{270℃} Na_2CO_3 + CO_2\uparrow + H_2O\uparrow - 30.3kca$$

탄산수소나트륨 (중탄산나트륨)	탄산나트륨 Na^+ 나트륨 이온 <부촉매효과, 비누화효과>	이산화탄소	수증기 <질식>	-Q <냉각효과>

② 제2종 분말소화약제

$$2KHCO_3 \xrightarrow[\triangle]{190℃} K_2CO_3 + CO_2\uparrow + H_2O\uparrow - 29.82kcal$$

탄산수소 나트륨 (중탄산칼륨)	탄산칼륨 K^+ 칼슘이온 <부촉매효과>	이산화탄소	수증기 <질식>	-Q <냉각효과>

④ 제4종 분말소화약제

$$2KHCO_3 + (NH_2)_2CO$$

탄산수소칼슘 요소

$$\rightarrow K_2CO_3 + 2NH_3 + 2CO_2\uparrow - Qkcal$$

탄산칼륨 K^+ <부촉매효과>	암모니아 <질식> NH_4^+ <부촉매효과>	이산화탄소 <질식>	<냉각>

008 제3종 분말소화약제 답 ③

NH_4(암모늄): 부촉매작용

선지분석

① 수증기(H_2O): 질식작용(냉각작용가능)
② 메타인산(HPO_3): 방진작용
③ 암모니아(NH_3): 질식작용
④ 올소인산(H_3PO_4): 탈수·탄화작용

009 제3종 분말소화약제 답 ①

백색으로 착색되어 있는 것은 제1종 분말소화약제에 해당한다.

종별	표시색상
제1종 분말	백색
제2종 분말	담회색(보라색)
제3종 분말	담홍색(노란색)
제4종 분말	회색

선지분석

②③④ 제3종 분말소화약제는 주성분이 제1인산암모늄($NH_4H_2PO_4$)으로서 금속화재(D급 화재)를 제외한 모든 화재에 적응성이 있다. 현재 생산되고 있는 분말소화약제의 대부분을 차지하고 있다.

010 분말소화약제 답 ②

열분해 반응에서 제1·2·4종 분말소화약제는 CO_2가 생성되나 제3종 분말소화약제는 CO_2가 생성되지 않는다.

- 제1종과 제2종 생성물에 공통적으로 들어있는 것은 수증기, 이산화탄소이다.
- 제3종 생성물에는 이산화탄소 없다.
- 제4종 생성물에는 수증기 없다.

개념플러스 분말소화약제

$$2NaHCO_3 \xrightarrow[\triangle]{270℃} Na_2CO_3 + CO_2\uparrow + H_2O\uparrow -30.3kcal$$

탄산수소 나트륨 (중탄산나트륨)	탄산나트륨 Na^+ 나트륨 이온 <부촉매효과, 비누화효과>	이산화탄소	수증기 <질식>	-Q <냉각효과>

▲ 제1종 분말 소화약제[B, C, K급(백색)]

$$2KHCO_3 \xrightarrow[\triangle]{190℃} K_2CO_3 + CO_2\uparrow + H_2O\uparrow -29.82kcal$$

탄산수소 나트륨 (중탄산칼륨)	탄산칼륨 K^+ 칼슘이온 <부촉매효과>	이산화탄소	수증기 <질식>	-Q <냉각효과>

▲ 제2종분말 소화약제[B, C급(담회색)]

$$NH_4H_2PO_4 \xrightarrow[\triangle]{360℃} HPO_3 + NH_3\uparrow + H_2O\uparrow -76.95kcal$$

제1인산암모늄	메타인산 방진효과	암모니아 <질식> 암모늄 [NH_4^+] <부촉매효과>	수증기 <질식>	-Q <냉각효과>

▲ 제3종분말 소화약제[A, B, C급(담홍색)]

$$2KHCO_3 + (NH_2)_2CO$$

탄산수소칼슘 요소

$$\rightarrow K_2CO_3 + 2NH_3 + 2CO_2\uparrow - Qkcal$$

탄산칼륨 K^+ <부촉매효과>	암모니아 <질식> 암모늄 [NH_4^+] <부촉매효과>	이산화탄소 <질식>	<냉각>

▲ 제4종분말 소화약제[B, C급(회색)]

011 분말소화약제 답 ④

(선지분석)

종별	주성분	표시색상
제1종 분말	탄산수소나트륨(중탄산나트륨, 중조)	백색
제2종 분말	탄산수소칼륨(중탄산칼륨)	담회색(보라색)
제3종 분말	제1인산암모늄	담홍색(노란색)
제4종 분말	탄산수소칼륨(중탄산칼륨) + 요소	회색

012 분말소화약제 답 ③

분말의 입도가 너무 커도, 너무 작아도 소화성능이 떨어진다. 사용되는 분말의 입도는 10~75㎛ 범위이며 최적의 소화효과를 나타내는 입도는 20~25㎛이다.

(선지분석)

① 고체이기 때문에 유동성이 없다. 따라서 별도의 가압원이 필요하다(압력원: 주로 N_2 또는 CO_2의 압력).

② • 방습처리제(발수제)
  - 1종, 2종, 4종: 금속의 스테아린산 마그네슘, 금속의 스테아린산 아연
  - 3종: 실리콘유
• 고결방지제(유동제)
  - 1종, 2종, 4종: 탄산마그네슘, 인산칼슘
  - 3종: 운모분, 활석분

④ 고체이기 때문에 얼굴에 분사 시 시야장애를 일으킬 수 있고, 먹어보면 목이 칼칼하여 호흡곤란을 일으킬 수 있다.

013 소화약제 답 ③

수성막포소화약제는 부촉매소화와 관련이 없다.

개념플러스 부촉매(억제)소화효과가 주된 소화약제

1. 할론소화약제
2. 분말소화약제
3. 할로겐화합물 소화약제
4. 강화액소화약제
5. 고체에어졸소화약제

PART 3 위험물의 종류별 특성과 소화방법

01 | 제1류 위험물(산화성 고체)

정답

p. 110

001	②	002	①	003	②	004	②	005	④
006	①	007	①	008	③	009	②	010	③

001 제1류 위험물 답 ②

- 제1류 위험물인 산화성 고체라 함은 고체로서 산화력의 잠재적인 위험성 또는 충격에 대한 민감성을 판단하기 위하여 소방청장이 정하여 고시하는 시험에서 고시로 정하는 성질과 상태를 나타내는 것을 말한다.
- 제6류 위험물인 산화성 액체라 함은 액체로서 산화력의 잠재적인 위험성을 판단하기 위하여 소방청장이 정하여 고시하는 시험에서 고시로 정하는 성질과 상태를 나타내는 것을 말한다.

002 제1류 위험물 답 ①

선지분석

② 산화성 고체(불연성 고체)로 강산화제로 작용한다.
③ 무기과산화물(알칼리금속과산화물)은 물과 반응하여 산소를 발생하고 발열하므로 주수를 통한 냉각소화가 적합하지 않다.
④ 아염소산염류, 염소산염류, 과염소산염류, 브로민산염류, 무기과산화물, 질산염류 등이 제1류 위험물에 해당된다.
- 질산염류: 제1류 위험물
- 유기과산화물: 제5류 위험물
- 과산화수소, 과염소산: 제6류 위험물

개념플러스 류별 위험물의 대표적 성질

1. 제1류 위험물: 산화성 고체
2. 제2류 위험물: 가연성 고체
3. 제3류 위험물: 금수성 및 자연발화성
4. 제4류 위험물: 인화성 액체
5. 제5류 위험물: 자기반응성 물질
6. 제6류 위험물: 산화성 액체

003 제1류 위험물의 공통성질 답 ②

선지분석

① 모두 불연성 물질이다.
③ 물보다 무겁고 물에 녹는 것이 많다.
④ 대부분 무기화합물이다. 대부분 무색결정이나 백색의 분말상태의 고체 물질이다.

004 제1류 위험물의 공통성질 답 ②

무기과산화물(알칼리금속 과산화물)은 물과 반응하여 산소(O_2)를 발생하고 발열한다.

005 위험물의 종류 답 ④

과염소산염류, 질산염류는 제1류 위험물(산화성 고체)에 해당한다.

선지분석

① 과염소산, 과산화수소: 제6류 위험물(산화성 액체)
② • 유기과산화물: 제5류 위험물(자기반응성 물질)
  • 무기과산화물: 제1류 위험물(산화성고체)
③ • 아조화합물: 제5류 위험물(자기반응성 물질)
  • 염소산염류: 제1류 위험물(산화성고체)

006 제1류 위험물 수납 시 주의사항 답 ①

- 알칼리금속의 과산화물 또는 이를 함유한 것: 화기·충격주의, 물기엄금 및 가연물 접촉주의
- 그 밖의 것: 화기·충격주의 및 가연물접촉주의

007 제1류 위험물(산화성 고체) 답 ①

- 소화방법(무기과산화물 제외): 주수(물)소화[주수(냉각)소화]
- 무기과산화물(알칼리금속 과산화물) 소화방법: 과산화칼륨, 과산화나트륨, 과산화마그네슘, 과산화칼슘, 과산화바륨은 금수성 물질이므로 마른 모래, 팽창질석, 팽창진주암, 금속화재용 분말소화기(드라이파우더)로 질식소화

선지분석

②③ 마그네슘, 알킬알루미늄은 마른 모래, 팽창질석, 팽창진주암, 금속화재용 분말소화기(드라이파우더)로 질식소화한다.
④ 알코올은 수용성이므로 내알코올포를 사용한다.

008	**염소산염류**	답 ③

염소산염류는 제1류 위험물로, 산화성 고체이다.

참고

제1류 위험물(염소산염류 등)은 염기성이므로 강산과 혼합하면 폭발한다.

009	**제1류 위험물**	답 ②

강력한 산화제이며 분해하여 산소를 방출한다.

선지분석

④ 불연성 물질로서 자체는 연소하지 않지만 다른 가연물의 연소를 돕는 지(조)연성 물질이다.

010	**위험물**	답 ③

- 제1류 위험물(산화성고체)인 무기(알칼리금속)과산화물은 물과 반응하여 산소(O_2)를 발생하고 발열한다.
- 무기(알칼리금속)과산화물: 과산화나트륨, 과산화칼륨, 과산화마그네슘, 과산화칼슘, 과산화바륨

선지분석

① 제3류 위험물인 칼륨+물 → 수소가스 발생
② 제3류 위험물인 탄화칼슘+물 → 아세틸렌가스 발생
④ 제2류 위험물인 오황화인+물 → 황화(유화)수소가스 발생

02 | 제2류 위험물(가연성 고체)

정답

p. 113

001	④	002	②	003	③	004	④	005	③
006	①	007	④	008	①	009	②	010	③

001	**제2류 위험물**	답 ④

가연성 고체라 함은 고체로서 화염에 의한 발화의 위험성 또는 인화의 위험성을 판단하기 위하여 고시로 정하는 시험에서 고시로 정하는 성질과 상태를 나타내는 것을 말한다.

개념플러스 제2류 위험물의 「위험물안전관리법」상의 범위 및 한계

1. 가연성 고체라 함은 고체로서 '화염에 의한 발화의 위험성' 또는 '인화의 위험성'을 판단하기 위하여 고시로 정하는 시험에서 고시로 정하는 성질과 상태를 나타내는 것을 말한다.
2. 황은 순도가 60중량퍼센트 이상인 것을 말하며, 순도 측정을 하는 경우 불순물은 활석 등 불연성 물질과 수분으로 한정한다.
3. 철분이라 함은 철의 분말로서 54마이크로미터의 표준체를 통과하는 것이 50중량퍼센트 미만인 것은 제외한다.
4. 금속분이라 함은 알칼리금속·알칼리토금속류·철 및 마그네슘 외의 금속의 분말을 말하고, 구리분·니켈분 및 150마이크로미터의 체를 통과하는 것이 50중량퍼센트 미만인 것은 제외한다.
5. 마그네슘 및 제2류 제8호의 물품 중 마그네슘을 함유한 것에 있어서는 다음에 해당하는 것은 제외한다.
   ① 2밀리미터의 체를 통과하지 아니하는 덩어리 상태의 것
   ② 직경 2밀리미터 이상의 막대 모양의 것
6. 인화성 고체라 함은 고형알코올 그 밖에 1기압에서 인화점이 40도 미만인 고체를 말한다.

002	**제2류 위험물의 공통성질**	답 ②

제2류 위험물에 대한 설명이다.

개념플러스 제2류 위험물

1. 대표적인 성질은 가연성 고체이다.
2. 비교적 낮은 온도에서 착화(발화)하기 쉬운 이연성, 속연성 물질이다.
3. 대부분 물보다 무겁고 물에 녹지 않는다.
4. 인화성 고체를 제외하고 모두 무기화합물이며, 강력한 환원성 물질이다.
5. 강력한 환원제로서 산소(O_2)와 결합이 용이하여 산화되기 쉽고 저농도의 산소에서도 결합한다.

003 제2류 위험물 답 ③

제2류 위험물의 종류는 다음과 같다.

- 지정수량 100kg: 황, 황화인, 적린
- 지정수량 500kg: 철분, 마그네슘, 금속분류(알루미늄분, 아연분, 안티몬분 등)
- 지정수량 1,000kg: 인화성 고체

선지분석

①②④ 황린, 탄화칼슘, 나트륨은 제3류 위험물에 해당한다.

004 제2류 위험물에 관한 공통성질 답 ④

선지분석

① 제3류 위험물에 관한 내용으로, 황린을 제외한 모두 물과 접촉 시 가연성 가스를 발생한다.

②③ 제1류, 제6류 위험물에 대한 내용이다.

개념플러스 제2류 위험물

1. 대표적인 성질은 가연성 고체이다. 비교적 낮은 온도에서 착화(발화)하기 쉬운 이연성, 속연성 물질이다.
2. 대부분 물보다 무겁고 물에 녹지 않는다. 인화성 고체를 제외하고 모두 무기화합물이며 강력한 환원성 물질이다.
3. 강력한 환원제로서 산소(O_2)와 결합이 용이하여 산화되기 쉽고 저농도의 산소에서도 결합한다.
4. 연소 시 연소열이 크고 연소온도가 높다. 연소생성물은 유독한 것이 많다.
5. 모두 가연성 물질이므로 무기과산화물과 혼합한 것은 소량의 수분에 의해 발화한다.
6. 금속분류, 철분, 마그네슘은 물과 반응하여 수소(H_2)가스를 발생한다.

005 금속분 화재 답 ③

금속분류, 철분, 마그네슘은 물(뜨거운 물)과 반응하여 수소(H_2)가스를 발생한다.

선지분석

① 탄화알루미늄(Al_4C_3) + 물(H_2O) → 수산화알루미늄과 메탄가스(CH_4) 발생

$$Al_4C_3 + 12H_2O \Rightarrow 4Al(OH)_3 + 3CH_4 + Q\uparrow$$

② 금속인화합물인 인화칼슘(인화석회)(Ca_3P_2) + 물(H_2O) 또는 묽은산 → 수산화칼슘과 포스핀가스(인화수소)(PH_3) 발생

$$Ca_3P_2 + 6H_2O \Rightarrow 3Ca(OH)_2 + 2PH_3 + Q\uparrow$$

④ 탄화칼슘(카바이트)(CaC_2) + 물(H_2O) → 수산화칼슘과 아세틸렌가스(C_2H_2) 발생

$$CaC_2 + 2H_2O \Rightarrow Ca(OH)_2 + C_2H_2 + Q\uparrow$$

006 위험물의 저장방법 답 ①

마그네슘은 물, 습기, 습한 공기, 산과의 접촉을 피하여 밀전·밀봉된 용기에 저장한다. 마그네슘은 산 및 온수와 반응하여 가연성 가스인 수소를 발생하므로 물 속에 저장하여서는 안 된다.

개념플러스 마그네슘과 물과의 반응식

$$Mg + 2H_2O \rightarrow Mg(OH)_2 + H_2\uparrow$$

선지분석

② 황린: 물 속 저장(자연발화, 유독성인 오산화인, 가연성·유독성 가스인 포스핀(PH_3) 발생 억제를 위한 물 속 저장)

③ 이황화탄소: 물 속 저장(비중차에 의한 물 속 저장)

④ 나트륨: 석유(등유, 경유, 파라핀유, 벤젠) 속 저장

007 제2류 위험물의 소화대책 답 ④

황, 적린은 주수소화에 의한 냉각소화가 가능하다.

선지분석

①②③ 금속분, 철분, 마그네슘, 황화인: 마른 모래, 건조분말, 금속화재용 분말소화기(드라이파우더) 등으로 질식소화

008 가연성 고체 답 ①

황린은 제3류 위험물(금수성 및 자연발화성 물질) 중 자연발화성 물질이다.

개념플러스 제2류 위험물(가연성 고체)

지정수량	품명
100kg	• 황화인[삼황화인(P_4S_3), 오황화인(P_2S_5), 칠황화인(P_4S_7)] • 적린(P) • 황(S)
500kg	• 철분(Fe) • 마그네슘(Mg) • 금속분[알루미늄분(Al), 아연분(Zn), 안티몬분(Sb)]
1,000kg	인화성 고체(락카퍼티, 고무풀, 고형알코올, 메타알데히드, 제3부틸알코올)

009 「위험물안전관리법」상의 범위와 한계 답 ②

가연성 고체가 아니라 인화성 고체에 대한 설명이다. 인화성 고체라 함은 고형알코올과 그 외에 1기압에서 인화점이 40도 미만인 고체를 말한다. 인화성 고체의 종류는 고무풀, 락카퍼티, 고형알코올, 메타알데히드, 제3부틸알코올가 있다.

010	위험물의 분류	답 ③

제3류 위험물에 관한 설명이다. 제3류 위험물의 나트륨은 은백색의 광택이 있는 경금속으로 칼로 잘 잘리는 연하고 무른 금속이다. 물보다 가볍고 융점이 낮다.

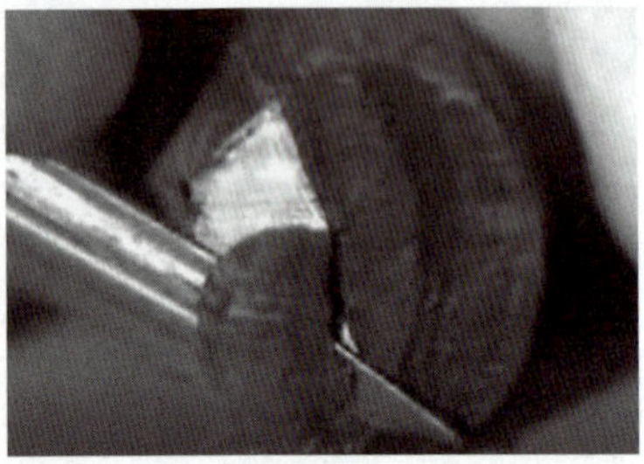

▲ 나트륨

03 | 제3류 위험물 (금수성 물질 및 자연발화성 물질)

정답 p. 116

001	④	002	①	003	④	004	②	005	④
006	④	007	②	008	④	009	①	010	③
011	①	012	①	013	③	014	②	015	③
016	④	017	①	018	③	019	⑤		

001	제3류 위험물	답 ④

"자연발화성물질 및 금수성물질"이라 함은 고체 또는 액체로서 공기 중에서 발화의 위험성이 있거나 물과 접촉하여 발화하거나 가연성가스를 발생하는 위험성이 있는 것을 말한다.

002	제3류 위험물	답 ①

황화인은 제2류 위험물인 가연성 고체이다.

선지분석

② 알킬알루미늄은 제3류 위험물인 금수성·자연발화성 물질이다.
③ 황린은 제3류 위험물인 자연발화성 물질이다.
④ 칼슘 또는 알루미늄 탄화물은 제3류 위험물인 금수성 물질이다.

003	탄화칼슘	답 ④

- 탄화칼슘은 물과 반응 시 수산화칼슘과 아세틸렌 가스(C_2H_2)가 발생한다[$CaC_2 + 2H_2O \rightarrow Ca(OH)_2 + C_2H_2 + Q \uparrow$].
- 탄화칼슘(카바이트)은 아세톤에 저장하거나 질소가스 등 불연성 가스에 봉입한다.

선지분석

①②③ 리튬, 칼륨, 나트륨은 물과 반응 시 수소가스가 발생하므로 석유(기름) 속에 저장한다.

004	수소	답 ②

수소가스는 가연성 가스로서 폭발범위(연소범위, 가연범위)가 4 ~ 75%이며, 연소 시 연소속도가 빠르며, 폭발성이 대단히 크다. 일반적으로 연소범위(폭발범위, 가연범위)가 넓으면 폭발성이 강하다.

005	위험물 저장 및 취급방법	답 ④

황린은 물과 반응하지 않으며, 물에 잘 녹지 않는다.

선지분석

①② 금속칼륨과 금속나트륨은 석유(경유, 등유) 속에 보관한다.
③ 이황화탄소는 가연성 가스의 발생을 방지하기 위하여 물 속에 보관한다.

개념플러스 황린(P_4)

1. 백색 또는 담황색의 정사면체 구조를 가진 왁스상의 가연성 자연발화성 고체이다.
2. 물과 반응하지 않으며, 물에 잘 녹지 않는다.
3. 강한 마늘 냄새가 나며 증기는 공기보다 무거우며, 매우 자극적이며 유독성 물질이다.
4. 공기를 차단하고 260℃ 가열하면 적린으로 변한다.
5. 황린은 고온·다습의 환경에서 발화점이 약 34℃로서 매우 낮고 화학적으로 활성이 크고 공기 중 산소와 결합할 때 발생하는 산화열이 크기 때문에 공기 중 노출이 되어 방치하면 액화되면서 자연발화한다.
6. 저장은 반드시 저장용기에 물을 넣어 보관한다. 이유는 자연발화억제 및 가연성·유독성인 포스핀(PH_3)가스의 발생을 억제하기 위해서이다.

006	위험물의 유별 특성	답 ④

ㄱ. 제1류 위험물인 아염소산나트륨은 불연성, 조해성, 수용성이며, 무색 또는 백색의 결정성 분말 형태이다.
ㄴ. 마그네슘, 알루미늄분, 아연분, 철분, 안티몬 등은 끓는 물과 접촉 시 수소가스를 발생시킨다.

ㄷ. 황린은 고온·다습의 환경에서 발화점이 약 34℃로서 매우 낮으며, 화학적으로 활성이 크고 공기 중 산소와 결합할 때 발생하는 산화열이 크기 때문에 공기 중 노출이 되어 방치되면 액화되면서 자연발화한다.

참고 액화(液化): 기체가 냉각·압축되어 액체로 변하거나 고체가 녹아 액체로 되는 현상 또는 그렇게 만드는 일(액체화)

007	제3류 위험물의 공통사항	답 ②

황린을 제외한 나머지는 물로 주수소화를 하면 가연성 가스가 발생하여 물로 인한 소화를 할 수 없다.

선지분석

① 알킬알루미늄, 알킬리튬, 유기금속화합물은 유기화합물이고 나머지는 무기화합물이다.

③ 제3류 위험물의 소화방법은 건조사, 팽창질석, 팽창진주암, 건조분말, 금속화재용 분말소화기(드라이파우더) 등으로 질식소화한다.

008	금속나트륨	답 ④

금속나트륨 화재 시 소화대책은 다음과 같다.

- 주수엄금에 유의해야 한다.
- 포·물분무·할론·이산화탄소소화약제를 사용할 수 없다.
- 칼륨, 나트륨은 격렬히 연소하기 때문에 특별한 소화수단이 없으므로 연소할 때 연소확대 방지에 주력하여야 한다.
- 화재 초기에 건조사, 팽창질석, 팽창진주암, 드라이파우더 등을 이용한 질식소화를 한다.
- 화재 초기에 금속화재용(탄산수소염류) 분말소화약제(드라이파우더)에 의한 질식소화를 한다.

009	탄화알루미늄	답 ①

- 탄화알루미늄[Al_4C_3]+물[H_2O] → 수산화알루미늄[$Al(OH)_3$]과 메탄가스[CH_4] 발생

$$Al_4C_3 + 12H_2O \rightarrow 4Al(OH)_3 + 3CH_4 + Q\uparrow$$

- 탄화칼슘(카바이트)[CaC_2]+물[H_2O] → 수산화칼슘[$Ca(OH)_2$]과 아세틸렌가스[C_2H_2] 발생

$$CaC_2 + 2H_2O \rightarrow Ca(OH)_2 + C_2H_2 + Q\uparrow$$

선지분석

② 금속인 화합물인 인화칼슘(인화석회)[Ca_3P_2]+물[H_2O] 또는 묽은산 → 수산화칼슘[$Ca(OH)_2$]과 포스핀가스 = 인화수소[PH_3] 발생

$$Ca_3P_2 + 6H_2O \Rightarrow 3Ca(OH)_2 + 2PH_3 + Q\uparrow$$

④ 알킬알루미늄[$(R)_3Al$] 중 트리에틸알루미늄[$(C_2H_5)_3Al$]+물[H_2O] → 수산화알루미늄[$Al(OH)_3$]과 에테인 가스[C_2H_6] 발생

$$(C_2H_5)_3Al + 3H_2O \Rightarrow Al(OH)_3 + 3C_2H_6 + Q\uparrow$$

010	금수성 물질의 소화대책	답 ③

제3류 위험물 중 금수성 물질의 소화방법은 건조사, 팽창질석, 팽창진주암, 건조분말, 금속화재용 분말소화기(드라이파우더) 등으로 질식소화한다.

선지분석

① 탄화칼슘(카바이트)은 물과 반응 시 아세틸렌 가스를 발생하므로 물을 사용하여서는 안 된다.

②④ 탄화칼슘 연소 시 포·물 분무·할론·이산화탄소소화약제를 사용할 수 없다.

011	위험물의 유별 소화방법	답 ①

- 탄화칼슘 화재 시 다량의 물로 냉각소화할 수 없다. 탄화칼슘 화재 시 마른모래, 팽창질석, 팽창진주암, 금속화재용분말소화기(드라이파우더)로 질식소화한다.
- 탄화칼슘(카바이트)[CaC_2]+물[H_2O]→ 수산화칼슘[$Ca(OH)_2$]과 아세틸렌가스[C_2H_2]↑ 발생

$$CaC_2 + 2H_2O \rightarrow Ca(OH)_2 + C_2H_2 + Q\uparrow$$

탄화칼슘(카바이트) 아세톤에 저장 또는 질소가스 등 불연성가스를 봉입한다.

선지분석

③ 알킬알루미늄[$(R)_3Al$] 중 트리에틸알루미늄[$(C_2H_5)_3Al$], 알킬리튬[RLi] 중 메틸리튬(RLi)
- 트리에틸알루미늄[$(C_2H_5)_3Al$]+물[H_2O] → 에테인가스[C_2H_6]↑ 발생
- 메틸리튬(RLi)+물[H_2O] → 메테인가스[CH_4]↑ 발생
- 저장 및 취급방법: 알킬알루미늄[$(R)_3Al$]은 벤젠, 톨루엔, 헥산 등 탄화수소 용제 속에 넣고 불활성기체로 봉입한다.

012	탄화칼슘	답 ①

탄화칼슘(카바이트)은 산화칼슘(생석회)과 코크스를 전기로에서 3,000℃로 가열하여 용융한 후 덩어리를 분쇄하여 얻는 물질이다. 탄화칼슘은 물과 반응 시 아세틸렌가스를 생성하는 위험물이다.

013	알킬알루미늄 화재 시 소화 대책	답 ③

화재 초기에 팽창질석, 팽창진주암, 규조토, 소다회, 탄산수소나트륨, 탄산수소칼륨을 주재로 한 건조분말로 질식소화하고 화재 주변을 마른 모래 등으로 차단하여 화재확대 방지에 주력하여야 한다.

선지분석

① 주수엄금에 유의해야 한다.
②④ 포·물분무·할론·이산화탄소소화약제를 사용할 수 없다.

014	위험물의 특성	답 ②

알킬알루미늄은 자연발화를 방지하기 위하여 저장용기 상부에 불연성 가스를 봉입해놓는다.

선지분석

① 제1류 위험물인 산화성 고체의 소화대책은 일반적으로 주수소화한다.
③ 적린은 물로서 냉각소화한다. → 제2류 위험물
소량의 적린인 경우에는 마른 모래나 이산화탄소 소화약제도 일시적인 효과가 있다.
④ 황린은 물 속에 저장한다. → 제3류 위험물

015	위험물 수납시 주의사항	답 ③

- 제3류 위험물 - 금수성 물질 - 물기엄금
- 제3류 위험물 - 자연발화성 물질 - 화기엄금·공기접촉엄금
- 제2류, 제3류, 제4류, 제5류 - 화기엄금
- 제1류, 제6류 - 화기엄금 없음

016	황린	답 ④

황린은 물에 대해 위험한 반응을 초래하지 않으므로 약한 알칼리성 물속[PH9]에 저장한다.

017	금수성 물질	답 ①

- 황린 지정수량: 20kg
- 칼륨, 나트륨, 알킬리튬, 알킬알루미늄 지정수량: 10kg

018	위험물 지정수량	답 ③

제2류 위험물인 마그네슘은 500kg이다.

선지분석

① 제3류 위험물인 탄화칼슘: 300kg
② 제6류 위험물인 과염소산: 300kg
④ 제3류 위험물인 금속의 인화물(금속인 화합물): 300kg

019	제3류 위험물	답 ⑤

선지분석

① 나트륨: 10kg
② 황린: 20kg
③ 알칼리토금속: 50kg
④ 알킬리튬: 10kg

04 | 제4류 위험물(인화성 액체)

정답 p. 121

001	①	002	③	003	②	004	①	005	③
006	③	007	②	008	④	009	④	010	①
011	③	012	④	013	③	014	③	015	②

001	제4류 위험물에 관한 기준	답 ①

"특수인화물"이라 함은 이황화탄소, 디에틸에테르 그 밖에 1기압에서 발화점이 100도 이하인 것 또는 인화점이 영하 20도 이하이고 비점이 40도 이하인 것을 말한다.

선지분석

② "제1석유류"라 함은 아세톤, 휘발유, 그 밖에 1기압에서 인화점이 21도 미만인 것을 말한다.
③ "제3석유류"라 함은 중유, 크레오소트유 그 밖에 1기압에서 인화점이 70도 이상 200도 미만인 것을 말한다.
④ "알코올류"라 함은 1분자를 구성하는 탄소원자의 수가 1개부터 3개까지인 포화 1가 알코올(변성알코올을 포함한다)을 말한다.

002	제1석유류	답 ③

제1석유류는 아세톤, 휘발유, 그 밖에 1기압(atm)에서 인화점이 섭씨 21도 미만인 것이다.

003 제4류 위험물 　답 ②

"알코올류"라 함은 1분자를 구성하는 탄소원자의 수가 1개부터 3개까지인 포화 1가 알코올(변성알코올을 포함한다)을 말한다.

> **개념플러스 제4류 위험물의 「위험물안전관리법」상의 범위 및 한계**
>
> 1. **의의**: "알코올류"라 함은 1분자를 구성하는 탄소원자의 수가 1개부터 3개까지인 포화 1가 알코올(변성알코올을 포함한다)을 말한다.
> 2. **알코올**: 탄화수소의 수소원자를 히드록시기 -OH로 치환한 화합물의 총칭이다.
> 3. **변성알코올**: 공업용 에탄올을 말한다.
> 4. **알코올류**
>   ① 메틸알코올: CH_3OH
>   ② 에틸알코올: C_2H_5OH
>   ③ 프로필알코올: C_3H_7OH

004 제4류 위험물의 공통 성질 　답 ①

일반적으로 액체 표면에서 증발된 증기는 공기보다 무겁다(시안화수소는 제외).

선지분석

④ 증기는 공기와 약간 혼합되어도 연소의 우려가 있다. 즉, 가솔린 연소범위(1.4~7.6) 하한이 낮으므로 약간의 증기만 있어도 연소의 우려가 있다.

005 제4류 위험물 　답 ③

제4류 위험물 중 제1석유류는 인화점이 낮고, 증기는 공기와 약간 혼합되어도 연소의 우려가 있다. 즉, 화재의 위험성이 있다. 예를 들면 제1석유류인 가솔린의 연소범위(1.4 ~ 7.6) 하한이 낮으므로 약간의 증기만 있어도 화재의 위험이 있다.

선지분석

① 제1류 위험물은 산화성 고체로서 불연성이면서 산소를 가지고 있다. 즉, 불연성이므로 폭발(연소)하지 않는다. 다만, 산소를 가지고 있으므로 다른물질이 잘 탈 수 있게 도와주는 조연성 물질(지연성 물질)에 해당된다.

② 제3류 위험물 중 황린은 자연발화성 물질이므로 화기와 공기의 접촉을 피해야 한다.

④ 제3류 위험물은 공기 중에 노출되거나 수분과 접촉하면 발화의 위험이 있다.

006 제4류 위험물 　답 ③

대부분 물보다 가볍지만(이황화탄소 제외), 증기비중은 공기보다 무겁다(시안화수소 제외).

> **개념플러스 제4류 위험물 저장 및 취급방법**
>
> 1. 용기는 밀전하여 통풍이 잘되는 찬 곳에 저장할 것
> 2. 화기 및 점화원으로부터 먼 곳에 저장할 것
> 3. 인화점 이상 가열하여 취급하지 말 것(제4류 위험물은 인화점으로 구분)
> 4. 정전기의 발생에 주의하여 저장·취급할 것
> 5. 증기 및 액체의 누설에 주의하여 저장할 것
> 6. 증기는 높은 곳으로 배출할 것

007 제4류 위험물 중 특수인화물 　답 ②

유기화합물로서 액표면에서 증발된 증기는 공기보다 무겁다.

008 제4류 위험물 중 특수인화물 　답 ④

- 구리, 마그네슘, 은, 수은 및 그 합금으로 된 취급설비는 아세트알데히드와 폭발적 반응에 의해 중합반응을 일으켜 구조불명의 폭발성 물질을 생성한다.
- 산화프로필렌은 구리, 마그네슘, 은, 수은 및 그 합금과 접촉시 폭발성 물질을 생성한다.

009 제4류 위험물의 인화점 크기 　답 ④

디에틸에테르는 영하 45도, 산화프로필렌은 영하 37도, 아세톤은 영하 18도이므로 디에틸에테르 < 산화프로필렌 < 아세톤의 순이다.

참고

제4류위험물 인화점 및 지정수량

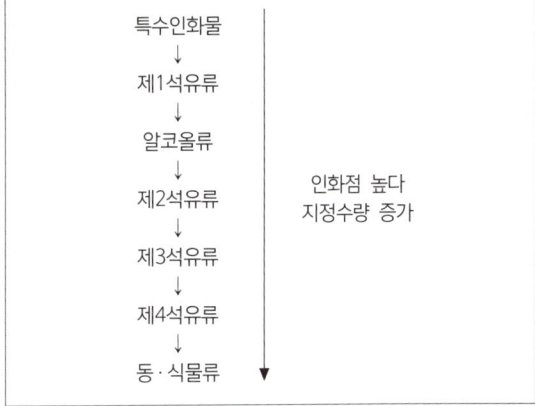

특수인화물
↓
제1석유류
↓
알코올류
↓
제2석유류
↓
제3석유류
↓
제4석유류
↓
동·식물류

(↓ 인화점 높다, 지정수량 증가)

010 이황화탄소 답 ①

이황화탄소는 물보다 무겁고 물에 녹기 어렵기 때문에 물을 채운 수조탱크에 저장하면 안전하다. 그 이유는 가연성의 증기발생을 억제할 수 있기 때문이다.

011 제1석유류 답 ③

제3석유류는 크레오소트유, 제4석유류는 윤활유(기어유, 실린더유)에 해당된다.

012 제4류 위험물 답 ④

동·식물류라 함은 동물의 지육 등 또는 식물의 종자나 과육으로부터 추출한 것으로서 1기압에서 인화점이 250도 미만인 것을 말한다.

013 제4류 위험물의 지정수량 답 ③

특수인화물류 < 알코올류 < 제1석유류 < 알코올류 < 제2석유류 < 제3석유류 < 제4석유류 < 동·식물류

특수인화물
↓
제1석유류
↓
알코올류
↓
제2석유류
↓
제3석유류
↓
제4석유류
↓
동·식물류

인화점 높다
지정수량 증가

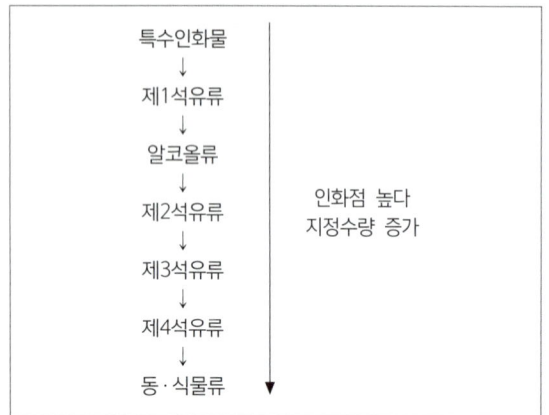

개념플러스 제4류 위험물의 지정수량

성질	품명		지정수량
인화성 액체	특수인화물류		50L
	제1석유류	비수용성 액체	200L
		수용성 액체	400L
	알코올류		400L
	제2석유류	비수용성 액체	1,000L
		수용성 액체	2,000L
	제3석유류	비수용성 액체	2,000L
		수용성 액체	4,000L
	제4석유류		6,000L
	동·식물류		10,000L

014 제4류 위험물의 소화방법 답 ③

- 비수용성 석유류 화재
  - 소규모 화재: 포소화약제, 가스계소화약제[이산화탄소(CO_2), 할론(Halon), 할로겐화합물 및 불활성기체, 분말소화약제], 물분무, 미분무소화약제에 의한 질식소화
  - 대규모 화재: 포소화약제에 의한 질식소화
- 수용성 석유류 화재
  - 소규모 화재: 다량의 물에 의한 희석소화
  - 대규모 화재: 알코올포 소화약제에 의한 질식소화

(선지분석)

① 타고 있는 위험물을 제거시킨다. 예를 들면 유류탱크에서 화재 발생 시 화재탱크의 위험물을 인접한 빈 탱크로 파이프라인 등을 통해 이송시키는 경우가 있다.

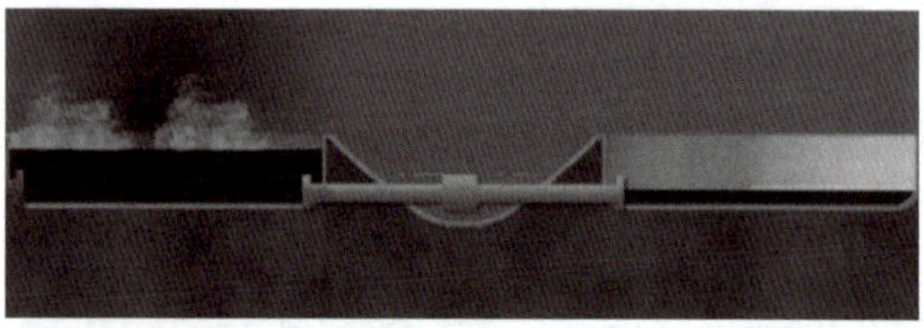

▲ 2018년 10월 7일 고양시 저유소화재 시 제거소화

④ 수용성 석유류 화재 시 알코올포 소화약제에 의한 질식소화, 다량의 물로 희석소화를 한다.

015 수용성인 알코올 포소화약제 답 ②

아세톤은 수용성이므로 (내)알코올 포소화약제로 소화한다. 탄화칼슘, 나트륨, 마그네슘은 마른모래, 팽창질석, 팽창진주암, 드라이파우더로 질식소화한다.

05 | 제5류 위험물(자기반응성 물질)

정답 p. 125

001	①	002	④	003	②	004	④	005	②
006	④	007	①	008	①	009	①		

001 제5류 위험물의 공통성질 답 ①

제1류 위험물인 무기과산화물(알칼리금속 과산화물)은 자신이 불연성 물질이기 때문에 연소가 불가능하다.

개념플러스 제5류 위험물의 공통성질

1. 무기화합물과 유기화합물로 구성되었다. 또한 유기과산화물을 제외하고는 질소를 함유한 유기 질소 화합물이다.
2. 모두 가연성 물질이고 자체분자 내에서 연소할 수 있고 분해할 때는 단시간 내에 이루어지며 연소할 때에는 다량의 가스를 발생한다.
3. 일부 품명은 액체이고 대부분이 고체이며, 모두 물보다 무겁다.
4. 대부분이 물에 잘 녹지 않으며, 물과 반응하는 물질은 없다.

002 제5류 위험물 답 ④

물질 자체 내에 산소를 함유하고 있는 물질은 공기 중의 산소 없이 자기연소한다. 즉, 자체 내 산소에 의해 연소한다.

선지분석

① 분말, CO_2, 할로겐 소화약제로 소화에 적응성이 없다. 즉, 질식소화 안 됨
② 자기반응성 물질로서 가연성고체 및 액체로 구성되어 있다.
- 유기과산화물: 액체
- 나머지: 고체

③ 물과 반응하는 물질이 없다. 그러므로 대량주수소화 가능

003 주수소화 답 ②

질산에스터류[제5류 위험물(자기반응성 물질)]는 대량으로 주수소화한다.

선지분석

① 황화인[제2류 위험물(가연성 고체)]: 물(H_2O)과 만나면 독성가스 및 마취성 가스(달걀 썩는 냄새)인 황화(유화)수소가 발생하므로 주수소화 금지(냉각)
③ 유기금속화합물[제3류 위험물(금수성 물질 및 자연발화성 물질)]: 물(H_2O)과 만나면 독성가스가 발생하므로 주수소화 금지(냉각)
④ 알칼리금속의 과산화물[제1류 위험물(산화성 고체)]: 물(H_2O)과 만나면 산소를 방출하며 발열하므로 주수소화 금지(냉각)

004 위험물의 종류 답 ④

제5류 위험물(자기반응성 물질)은 외부로부터 공기 중의 산소 공급 없이도 가열·충격 등에 의해 발열 분해를 일으켜 급속한 가스의 발생이나 연소 폭발을 일으키는 물질이다.

선지분석

① 산화성 고체는 산화성 물질이며, 황린은 자연발화성 물질, 철분은 가연성 고체이다.
② 인화성 액체는 전기부도체이며, 휘발유와 등유를 포함한다.
③ 산화성 고체는 불연성 물질이며, 질산염류와 무기과산화물을 포함한다.

005 위험물의 특성 답 ②

황린과 황은 물로 냉각소화를 할 수 있으나, 마그네슘은 물과 반응 시 수소가스를 발생하므로 마른 모래, 건조분말, 금속화재용 분말소화기(드라이파우더) 등으로 질식소화하여야 한다.

선지분석

① 제3류 위험물인 탄화칼슘은 물과 접촉 시 아세틸렌(C_2H_2)을 생성시킨다.
③ 제3류 위험물인 칼륨, 나트륨 등은 금수성이면서 자연발화성 물질을 포함한다.

006 위험물의 유별과 품명 답 ④

선지분석

① 염소화규소화합물: 제3류 위험물
② 할로젠간화합물: 제6류 위험물
③ 과아이오딘산염류: 제1류 위험물

개념플러스 행정안전부령으로 정한 위험물

1. 제1류 위험물
   ① 과아이오딘산염류
   ② 과아이오딘산
   ③ 크로뮴, 납 또는 아이오딘의 산화물
   ④ 아질산염류
   ⑤ 차아염소산염류
   ⑥ 염소화아이소시아누르산
   ⑦ 퍼옥소이황산염류
   ⑧ 퍼옥소붕산염류
2. 제3류 위험물: 염소화규소화합물
3. 제5류 위험물: 금속의 아지화합물, 질산구아니딘
4. 제6류 위험물: 할로젠간화합물

007	제5류 위험물의 소화대책	답 ①

자기연소성 물질이기 때문에 CO_2, 분말, 할론, 포 등에 의한 질식소화는 효과가 없으며, 다량의 물로 냉각소화하는 것이 적당하다.

선지분석

② 초기화재 또는 소량화재 시에는 분말로 일시에 화염을 제거하여 소화할 수 있으나 재발화가 염려되므로 결국 최종적으로는 물로 냉각소화해야 한다.
③ 화재 시 폭발위험이 상존하므로 화재진압 시에는 충분히 안전거리를 유지하고 접근 시에는 엄폐물을 이용하며 방수 시에는 무인방수포 등을 이용한다.
④ 밀폐공간 내에서 화재발생 시에는 반드시 공기 호흡기를 착용하여 유독가스에 질식되는 일이 없도록 한다.

즉, 제5류 위험물은 질식소화하지 않지만 인간은 질식할 수 있으므로 반드시 공기호흡기를 착용하여야 한다.

008	위험물의 분류	답 ①

제5류 위험물에 대한 설명이므로 유기과산화물이 해당된다.

선지분석

② 이황화탄소: 제4류 위험물
③ 과염소산: 제6류 위험물
④ 염소산염류: 제1류 위험물
⑤ 알칼리금속: 제3류 위험물

009	위험물의 소화방법	답 ①

선지분석

ㄷ. 황린 화재의 소화에는 물을 사용한 냉각소화가 유효하다.
ㄹ. 알킬알루미늄은 물을 사용해서는 안되며, 마른모래, 팽창질석, 팽창진주암 등을 사용한 질식소화가 유효하다.
ㅁ. 제5류 위험물 화재에는 대량주수소화에 의한 냉각소화가 유효하다.

06 | 제6류 위험물(산화성 액체)

정답

p. 128

001	④	002	③	003	②	004	③	005	④
006	④	007	③	008	⑤	009	②	010	①
011	⑤	012	③	013	④	014	③	015	①

001	제6류 위험물의 공통성질	답 ④

보기는 제6류 위험물의 공통성질에 대한 내용이다.

개념플러스 제6류 위험물의 공통성질(산화성 액체)

1. 불연성 물질로서 대부분 강산화제이다.
2. 과산화수소를 제외하고 강산성 물질이다.
3. 과산화수소를 제외하고 부식성 및 유독성이 강한 액체이다.
4. 산소를 많이 포함하여 다른 가연물의 연소를 돕는다.
5. 과산화수소를 제외하고 물과 만나면 심하게 발열한다.

개념플러스 과산화수소

1. 강산성 물질이 아니다.
2. 부식성 및 유독성이 거의 없는 액체이다.
3. 물과 만나면 발열하지 않는다.

002	제6류 위험물	답 ③

과산화수소를 제외한 물과 접촉하는 경우 모두 심하게 발열한다.

개념플러스 과산화수소

1. 강산성 물질이 아니다.
2. 부식성 및 유독성이 거의 없는 액체이다.
3. 물과 만나면 발열하지 않는다.

003	제6류 위험물	답 ②

불연성 물질로 분해 시 산소가 발생하며 대부분 강산(산성)이다.

참고

제6류 위험물의 품명: 과염소산, 과산화수소, 질산: 강산(산성)[과산화수소 제외]

- 과염소산, 질산: 마른모래, 팽창질석, 팽창진주함, 드라이파우더, 건조사, 중화제 사용
  소량화재 시는 다량의 물로 희석할 수 있지만 원칙적으로 주수는 하지 말아야 한다.
- 과산화수소: 화재의 양과 관계없이 다량의 물로 희석

004	제6류 위험물	답 ③

과산화수소는 그 농도가 36중량퍼센트 이상인 것에 한한다.

005	위험물의 지정수량과 위험등급	답 ④

과염소산 - 300kg - Ⅰ등급

006	위험물 종류별 대표적 성질	답 ④

제6류 위험물의 대표성질로는 산화성 액체와 질산이 해당된다. 제6류 위험물의 종류로는 과염소산, 과산화수소, 질산 등이 있다.

선지분석

① 제1류 위험물 - 산화성 고체 - 아염소산염류
② 제3류 위험물 - 자연발화성 물질 - 황린
③ 제5류 위험물 - 자기반응성 물질 - 유기과산화물

007	위험물의 정의	답 ③

위험물이라 함은 인화성 또는 발화성 등의 성질을 가지는 것으로서 대통령령이 정하는 물품을 말한다.

008	제4류 위험물	답 ⑤

제2석유류란 등유, 경유, 그 밖에 1atm에서 인화점이 21°C 이상 70°C 미만인 것을 말한다. 다만, 도료류, 그 밖의 물품에 있어서 가연성 액체량이 40wt% 이하이면서 인화점이 40°C 이상인 동시에 연소점이 60°C 이상인 것을 제외한다.

009	위험물의 혼재 기준	답 ②

제2류 위험물과 제6류 위험물은 혼재할 수 없다.

개념플러스 위험물의 혼재 기준

위험물 구분	제1류	제2류	제3류	제4류	제5류	제6류
제1류		×	×	×	×	○
제2류	×		×	○	○	×
제3류	×	×		○	×	×
제4류	×	○	○		○	×
제5류	×	○	×	○		×
제6류	○	×	×	×	×	

1. 제1류 + 제6류: 혼재 가능
2. 제2류 + 제5류 + 제4류: 혼재 가능
3. 제3류 + 제4류: 혼재 가능

010	위험물의 수납 시 일반적인 주의사항	답 ①

제6류 위험물은 화기주의가 아니라 가연물접촉주의이다.

개념플러스 위험물의 수납 시 일반적인 주의사항

1. **제1류 위험물**: 화기주의 · 충격주의 · 물기엄금 · 가연물접촉주의
2. **제2류 위험물**: 화기주의 · 물기엄금 · 화기엄금
3. **제3류 위험물**: 화기엄금 · 공기접촉엄금 · 물기엄금
4. **제4류 위험물**: 화기엄금
5. **제5류 위험물**: 화기엄금 · 충격주의
6. **제6류 위험물**: 가연물접촉주의

참고 제1류 위험물과 제6류 위험물은 화기엄금이 없다.

011	위험물의 종류에 따른 운반용기의 외부에 표시하여야 할 주의사항	답 ⑤

제5류 위험물에 있어서는 "화기엄금" 및 "충격주의"를 표시한다.

012	위험물 분류별 소화방법	답 ③

제1류 위험물 중 무기과산화물은 마른 모래, 팽창질석, 팽창진주암 등 질식소화가 적합하다.

선지분석

나. 제2류 위험물 중 철분, 황화인은 마른 모래, 팽창질석, 팽창진주암, 금속화재용 분말소화기(드라이파우더) 등 질식소화가 적합하다.
다. 제3류 위험물 중 황린을 제외하고는 마른 모래, 팽창질석, 팽창진주암, 금속화재용 분말소화기(드라이파우더) 등 질식소화가 적합하다.
라. 제5류 위험물은 대량주수에 의한 냉각소화가 적합하다.

013	위험물와 소화방법	답 ④

모두 옳은 설명이다.

014 위험물 분류별 소화방법 답 ③

제3류 위험물 중에 황린은 공기 중 산화열의 자연발화를 방지하기 위해 pH9 물 속에 저장한다. 즉, 물과 반응하지 않으며, 물에 잘 녹지 않는다.

선지분석

① 제1류 위험물 중에 무기과산화물(알칼리금속과산화물)은 주수를 이용한 냉각소화가 적합하지 않다. 즉, 물과 만나면 발열과 동시에 산소를 방출한다.
② 제2류 위험물은 비교적 낮은 온도에서 착화하기 쉬운 이연성, 속연성 물질이다.
④ 제4류 위험물은 인화성 액체로 이루어져 있다. 제4류 위험물은 수용성과 비수용성액체로 이루어져 있다.
⑤ 제5류 위험물은 포, 이산화탄소에 의한 질식소화가 적합하지 않다. 즉, 자기연소성 물질이기 때문에 이산화탄소(CO_2), 분말, 하론, 포 등에 의한 질식소화는 효과가 없으며, 다량의 물로 냉각소화하는 것이 적당하다.

015 위험물 분류별 소화방법 답 ①

선지분석

ㄴ. 과산화나트륨(Na_2O_2) - 마른모래, 팽창질석, 팽창진주암 등을 사용한 질식소화
ㅁ. 히드록실아민(NH_2OH) - 대량주수소화에 의한 냉각소화
ㅂ. 과염소산($HClO_4$) - 마른모래, 팽창질석, 팽창진주암 등을 사용한 질식소화

PART 4 화재조사

01 | 화재조사의 개설

정답 p. 134

001	④	002	④	003	④	004	②

001 화재조사의 특징 답 ④

경제성, 창의성은 화재조사의 특징에 해당하지 않는다.

개념플러스 화재조사의 특징

1. 화재조사는 현장성을 갖는다.
2. 화재조사는 신속성을 유지해야 한다.
3. 화재조사는 정밀과학성을 요구한다.
4. 화재조사는 보존성을 갖는다.
5. 화재조사는 안전성이 반드시 보호되어야 한다.
6. 화재조사는 강제성을 지닌다.
7. 화재조사는 프리즘식으로 진행된다.

002 훈소흔 답 ④

발열체가 목재면에 밀착되었을 때 그 발열체의 이면 목재면에 훈소흔이 남는다. 목재면의 훈소흔은 장기간에 걸쳐 무염 연소한 흔적이나 목재의 연결 접합부, 부식부 등에 잘 생기고 출화부 부근에 훈소흔이 남아 있으면 그 부분을 발화부로 판단하여도 무방할 것이다. 즉, 훈소흔이란 발열체에 의한 목재면의 흔적을 말한다. 예를 들면, 담배를 테이블 위에 올려놨을 때 까맣게 그을린 상태[불꽃 없이 깊고 검게 탄 흔적(무염연소 흔적)]가 있다.

선지분석

① 박리흔: 표면이 껍질같이 벗겨지는 현상을 말하며, 화재 시 나무 또는 페인트를 칠한 어떤 표면의 도료가 불이 타면서 겉 표면이 숯처럼 탄화할 때 그 부분이 일어나거나 떨어져 나가는 현상을 말한다.

② 완소흔: 약 700 ~ 800℃ 정도에서 비교적 천천히 더디게 타고 난 후 표면에 남는 갈라진 흔적을 말하는 것으로 대체적으로 갈라진 틈의 폭이 넓지 않고, 골이 얕으며, 부푼 모양이 삼각형 또는 사각형의 형태를 보인다.

③ 용융흔: 금속이 녹아 있는 흔적을 말한다.
예 전선(금속)이 단락(합선)하면 용융흔이 생긴다.

003 균열흔의 종류 답 ④

선지분석

① 열소흔: 나무가 약 1,100℃ 수준의 온도에서 탈 때 표면이 갈라진 흔적으로, 나무에 패인 홈(골)의 깊이가 가장 깊고 홈(골)의 폭이 넓으며, 부푼 형태는 구형에 가깝도록 볼록해진다. 열소흔은 대형화재 시와 같이 가연물이 많은 장소에서 볼 수 있다.

② 완소흔: 약 700 ~ 800℃ 정도에서 비교적 천천히 더디게 타고 난 후 표면에 남는 갈라진 흔적을 말하는 것으로 대체적으로 갈라진 틈의 폭이 넓지 않고, 홈(골)이 얕으며, 부푼 모양이 삼각형 또는 사각형의 형태를 보인다.

③ 강소흔: 단어가 뜻하는 것처럼 불의 영향을 강하게 받아 심하게 탄 흔적을 말하는 것으로 불의 온도가 약 900℃ 수준에서 연소되었을 때 나타나는 형상이다. 나무가 갈라져서 파인 홈(골)의 깊이가 깊은 편이며, 홈(골)의 테두리 모양은 각이 없는 반원형에 가깝다.

004 화재패턴 답 ②

② 스플래시패턴(Splash pattern): 인화성 액체가 쏟아지면서 주변으로 튀거나, 연소되면서 발생하는 열에 의해 스스로 가열되어 액면이 끓고, 주변으로 튄 액체가 포어패턴의 미연소 부분에서 국부적으로 점처럼 연소된 흔적을 말한다.

선지분석

① 도넛패턴(Doughnut pattern): 인화성 액체가 웅덩이처럼 고여 있을 경우 발생하는 패턴으로 웅덩이처럼 고여 있는 중심부는 액체가 증발하면서 기화열에 의한 냉각효과로 보호되는 반면, 주변부나 얇은 곳은 화염으로의 복사열에 의해 바닥재를 탄화시키게 되어 더 많이 연소된 부분이 덜 연소된 부분을 둘러싸고 있는 도넛 형태로 연소된 흔적을 말한다.

③ 원형패턴(Circular shaped pattern): 천장에 보이는 패턴으로 중심부가 깊게 탄화되고 열분해가 심하게 나타나면 원형패턴 중심부 아래에서 강한 열원이 작용했다는 단서가 된다.

④ 틈새연소패턴(Seam burn pattern): 목재 마루 및 타일 등 바닥재의 틈새 및 모서리에서 인화성액체가 쏟아지는 경우 틈새를 따라 흘러가거나 더 많은 액체가 고이게 되고, 이 액체가 연소되면 타 부위에 비해 더 강하게 더 오래 연소하게 된다. 고스트마크와 외형상 유사하나 바닥이 아닌 마감재 표면에서 나타나며, 단순히 인화성 액체의 연소라는 점, 주로 화재초기에 나타나며 플래시오버와 강한 복사열에서는 쉽게 사라질 수 있는 특징이 있다.

02 | 소방의 화재조사에 관한 법률

정답 p. 135

001	②	002	③	003	③	004	④

001 화재조사 답 ②

소방청장, 소방본부장 또는 소방서장은 수사기관이 방화(放火) 또는 실화(失火)의 혐의가 있어서 이미 피의자를 체포하였거나 증거물을 압수하였을 때에 화재조사를 위하여 필요한 경우에는 수사에 지장을 주지 아니하는 범위에서 그 피의자 또는 압수된 증거물에 대한 조사를 할 수 있다. 이 경우 수사기관은 소방청장, 소방본부장 또는 소방서장(이하 "소방관서장"이라 한다)의 신속한 화재조사를 위하여 특별한 사유가 없으면 조사에 협조하여야 한다.

002 화재조사 답 ③

화재조사는 관계 공무원이 화재사실을 인지하는 즉시 장비를 활용하여 실시되어야 한다(화재인지시간).

선지분석

① 화재조사권에는 출입조사권, 질문권, 보고 또는 자료제출 명령권이 있다.
② 소방청장, 소방본부장 또는 소방서장(소방관서장)은 수사에 지장을 주지 아니하는 범위에서 그 피의자 또는 압수된 증거물에 대한 조사를 할 수 있다.
④ 소방관서장, 중앙행정기관의 장, 지방자치단체의 장, 보험회사, 그 밖의 관련 기관·단체의 장은 화재조사에 필요한 사항에 대하여 서로 협력하여야 한다.

003 화재합동조사단 답 ③

화재합동조사단의 단원은 소방관서장이 임명하거나 위촉한다.
1. 화재조사관
2. 화재조사 업무에 관한 경력이 3년 이상인 소방공무원
3. 「고등교육법」 제2조에 따른 학교 또는 이에 준하는 교육기관에서 화재조사, 소방 또는 안전관리 등 관련 분야 조교수 이상의 직에 3년 이상 재직한 사람
4. 「국가기술자격법」에 따른 국가기술자격의 직무분야 중 안전관리 분야에서 산업기사 이상의 자격을 취득한 사람
5. 그 밖에 건축·안전 분야 또는 화재조사에 관한 학식과 경험이 풍부한 사람

004 종합상황실 보고 답 ④

이재민이 50명이 아니라 100명 이상이다.

> **소방기본법 시행규칙 제3조【종합상황실의 실장의 업무 등】**
> ② 종합상황실의 실장은 다음 각 호의 1에 해당하는 상황이 발생하는 때에는 그 사실을 지체 없이 별지 1호 서식에 의하여 서면·모사전송 또는 컴퓨터통신 등으로 소방서의 종합상황실의 경우는 소방본부의 종합상황실에, 소방본부의 종합상황실의 경우에는 소방청의 종합상황실에 각각 보고하여야 한다.
> 1. 다음 각 목의 1에 해당하는 화재
>   가. 사망자가 5인 이상 발생하거나 사상자가 10인 이상 발생한 화재
>   나. 이재민이 100인 이상 발생한 화재
>   다. 재산피해액이 50억 원 이상 발생한 화재
>   라. 관공서·학교·정부미도정공장·문화재·지하철 또는 지하구의 화재
>   마. 관광호텔, 층수가 11층 이상인 건축물, 지하상가, 시장, 백화점, 지정수량의 3천배 이상의 위험물의 제조소·저장소·취급소, 층수가 5층 이상이거나 객실이 30실 이상인 숙박시설, 층수가 5층 이상이거나 병상이 30개 이상인 종합병원·정신병원·한방병원·요양소, 연면적 1만 5천제곱미터 이상인 공장 또는 화재예방강화지구에서 발생한 화재
>   바. 철도차량, 항구에 매어둔 총 톤수가 1천톤 이상인 선박, 항공기, 발전소 또는 변전소에서 발생한 화재
>   사. 가스 및 화약류의 폭발에 의한 화재
>   아. 다중이용업소의 화재
> 2. 통제단장의 현장지휘가 필요한 재난상황
> 3. 언론에 보도된 재난상황
> 4. 그 밖에 소방청장이 정하는 재난상황

03 | 화재조사 및 보고규정상의 화재조사

정답 p. 136

001	②	002	④	003	④	004	②	005	①
006	④	007	③	008	④	009	②	010	③
011	⑤	012	③						

001 용어의 정의 답 ②

"접수"란 119종합상황실에 유·무선 전화 또는 다매체를 통하여 화재 등의 신고를 받는 것을 말한다.

002 용어의 정의 답 ④

• 잔가율이란 화재 당시에 피해물의 재구입비에 대한 현재가의 비율을 말한다.
• 최종잔가율이란 피해물의 경제적 내용연수가 다한 경우 잔존하는 가치의 재구입비에 대한 비율을 말한다.

선지분석

① 최초착화물이란 발화열원에 의해 불이 붙고 이 물질을 통해 제어하기 힘든 화세로 발전한 가연물을 말한다.
② 동력원이란 발화관련 기기나 제품을 작동 또는 연소시킬 때 사용된 연료 또는 에너지를 말한다.
③ 발화요인이란 발화열원에 의하여 발화로 이어진 연소현상에 영향을 주는 인적·물적·자연적인 요인을 말한다.

개념플러스 화재조사의 용어의 정의

감식	화재원인의 판정을 위하여 전문적인 지식, 기술 및 경험을 활용하여 주로 시각에 의한 종합적인 판단으로 구체적인 사실관계를 명확하게 규명
감정	화재와 관계되는 물건의 형상, 구조, 재질, 성분, 성질 등 이와 관련된 모든 현상에 대하여 과학적 방법에 의한 필요한 실험을 행하고 그 결과를 근거로 화재원인을 밝히는 자료를 얻는 것
발화	열원에 의하여 가연물질에 지속적으로 불이 붙는 현상
발화열원	발화의 최초 원인이 된 불꽃 또는 열
발화지점	열원과 가연물이 상호작용하여 화재가 시작된 지점
발화장소	화재가 발생한 장소
최초 착화물	발화열원에 의해 불이 붙고 이 물질을 통해 제어하기 힘든 화세로 발전한 가연물
발화요인	발화열원에 의하여 발화로 이어진 연소 현상에 영향을 준 인적·물적·자연적인 요인
발화 관련 기기	발화에 관련된 불꽃 또는 열을 발생시킨 기기 또는 장치나 제품
동력원	발화 관련 기기나 제품을 작동 또는 연소시킬 때 사용되어진 연료 또는 에너지
연소확대물	연소가 확대되는 데 있어 결정적 영향을 미친 가연물
재구입비	화재 당시의 피해물과 같거나 비슷한 것을 재건축(설계 감리비를 포함한다) 또는 재취득하는 데 필요한 금액
내용연수	고정자산을 경제적으로 사용할 수 있는 연수
손해율	피해물의 종류, 손상 상태 및 정도에 따라 피해액을 적정화시키는 일정한 비율
잔가율	화재 당시에 피해물의 재구입비에 대한 현재가의 비율
최종 잔가율	피해물의 경제적 내용연수가 다한 경우 잔존하는 가치의 재구입비에 대한 비율
화재현장	화재가 발생하여 소방대 및 관계자 등에 의해 소화활동이 행하여지고 있는 장소
접수	119종합상황실(이하 "상황실"이라 한다)에서 유·무선 전화 또는 다매체를 통하여 화재 등의 신고를 받는 것
출동	화재를 접수하고 119상황실로부터 출동지령을 받아 소방대가 소방서 차고에서 출발하는 것
도착	출동지령을 받고 출동한 소방대가 현장에 도착하는 것
선착대	화재현장에 가장 먼저 도착한 소방대
초진	소방대의 소화활동으로 화재확대의 위험이 현저하게 줄어들거나 없어진 상태
잔불정리	화재를 진압한 후, 잔불을 점검하고 처리하는 것(이 단계에서는 열에 의한 수증기나 화염 없이 연기만 발생하는 연소현상이 포함될 수 있음)
완진	소방대에 의한 소화활동의 필요성이 사라진 것
철수	진화가 끝난 후, 소방대가 현장에서 복귀하는 것
재발화감시	화재를 진화한 후 화재가 재발되지 않도록 감시조를 편성하여 일정시간동안 감시하는 것

003 화재의 피해 답 ④

화재로 인한 업무 중단 피해는 간접적 피해에 해당된다.

개념플러스 화재의 피해

1. 직접적 피해
   ① 소실피해(소손피해): 열에 의한 탄화, 용융, 파손 등의 피해
   ② 수손피해(소화피해): 소화활동으로 발생한 수손·오손 등의 피해
   ③ 인명피해(인적피해): 사망자, 부상자 피해 등
   ④ 기타피해: 연기, 물품반출, 화재 중 발생한 폭발 등에 의한 피해 등
2. **간접적 피해**: 휴업으로 인한 피해, 업무중단으로 인한 피해, 화재로 인한 정신적인 피해, 정리비, 복구에 수반하는 피해 등

004 건물 피해산정 답 ②

건물 피해산정 추정액
신축단가(m^2당) × 소실면적 × [1 − (0.8 × 경과연수 / 내용연수)] × 손해율
= 1,000,000원 × 50m^2 × [1 − (0.8 × 10년 / 40년)] × 0.5
= 20,000,000원 ↳ 1 − (0.2) = 0.8

참고

건물 피해산정 추정액 = 재건축비 × 잔가율 × 손해율

005	화재조사 및 보고규정	답 ①

건물의 소실면적 산정은 소실 바닥면적으로 산정한다.
- 화재의 소실정도: 입체면적에 대한 비율
- 소실면적 산정: 소실 바닥면적

개념플러스 화재의 소실정도

1. **전소**: 건물의 70% 이상(입체면적에 대한 비율을 말한다)이 소실되었거나 또는 그 미만이라도 잔존부분을 보수하여도 재사용이 불가능한 화재
2. **반소**: 건물의 30% 이상 70% 미만이 소실된 화재
3. **부분소**: 전소, 반소화재에 해당되지 아니한 화재(건물의 30% 미만 소실된 화재)

006	화재의 소실정도	답 ④

건축·구조물화재의 소실정도 3종류 중 전소는 건물의 70% 이상(입체면적에 대한 비율)이 소실되었거나 또는 그 미만이라도 잔존부분을 보수하여도 재사용이 불가능한 화재를 말한다.

개념플러스 화재의 소실정도

1. **전소**: 건물의 70% 이상(입체면적에 대한 비율을 말한다)이 소실되었거나 또는 그 미만이라도 잔존부분을 보수하여도 재사용이 불가능한 화재
2. **반소**: 건물의 30% 이상 70% 미만이 소실된 화재
3. **부분소**: 전소, 반소화재에 해당되지 아니한 화재(건물의 30% 미만 소실된 화재)

007	화재조사 및 보고규정	답 ③

주요구조부가 하나로 연결되어 있는 것은 1동으로 한다. 다만, 건널 복도 등으로 2 이상의 동에 연결되어 있는 것은 그 부분을 절반으로 분리하여 각 동으로 본다.

개념플러스 화재조사 및 보고규정

1. **건물의 동수 산정**: 주요구조부가 하나로 연결되어 있는 것은 1동으로 한다. 다만 건널 복도 등으로 2 이상의 동에 연결되어 있는 것은 그 부분을 절반으로 분리하여 각 동으로 본다.

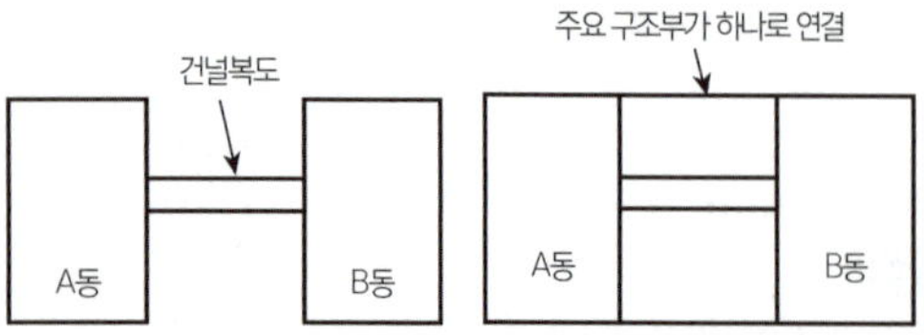

<분리동> <1동>

2. **소실면적 산정**: 건물의 소실면적 산정은 소실바닥면적으로 산정한다.
3. **화재건수의 결정**: 1건의 화재란 1개의 발화지점으로부터 확대된 것으로 발화부터 진화까지를 말한다.

008	화재조사 및 보고규정	답 ④

부상의 정도는 의사의 진단을 기초로 하여 분류한다. 즉, 병원에 도착해서 의사진단하에 중상은 3주 이상의 입원치료를 필요로 하는 부상, 경상은 중상 이외의(입원치료를 필요로 하지 않는 것도 포함한다) 부상을 말한다.

009	최종잔가율	답 ②

최종잔가율이란 피해물의 경제적 내용연수가 다한 경우 잔존하는 가치의 재구입비에 대한 비율을 말한다. 건축물·부대설비·구축물·가재도구 등 내구성 물품은 20%, 그 이외의 자산은 10%이다.

010	화재피해액 산정	답 ③

선지분석

① 화재피해금액은 화재 당시의 피해물과 동일한 구조, 용도, 질, 규모를 재건축 또는 재구입하는데 소요되는 가액에서 경과연수 등에 따른 감가공제를 하고 현재가액을 산정하는 실질적·구체적 방식에 따른다. 다만, 회계장부상 현재가액이 입증된 경우에는 그에 따른다.
② 정확한 피해물품을 확인하기 곤란한 경우에는 소방청장이 정하는 「화재피해금액 산정매뉴얼」(이하 "매뉴얼"이라 한다)의 간이평가방식으로 산정할 수 있다.
④ 건물 등 자산에 대한 최종잔가율은 건물·부대설비·구축물·가재도구는 20%로 하며, 그 이외의 자산은 10%로 정한다.
⑤ 관계인은 화재피해금액 산정에 이의가 있는 경우 별지 제12호서식 또는 별지 제12호의2서식에 따라 관할 소방관서장에게 재산피해신고를 할 수 있으며 신고서를 접수한 관할 소방관서장은 화재피해금액을 재산정해야 한다.

011	화재건수 결정	답 ⑤

발화지점이 한 곳인 화재현장이 둘 이상의 관할구역에 걸친 화재는 발화지점이 속한 소방서에서 1건의 화재로 산정한다. 다만, 발화지점 확인이 어려운 경우에는 화재피해금액이 큰 관할구역 소방서의 화재 건수로 산정한다.

012 화재합동조사단 답 ③

소방관서장은 영 제7조 제1항에 해당하는 화재가 발생한 경우 다음에 따라 화재합동조사단을 구성하여 운영하는 것을 원칙으로 한다.

1. 소방청장: 사상자가 30명 이상이거나 2개 시·도 이상에 걸쳐 발생한 화재(임야 화재는 제외한다. 이하 같다)
2. 소방본부장: 사상자가 20명 이상이거나 2개 시·군·구 이상에 발생한 화재
3. 소방서장: 사망자가 5명 이상이거나 사상자가 10명 이상 또는 재산피해액이 100억원 이상 발생한 화재

PART 5 재난 및 안전관리 기본법

01 | 재난관리 이론

정답 p. 142

001	③	002	④	003	②	004	③	005	③
006	②	007	③	008	④	009	③		

001 재난관리방식 답 ③

미국에서 1979년 연방위기관리청 창설에 이론적 근거로서 제시된 통합관리방식은 재난관리의 전체 과정이라 할 수 있는 완화·준비·대응·복구활동을 종합관리한다는 의미이며, 모든 재난은 피해범위, 대응자원, 대응방식에 있어 유사하다는 데 그 이론적 근거를 삼고 있다. 이는 곧 재난대응에 필요한 기능별 재난대응 책임기관을 지정하여 유사 시 참가기관들을 조정하고 통제한다는 조정적 의미이다(현대적 재난관리 체계).

선지분석

① 분산관리방식은 전통적 재난관리제도로서 재난의 유형별 특징을 강조하며, 재난의 종류에 따라 대응방식에 차이가 있다는 것을 강조하기 때문에 재난계획과 대응 책임기관도 각각 다르게 배정되어 관리하는 방식이다(전통적 재난관리 체계). 재난관리의 분산관리방식은 재난 시 유사기관 간의 중복대응과 과잉대응의 문제를 야기하였고 난해한 계획서의 비현실성과 다수기관 간의 조정, 통제에 대해 여러 가지 반복되는 문제를 야기하게 되어 통합관리방식을 채택하는 국가들이 많다.

개념플러스 분산관리방식과 통합관리방식 비교

구분	분산관리 방식	통합관리 방식
성격	유형별 관리	통합적 관리
관련부처(기관)의 수	다수 부처 및 기관의 단순병렬	단일(소수) 부처 조정하의 병렬적 다수부처 및 기관
책임성	책임의 분산	과도한 책임(부담)
활동범위	특정 재난	모든 재난
정보의 전달(지휘체계)	다양화	단일화(일원화)
제도적 장치(관리체계)	복잡	보다 간편
재난에 대한 인지능력	미약, 단편적	강력, 종합적
장점	• 한 부처가 지속적으로 담당하므로 경험축적 및 전문성 제고가 용이 • 업무의 과다 방지	• 자원동원과 신속한 대응성 확보 • 가용자원(인적자원)을 효과적 활용
단점	• 각 부처 간 업무의 중복 및 연계미흡 • 복잡한 재난에 대한 대처능력에 한계 • 재원마련과 배분의 복잡성	• 종합관리체계의 구축의 어려움(전문성이 떨어짐) • 업무 및 책임이 과도함

002 재난관리방식 답 ④

통합관리방식은 재난 시 유사한 자원동원 체계와 자원유형이 필요하기 때문에 자원동원과 신속한 대응성 확보, 가용자원(인적자원)을 효과적 활용을 위해서 필요하다.

개념플러스 분산관리방식 및 통합관리방식 비교

구분	분산관리 방식	통합관리 방식
성격	유형별 관리	통합적 관리
관련부처(기관)의 수	다수 부처 및 기관의 단순병렬	단일(소수) 부처 조정하의 병렬적 다수부처 및 기관
책임성	책임의 분산	과도한 책임(부담)
활동범위	특정 재난	모든 재난
정보의 전달(지휘체계)	다양화	단일화(일원화)
제도적 장치(관리체계)	복잡	보다 간편
재난에 대한 인지능력	미약, 단편적	강력, 종합적
장점	• 한 부처가 지속적으로 담당하므로 경험축적 및 전문성 제고가 용이 • 업무의 과다 방지	• 자원동원과 신속한 대응성 확보 • 가용자원(인적자원)을 효과적 활용
단점	• 각 부처 간 업무의 중복 및 연계미흡 • 복잡한 재난에 대한 대처능력에 한계 • 재원마련과 배분의 복잡성	• 종합관리체계의 구축의 어려움(전문성이 떨어짐) • 업무 및 책임이 과도함

003	재해의 분류	답 ②

아네스(Anesth)는 재해를 자연재해와 인위재해로 이분(二分)한다.
- 자연재해: 기후성 재해와 지진성 재해로 분류
- 인위재해(고의성 유무): 사고성 재해와 계획적 재해로 분류

선지분석

① 존스(Jones)는 재해를 자연재해, 준자연재해, 인위재해로 삼분(三分)한다.
- 자연재해: 지구물리학적 재해와 생물학적 재해로 분류
- 지구물리학적 재해: 지질학적 재해, 지형학적 재해, 기상학적 재해로 분류

개념플러스 존스(Jones)와 아네스(Anesth)의 재난분류

1. 존스(Jones)의 재난분류

자연재해	지구물리학적 재해	지질학적 재해	지진, 화산, 쓰나미 등
		지형학적 재해	산사태, 염수토양 등
		기상학적 재해	안개, 눈, 해일, 번개, 토네이도, 폭풍, 태풍, 가뭄, 이상 기온 등
	생물학적 재해	세균질병, 유독식물, 유독동물	
준자연재해	스모그 현상, 온난화 현상, 사막화 현상, 염수화 현상, 눈사태, 산성화, 홍수, 토양, 침식 등		
인위재해	공해, 광화학연무, 폭동, 교통사고, 폭발사고, 태업, 전쟁 등		

2. 아네스(Anesth)의 재난분류

자연재해	기후성 재해	태풍
	지진성 재해	지진, 화산폭발, 해일
인위재해	사고성 재해	• 교통사고(자동차, 철도, 항공, 선박사고) • 산업사고(건축물 붕괴) • 폭발사고(갱도, 가스, 화학, 폭발물) • 화재사고 • 생물학적 재해(박테리아, 바이러스, 독혈증) • 화학적 재해(부식성 물질, 유독물질) • 방사능재해
	계획적 재해	테러, 폭동, 전쟁

004	재난 및 안전관리 기본법	답 ③

「재난 및 안전관리 기본법」에서는 재난을 크게 자연재난과 사회(인위)재난으로 분류하고 있다. → 이분(二分)법

개념플러스 현행법상 재난의 분류(자연재난, 사회재난)

자연재난	태풍, 홍수, 호우(豪雨), 강풍, 풍랑, 해일(海溢), 대설, 한파, 낙뢰, 가뭄, 폭염, 지진, 황사(黃砂), 조류(藻類) 대발생, 조수(潮水), 화산활동, 「우주개발 진흥법」에 따른 자연우주물체의 추락·충돌, 그 밖에 이에 준하는 자연현상으로 인하여 발생하는 재해
사회재난	• 화재·붕괴·폭발·교통사고(항공사고 및 해상사고를 포함한다)·화생방사고·환경오염사고·다중운집인파사고 등으로 인하여 발생하는 대통령령으로 정하는 규모 이상의 피해 • 국가핵심기반의 마비 • 감염병 또는 가축전염병의 확산 • 미세먼지 • 인공우주물체의 추락·충돌 등으로 인한 피해

005	존스(Jones)의 재해분류	답 ③

쓰나미는 지질학적 재해에 해당한다. 쓰나미(지진해일)는 지진에 의한 해안이 밀려들어오는 현상(큰 파도)이고, 해일은 폭풍에 의한 해안이 밀려들어오는 현상(큰 파도)을 말한다.

006	하인리히(Heinrich)의 도미노 이론의 사고 발생 5단계	답 ②

하인리히(Heinrich)의 도미노 이론의 5단계 중 사고의 직접원인이 되는 3번째 단계는 불안전한 행동이다.
- 1단계: 사회적 또는 가정적(유전적) 결함
- 2단계: 개인적 결함
- 3단계: 불안전한 상태 또는 거동
- 4단계: 사고
- 5단계: 재난

007	재난관리 4단계(광의의 재난관리)	답 ③

- 예방 ⇨ 대비 ⇨ 대응 ⇨ 복구의 순서이다.
- 재난 발생 전: 예방 ⇨ 대비
- 재난 발생 후: 대응 ⇨ 복구

008	재해 발생 과정	답 ④

하인리히의 도미노 이론은 '재해의 직접원인인 불안전한 행동과 불안전한 상태를 제거하면 연쇄의 고리가 단절되어 사고예방이 가능하다'는 주장이다. 이에 대해 버드의 새로운 도미노 이론은 '직접원인은 기본원인의 징후에 불과하므로 기본원인의 발생을 제어하는 통제나 관리상의 결함을 제거하는 것이 더 근원적인 사고방지 대책'이라고 보는 주장이다.

009 4M 분석방법 답 ③

재해원인 분석방법 중 하나인 4M 분석방법
- Man(인적)
- Machine(기계)
- Media(정보)
- Management(관리)

선지분석

① 재해의 원인을 Man, Machine, Media, Management 요인으로 구분하여 분석한다.
② 기계·설비의 설계상 결함은 Machine(기계)요인에 해당한다.
③ Media(정보)는 작업정보의 부적절은 작업·환경적 요인에 해당한다.
④ 표준화의 부족은 Machine(기계)요인에 해당한다.
⑤ Man(인적)의 심리적 요인은 망각, 무의식 행동, 착오에 해당한다.

02 | 재난 및 안전관리 기본법의 개설

정답 p. 144

001	③	002	①	003	③	004	②	005	④
006	③	007	①	008	②	009	①	010	②
011	③	012	③	013	④				

001 재난 및 안전관리기본법의 목적과 기본이념 답 ③

- 목적: 이 법은 각종 재난으로부터 국토를 보존하고 국민의 생명·신체 및 재산을 보호하기 위하여 국가와 지방자치단체의 재난 및 안전관리체제를 확립하고, 재난의 예방·대비·대응·복구와 안전문화활동, 그 밖에 재난 및 안전관리에 필요한 사항을 규정함을 목적으로 한다.
- 기본이념: 이 법은 재난을 예방하고 재난이 발생한 경우 그 피해를 최소화하여 일상으로 회복할 수 있도록 지원하는 것이 국가와 지방자치단체의 기본적 의무임을 확인하고, 모든 국민과 국가·지방자치단체가 국민의 생명 및 신체의 안전과 재산보호에 관련된 행위를 할 때에는 안전을 우선적으로 고려함으로써 국민이 재난으로부터 안전한 사회에서 생활할 수 있도록 함을 기본이념으로 한다.

002 자연재난과 사회재난 답 ①

가축전염병 확산 등으로 인한 피해, 환경오염사고는 사회재난(대통령령으로 정하는 규모 이상에 피해를 주는 재난)에 해당된다.

선지분석

자연재난: 태풍, 홍수, 호우(豪雨), 강풍, 풍랑, 해일(海溢), 대설, 한파, 낙뢰, 가뭄, 폭염, 지진, 황사(黃砂), 조류(藻類) 대발생, 조수(潮水), 화산활동, 「우주개발 진흥법」에 따른 자연우주물체의 추락·충돌, 그 밖에 이에 준하는 자연현상으로 인하여 발생하는 재해

003 재난의 종류 답 ③

- 자연재난: 태풍, 홍수, 호우(豪雨), 강풍, 풍랑, 해일(海溢), 대설, 한파, 낙뢰, 가뭄, 폭염, 지진, 황사(黃砂), 조류(藻類) 대발생, 조수(潮水), 화산활동, 「우주개발 진흥법」에 따른 자연우주물체의 추락·충돌, 그 밖에 이에 준하는 자연현상으로 인하여 발생하는 재해
- 사회재난
  - 화재·붕괴·폭발·교통사고(항공사고 및 해상사고를 포함한다)·화생방사고·환경오염사고·다중운집인파사고 등으로 인하여 발생하는 대통령령으로 정하는 규모 이상의 피해
  - 국가핵심기반의 마비
  - 「감염병의 예방 및 관리에 관한 법률」에 따른 감염병 또는 「가축전염병예방법」에 따른 가축전염병의 확산, 「미세먼지 저감 및 관리에 관한 특별법」에 따른 미세먼지
  - 「우주개발 진흥법」에 따른 인공우주물체의 추락·충돌 등으로 인한 피해

개념플러스 황사와 미세먼지

1. 황사: 자연재난
2. 미세먼지: 사회재난

황사, 미세먼지는 재난관리주관기관인 환경부가 관리한다.

선지분석

① 가뭄 - 자연재난: 재난관리주관기관은 행정안전부
② 폭염 - 자연재난: 재난관리주관기관은 행정안전부
③ 미세먼지 - 사회재난: 재난관리주관기관은 환경부
④ 황사(黃砂) - 자연재난: 재난관리주관기관은 환경부
⑤ 조류(藻類) 대발생 - 자연재난: 재난관리주관기관은 환경부

004 재난의 분류 답 ②

황사로 인하여 발생하는 재해는 자연재난에 해당한다.

선지분석

①③④ 사회재난에 해당한다.

① 감염병의 확산 – 사회재난: 재난관리주관기관은 보건복지부 및 질병관리청

② 황사 – 자연재난: 재난관리주관기관은 환경부

③ 환경오염사고 – 사화재난: 재난관리주관기관은 환경부

④ 미세먼지 등 – 사회재난: 재난관리주관기관은 환경부

개념플러스 현행법상 재난의 분류(자연재난, 사회재난)

자연재난	태풍, 홍수, 호우(豪雨), 강풍, 풍랑, 해일(海溢), 대설, 한파, 낙뢰, 가뭄, 폭염, 지진, 황사(黃砂), 조류(藻類) 대발생, 조수(潮水), 화산활동, 「우주개발 진흥법」에 따른 자연우주물체의 추락·충돌, 그 밖에 이에 준하는 자연현상으로 인하여 발생하는 재해
사회재난	• 화재·붕괴·폭발·교통사고(항공사고 및 해상사고를 포함한다)·화생방사고·환경오염사고·다중운집인파사고 등으로 인하여 발생하는 대통령령으로 정하는 규모 이상의 피해 • 국가핵심기반의 마비 • 감염병 또는 가축전염병의 확산 • 미세먼지 • 인공우주물체의 추락·충돌 등으로 인한 피해

005 재난의 분류 답 ④

황사(黃砂)로 인하여 발생하는 재해 – 자연재난에 해당된다.

006 용어의 정의 답 ③

자연재난은 어느 정도의 사전예측 및 경고가 가능하나 사전예방을 통한 재난 발생을 대부분 막을 수는 없다. 자연재난은 대부분 광범위한 지역에 걸쳐 발생되므로 이에 따른 재산피해와 사상자 발생이 넓은 지역에서 산발적으로 발생한다.

007 용어의 정의 답 ①

"안전취약계층"이란 어린이, 노인, 장애인, 저소득층 등 신체적·사회적·경제적 요인으로 인하여 재난에 취약한 사람을 말한다.

008 용어의 정의 답 ②

• 재난관리: 재난의 예방·대비·대응 및 복구를 위하여 하는 모든 활동을 말한다.

• 안전관리: 재난이나 그 밖의 각종 사고로부터 사람의 생명·신체 및 재산의 안전을 확보하기 위하여 하는 모든 활동을 말한다.

009 재난관리주관기관 답 ①

가축질병은 농림축산식품부이다.

개념플러스 재난 및 안전관리 기본법 시행령 [별표 1의3] <개정 2025. 7. 1.>

재난 및 그 밖의 각종 사고 유형별 재난관리주관기관(제3조의2 관련)

1. 자연재난 유형별 재난관리주관기관

재난관리주관기관	자연재난 유형
가. 과학기술정보통신부 및 우주항공청	1) 「우주개발 진흥법」 제2조 제3호 나목에 따른 자연우주물체의 추락·충돌 등으로 인해 발생하는 재해 2) 「전파법」 제51조에 따른 우주전파재난
나. 행정안전부	1) 「자연재해대책법」 제2조 제2호에 따른 자연재해로서 낙뢰, 가뭄, 폭염 및 한파로 인해 발생하는 재해 2) 「자연재해대책법」 제2조 제3호에 따른 풍수해(조수로 인해 발생하는 재해는 제외한다) 3) 「지진·화산재해대책법」 제2조 제1호에 따른 지진재해 4) 「지진·화산재해대책법」 제2조 제2호에 따른 화산재해
다. 환경부	1) 황사로 인해 발생하는 재해 2) 하천·호소 등의 조류 대발생으로 인해 발생하는 재해
라. 해양수산부	1) 「농어업재해대책법」 제2조 제3호에 따른 어업재해 중 적조현상 및 해파리의 대량발생으로 인해 발생하는 수산양식물 및 어업용 시설의 피해 2) 「자연재해대책법」 제2조 제3호에 따른 풍수해 중 조수로 인해 발생하는 재해
마. 산림청	「산림보호법」 제2조 제10호에 따른 산사태로 인해 발생하는 재해
바. 비고 제1호 및 제3호에 따른 중앙행정기관	가목부터 마목까지의 규정에 따른 자연재난 유형 외의 자연재난
사. 비고 제2호 및 제3호에 따른 중앙행정기관	가목부터 바목까지의 규정에 따른 자연재난 유형으로 인해 발생하는 재해로서 각종 시설 및 장소(이하 "시설등"이라 한다)에서 발생하는 재해

비고
1. 바목에 따른 자연재난 유형의 경우에는 「정부조직법」, 관계 법령 및 중앙행정기관별 직제(이하 "정부조직법등"이라 한다)에 따라 해당 재난에 관한 사무를 관장하는 중앙행정기관(이하 "재난사무관장기관"이라 한다)이 재난관리주관기관이 된다.
2. 사목에 따른 자연재난 유형의 경우에는 정부조직법등에 따라 해당 시설등의 관리 등 관련 사무를 관장하는 중앙행정기관(이하 "시설사무관장기관"이라 한다)이 재난관리주관기관이 된다.
3. 제1호 및 제2호에도 불구하고 재난사무관장기관 및 시설사무관장기관이 불분명한 경우에는 행정안전부장관이 조정하여 재난관리주관기관을 정한다.
4. 가목부터 사목까지의 규정에 따른 자연재난 유형이 복합적으로 발생하는 경우에는 각 자연재난 유형별 재난사무관장기관 또는 시설사무관장기관이 각각 재난관리주관기관이 된다.
5. 제4호에도 불구하고 자연재난 유형이 복합적으로 발생하는 경우로서 특별히 신속하고 긴급한 예방·대비·대응 또는 복구 등(이하 "신속대응등"이라 한다)이 필요한 경우에는 신속대응등이 필요한 사무를 주관하는 재난관리주관기관이 신속대응등을 우선적으로 수행해야 한다.
6. 제5호에도 불구하고 신속대응등의 필요 여부 및 신속대응등을 우선적으로 수행하는 재난관리주관기관(이하 "신속대응주관기관"이라 한다)이 불분명한 경우에는 행정안전부장관이 조정하여 신속대응등의 필요 여부 및 신속대응주관기관을 정한다.

2. 사회재난 유형별 재난관리주관기관

재난관리주관기관	사회재난 유형
가. 교육부	1) 「교육시설 등의 안전 및 유지관리 등에 관한 법률」 제2조 제1호에 따른 교육시설(「연구실 안전환경 조성에 관한 법률」 제2조 제2호에 따른 연구실은 제외한다)의 화재·붕괴·폭발·다중운집인파사고 등(이하 "화재등"이라 한다)으로 인해 발생하는 국가 또는 지방자치단체 차원의 대처가 필요한 인명 또는 재산의 피해 등 이 영 제2조에 따른 피해(이하 "대규모 피해"라 한다) 2) 「영유아보육법」 제2조 제3호에 따른 어린이집의 화재등으로 인해 발생하는 대규모 피해
나. 과학기술정보통신부	1) 「방송통신발전 기본법」 제35조에 따른 방송통신재난(자연재난은 제외한다) 2) 「연구실 안전환경 조성에 관한 법률」 제2조 제12호에 따른 연구실사고로 인해 발생하는 대규모 피해 3) 「전파법」 제2조 제1호에 따른 전파의 혼신(같은 법 제9조의 주파수분배에 따른 위성항법시스템 관련 전파의 혼신으로 한정한다)으로 인해 발생하는 대규모 피해
다. 과학기술정보통신부 및 우주항공청	「우주개발 진흥법」 제2조 제3호 가목에 따른 인공우주물체의 추락·충돌 등으로 인해 발생하는 피해
라. 외교부	해외재난
마. 법무부	1) 다음의 어느 하나에 해당하는 시설 및 그 밖에 이와 유사한 시설의 화재등으로 인해 발생하는 대규모 피해 가) 「형의 집행 및 수용자의 처우에 관한 법률」 제2조 제1호에 따른 교정시설 나) 「보호관찰 등에 관한 법률」 제14조에 따른 보호관찰소 및 같은 법 제65조 제3항에 따른 갱생보호시설 다) 「보호소년 등의 처우에 관한 법률」 제3조 제1항에 따른 소년원 및 같은 조 제2항에 따른 소년분류심사원 라) 「치료감호 등에 관한 법률」 제16조의2에 따른 치료감호시설 2) 다음의 어느 하나에 해당하는 시설 및 그 밖에 이와 유사한 시설의 화재등으로 인해 발생하는 대규모 피해 가) 「난민법」 제41조에 따른 난민신청자의 주거시설 및 같은 법 제45조에 따른 난민지원시설 나) 「출입국관리법」 제2조 제12호에 따른 외국인보호실 및 같은 조 제13호에 따른 외국인보호소
바. 국방부	「국방·군사시설 사업에 관한 법률」 제2조 제1호에 따른 국방·군사시설의 화재등으로 인해 발생하는 대규모 피해
사. 행정안전부[4) 및 6)의 경우에는 각각 관계 법령에 따라 해당 정보시스템의 구축·운영에 관한 사무 및 해당 청사의 관리에 관한 사무를 관장하는 중앙행정기관을 말한다]	1) 「승강기 안전관리법」 제48조 제1항에 따른 승강기의 사고 또는 고장으로 인해 발생하는 대규모 피해 2) 「유선 및 도선 사업법」 제28조 및 제29조에 따른 사고로 인해 발생하는 대규모 피해 3) 「전자정부법」 제2조 제13호에 따른 정보시스템(행정안전부장관이 구축·운영하는 정보시스템으로 한정한다)의 장애로 인해 발생하는 대규모 피해 4) 「전자정부법」 제2조 제13호에 따른 정보시스템(행정안전부장관이 구축·운영하는 정보시스템은 제외한다)의 장애로 인해 발생하는 대규모 피해 5) 「정부청사관리규정」 제2조에 따른 청사[6)에 따른 청사는 제외한다]의 화재등으로 인해 발생하는 대규모 피해 6) 「정부청사관리규정」 제3조에 따라 행정안전부장관이 관리하지 않는 청사의 화재등으로 인해 발생하는 대규모 피해

아. 행정안전부 및 경찰청	일반인이 자유로이 모이거나 통행하는 도로, 광장 및 공원의 다중운집인파사고로 인해 발생하는 대규모 피해
자. 행정안전부 및 소방청	1) 「소방기본법」 제2조 제1호에 따른 소방대상물의 화재로 인해 발생하는 대규모 피해 2) 「위험물안전관리법」 제2조 제1항 제1호에 따른 위험물의 누출·화재·폭발 등으로 인해 발생하는 대규모 피해
차. 문화체육관광부	1) 「관광진흥법」 제4조에 따라 야영장업의 등록을 한 자가 관리하는 야영장의 화재등으로 인해 발생하는 대규모 피해 2) 「관광진흥법」 제33조의2 제1항에 따른 테마파크시설의 중대한 사고로 인해 발생하는 대규모 피해 3) 「공연법」 제2조 제4호에 따른 공연장의 화재등으로 인해 발생하는 대규모 피해 4) 「체육시설의 설치·이용에 관한 법률」 제5조에 따른 전문체육시설 및 같은 법 제6조에 따른 생활체육시설의 화재등으로 인해 발생하는 대규모 피해
카. 농림축산식품부	1) 「가축전염병 예방법」 제2조 제2호에 따른 가축전염병의 확산으로 인한 피해 2) 「농어촌정비법」 제2조 제6호에 따른 농업생산기반시설 중 저수지의 붕괴·파손 등으로 인해 발생하는 대규모 피해 3) 「농수산물 유통 및 가격안정에 관한 법률」 제2조 제2호에 따른 농수산물도매시장(축산물도매시장은 포함하며, 수산물도매시장은 제외한다) 및 같은 조 제12호에 따른 농수산물종합유통센터(수산물종합유통센터는 제외한다)의 화재등으로 인해 발생하는 대규모 피해
타. 산업통상자원부	1) 「고압가스 안전관리법」 제26조 제1항, 「도시가스사업법」 제41조 제3항 및 「액화석유가스의 안전관리 및 사업법」 제56조 제1항에 따른 가스사고로 인해 발생하는 대규모 피해 2) 「석유 및 석유대체연료 사업법」 제2조 제1호에 따른 석유의 정제시설·비축시설 및 같은 법 시행령 제2조 제3호에 따른 주유소의 화재등으로 인해 발생하는 대규모 피해 3) 「에너지법」 제2조 제1호에 따른 에너지의 중대한 수급 차질로 인해 발생하는 대규모 피해 4) 「유통산업발전법」 제2조 제3호에 따른 대규모점포의 화재등으로 인해 발생하는 대규모 피해 5) 「전기안전관리법 시행령」 제15조에 따른 전기사고로 인해 발생하는 대규모 피해 6) 「제품안전기본법」 제15조에 따른 제품사고(「어린이제품 안전 특별법」 제2조 제13호에 따른 안전관리대상 어린이제품 및 「전기용품 및 생활용품 안전관리법」 제3조 제1항 제1호에 따른 안전관리대상제품으로 인한 사고로 한정한다)로 인해 발생하는 대규모 피해
파. 보건복지부	1) 다음의 어느 하나에 해당하는 시설의 화재등으로 인해 발생하는 대규모 피해 가) 「노인복지법」 제31조에 따른 노인복지시설 나) 「아동복지법」 제52조 제1항에 따른 아동복지시설 다) 「장애인복지법」 제58조에 따른 장애인복지시설(「의료법」 제3조 제2항 제3호 라목에 따른 요양병원에 해당하는 장애인 의료재활시설은 제외한다) 2) 「의료법」 제3조 제2항 제3호에 따른 병원급 의료기관의 화재등으로 인해 발생하는 대규모 피해
하. 보건복지부 및 질병관리청	「감염병의 예방 및 관리에 관한 법률」 제2조 제1호에 따른 감염병의 확산으로 인한 피해
거. 환경부	1) 「댐건설·관리 및 주변지역지원 등에 관한 법률」 제2조 제1호에 따른 댐[산업통상자원부 소관의 발전(發電)용 댐은 제외한다]의 붕괴·파손 등으로 인해 발생하는 대규모 피해 2) 「미세먼지 저감 및 관리에 관한 특별법」 제2조 제1호에 따른 미세먼지로 인한 피해 3) 「수도법」 제3조 제5호에 따른 수도의 화재등으로 발생하는 대규모 피해 4) 「먹는물관리법」 제3조 제1호에 따른 먹는물의 수질오염으로 인해 발생하는 대규모 피해 5) 「생활화학제품 및 살생물제의 안전관리에 관한 법률」 제3조 제4호에 따른 안전확인대상생활화학제품 및 같은 조 제6호에 따른 살생물제 관련 사고(「제품안전기본법」 제15조에 따른 제품사고에 해당하는 경우로 한정한다)로 인해 발생하는 대규모 피해 6) 「화학물질관리법」 제2조 제13호에 따른 화학사고로 인해 발생하는 대규모 피해

	7) 「환경오염시설의 통합관리에 관한 법률」 제2조 제1호에 따른 오염물질 등으로 인한 환경오염(「먹는물관리법」 제3조 제1호에 따른 먹는물의 수질오염은 제외한다)으로 인해 발생하는 대규모 피해
너. 고용노동부	「산업안전보건법」 제2조 제1호 및 제44조 제1항에 따른 산업재해 및 중대산업사고로 인해 발생하는 대규모 피해
더. 국토교통부[3)의 경우에는 공동구에 공동 수용되는 공급설비 및 통신시설 등으로서 화재등의 원인이 되는 설비·시설 등의 관리에 관한 사무를 관장하는 중앙행정기관을 포함한다]	1) 「건축물관리법」 제2조 제1호에 따른 건축물의 붕괴·전도 등으로 인해 발생하는 대규모 피해 2) 「공항시설법」 제2조 제3호에 따른 공항의 화재등으로 인해 발생하는 대규모 피해 3) 「국토의 계획 및 이용에 관한 법률」 제2조 제9호에 따른 공동구의 화재등으로 인해 발생하는 대규모 피해 4) 「도로법」 제2조 제1호에 따른 도로의 화재등으로 인해 발생하는 대규모 피해 5) 「물류시설의 개발 및 운영에 관한 법률」 제7조 및 제21조의2에 따라 국토교통부장관에게 등록한 복합물류터미널사업자 및 물류창고업자가 관리하는 물류시설(다른 중앙행정기관 소관의 시설은 제외한다)의 화재등으로 인해 발생하는 대규모 피해 6) 「철도안전법」 제2조 제11호에 따른 철도사고로 인해 발생하는 대규모 피해 7) 「항공안전법」 제2조 제6호부터 제8호까지의 규정에 따른 항공기사고, 경량항공기사고 및 초경량비행장치사고로 인해 발생하는 대규모 피해
러. 해양수산부	1) 「농수산물 유통 및 가격안정에 관한 법률」 제2조 제2호에 따른 농수산물도매시장(수산물도매시장으로 한정한다) 및 같은 조 제12호에 따른 농수산물종합유통센터(수산물종합유통센터로 한정한다)의 화재등으로 인해 발생하는 대규모 피해 2) 「항만법」 제2조 제1호에 따른 항만의 화재등으로 인해 발생하는 대규모 피해 3) 「해수욕장의 이용 및 관리에 관한 법률」 제2조 제1호에 따른 해수욕장의 안전사고로 인해 발생하는 대규모 피해 4) 「해양사고의 조사 및 심판에 관한 법률」 제2조 제1호에 따른 해양사고(해양에서 발생한 사고로 한정하며, 해양오염은 제외한다)로 인해 발생하는 대규모 피해
머. 해양수산부 및 해양경찰청	「해양환경관리법」 제2조 제2호에 따른 해양오염으로 인해 발생하는 대규모 피해
버. 중소벤처기업부	「전통시장 및 상점가 육성을 위한 특별법」 제2조 제1호에 따른 전통시장의 화재등으로 인해 발생하는 대규모 피해
서. 여성가족부	1) 「청소년복지 지원법」 제31조에 따른 청소년복지시설의 화재등으로 인해 발생하는 대규모 피해 2) 「청소년활동 진흥법」 제10조 제1호에 따른 청소년수련시설의 화재등으로 인해 발생하는 대규모 피해
어. 금융위원회	「금융위원회의 설치 등에 관한 법률」 제38조에 따른 기관(이하 "금융기관"이라 한다) 중 「정보통신기반 보호법」 제2조 제1호에 따른 정보통신기반시설을 관리하는 금융기관의 화재등으로 인해 발생하는 대규모 피해
저. 원자력안전위원회	1) 「원자력시설 등의 방호 및 방사능 방재 대책법」 제2조 제8호에 따른 방사능재난 2) 인접 국가의 방사능 누출로 인해 발생하는 대규모 피해
처. 국가유산청	1) 「문화유산의 보존 및 활용에 관한 법률」 제2조 제1항에 따른 문화유산·같은 조 제5항에 따른 보호구역·같은 조 제6항에 따른 보호물과 문화유산 보관시설의 화재등으로 인해 발생하는 대규모 피해 2) 「자연유산의 보존 및 활용에 관한 법률」 제2조 제1호에 따른 자연유산·같은 조 제6호에 따른 보호물 및 같은 조 제7호에 따른 보호구역의 화재등으로 인해 발생하는 대규모 피해
커. 산림청	1) 「사방사업법」 제2조 제3호에 따른 사방시설의 붕괴·파손 등으로 인해 발생하는 대규모 피해 2) 「산림보호법」 제2조 제7호에 따른 산불로 인해 발생하는 대규모 피해
터. 법 제26조 제1항에 따라 해당 국가핵심기반을 지정하는 중앙행정기관	국가핵심기반의 마비(「노동조합 및 노동관계조정법」 제2조 제6호에 따른 쟁의행위 또는 이에 준하는 행위로 인한 마비를 포함한다)로 인한 피해
퍼. 행사를 주최·주관하는 중앙행정기관(주최·주관하는 중앙행정기관이 다수인 경우에는 주최·주관의 주된 역할을 담당하는 중앙행정기관을 말한다)	중앙행정기관이 주최·주관하는 각종 행사가 개최되는 시설등에서 발생하는 대규모 피해

허. 비고 제1호 및 제3호에 따른 중앙행정기관	가목부터 퍼목까지의 규정에 따른 사회재난 유형란의 시설등 외의 시설등에서 발생하는 대규모 피해
고. 비고 제2호 및 제3호에 따른 중앙행정기관	가목부터 허목까지의 규정에 따른 사회재난 유형 외의 사회재난

비고
1. 허목에 따른 사회재난 유형의 경우에는 시설사무관장기관이 재난관리주관기관이 된다.
2. 고목에 따른 사회재난 유형의 경우에는 재난사무관장기관이 재난관리주관기관이 된다.
3. 제1호 및 제2호에도 불구하고 시설사무관장기관 및 재난사무관장기관이 불분명한 경우에는 행정안전부장관이 조정하여 재난관리주관기관을 정한다.
4. 가목부터 고목까지의 규정에 따른 사회재난 유형이 복합적으로 발생하는 경우에는 각 사회재난 유형별 시설사무관장기관 또는 재난사무관장기관이 각각 재난관리주관기관이 된다.
5. 제4호에도 불구하고 사회재난 유형이 복합적으로 발생하는 경우로서 신속대응등이 필요한 경우에는 신속대응등이 필요한 사무를 주관하는 재난관리주관기관이 신속대응등을 우선적으로 수행해야 한다.
6. 제5호에도 불구하고 신속대응등의 필요 여부 및 신속대응주관기관이 불분명한 경우에는 행정안전부장관이 조정하여 신속대응등의 필요 여부 및 신속대응주관기관을 정한다.

3. 그 밖의 각종 사고 유형별 재난관리주관기관

재난관리주관기관	사고 유형
제2호 각 목에 따른 해당 중앙행정기관	제2호 각 목에 따른 사회재난 유형으로 인해 발생하거나 해당 시설등에서 발생하는 인명 또는 재산의 피해로서 사회재난에 해당하지 않는 피해

비고
1. 사고 유형에 따른 재난관리주관기관 등이 불분명한 경우에는 제2호 비고를 준용한다.
2. 사고 유형에 따른 재난관리주관기관은 필요한 범위에서 사고의 예방·대비·대응 및 복구 등의 사무를 적극적으로 수행해야 한다.

010 재난관리주관기관 답 ②

「먹는물관리법」 제3조 제1호에 따른 먹는물의 수질오염으로 인해 발생하는 대규모 피해 – 환경부

011 긴급구조 답 ③

긴급구조기관이란 소방청·소방본부 및 소방서를 말한다. 다만, 해양에서 발생한 재난의 경우에는 해양경찰청·지방해양경찰청 및 해양경찰서를 말한다.

012 긴급구조기관 답 ③

경찰청은 긴급구조지원기관이다.

개념플러스 긴급구조기관

1. 소방청 및 해양경찰청
2. 소방본부 및 지방해양경찰청
3. 소방서 및 해양경찰서

013 긴급구조지원기관 답 ④

소방청은 긴급구조기관에 해당한다.

개념플러스 대통령령으로 정하는 긴급구조지원기관 및 단체

1. 교육부, 과학기술정보통신부, 국방부, 산업통상자원부, 보건복지부, 환경부, 국토교통부, 해양수산부, 방송통신위원회, 경찰청, 산림청, 질병관리청 및 기상청
2. 국방부장관이 탐색구조부대로 지정하는 군부대와 그 밖에 긴급구조지원을 위하여 국방부장관이 지정하는 군부대
3. 대한적십자사
4. 종합병원
5. 응급의료기관, 중앙응급의료센터, 응급의료지원센터, 구급차등의 운용자
6. 전국재해구호협회
7. 긴급구조기관과 긴급구조활동에 관한 응원협정을 체결한 기관 및 단체
8. 그 밖에 긴급구조에 필요한 인력과 장비를 갖춘 기관 및 단체로서 행정안전부령으로 정하는 기관 및 단체

03 | 안전관리기구 및 기능

정답 p. 148

001	④	002	②	003	②	004	⑤	005	②
006	①	007	①	008	②	009	⑤		

001 중앙위원회 답 ④

조정위원회의 업무를 효율적으로 처리하기 위하여 조정위원회에 실무위원회를 둘 수 있다.

개념플러스 중앙(안전관리)위원회

1. 심의기구 구성
   ① 소속: 국무총리 소속
   ② 위원장: 국무총리
   ③ 위원: 대통령령이 정하는 중앙행정기관 또는 관계 기관·단체의 장
   ④ 간사: 행정안전부장관
2. 운영
   ① 중앙위원회의 회의는 위원의 요청이 있거나 위원장이 필요하다고 인정하는 경우에 위원장이 소집한다.
   ② 중앙위원회의 회의는 재적위원 과반수의 출석으로 개의(開議)하고, 출석위원 과반수의 찬성으로 의결한다.

002 중앙안전관리위원회와 안전정책조정위원회 답 ②

중앙안전관리위원회는 재난사태의 선포에 관한 사항 심의, 특별재난지역의 선포에 관한 사항을 심의한다.

개념플러스 재난사태지역과 특별재난지역

구분	재난사태지역	특별재난지역
재난관리	대응	복구
심의	중앙안전관리위원회	중앙안전관리위원회
선포	행정안전부장관	대통령

003 중앙위원회 답 ②

(선지분석)

① 중앙위원회 위원장의 간사위원은 행정안전부장관이다.
③ 중앙위원회의 회의는 재적위원 과반수의 출석으로 개의(開議)하고, 출석위원 과반수의 찬성으로 의결한다.
④ 중앙위원회의 위원은 대통령령이 정하는 중앙행정기관 또는 관계 기관·단체의 장이 된다.

개념플러스 중앙(안전관리)위원회

1. 심의기구 구성
   ① 소속: 국무총리 소속
   ② 위원장: 국무총리
   ③ 위원: 대통령령이 정하는 중앙행정기관 또는 관계 기관·단체의 장
   ④ 간사: 행정안전부장관
2. 운영
   ① 중앙위원회의 회의는 위원의 요청이 있거나 위원장이 필요하다고 인정하는 경우에 위원장이 소집한다.
   ② 중앙위원회의 회의는 재적위원 과반수(1/2)의 출석으로 개의(開議)하고, 출석위원 과반수(1/2)의 찬성으로 의결한다.

004 중앙안전관리위원회 위원 답 ⑤

국가보훈부장관은 해당사항 없다.

• 중앙안전관리위원회 위원
  1. 기획재정부장관, 교육부장관, 과학기술정보통신부장관, 외교부장관, 통일부장관, 법무부장관, 국방부장관, 행정안전부장관, 문화체육관광부장관, 농림축산식품부장관, 산업통상자원부장관, 보건복지부장관, 환경부장관, 고용노동부장관, 여성가족부장관, 국토교통부장관, 해양수산부장관 및 중소벤처기업부장관
  2. 국가정보원장, 방송통신위원회위원장, 국무조정실장, 식품의약품안전처장, 금융위원회위원장 및 원자력안전위원회위원장
  3. 경찰청장, 소방청장, 국가유산청장, 산림청장, 질병관리청장, 기상청장 및 해양경찰청장

005 재난사태 선포 답 ②

행정안전부장관은 대통령령으로 정하는 재난이 발생하거나 발생할 우려가 있는 경우 사람의 생명·신체 및 재산에 미치는 중대한 영향이나 피해를 줄이기 위하여 긴급한 조치가 필요하다고 인정하면 중앙위원회의 심의를 거쳐 재난사태를 선포할 수 있다.

006 중앙재난안전대책본부 답 ①

중앙재난안전대책본부장은 행정안전부장관이 되며, 중앙재난안전대책본부장은 중앙재난안전대책본부의 업무를 총괄하고 필요하다고 인정하면 중앙재난안전대책본부회의를 소집할 수 있다. 다만, 해외재난의 경우에는 외교부장관이, 방사능재난의 경우에는 중앙방사능방재대책본부의 장이 각각 중앙재난안전대책본부장의 권한을 행사한다.

선지분석

② 중앙재난안전대책본부장은 국내 또는 해외에서 발생한 대규모재난의 수습을 지원하기 위하여 관계중앙행정기관 및 관계기관·단체의 재난관리에 관한 전문가 등으로 수습지원단을 구성하여 현지에 파견할 수 있다.

③ 행정안전부에 중앙재난안전대책본부를 둔다.

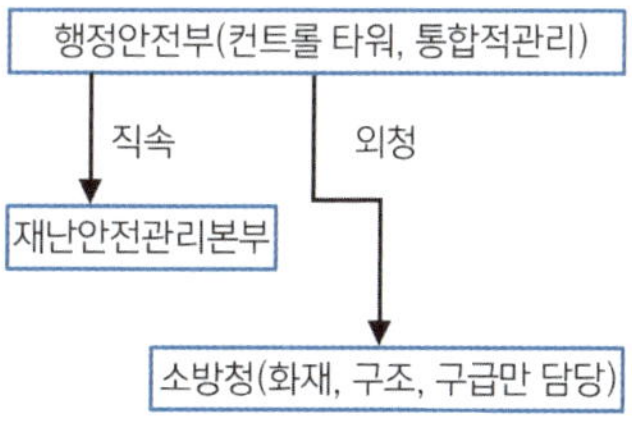

④ 중앙재난안전대책본부장은 행정안전부장관이 된다.

> **개념플러스 중앙재난안전대책본부**
>
> 1. 중앙재난안전대책본부장은 행정안전부장관이다.
>   - 중앙대책본부의 조직 구성
>   1) 소속: 행정안전부
>   2) 본부장: 행정안전부장관
>   3) 차장, 총괄조정관, 대변인, 통제관, 담당관: 행정안전부 소속 공무원 중에서 행정안전부장관이 지명하는 사람
>   4) 부대변인: 재난 및 사고 유형별 재난관리주관기관 소속 공무원 중에서 소속 기관의 장의 추천을 받아 행정안전부장관이 지명하는 공무원
> 2. 다만, 해외재난의 경우에는 외교부장관이 중앙재난안전대책본부장의 권한을 행사하고, 방사능재난의 경우에는 중앙방사능 방재대책본부의 장이 각각 중앙재난안전대책본부장의 권한(원자력위원회위원장)을 행사한다.
> 3. 재난의 효과적인 수습을 위해 국무총리가 중앙재난안전대책본부장의 권한을 행사하고, 이 경우 행정안전부장관, 외교부장관(해외재난의 경우에 한정) 또는 원자력안전위원회 위원장(방사능 재난의 경우에 한정)이 차장이 된다.
>
> 참고
>
> 특별대응단장 등: 해당 재난과 관련한 민간전문가 중에서 행정안전부장관이 위촉하는 사람(특별대응단장 또는 특별보좌관)

007 중앙대책본부 답 ①

재난의 효과적인 수습을 위하여 국무총리가 범정부적 차원의 통합 대응이 필요하다고 인정하는 경우에는 국무총리가 중앙대책본부장의 권한을 행사한다.

008 지역대책본부 답 ②

지역재난안전대책 본부장은 시·도의 경우는 시·도지사, 시·군·구의 경우는 시장·군수·구청장이다.

> **개념플러스 지역대책본부 구성**
>
> 1. 시·도 재난안전 대책본부
>   ① 소속: 시·도
>   ② 지역본부장: 시·도지사
>   ③ 구성 및 운영: 지방자치단체조례로 정함
> 2. 시·군·구 재난안전 대책본부
>   ① 소속: 시·군·구
>   ② 지역본부장: 시장·군수·구청장
>   ③ 구성 및 운영: 지방자치단체조례로 정함

009 국가안전관리기본계획 등 답 ⑤

- 행정안전부장관은 재난 및 안전관리에 관한 과학기술의 진흥을 위하여 5년마다 관계중앙행정기관의 재난 및 안전관리기술개발에 관한 계획을 종합하여 조정위원회의 심의와 「국가과학기술자문회의법」에 따른 국가과학기술자문회의의 심의를 거쳐 재난 및 안전관리기술개발 종합계획을 수립하여야 한다.
- 국무총리는 중앙안전관리위원회 심의를 거쳐 국가안전관리기본계획을 5년마다 수립해야 한다.

> **개념플러스 재난 및 안전관리기술개발 종합계획과 국가안전관리기본계획 비교**

구분	수립	년도	심의
재난 및 안전관리기술 개발 종합계획	행정안전부장관	5년 마다	(안전정책)조정위원회 및 국가과학기술자문회
국가안전관리 기본계획	국무총리	5년 마다	중앙(안전관리)위원회

04 | 재난의 예방·대비

정답

p. 151

001	②	002	④	003	①	004	①	005	④
006	②	007	①	008	②	009	②		

001 재난예방을 위한 안전조치 답 ②

행정안전부장관 또는 재난관리책임기관(행정기관만을 말한다)의 장은 안전점검 결과 또는 긴급안전점검 결과 재난 발생의 위험이 높다고 인정되는 시설 또는 지역에 대하여는 대통령령으로 정하는 바에 따라 그 소유자·관리자 또는 점유자에게 다음의 안전조치를 할 것을 명할 수 있다.

1. 정밀안전진단(시설만 해당한다). 이 경우 다른 법령에 시설의 정밀안전진단에 관한 기준이 있는 경우에는 그 기준에 따르고, 다른 법령의 적용을 받지 아니하는 시설에 대하여는 행정안전부령으로 정하는 기준에 따른다.
2. 보수(補修) 또는 보강 등 정비
3. 재난을 발생시킬 위험요인의 제거

002 예방단계 답 ④

ㅁ. 재난방지시설의 점검·관리에 해당된다.

개념플러스 재난관리책임기관의 장의 재난예방조치 사항(법률적 개념)

1. 재난에 대응할 조직의 구성 및 정비
2. 재난의 예측 및 예측정보 등의 제공·이용에 관한 체계의 구축
3. 재난 발생에 대비한 교육·훈련과 재난관리예방에 관한 홍보
4. 재난이 발생할 위험이 높은 분야에 대한 안전관리체계의 구축 및 안전관리규정의 제정
5. 제26조에 따라 지정된 국가핵심기반의 관리
6. 제27조 제2항에 따른 특정관리대상지역에 관한 조치
7. 제29조에 따른 재난방지시설의 점검·관리
8. 제34조에 따른 재난관리자원의 관리
9. 그 밖에 재난을 예방하기 위하여 필요하다고 인정되는 사항

003 재난방지시설 답 ①

기상시설은 해당사항 없다.

• 재난방지시설의 범위

1. 「소하천정비법」 제2조 제3호에 따른 소하천부속물 중 제방·호안(기슭·둑 침식 방지시설)·보 및 수문
2. 「하천법」 제2조 제3호에 따른 하천시설 중 댐·하구둑·제방·호안·수제·보·갑문·수문·수로터널·운하 및 「수자원의 조사·계획 및 관리에 관한 법률 시행령」 제2조 제2호에 따른 수문조사시설 중 홍수발생의 예보를 위한 시설
3. 「국토의 계획 및 이용에 관한 법률」 제2조 제6호 마목에 따른 방재시설
4. 「하수도법」 제2조 제3호에 따른 하수도 중 하수관로 및 공공하수처리시설
5. 「농어촌정비법」 제2조 제6호에 따른 농업생산기반시설 중 저수지, 양수장, 우물 등 지하수이용시설, 배수장, 취입보(取入洑), 용수로, 배수로, 웅덩이, 방조제, 제방
6. 「사방사업법」 제2조 제3호에 따른 사방시설
7. 「댐건설·관리 및 주변지역지원 등에 관한 법률」에 따른 댐
8. 「어촌·어항법」 제2조 제5호 다목(4)에 따른 유람선·낚시어선·모터보트·요트 또는 윈드서핑 등의 수용을 위한 레저용 기반시설
9. 「도로법」 제2조 제2호에 따른 도로의 부속물 중 방설·제설시설, 토사유출·낙석 방지 시설, 공동구(共同溝), 같은 법 시행령 제2조 제2호에 따른 터널·교량·지하도 및 육교
10. 법 제38조에 따른 재난 예보·경보시설
11. 「항만법」 제2조 제5호에 따른 항만시설
12. 그 밖에 행정안전부장관이 정하여 고시하는 재난을 예방하기 위하여 설치한 시설

004 재난관리 답 ①

대응 단계 - 위험구역의 설정

005 재난관리 답 ④

ㄹ. 재난현장 긴급통신수단의 마련 - 대비
ㅁ. 재난분야 위기관리 매뉴얼 작성·운용 - 대비

선지분석

ㄱ. 국가핵심기반의 지정 - 예방
ㄴ. 재난안전분야 종사자 교육 - 예방
ㄷ. 지방자치단체에 대한 지원 - 예방

개념플러스 대비 활동내역

1. 재난관리자원의 관리(재난관리자원공동활용시스템 포함)
2. 재난현장 긴급통신수단의 마련
3. 국가재난관리기준의 제정·운영 등

4. 기능별 재난대응 활동계획의 작성·활용
5. 재난분야 위기관리 매뉴얼 작성·운용
(위기관리표준매뉴얼, 위기대응실무매뉴얼, 현장조치행동매뉴얼)
6. 다중이용시설 등의 위기상황 매뉴얼 작성·관리 및 훈련
7. 안전기준의 등록 및 심의 등
8. 재난안전통신망의 구축·운영
9. 재난대비훈련 기본계획수립
10. 재난대비훈련실시(훈련주관기관, 훈련참여기관)

006 위기관리 매뉴얼 답 ②

- 위기관리 표준매뉴얼: 국가적 차원에서 관리가 필요한 재난에 대하여 재난관리 체계와 관계 기관의 임무와 역할을 규정한 문서로 위기대응 실무매뉴얼의 작성기준이 된다. 다만, 다수의 재난관리주관기관이 관련되는 재난에 대해서는 관계 재난관리주관기관의 장과 협의하여 행정안전부장관이 위기관리 표준매뉴얼을 작성할 수 있다.
- 현장조치 행동매뉴얼: 재난현장에서 임무를 직접 수행하는 기관의 행동조치 절차를 구체적으로 수록한 문서이다. 다만, 시장·군수·구청장은 재난 유형별 현장조치 행동매뉴얼을 통합하여 작성할 수 있다(현장조치 행동매뉴얼 작성 기관의 장이 다른 법령에 따라 작성한 계획·매뉴얼 등에 재난유형별 현장조치 행동매뉴얼에 포함될 사항이 모두 포함되어 있는 경우 해당 재난유형에 대해서는 현장조치 행동매뉴얼이 작성된 것으로 본다).

개념플러스 위기관리 매뉴얼

분류	작성·운용자	내용
위기관리 매뉴얼	재난관리책임기관의 장	-
위기관리 표준 매뉴얼	재난관리주관기관의 장	• 국가적 차원에서 관리가 필요한 재난에 대하여 재난관리 체계와 관계 기관의 임무와 역할을 규정한 문서로 위기대응 실무매뉴얼의 작성기준이 된다. • 다만, 다수의 재난관리주관기관이 관련되는 재난에 대해서는 관계 재난관리주관기관의 장과 협의하여 행정안전부장관이 위기관리 표준매뉴얼을 작성할 수 있다.
위기대응 실무 매뉴얼	재난관리주관기관의 장과 관계 기관의 장	• 위기관리 표준매뉴얼에서 규정하는 기능과 역할에 따라 실제 재난대응에 필요한 조치사항 및 절차를 규정한 문서이다. • 이 경우 재난관리주관기관의 장은 위기대응 실무매뉴얼과 위기관리 표준매뉴얼을 통합하여 작성할 수 있다.
현장조치 행동 매뉴얼	위기대응 실무매뉴얼을 작성한 기관의 장이 지정한 기관의 장	• 재난현장에서 임무를 직접 수행하는 기관의 행동조치 절차를 구체적으로 수록한 문서이다. • 다만, 시장·군수·구청장은 재난 유형별 현장조치 행동매뉴얼을 통합하여 작성할 수 있다(현장조치 행동매뉴얼 작성 기관의 장이 다른 법령에 따라 작성한 계획·매뉴얼 등에 재난유형별 현장조치 행동매뉴얼에 포함될 사항이 모두 포함되어 있는 경우 해당 재난유형에 대해서는 현장조치 행동매뉴얼이 작성된 것으로 본다).

007 위기관리 매뉴얼 답 ①

국가적 차원에서 관리가 필요한 재난에 대하여 재난관리 체계와 관계 기관의 임무와 역할을 규정한 문서는 위기관리 표준매뉴얼에 해당한다.

선지분석

② 위기대응 실무매뉴얼: 위기관리 표준매뉴얼에서 규정하는 기능과 역할에 따라 실제 재난대응에 필요한 조치사항, 절차를 규정한 문서로 위기대응 실무매뉴얼의 작성기준이 된다.

③ 현장조치 행동매뉴얼: 재난현장에서 임무를 직접 수행하는 기관의 행동조치 절차를 구체적으로 수록한 문서로 위기대응 실무매뉴얼을 작성한 기관의 장이 지정한 기관의 장이 작성한다.

개념플러스 위기관리 매뉴얼

분류	작성·운용자	내용
위기관리 매뉴얼	재난관리책임기관의 장	-
위기관리 표준 매뉴얼	재난관리주관기관의 장	• 국가적 차원에서 관리가 필요한 재난에 대하여 재난관리 체계와 관계 기관의 임무와 역할을 규정한 문서로 위기대응 실무매뉴얼의 작성기준이 된다. • 다만, 다수의 재난관리주관기관이 관련되는 재난에 대해서는 관계 재난관리주관기관의 장과 협의하여 행정안전부장관이 위기관리 표준매뉴얼을 작성할 수 있다.
위기대응 실무 매뉴얼	재난관리주관기관의 장과 관계 기관의 장	• 위기관리 표준매뉴얼에서 규정하는 기능과 역할에 따라 실제 재난대응에 필요한 조치사항 및 절차를 규정한 문서이다. • 이 경우 재난관리주관기관의 장은 위기대응 실무매뉴얼과 위기관리 표준매뉴얼을 통합하여 작성할 수 있다.

현장조치 행동 매뉴얼	위기대응 실무매뉴얼을 작성한 기관의 장이 지정한 기관의 장	• 재난현장에서 임무를 직접 수행하는 기관의 행동조치 절차를 구체적으로 수록한 문서이다. • 다만, 시장·군수·구청장은 재난 유형별 현장조치 행동매뉴얼을 통합하여 작성할 수 있다(현장조치 행동매뉴얼 작성 기관의 장이 다른 법령에 따라 작성한 계획·매뉴얼 등에 재난유형별 현장조치 행동매뉴얼에 포함될 사항이 모두 포함되어 있는 경우 해당 재난유형에 대해서는 현장조치 행동매뉴얼이 작성된 것으로 본다).

008 대비 단계 답 ②

선지분석

ㄴ. 재난 예보·경보체계 구축·운영: 대응

ㄷ. 재난안전분야 종사자 교육: 예방

개념플러스 재난의 대비 활동내역

1. 재난관리자원의 관리(재난관리자원공동활용시스템 포함)
2. 재난현장 긴급통신수단의 마련
3. 국가재난관리기준의 제정·운영 등
4. 기능별 재난대응 활동계획의 작성·활용
5. 재난분야 위기관리 매뉴얼 작성·운용(위기관리표준매뉴얼, 위기대응실무매뉴얼, 현장조치행동매뉴얼)
6. 다중이용시설 등의 위기상황 매뉴얼 작성·관리 및 훈련
7. 안전기준의 등록 및 심의 등
8. 재난안전통신망의 구축·운영
9. 재난대비훈련 기본계획수립
10. 재난대비훈련실시(훈련주관기관, 훈련참여기관)

009 재난관리 답 ②

선지분석

①④ 재난대비에 대한 설명이다.

③ 재난복구에 대한 설명이다.

개념플러스 재난관리 - 예방, 대비, 대응, 복구

1. 대비
   ① 재난 발생을 사전에 방지하기 위하여 매년 재난대비훈련 계획을 수립하고, 관계기관과 합동으로 재난대비훈련을 실시한다.
   ② 재난을 효율적으로 관리하기 위하여 재난유형에 따라 위기관리 매뉴얼을 작성·운용한다.
   ③ 재난의 수습활동을 효율적으로 하기 위하여 재난관리자원의 관리 및 긴급통신수단을 마련한다.

2. 복구: 재난 피해지역을 재해 이전 상태로 회복시키기 위하여 피해상황을 조사하고, 자체복구계획을 수립·시행한다.

05 | 재난의 대응

정답 p. 154

001	④	002	③	003	③	004	④	005	④
006	②	007	③	008	⑤	009	①	010	④
011	④	012	③	013	②	014	②	015	①
016	⑤	017	④	018	①	019	②	020	④
021	③								

001 재난대응 답 ④

실제 재난 현장에서 소방공무원이 주도적인 역할을 하는 단계는 재난대응에 해당한다.

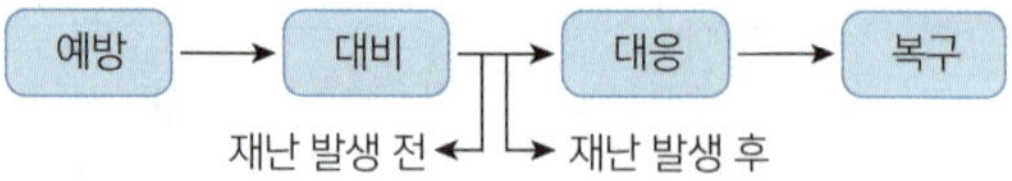

002 재난사태선포 답 ③

① 중앙대책본부장(행정안전부장관)은 대통령령으로 정하는 재난이 발생하거나 발생할 우려가 있는 경우 사람의 생명·신체 및 재산에 미치는 중대한 영향이나 피해를 줄이기 위하여 긴급한 조치가 필요하다고 인정하면 중앙위원회의 심의를 거쳐 재난사태를 선포할 수 있다. 다만, 행정안전부장관은 재난상황이 긴급하여 중앙위원회의 심의를 거칠 시간적 여유가 없다고 인정하는 경우에는 중앙위원회의 심의를 거치지 아니하고 재난사태를 선포할 수 있다.

② ①에도 불구하고 시·도지사는 관할구역에서 재난이 발생하거나 발생할 우려가 있는 등 대통령령으로 정하는 경우 사람의 생명·신체 및 재산에 미치는 중대한 영향이나 피해를 줄이기 위하여 긴급한 조치가 필요하다고 인정하면 시·도위원회 심의를 거쳐 재난사태를 선포할 수 있다. 이 경우 시·도지사는 지체 없이 그 사실을 행정안전부장관에게 통보하여야 한다.

참고

재난사태선포

• 선포권자, 해제권자: 행정안전부장관. 단, 관할구역 긴급한 조치: 시·도지사가 선포, 해제할 경우 행정안전부장관에게 통보

- 심의, 승인: 중앙위원회. 단, 시·도위원회
- 조치권자: 행정안전부장관, 지방자치단체의 장(시·도지사, 시장, 군수, 구청장)

003 지역통제단장의 응급조치사항 답 ③

지역통제단장(소방본부장, 소방서장)의 응급조치사항
1) 진화
2) 긴급수송 및 구조 수단의 확보
3) 현장지휘통신체계의 확보

004 긴급구조통제단장 답 ④

시·군·구 긴급구조통제단의 단장은 소방서장이 된다.

개념플러스 중앙통제단

긴급구조에 관한 총괄·조정, 긴급구조기관, 긴급구조기관이 하는 긴급구조활동의 역할분담과 지휘·통제를 위하여 소방청에 중앙통제단을 둔다.
1. **소속**: 소방청
2. **단장**: 소방청장

개념플러스 지역통제단

지역별 긴급구조에 관한 사항의 총괄·조정, 해당 지역에 소재하는 긴급구조기관 및 긴급구조지원기관 간의 역할분담과 재난현장에서의 지휘·통제를 위하여 시·도의 소방본부에 시·도 긴급구조통제단을 두고, 시·군·구의 소방서에 시·군·구 긴급구조통제단을 둔다.

1. **소속**
   ① 시·도의 소방본부: 시·도 긴급구조통제단
   ② 시·군·구의 소방서: 시·군·구 긴급구조통제단
2. **지역통제단의 단장**
   ① 시·도 긴급구조통제단 단장: 소방본부장
   ② 시·군·구 긴급구조통제단 단장: 소방서장

개념플러스 통제단장

1. **중앙긴급구조통제단장**: 소방청장
2. **지역긴급구조통제단장**
   ① 시·도 긴급구조통제단 단장: 소방본부장
   ② 시·군·구 긴급구조통제단 단장: 소방서장

개념플러스 재난안전대책본부장

1. **중앙재난안전대책본부장**: 행정안전부장관
2. **지역재난안전대책본부장**
   ① 시·도 재난안전대책본부장: 시·도지사
   ② 시·군·구 재난안전대책본부장: 시장, 군수, 구청장

005 중앙통제단 답 ④

재난예방조치는 중앙통제단의 기능과 관련이 없다.

개념플러스 중앙통제단의 기능

1. 국가 긴급구조대책의 총괄·조정
2. 긴급구조활동의 지휘·통제
3. 긴급구조지원기관 간의 역할분담 등 긴급구조를 위한 현장활동계획의 수립
4. 긴급구조대응계획의 집행

개념플러스 긴급구조지휘대의 기능

1. 통제단이 가동되기 전 재난 초기 시 현장지휘
2. 주요 긴급구조지원기관과의 합동으로 현장지휘의 조정·통제
3. 광범위한 지역에 걸친 재난발생 시 전진지휘
4. 화재 등 일상적 사고의 발생 시 현장지휘

006 중앙긴급구조통제단 답 ②

중앙통제단의 구성·기능 및 운영에 필요한 사항은 대통령령으로 정한다.

(선지분석)
① 중앙통제단의 단장은 소방청장이고, 부단장은 소방청 차장이다.
③ 중앙통제단에는 대응계획부, 현장지휘부, 자원지원부를 둔다.

개념플러스 3부로 단순화

1. **대응계획부**: 통합 지휘·조정, 상황 분석·보고, 작전계획 수립, 연락관 소집·파견, 공보, 지원기관 연락관
2. **현장지휘부**: 위험진압, 수색구조, 응급의료, 항공·현장통제, 안전관리, 자원대기소 운영
3. **자원지원부**: 물품·급식지원, 회복지원, 장비관리, 자원집결지 운영, 긴급복구지원, 오염방제지원

007 우리나라 재난관리체계 답 ③

소방서는 긴급구조기관에 해당한다.

개념플러스 긴급구조기관

1. 소방청, 해양경찰청
2. 소방본부, 지방해양경찰청
3. 소방서, 해양경찰서

008	재난 및 안전관리 기본법	답 ⑤

3년이 아니라 2년마다 정기적으로 긴급구조교육을 받아야 한다.

개념플러스 긴급구조에 관한 교육

1. 긴급구조지원기관에서 긴급구조업무와 재난관리업무를 담당하는 부서의 담당자 및 관리자는 법 제55조 제3항에 따라 다음 각 호의 구분에 따른 긴급구조에 관한 교육(이하 "긴급구조교육"이라 한다)을 받아야 한다.
   ① 신규교육: 해당 업무를 맡은 후 1년 이내에 받는 긴급구조교육
   ② 정기교육: 신규교육을 받은 후 2년마다 받는 긴급구조교육
2. 1.에서 규정한 사항 외에 재난관리업무에 종사하는 사람의 교육에 필요한 세부 사항은 행정안전부령으로 정한다.

009	긴급구조 현장지휘(현장지휘관)	답 ①

- 시·군·구 긴급구조 통제단장
  → 소방서장: 재난현장에서는 시·군·구 긴급구조통제단장이 긴급구조활동을 지휘
- 시·도 긴급구조 통제단장
  → 소방본부장: 필요하다고 인정하면 직접 현장지휘
- 중앙 긴급구조 통제단장
  → 소방청장: 대규모 재난이 발생, 그 밖에 필요하다고 인정하면 직접 현장지휘
- 통제단장의 사전명령에 따라 현장지휘를 하는 소방관서 선착대장 또는 긴급구조지휘대의 장
  → 일상적인 소규모 사고가 발생하는 경우 현장지휘

010	긴급구조 현장지휘	답 ④

긴급구조기관 및 긴급구조지원기관의 긴급구조요원·긴급구조지원요원 및 재난관리자원의 배치와 운용

선지분석

①②③ 긴급구조 현장지휘 내용에 해당된다.

개념플러스 재난현장에서 긴급구조 활동사항 (재난 현장지휘 사항)

1. 재난현장에서 인명의 탐색·구조
2. 긴급구조기관 및 긴급구조지원기관의 긴급구조요원·긴급구조지원요원 및 재난관리자원의 배치와 운용
3. 추가 재난의 방지를 위한 응급조치
4. 긴급구조지원기관 및 자원봉사자 등에 대한 임무의 부여
5. 사상자의 응급처치 및 의료기관으로의 이송
6. 긴급구조에 필요한 재난관리자원의 관리
7. 현장접근 통제, 현장 주변의 교통정리, 그 밖에 긴급구조활동을 효율적으로 하기 위하여 필요한 사항

011	재난현장 지휘사항	답 ④

모두 「재난 및 안전관리 기본법」상 재난현장에서 시·군·구 긴급구조통제단장의 긴급구조 현장지휘 사항에 해당한다.

개념플러스 재난현장에서 시·군·구 긴급구조통제단장의 긴급구조 현장지휘 사항

1. 재난현장에서 인명의 탐색·구조
2. 긴급구조기관 및 긴급구조지원기관의 긴급구조요원·긴급구조지원요원 및 재난관리자원의 배치와 운용
3. 추가 재난의 방지를 위한 응급조치
4. 긴급구조지원기관 및 자원봉사자 등에 대한 임무의 부여
5. 사상자의 응급처치 및 의료기관으로의 이송
6. 긴급구조에 필요한 재난관리자원의 관리
7. 현장접근 통제, 현장 주변의 교통정리, 그 밖에 긴급구조활동을 효율적으로 하기 위하여 필요한 사항

012	긴급구조통제단장	답 ③

시·군·구 긴급구조통제단장은 소방서장이다.

선지분석

① 중앙긴급구조통제단의 단장은 소방청장이다.
② 행정안전부장관은 재난사태선포가 선포된 지역에 대한 여행 등 이동 자제 권고를 할 수 있다.
④ 재난현장에서의 지휘·통제를 하는 시·도 통제단의 단장은 소방본부장이다.

013	중앙통제단 조직 구성	답 ②

상시대응복구부는 중앙통제단의 조직과 관련이 없다.

014	기능별 긴급구조대응계획	답 ②

긴급오염통제는 오염 노출 통제, 긴급 감염병 방제 등 재난현장 공중보건에 관한 사항이다.

선지분석

① 지휘통제: 긴급구조체제 및 중앙통제단과 지역통제단의 운영체계 등에 관한 사항
③ 응급의료: 대량 사상자 발생 시 응급의료서비스 제공에 관한 사항
④ 현장통제: 재난현장 접근 통제 및 치안 유지 등에 관한 사항

015	기능별 긴급구조대응계획	답 ①

비상경고는 긴급대피, 상황전파, 비상연락 등에 관한 사항을 말한다.

선지분석

② 대중정보: 주민보호를 위한 비상방송시스템 가동 등 긴급 공공정보 제공에 관한 사항 및 재난상황 등에 관한 정보 통제에 관한 사항
③ 피해상황분석: 재난현장상황 및 피해정보의 수집·분석·보고에 관한 사항
④ 현장통제: 재난현장 접근 통제 및 치안 유지 등에 관한 사항

016	긴급구조대응계획의 수립	답 ⑤

선지분석

ㄱ. 긴급구조대응계획의 기본방침과 절차, ㄴ. 긴급구조대응계획의 목적 및 적용범위, ㅁ. 긴급구조대응계획의 운영책임에 관한 사항은 모두 기본계획에 포함되어야 하는 내용이다.

개념플러스 긴급구조대응계획의 수립

1. 기본계획
   ① 긴급구조대응계획의 목적 및 적용범위
   ② 긴급구조대응계획의 기본방침과 절차
   ③ 긴급구조대응계획의 운영책임에 관한 사항
2. 기능별 긴급구조대응계획
   ① 지휘통제: 긴급구조체제 및 중앙통제단과 지역통제단의 운영체계 등에 관한 사항
   ② 비상경고: 긴급대피, 상황 전파, 비상연락 등에 관한 사항
   ③ 대중정보: 주민보호를 위한 비상방송시스템 가동 등 긴급 공공정보 제공에 관한 사항 및 재난상황 등에 관한 정보 통제에 관한 사항
   ④ 피해상황분석: 재난현장상황 및 피해정보의 수집·분석·보고에 관한 사항
   ⑤ 구조·진압: 인명 수색 및 구조, 화재진압 등에 관한 사항
   ⑥ 응급의료: 대량 사상자 발생 시 응급의료서비스 제공에 관한 사항
   ⑦ 긴급오염통제: 오염 노출 통제, 긴급 감염병 방제 등 재난현장 공중보건에 관한 사항
   ⑧ 현장통제: 재난현장 접근 통제 및 치안 유지 등에 관한 사항
   ⑨ 긴급복구: 긴급구조활동을 원활하게 하기 위한 긴급구조 차량 접근 도로 복구 등에 관한 사항
   ⑩ 긴급구호: 긴급구조요원 및 긴급대피 수용주민에 대한 위기 상담, 임시 의식주 제공 등에 관한 사항
   ⑪ 재난통신: 긴급구조기관 및 긴급구조지원기관 간 정보통신체계 운영 등에 관한 사항
3. 재난유형별 긴급구조대응계획
   ① 재난 발생 단계별 주요 긴급구조 대응활동 사항
   ② 주요 재난유형별 대응 매뉴얼에 관한 사항
   ③ 비상경고 방송메시지 작성 등에 관한 사항

017	긴급구조지휘대	답 ④

구급지원요원은 긴급구조지휘대의 구성 요원이 아니다.

선지분석

①②③ 현장지휘요원, 자원지원요원, 통신지원요원은 긴급구조지휘대의 구성요원에 해당한다.

개념플러스 긴급구조지휘대 구성

1. 현장지휘요원
2. 자원지원요원
3. 통신지원요원
4. 안전관리요원
5. 상황조사요원
6. 구급지휘요원

018	통제단 해당부서 배치	답 ①

긴급구조지휘대		통제단
현장지휘요원		현장지휘부
자원지원요원		자원지원부
통신지원요원	→	현장지휘부
안전관리요원		현장지휘부
상황조사요원		대응계획부
구급지휘요원		현장지휘부

019	현장응급의료소의 설치·운영권자	답 ②

- 통제단장은 재난현장에 출동한 응급의료 관련자원을 총괄·지휘·조정·통제하고, 사상자를 분류·처치 또는 이송하기 위하여 사상자의 수에 따라 재난현장에 적정한 현장응급의료소를 설치·운영하여야 한다.
- 통제단장은 중앙통제단장(소방청장), 지역통제단장(소방본부장, 소방서장)이 있다.
- 현장응급의료소 편성은 응급의학 전문의를 포함한 의사 3명, 간호사 4명 또는 1급 응급구조사 4명, 지원요원 1명 이상으로 편성한다. 즉, 총 8명으로 편성한다.

020	현장응급의료소	답 ④

현장응급의료소에는 응급의학 전문의를 포함한 의사 3명, 간호사 4명 또는 1급 응급구조사 4명, 지원요원 1명 이상으로 편성한다. 즉, 총 8명으로 편성한다.

021	긴급구조	답 ③

소방청장은 항공기 조난사고가 발생한 경우 항공기 수색과 인명구조를 위하여 항공기 수색·구조계획을 수립·시행하여야 한다. 다만, 다른 법령에 항공기의 수색·구조에 관한 특별한 규정이 있는 경우에는 그 법령에 따른다.

선지분석

② 해수면에서의 수난구호는 구조본부의 장이 수행하고, 내수면에서의 수난구호는 소방관서의 장이 수행한다.

개념플러스

1. **해양에서 발생한 재난의 긴급구조활동(구조본부의 장)**
   - 중앙긴급구조통제단장: 중앙구조본부의 장(해양경찰청장)
   - 시·도 긴급구조통제단장: 광역구조본부의 장(지방해양경찰청장)
   - 시·군·구 긴급구조통제단장: 지역구조본부의 장(해양경찰서장)
2. **재난의 긴급구조활동(소방관서의 장)**
   - 중앙긴급구조통제단장: 소방청장
   - 시·도 긴급구조통제단장: 소방본부장
   - 시·군·구 긴급구조통제단장: 소방서장

06 | 재난의 복구

정답 p. 160

001	①	002	③	003	④	004	③

001	특별재난지역 선포	답 ①

- 선포건의권자: 중앙대책본부장(행정안전부장관)
- 심의기구: 중앙위원회
- 선포권자: 대통령

개념플러스 특별재난지역 선포(복구)

중앙대책본부장은 대통령령으로 정하는 규모의 재난이 발생하여 국가의 안녕 및 사회질서의 유지에 중대한 영향을 미치거나 피해를 효과적으로 수습하기 위하여 특별한 조치가 필요하다고 인정하거나 지역대책본부장의 요청이 타당하다고 인정하는 경우에는 중앙위원회의 심의를 거쳐 해당 지역을 특별재난지역으로 선포할 것을 대통령에게 건의할 수 있다. 건의를 받은 대통령은 해당 지역을 특별재난지역으로 선포할 수 있다.

참고

재난사태지역과 특별재난지역

구분	재난사태지역	특별재난지역
재난관리	대응	복구
심의	중앙안전관리위원회	중앙안전관리위원회
선포	행정안전부장관 (중앙대책본부장)	대통령

002	특별재난지역 선포	답 ③

특별재난지역의 선포를 위해서는 중앙위원회의 심의를 거쳐야 한다.

003	특별재난지역 선포	답 ④

중앙대책본부장은 대통령령으로 정하는 규모의 재난이 발생하여 국가의 안녕 및 사회질서의 유지에 중대한 영향을 미치거나 피해를 효과적으로 수습하기 위하여 특별한 조치가 필요하다고 인정하거나 지역대책본부장의 요청이 타당하다고 인정하는 경우에는 중앙위원회의 심의를 거쳐 해당 지역을 특별재난지역으로 선포할 것을 대통령에게 건의할 수 있다.

중앙대책본부장	⇨	중앙위원회	⇨	대통령
건의		심의		선포

참고

지역대책본부장 → 중앙대책본부장에게 특별재난지역의 선포 건의를 요청 → 중앙대책본부장이 특별재난지역으로 선포할 것을 대통령 건의 → 대통령이 특별재난지역 선포

004	재난관리 단계별 조치사항	답 ③

- 특별재난지역의 선포는 복구단계에 해당한다.
- 재난사태선포는 대응단계에 해당한다.

개념플러스 특별재난지역 선포 기준

1. **특별재난지역 건의권자**: 중앙대책본부장(행정안전부장관)
2. **특별재난지역 심의기구**: 중앙위원회
3. **특별재난지역 선포권자**: 대통령

PART 6 소방시설

01 | 소방시설의 개설

정답 p. 164

001	②	002	①	003	③	004	③	005	④
006	③	007	①	008	④	009	③	010	②
011	⑤	012	③	013	④	014	②	015	①
016	①	017	③	018	②	019	③		

001 소화설비의 종류 답 ②

옥내소화전설비, 스프링클러설비, 포소화설비, 물분무소화설비는 소화설비에 해당한다. 소화설비에는 소화기구, 자동소화장치, 옥내소화전설비(호스릴옥내소화전설비를 포함한다), 스프링클러설비등, 물분무등 소화설비, 옥외소화전설비가 있다.

선지분석

① 자동화재탐지설비: 경보설비
③ 제연설비: 소화활동설비
④ 연소방지설비: 소화활동설비

002 소방시설 답 ①

소화설비에는 소화기구, 자동소화장치, 옥내소화전설비(호스릴옥내소화전설비를 포함한다), 스프링클러설비등, 물분무등 소화설비, 옥외소화전설비가 있다.

선지분석

② 제연설비는 소화활동설비에 해당한다.

개념플러스 경보설비

1. 단독경보형 감지기
2. 비상경보설비
3. 시각경보기
4. 자동화재탐지설비
5. 비상방송설비
6. 자동화재속보설비
7. 통합감시시설
8. 누전경보기
9. 가스누설경보기
10. 화재알림설비

③ 연결살수설비는 소화활동설비에 해당한다.

개념플러스 소화용수설비

1. 상수도소화용수설비
2. 소화수조·저수조 그 밖의 소화용수설비

④ 시각경보기는 경보설비에 해당한다.

개념플러스 소화활동설비

1. 제연설비
2. 연결송수관설비
3. 연결살수설비
4. 비상콘센트설비
5. 무선통신보조설비
6. 연소방지설비

003 이산화탄소 소화설비 답 ③

물분무등 소화설비는 소화설비 중 산소를 차단하는 질식소화를 할 수 있는 설비를 말한다. 물분무등 소화설비에는 옥내, 옥외, 스프링클러(SP)는 없다.

개념플러스 물분무등 소화설비

수계	물분무소화설비
	미분무소화설비
	포소화설비
	강화액소화설비
가스계	이산화탄소소화설비
	할론소화설비
	할로겐화합물 및 불활성기체 소화설비
	분말소화설비
	고체에어로졸소화설비

004 소방시설 종류 답 ③

비상구는 「소방시설 설치 및 관리에 관한 법률 시행령」에서 정하는 소방시설에 해당되지 않는다.

개념플러스 소방시설의 종류

1. 소화설비
2. 경보설비
3. 피난구조설비
4. 소화용수설비
5. 소화활동설비

005	경보설비	답 ④

경보설비는 화재발생 사실을 통보하는 기계·기구 또는 설비를 말한다. 무선통신보조설비는 소화활동설비에 해당한다.

개념플러스 경보설비의 종류

1. 단독경보형감지기
2. 비상경보설비
   ① 비상벨설비
   ② 자동식사이렌설비
3. 시각경보기
4. 자동화재탐지설비
5. 비상방송설비
6. 자동화재속보설비
7. 통합감시시설
8. 누전경보기
9. 가스누설경보기
10. 화재알림설비

006	물분무등소화설비	답 ③

물분무등소화설비에 옥내, 옥외, 스프링클러(SP)는 없다.

선지분석

물분무등소화설비란 소화설비 중 산소를 차단하는 질식소화를 가질 수 있는 설비를 말한다.

개념플러스 물분무등소화설비

수계	물분무소화설비
	미분무소화설비
	포소화설비
	강화액소화설비
가스계	이산화탄소소화설비
	할론소화설비
	할로겐화합물 및 불활성기체 소화설비
	분말소화설비
	고체에어로졸소화설비

007	경보설비	답 ①

시각경보기, 자동화재탐지설비, 누전경보기, 비상방송설비 등은 경보설비로서 화재발생 사실을 통보하는 기계·기구 또는 설비를 말한다.

선지분석

② 연결살수설비: 소화활동설비
③ 옥내소화전설비: 소화설비
④ 연결송수관설비: 소화활동설비

008	옥내소화전설비	답 ④

소방시설 중 건물 화재발생 시 관계인이 사용하는 소방시설은 옥내소화전설비(호스릴옥내소화전설비 포함)와 옥외소화전설비가 있다.

선지분석

①②③ 연결살수설비, 연결송수관설비, 연소방지설비는 소방관이 사용하는 소방시설에 해당한다.

개념플러스 「소방시설 설치 및 관리에 관한 법률 시행령」 소방시설 중 소방관이 사용하는 소화설비

1. 제연설비
2. 연결송수관설비
3. 연결살수설비
4. 비상콘센트설비
5. 무선통신보조설비
6. 연소방지설비

009	피난기구	답 ③

피난구조설비 중 피난기구의 종류에는 피난사다리, 구조대, 완강기, 그 밖에 소방청장이 정하여 고시하는 화재안전기준으로 정하는 것(피난용트랩, 미끄럼대, 간이완강기, 다수인피난장비, 승강식피난기, 피난교, 공기안전매트 등)이 있다.

010	인명구조기구	답 ②

공기안전매트는 피난기구에 해당한다.

선지분석

①③④ 인명구조기구에는 방열복, 방화복(안전모, 보호장갑 및 안전화를 포함한다), 공기호흡기, 인공소생기가 있다.

011	소방시설	답 ⑤

선지분석

ㄱ. • 소화설비: 소화기구, 스프링클러설비등
  • 소화활동설비: 연소방지설비
ㄷ. • 피난구조설비: 유도등, 비상조명등 및 휴대용비상조명등
  • 경보설비: 비상방송설비

012	소화활동설비	답 ③

ㄱ. 비상콘센트설비, ㄷ. 제연설비, ㅁ. 연소방지설비, ㅂ. 무선통신보조설비는 소화활동설비에 해당한다.

선지분석

ㄴ. 방열복, ㄹ. 공기호흡기는 피난구조설비 중 인명구조기구에 해당한다.

013	소방시설의 종류	답 ④

선지분석

① 피난구조설비: 비상조명등
② 소화활동설비: 연소방지설비
③ 경보설비: 비상방송설비

014	피난구조설비	답 ②

ㄴ. 제연설비, ㅁ. 연소방지설비는 소화활동설비에 해당된다.

015	소화용수설비	답 ①

소화용수설비는 화재를 진압하는 데 필요한 물을 공급하거나 저장하는 설비를 말한다. 소화용수설비에는 상수도소화용수설비, 소화수조·저수조 그 밖의 소화용수설비가 있다.

선지분석

②③④ 소화활동설비에 해당한다.

016	소방시설	답 ①

ㄱ. 비상경보설비는 경보설비의 종류이다.
ㄴ. 소화용수설비의 종류는 상수도소화용수설비, 소화수조, 저수조, 그 밖의 소화용수설비로 분류된다.

017	소방시설	답 ③

ㄷ. 피난구조설비는 피난기구, 인명구조기구가 있다. 제연설비는 소화활동설비이다.

018	소방활동설비	답 ②

소화활동설비란 화재를 진압하거나 인명구조활동을 위하여 사용하는 설비로서 종류는 제연설비, 연결송수관설비, 연결살수설비, 비상콘센트설비, 무선통신보조설비, 연소방지설비가 있다. 인명구조기구는 피난구조설비에 해당된다.

019	소방시설의 종류	답 ③

ㄴ. 소화활동설비 - 무선통신보조설비

02 | 소화설비

정답

p. 169

001	①	002	②	003	④	004	④	005	③
006	③	007	④	008	③	009	②	010	②
011	③	012	④	013	①	014	④	015	④
016	④	017	④	018	①	019	④	020	④
021	③	022	④	023	②	024	②	025	①
026	③	027	①	028	④	029	④	030	②
031	③	032	②	033	①	034	④	035	①
036	②	037	③	038	①	039	②	040	④
041	②	042	①						

001	소화기구	답 ①

소화기구(자동소화장치를 제외한다)는 거주자 등이 손쉽게 사용할 수 있는 장소에 바닥으로부터 높이 1.5m 이하의 곳에 비치하여야 한다.

선지분석

③ 소화기는 각 층마다 설치하되, 소형소화기의 경우에는 특정소방대상물의 각 부분으로부터 1개의 소화기까지의 보행거리가 20m 이내가 되도록 배치하여야 한다. 대형소화기의 경우에는 30m 이내가 되도록 배치하여야 한다.
- 대형소화기: 화재 시 사람이 운반할 수 있도록 운반대와 바퀴가 설치되어 있고, 능력단위가 A급 10단위 이상, B급 20단위 이상인 소화기를 말한다.
- 소형소화기: 능력단위가 1단위 이상이고, 대형소화기의 능력단위 미만인 소화기를 말한다.

▲ 소형소화기

⇦ A급: 10단위
B급: 20단위 ⇨

▲ 대형소화기

④ 특정소방대상물의 각 층이 2 이상의 거실로 구획된 경우에는 각 층마다 설치하는 것 외에 바닥면적이 33m² 이상으로 구획된 각 거실(아파트의 경우에는 각 세대를 말한다)에도 배치하여야 한다.

002 소화기구의 능력단위기준 답 ②

위락시설	해당 용도의 바닥면적 30m²마다 능력단위 1단위 이상
공연장, 집회장, 관람장, 문화재, 장례식장, 의료시설	해당 용도의 바닥면적 50m²마다 능력단위 1단위 이상
근린생활시설, 판매시설, 운수시설, 숙박시설, 노유자시설, 전시장, 공동주택, 업무시설, 방송통신시설, 공장, 창고시설, 항공기 및 자동차 관련 시설 및 관광휴게시설	해당 용도의 바닥면적 100m²마다 능력단위 1단위 이상

건축물의 주요구조부가 내화구조이고, 벽 및 반자의 실내 면하는 부분이 불연재료, 준불연료, 난연재료인 경우 표의 기준의 2배이다(예 위락시설: 30m² × 2 = 60m²마다 능력단위 1단위 이상).

003 옥내소화전 계통도 답 ④

▲ 옥내소화전 계통도

옥내소화전설비의 구성요소 중 솔레노이드밸브(전자밸브)는 없다. 솔레노이드밸브(전자밸브)는 준비작동식, 일제살수식, 부압식 스프링클러소화설비 또는 가스계소화설비에 사용된다.

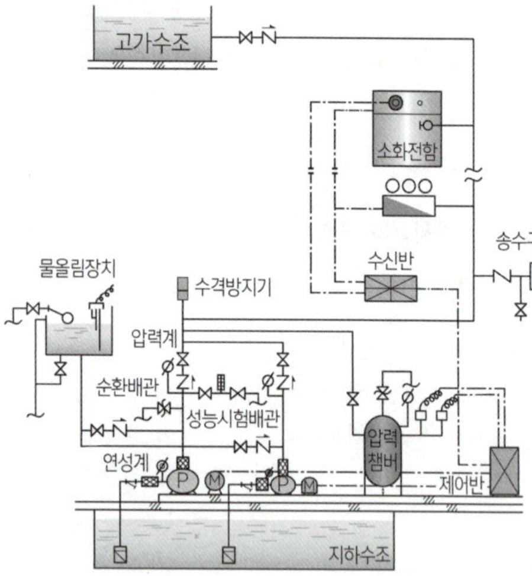

개념플러스 옥내소화전설비 구성

1. **펌프흡입측**: 후드밸브, 스트레이너, 개폐표시형밸브, 진공계, 연성계, 후렉시블조인트 등
2. **펌프토출측**: 후렉시블조인트, 압력계, 펌프성능시험배관, 릴리프밸브, 순환배관, 체크밸브, 개폐표시형밸브, 수격방지기 등
3. 펌프가 수원의 수위보다 높은 곳에 설치가 되면 물올림탱크를 추가로 설치하여야 하고 흡입측 배관을 별도로 시공하여야 한다.
4. 펌프가 수원의 수위보다 낮은 곳에 설치가 되면 물올림탱크와 흡입측 배관은 필요 없다.

004 옥내소화전설비 답 ④

선지분석

①②③ 옥내소화전설비의 가압송수방식에는 고가수조방식, 지하(펌프)수조방식, 압력수조방식, 가압수조방식이 있다.

005 순환배관 설치기준 답 ③

- 가압송수장치에는 체절운전 시 수온의 상승을 방지하기 위한 순환배관을 설치해야 한다. 다만, 충압펌프의 경우에는 그러하지 아니하다.
- 가압송수장치의 체절운전 시 수온의 상승을 방지하기 위하여 체크밸브와 펌프 사이에서 분기한 구경 20mm 이상의 배관에 체절압력 미만에서 개방되는 릴리프밸브를 설치하여야 한다.

선지분석

① 펌프성능시험배관: 정기적으로 펌프의 성능을 시험하여 펌프의 성능곡선의 양부 및 펌프의 방수압(토출압) 및 토출량(방수량)을 검사하기 위하여 설치한다.

② 물올림장치(호수조, Priming Tank): 물올림장치는 펌프의 위치가 수원의 위치보다 높을 경우에만 설치하는 것으로서, 후트밸브의 고장 등으로 누수되어 흡입측 배관 및 펌프에 물이 없을 경우 펌프가 공회전을 하게 되는데 이를 방지하기 위하여 설치하는 보충수 역할을 하는 탱크이다.
④ 수격방지기(Water Hammer Cushion): 배관 내 유체가 제어될 때 발생하는 수격 또는 압력변동현상을 질소가스로 충전된 합성고무로 된 벨로우즈가 흡수하여 배관을 보호할 목적으로 설치한다.

006 기동용 수압개폐장치 답 ③

기동용 수압개폐장치는 수계소화설비의 배관 내 압력변동을 검지하여 자동적으로 펌프를 기동 및 정지시키는 장치이다. 물을 사용하는 설비에는 기동용 수압개폐장치를 설치한다(예 옥내·외, 스프링클러설비 등).

개념플러스 기동용 수압개폐장치의 기능

1. 배관 내 설정압력 유지(펌프의 자동기동 및 정지)
2. 압력변화의 완충작용(상부의 공기가 완충작용을 하여 공기의 압축 및 팽창으로 인하여 급격한 압력변화를 방지)
3. 압력변동에 따른 설비의 보호(상부의 공기가 완충역할을 하여 주변기기의 충격과 손상을 방지)

▲ 기동용수압개폐장치
[압력탱크(압력챔버)방식]

▲ 기동용수압개폐장치
(기동용압력스위치방식)

007 옥내소화전설비 답 ④

옥내소화전설비의 수원은 그 저수량이 옥내소화전의 설치개수가 가장 많은 층의 설치개수(5개 이상 설치된 경우에는 5개)에 $2.6m^3$를 곱한 양 이상이 되도록 하여야 한다.

선지분석
① 가압송수방식에는 고가수조방식, 압력수조방식, 펌프수조방식, 가압수조방식이 있다.
②③ 특정소방대상물의 어느 층에 있어서도 해당 층의 옥내소화전을 동시에 사용할 경우 각 소화전의 노즐선단에서의 방수압력이 0.17MPa 이상이고 방수량이 130L/min 이상이 되는 성능의 것으로 하여야 한다.

008 수원 답 ③

- 수원의 저수량 = $N \times 2.6m^3 = 2개 \times 2.6m^3 = 5.2m^3$
- 옥내소화전의 설치개수가 가장 많은 층의 설치개수(2개 이상 설치된 경우에는 2개)에 $2.6m^3$(호스릴옥내소화전설비를 포함한다)를 곱한 양 이상이 되도록 하여야 한다.

개념플러스 수원의 양(수량)

1. 29층 이하 = N(최대 2개) × $2.6m^3$(130L/min × 20min)
2. 30층 이상 49층 이하(준고층 건축물)
   = N(최대 5개) × $5.2m^3$(130L/min × 40min)
3. 50층 이상(초고층 건축물)
   = N(최대 5개) × $7.8m^3$(130L/min × 60min)

009 펌프성능시험배관 답 ②

펌프성능시험기준은 소화펌프의 성능이 체절운전 시 정격토출압력의 140%를 초과하지 아니하고, 정격토출량의 150%로 운전 시 정격토출압력의 65% 이상이 되어야 한다는 것이다.

개념플러스 펌프성능시험배관

1. 정기적으로 펌프의 성능을 시험하여 펌프의 성능곡선의 양부 및 펌프의 방수압(토출압) 및 토출량(방수량)을 검사하기 위하여 설치한다.
2. 펌프성능시험배관 설치기준
   ① 분기위치: 펌프의 토출측 개폐밸브 이전
   ② 유량측정장치를 기준으로 전단 직관부에 개폐밸브를, 후단 직관부에는 유량조절밸브를 설치할 것

   ③ 유량측정장치는 성능시험배관의 직관부에 설치하되 펌프의 정격토출량의 175% 이상 측정할 수 있는 성능이 있을 것

개념플러스 펌프성능시험기준

소화펌프의 성능은 체절운전 시 정격토출압력의 140%를 초과하지 아니하고 정격토출량의 150%로 운전 시 정격토출압력의 65% 이상이 되어야 한다.

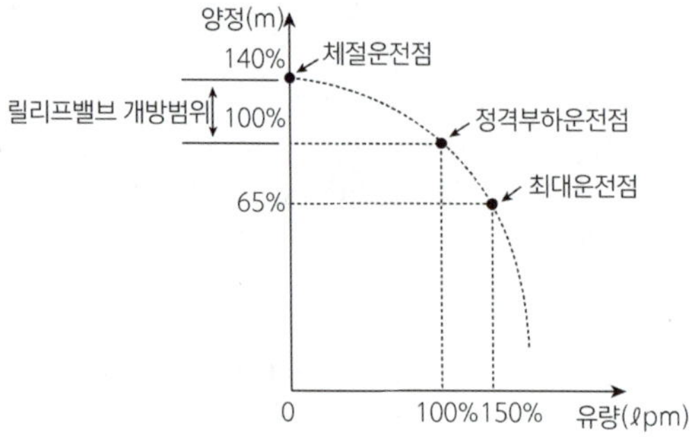

▲ 펌프성능시험곡선

010 맥동현상 답 ②

맥동현상이란 펌프의 입구와 출구에 부착된 진공계와 압력계의 지침이 흔들리고 동시에 토출유량이 변화를 가져오는 현상, 펌프 운전 중에 압력과 토출량이 주기적으로 변동하는 현상을 말한다. 흡입 및 토출 배관의 주기적인 진동과 소음을 수반한다.

선지분석

① 공동현상: 펌프에 기포가 생성되는 현상으로 기포가 고속 회전하는 날개와 부딪치면서 날개에 마모가 생기고, 날개가 부러지면서 토출량과 토출압이 안 나온다.

③ 수격현상: 물이 파이프 속을 꽉 차서 흐를 때, 정전 등의 원인으로 유속이 급격히 변하면서 물에 심한 압력 변화가 생기고 큰 소음이 발생하는 현상이다. 펌프의 급정지 또는 밸브 급폐쇄 등으로 인해 물의 흐름이 정지되면, 물의 관성력 때문에 급격한 압력변동이 발생하여, 부압과 고압이 번갈아 발생한다.

④ 진공현상: 공기 따위의 물질이 전혀 존재하지 않는 공간이다.

011 수격현상 답 ③

수격현상(water hammer)은 물이 파이프 속에 꽉 차서 흐를 때, 정전 등의 원인으로 유속이 급격히 변하면서 물에 심한 압력 변화가 생기고 큰 소음이 발생하는 현상이다. 펌프의 급정지 또는 밸브 급폐쇄 등으로 인해 물의 흐름이 정지되면, 물의 관성력 때문에 급격한 압력변동이 발생하여, 부압과 고압이 번갈아 발생한다. 수격작용 원인으로는 정전 등으로 갑자기 펌프가 정지할 경우, 밸브를 급폐쇄할 경우가 있다.

선지분석

① 공동현상: 펌프에 기포가 생성되는 현상으로 기포가 고속 회전하는 날개와 부딪치면서 날개에 마모가 생긴다. 날개가 부러지면서 토출량과 토출압이 안 나온다.

②④ 맥동현상(surging): 펌프의 입구와 출구에 부착된 진공계와 압력계의 지침이 흔들리고 동시에 토출유량이 변화를 가져오는 현상, 펌프 운전 중에 압력과 토출량이 주기적으로 변동하는 현상을 말한다. 흡입 및 토출 배관의 주기적인 진동과 소음을 수반한다.

012 수격현상 답 ④

수격작용 방지책: 관경을 크게 하여 유체의 유속을 감소시켜 압력변동치를 감소시킨다.

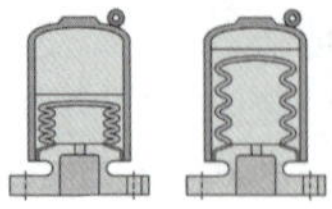

개념플러스 수격현상(Water hammer)

개념	• 물이 파이프 속에 꽉 차서 흐를 때, 정전 등의 원인으로 유속이 급격히 변하면서 물에 심한 압력 변화가 생기고 큰 소음이 발생하는 현상이다. • 펌프의 급정지, 또는 밸브 급폐쇄 등으로 인해 물의 흐름이 정지되면 물의 관성력 때문에 급격한 압력변동이 발생하여 부압과 고압이 번갈아 발생한다.
원인	• 정전 등으로 갑자기 펌프가 정지할 경우 • 밸브를 급폐쇄할 경우
방지 방법	• 배관 내 유속을 감소시켜 압력변동치를 감소시킨다. • 밸브 조작을 완만히 한다. • 플라이휠을 달아 펌프 속도 변화를 완만히(억제)한다. • 서지탱크를 관로에 설치한다. • 밸브를 가능한 펌프 송출구 가까이에 달고 밸브조작을 적절히 한다. • 수격을 흡수하는 수격방지기를 설치한다.

참고
- 플라이휠: 회전속도를 안정화하는 기계장치
- 서지탱크: 수압변동탱크로서 배관내 유속, 압력 감소

013	공동현상 발생원인	답 ①

펌프의 흡입측 수두가 작을 경우, 즉 펌프의 설치높이를 될 수 있는 대로 낮추어 흡입양정을 짧게 하는 경우는 공동현상 방지책에 해당된다.

개념플러스 공동현상(cavitation) 발생원인과 방지대책

1. 공동현상(cavitation) 발생원인: 온도↑, 압력↓, 회전속도 또는 배관 내 속도↑, 배관 내 관경↓
2. 공동현상(cavitation) 방지대책: 온도↓, 압력↑, 회전속도 또는 배관 내 속도↓, 배관 내 관경↑

014	공동현상의 방지대책	답 ④

흡입관의 구경을 크게 한다.

개념플러스 공동현상(Cavitation)

1. 수원의 위치가 펌프보다 낮을 경우에만 발생한다. 빠른 속도로 액체가 운동할 때 액체의 압력이 증기압 이하로 낮아져서 액체 내에 증기 기포가 발생하는 현상을 말한다. 즉, 펌프에 기포가 생성되는 현상으로, 기포가 고속회전하는 날개와 부딪치면서 날개에 마모가 생기며, 날개가 부러지면서 토출량과 토출압이 나오지 않는다.
2. 발생원인
   ① 수원의 위치가 펌프보다 낮을 경우
   ② 유체가 고온일 경우(배관 내 온도가 높은 경우)
   ③ 펌프의 흡입압력이 액체의 증기압보다 낮을 경우
   ④ 펌프의 흡입측 수두(양정)가 긴 경우
   ⑤ 펌프의 흡입측 수두(양정) 관경의 마찰손실이 큰 경우(펌프의 흡입관경을 작은 경우)
   ⑥ 펌프의 임펠러속도가 큰 경우(펌프의 회전속도가 큰 경우)
   ⑦ 단흡입펌프 사용
3. 방지대책
   ① 수원의 위치를 펌프보다 높게 한다.
   ② 배관 내 온도를 낮게 한다.
   ③ 펌프의 흡입압력을 액체의 증기압보다 높게 한다.
   ④ 펌프의 흡입측 수두(양정)를 짧게 한다.
   ⑤ 펌프의 흡입관경을 크게 한다.
   ⑥ 펌프의 회전속도를 작게 한다.
   ⑦ 양흡입펌프 사용

공동현상 원인	배관 내 압력↓, 배관 내 관경↓만 작고 나머지는 크다.
공동현상 방지책	배관 내 압력↑, 배관 내 관경↑만 크고 나머지는 작다.

015	공동현상의 방지대책	답 ④

공동현상(Cavitation): 펌프에 기포가 생성되는 현상
펌프의 설치 위치를 수원보다 높게 하면 공동현상이 발생한다.

개념플러스

발생원인	방지대책
㉠ 수원의 위치가 펌프보다 낮을 경우	㉠ 수원의 위치를 펌프보다 높게 한다.
㉡ 유체가 고온일 경우(배관 내 온도가 높은 경우)	㉡ 배관 내 온도를 낮게 한다.
㉢ 펌프의 흡입압력이 액체의 증기압보다 낮을 경우	㉢ 펌프의 흡입압력을 액체의 증기압보다 높게 한다.
㉣ 펌프의 흡입측 수두(양정)가 긴 경우	㉣ 펌프의 흡입측 수두(양정)를 짧게 한다.
㉤ 펌프의 흡입측 수두(양정) 관경의 마찰손실이 큰 경우(펌프의 흡입관경을 작은 경우)	㉤ 펌프의 흡입관경을 크게 한다.
㉥ 펌프의 임펠러속도(회전속도)가 큰 경우	㉥ 펌프의 회전속도를 작게 한다.
㉦ 단흡입펌프 사용	㉦ 양흡입펌프 사용

016	공동현상(Cavitation)	답 ④

펌프의 흡입측 관경 작은 경우

개념플러스 공동현상(cavitation) 발생원인 및 방지책

발생원인	방지책
수원의 위치가 펌프보다 낮을 경우	수원의 위치를 펌프보다 높게 한다.
유체가 고온일 경우(배관 내 온도가 높은 경우)	배관 내 온도를 낮게 한다.
펌프의 흡입압력이 액체의 증기압보다 낮을 경우	펌프의 흡입압력을 액체의 증기압보다 높게 한다.
펌프의 흡입측 수두(양정)가 긴 경우	펌프의 흡입측 수두(양정)를 짧게 한다.
펌프의 흡입측 수두(양정)관경의 마찰 손실이 큰 경우(펌프의 흡입관경이 작은 경우)	펌프의 흡입관경을 크게 한다.
펌프의 임펠러속도(회전속도)가 큰 경우	펌프의 회전속도를 작게 한다.
단흡입펌프 사용	양흡입펌프 사용

017 스프링클러설비의 종류 답 ④

선지분석

스프링클러설비의 종류에는 습식설비, 건식설비, 준비작동식설비, 일제살수식설비, 부압식설비가 있다.

개념플러스 스프링클러설비의 종류

종류	밸브류	1차측	2차측	감열체
습식	습식밸브 [알람(체크)밸브]	가압수	가압수	헤드 → 폐쇄형
건식	건식밸브 (드라이밸브)	가압수	압축공기, 질소가스	헤드 → 폐쇄형
준비작동식	준비작동식밸브 (프리액션밸브)	가압수	대기압, 저압(무압)	헤드 → 폐쇄형헤드 감지기 (교차방식)
일제살수식	일제개방밸브 (델류지밸브)	가압수	대기압	헤드 → 개방형헤드 감지기 (교차방식)
부압식	준비작동식밸브 (프리액션밸브)	가압수	부압	헤드 → 폐쇄형헤드 감지기

018 습식 스프링클러설비 답 ①

습식 스프링클러설비라 함은 가압송수장치에서 폐쇄형 스프링클러헤드까지 배관 내에 항상 물이 가압되어 있다가 화재로 인한 열로 폐쇄형 스프링클러헤드가 개방되면 배관 내에 유수가 발생하여 습식유수검지장치가 작동하게 되는 스프링클러설비를 말한다.

선지분석

② 준비작동식 스프링클러설비: 가압송수장치에서 준비작동식 유수검지장치 1차 측까지 배관 내에 항상 물이 가압되어 있고, 2차 측에서 폐쇄형스프링클러헤드까지 대기압 또는 저압으로 있다가 화재발생 시 감지기의 작동으로 준비작동식유수검지장치가 작동하여 폐쇄형스프링클러헤드까지 소화용수가 송수되며, 폐쇄형스프링클러헤드가 열에 따라 개방되는 방식의 스프링클러설비를 말한다.

③ 건식 스프링클러설비: 건식유수검지장치 2차 측에 압축공기 또는 질소 등의 기체로 충전된 배관에 폐쇄형스프링클러헤드가 부착된 스프링클러설비로서, 폐쇄형스프링클러헤드가 개방되어 배관 내의 압축공기 등이 방출되면 건식유수검지장치 1차 측의 수압에 의하여 건식유수검지장치가 작동하게 되는 스프링클러설비를 말한다.

④ 일제살수식 스프링클러설비: 가압송수장치에서 일제개방밸브 1차 측까지 배관 내에 항상 물이 가압되어 있고, 2차 측에서 개방형스프링클러헤드까지 대기압으로 있다가 화재 발생 시 자동감지장치 또는 수동식 기동장치의 작동으로 일제개방밸브가 개방되면 스프링클러헤드까지 소화용수가 송수되는 방식의 스프링클러설비를 말한다.

019 스프링클러설비 답 ④

감지기 작동에 의해 동작하는 스프링클러설비는 ㄷ, ㄹ, ㅁ이다.

ㄷ. 준비작동식 스프링클러설비: 교차회로방식 ○

ㄹ. 일제살수식 스프링클러설비: 교차회로방식 ○

ㅁ. 부압식 스프링클러설비: 교차회로방식 ×

개념플러스 수동기동장치(SVP), 전자밸브[솔레노이드밸브(SV)] 설치

1. 준비작동식 스프링클러설비
2. 일제살수식 스프링클러설비
3. 부압식 스프링클러설비

020 스프링클러설비 답 ④

ㄱ. 일제살수식은 개방형 스프링클러헤드를 사용하는 방식이다.

개념플러스 폐쇄형 스프링클러헤드를 사용하는 방식

1. 습식
2. 건식
3. 준비작동식
4. 부압식

021 스프링클러설비 답 ③

선지분석

ㄷ. • 준비작동식 스프링클러설비: 준비작동식밸브(프리액션밸브)
• 일제살수식 스프링클러설비: 일제개방밸브(델류지밸브)

022 스프링클러설비 답 ④

준비작동식스프링클러설비란 가압송수장치에서 준비작동식유수검지장치 1차 측까지 배관 내에 항상 물이 가압되어 있고, 2차 측에서 폐쇄형스프링클러헤드까지 대기압 또는 저압으로 있다가 화재발생 시 감지기의 작동으로 준비작동식밸브가 개방되면 폐쇄형스프링클러헤드까지 소화수가 송수되고 폐쇄형 스프링클러헤드가 열에 의해 개방되면 방수가 되는 방식의 스프링클러설비를 말한다.

023	스프링클러설비	답 ②

소화 후 물로 인한 수손피해가 크다.

개념플러스 스프링클러설비의 장점과 단점

장점	• 초기 화재의 진압에 절대적이다. • 소화약제가 물이므로 경제적이고 소화 후 설비복구가 용이하다. • 감지부의 구조가 기계적이므로 오보 및 오동작이 적다. • 시설이 반영구적이다. • 완전자동으로 사람이 없는 야간에도 자동으로 화재를 제어한다. • 조작이 쉽고 안전하다.
단점	• 타설비보다 시공이 비교적 복잡하다. • 초기에 시설비용이 많이 든다. • 물로 인한 수손피해가 크다. • 유지관리에 유의해야 한다.

024	준비작동식 설비	답 ②

준비작동식 설비는 난방이 되지 않는 옥내에 설치하는 스프링클러설비로서 1차 측에는 가압수가, 2차 측에는 대기압 상태로 폐쇄형 헤드가 설치되어 있으며, 유수검지장치는 준비작동식밸브를 사용한다. 화재가 발생하면 먼저 감지기 동작에 의해 전자밸브가 기동되고 이로 인하여 준비작동식밸브가 개방된다. 이때 1차 측의 가압수가 2차 측으로 유입되고, 이후 헤드가 열에 의해 개방되면 유입된 물이 방사되는 설비이다.

025	리타딩 체임버	답 ①

리타딩 체임버는 적은 양의 유입수는 오리피스를 통하여 배수시키고, 실제 화재 시 많은 양의 유입수는 체임버를 만수시켜 압력스위치를 가압하면 수신반에 전달되어 화재표시등 및 지구표시등이 점등되고 음향경보장치가 동작된다.

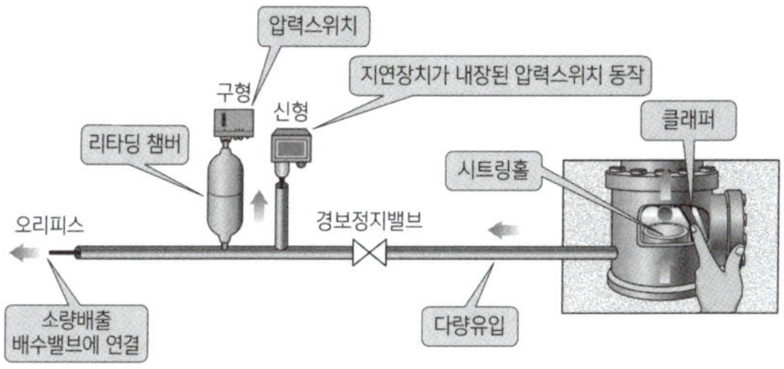

026	리타딩 체임버	답 ③

리타딩 체임버는 오동작 방지 기능을 한다.

선지분석

① 물의 역류방지를 위해 체크밸브를 설치한다.
② 가압송수장치란 압을 가해서 물을 보내는 장치로서 주로 펌프수조방식(지하수조방식)을 사용한다.
④ 동파방지를 할 수 있는 건식 스프링클러헤드를 사용한다.

027	습식 스프링클러설비	답 ①

겨울철에 동결의 우려가 있다. 이는 습식 스프링클러설비의 단점에 해당된다.

028	건식설비의 급속(긴급)개방기구	답 ④

급속(긴급)개방기구는 헤드 개방 시 압축공기가 누설되어야 밸브가 개방되므로 신속한 개방을 위하여 일반적으로 엑셀레이터(가속기)나 익조스터(공기배출기)를 설치한다.

선지분석

① 압력스위치: 세팅된 압력에 의거하여 기동용 수압개폐장치 내 압력변동에 따라 압력스위치 내 접점을 붙여주는 기능으로, 평상시 전 배관의 압력을 검지하고 있다가 일정압력의 변동이 있을 시 압력스위치가 작동하여 감시제어반으로 신호를 보내어 설정된 제어 순서에 의해 펌프를 자동기동 및 정지시키는 역할을 한다.
② 리타딩 체임버: 적은 양의 유입수는 오리피스를 통하여 배수시키고, 실제 화재 시 많은 양의 유입수는 체임버를 만수시켜 압력스위치를 가압하면 수신반에 전달되어 화재표시등 및 지구표시등이 점등되고 음향경보장치가 동작된다[목적: 오동작 방지(비화재보 방지)].
③ 자동식공기압축기: 건식밸브 2차 측에 압축공기를 유입하는 기구이다.

029	스프링클러설비의 가압송수장치	답 ④

압력챔버의 용량은 100L 미만이 아니라 100L 이상으로 한다.

▲ 압력챔버 = 압력탱크

030	스프링클러헤드 배관	답 ②

가지배관은 스프링클러헤드가 설치되어 있는 배관을 말한다(헤드 8개 이하로 부착).

(선지분석)

① 주배관: 각 층을 수직으로 관통하는 수직배관을 말한다.
③ 교차배관: 직접 또는 수직배관을 통하여 가지배관에 급수하는 배관을 말한다.

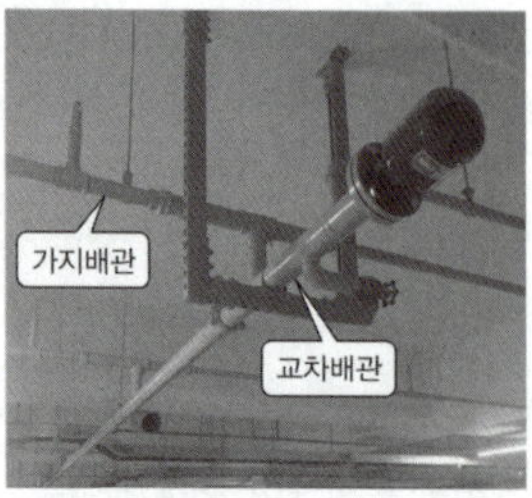

031	스프링클러설비	답 ③

일제살수식은 펌프에서 일제개방밸브까지는 가압수가 채워져 있고 일제개방밸브에서 개방형 헤드까지는 대기압(공기)이 채워져 있다.

032	스프링클러설비 구성품	답 ②

ㄴ. • 건식 스프링클러설비: 건식밸브(드라이밸브), 폐쇄형 헤드, 급속개방장치(엑셀레이터, 익조시터), 공기압축기 등으로 구성되어 있다.
• 엑셀레이터(가속기): 2차 측 압력이 떨어지면 헤드가 개방되어 2차 측 압축공기가 클래퍼를 밀어올린다.
• 익조스터(공기배출기): 2차 측 압력이 떨어지더라도 2차 측에 남아있는 잔여공기를 대기로 방출하는 기기이다.
• 공기 압축기: 2차 측의 배관에 공기압축기로 공기를 불어 넣는다.

ㄹ. 일제살수식 스프링클러설비: 일제개방밸브(델류지밸브), 개방형 헤드, 감지기(교차회로방식), 슈퍼비죠리판넬(SVP) 등으로 구성되어 있다.

(선지분석)

ㄱ. 습식 스프링클러설비: 습식밸브(알람밸브), 폐쇄형 헤드
ㄷ. • 가스계소화설비: 선택밸브
• 준비작동식 스프링클러설비: SVP(Supervisory Panel)

033	포소화설비	답 ①

팽창비란 최종 발생한 포 체적을 원래 포 수용액 체적으로 나눈 값을 말한다.

발포배율(팽창비)

$$= \frac{\text{발포 후 포의 체적[L]}}{\text{발포 전 포 수용액의 체적[L]}} = \frac{\dfrac{\text{발포 후 포의 체적[L]}}{\text{포 소화약제 체적[L]}}}{\text{포원액의 농도}}$$

(선지분석)

② 연성계란 대기압 이상의 압력과 대기압 이하의 압력을 측정할 수 있는 계측기를 말한다.
• 압력계란 대기압 이상의 압력을 측정할 수 있는 계측기를 말한다.
• 진공계란 대기압 이하의 압력을 측정할 수 있는 계측기를 말한다.

034	포소화설비의 특징	답 ④

포소화설비는 대부분이 물을 이용하여 거품을 생성하여 소화하므로 재착화(재발화)의 위험이 적다.

035	고정포 방출구	답 ①

특형 방출구: 플루팅루프탱크[FRT(Floating Roof Tank)]의 측면과 굽도리 판(방지턱)에 의하여 형성된 환상부분에 포를 방출하는 방식이다.

개념플러스 퓨리에(Fourier) 법칙

1. Ⅰ형 방출구: 통계단(활강로, 미끄럼판) 등에 설치한 방출구 방식이고, 콘루프탱크[CRT(Cone Roof Tank)]가 사용된다.
2. Ⅱ형 방출구: 반사판(디플렉터) 방출구 방식이고, 콘루프탱크[CRT(Cone Roof Tank)]가 사용 된다.

CRT (Cone Roof Tank)	콘루프탱크 사용 [중질유 사용]	Ⅰ형 방출구(통계단 방출구), Ⅱ형 방출구(반사판 방출구), Ⅲ형 방출구(표면하 주입식), Ⅳ형 방출구(반표면하 주입식)
FRT (Floating Roof Tank)	플루팅루프탱크 (부상식탱크) 사용 [경질유 사용]	특형 포방출구(굽도리판 방출구)

036 규정방수량 답 ②

옥외소화전은 350L/min으로 규정방수량이 가장 크다.

선지분석

① 옥내소화전: 130L/min
③ 스프링클러설비: 80L/min
④ 호스릴옥내소화전설비: 130L/min

참고

옥외소화전설비의 수원

1. 옥외소화전설비의 수원은 그 저수량이 옥외소화전의 설치개수(옥외소화전이 2개 이상 설치된 경우에는 2개)에 $7m^3$를 곱한 양 이상이 되도록 하여야 한다.
2. 수원의 저수량 = 2개 × $7m^3$ = $14m^3$

037 가스계 소화약제 방출방식 답 ③

선지분석

가스계 소화약제 방출방식에는 전역방출방식, 국소방출방식, 호스릴방식이 있다.

개념플러스 가스계소화설비 소화약제 방출방식

1. **전역방출방식**: 소화약제 공급장치에 배관 및 분사헤드 등을 설치하여 밀폐 방호구역 전체에 소화약제를 방출하는 방식을 말한다.
2. **국소방출방식**: 소화약제 공급장치에 배관 및 분사헤드 등을 설치하여 직접 화점에 소화약제를 방출하는 방식을 말한다.
3. **호스릴방식**: 소화수 또는 소화약제 저장용기 등에 연결된 호스릴을 이용하여 사람이 직접 화점에 소화수 또는 소화약제를 방출하는 방식을 말한다.

038 이산화탄소소화약제 소화설비 작동순서 답 ①

[이산화탄소 소화설비 동작순서도]

1. 화재발생
2. 감지기(A, B)동시작동 또는 수동기동장치작동
3. 수신반에 화재등, 지구등 점등(감지기A, B점등)
4. 사이렌경보(음향경보장치)
5. T초후 기동용솔레노이드밸브 작동(전자밸브 작동)
6. 선택밸브 개방
7. 저장용기밸브 개방
8. 약제방출
9. 압력스위치 작동
10. 수신반 신호 후 방출표시(확인)등 점등

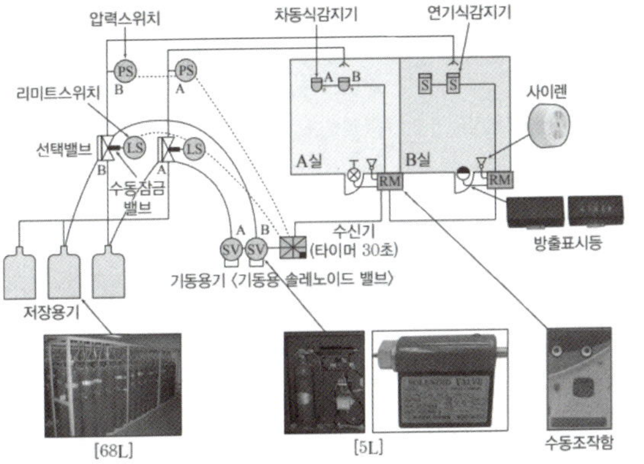

039 이산화탄소소화설비의 특징 답 ②

한랭지역에서 동결의 우려가 없다.

선지분석

① 비전도성(절연성)이므로 전기화재에 적응성이 있다.

040 할로겐화합물 적응장소 답 ④

전기관련화재에 가장 적응성이 뛰어난 소화설비는 가스계 소화설비이다. 가스계 소화설비에는 이산화탄소, 할론, 할로겐화합물 및 불활성기체, 분말, 고체에어졸소화설비가 있다.

041 이산화탄소(CO_2) 소화설비 답 ②

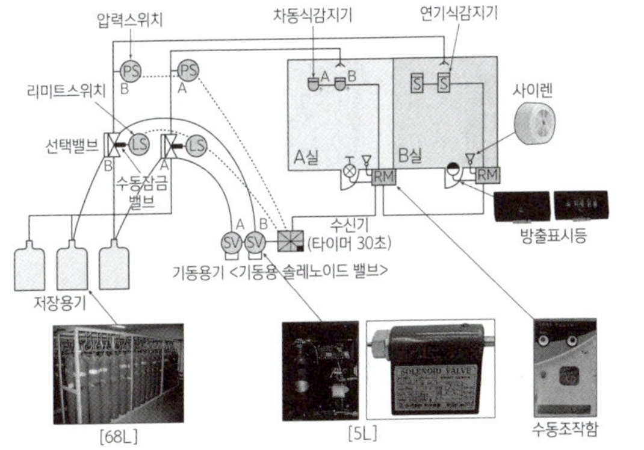

이산화탄소(CO_2) 소화설비 구성기기는 화재감지기, 수동기동장치, 수신반(제어반), 사이렌, 기동용솔레노이드 밸브(전자밸브), 선택밸브, 저장용기, 압력스위치, 방출표시등으로 구성된다.

선지분석

① 산·알칼리 소화기는 수계 소화기로 분류된다.

③ 슈퍼바이저리패널(supervisory panel)은 준비작동식 스프링클러설비, 일제살수식, 부압식 스프링클러설비의 구성 요소이다.

④ 순환배관은 옥내소화전설비의 펌프 체절운전 시 수온 상승 방지를 위해 설치한다.

개념플러스 기구별 설치위치 및 목적

기구		설치위치	설치목적
수동 조작함 (RM)	기동 스위치	조작자 누르고 쉽게 피난할 수 있는 위치(실외 출입구 근처)	약제를 수동으로 기동
	방출지연 스위치	기동스위치 근처에 설치	약제를 지연하기 위해서
사이렌		실 안(방호구역 안)	약제가 방출되니 실외로 대피경보
방출표시등		실외 출입구 상부	약제가 방출되니 실내 진입금지

042 이산화탄소(CO_2) 소화설비 답 ①

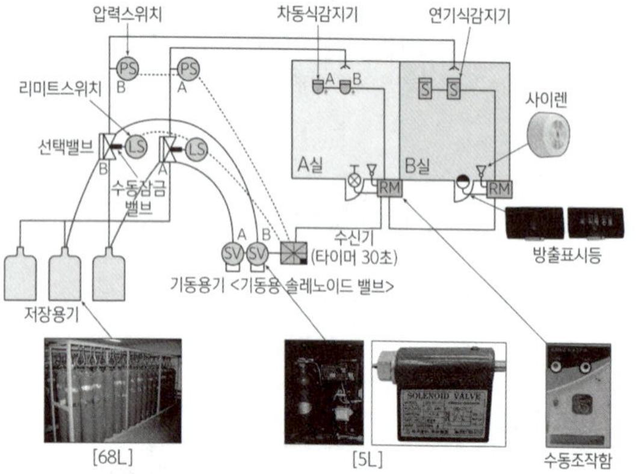

▲ 이산화탄소 계통도

- 기동용기의 가스는 선택밸브 및 저장용기를 개방시키는 역할을 한다.
- 압력스위치는 방출표시등을 점등시키는 역할을 한다.

(선지분석)

③ 전역방출방식에서 환기장치는 이산화탄소가 방사되기 전에 정지되어야 한다. 즉 전역방출방식일 경우에는 실 전체가 모두 폐쇄가 되어야 한다.

03 | 경보설비

정답

p. 181

001	①	002	④	003	②	004	④	005	④
006	④	007	④	008	②	009	③	010	③
011	①	012	①	013	②	014	④	015	③

001 경보설비 답 ①

(선지분석)

② 비상벨설비는 화재가 발생하면 수동으로 소방대상물 내부에 있는 사람에게 화재발생 사실을 알리는 설비이다. 비상경보설비의 종류로는 비상벨[경종(B)]과 자동식사이렌설비[사이렌(S)]가 있다.

③ 자동화재속보설비는 자동화재탐지설비로부터 화재신호를 받아 통신망을 통하여 음성신호 등의 방법으로 관계인에게 화재발생을 알림과 동시에 소방관서에 자동으로 화재발생과 위치를 신속하게 통보해주는 설비이다.

④ 단독경보형 감지기는 경보기 내부에 자체 배터리에 의해 작동되는 구조를 가지고 있어 별도의 배선이 필요 없고 설치가 편리하여 일반인도 설치할 수 있다.

개념플러스 자동화재탐지설비 및 비상경보설비

1. 자동화재탐지설비: 화재를 자동 또는 수동으로 작동
2. 비상경보설비: 화재를 수동으로 작동

002 감지기 기능 답 ④

수신기능은 수신반의 기능에 해당한다.

(선지분석)

감지기 기능에는 센서기능, 판단기능, 발신기능이 있다. 즉, 열과 연기의 센서기능이 있어서 화재를 판단하고 발신한다.

개념플러스 감지기

1. 화재 시 발생되는 열이나 연기를 이용하여 화재를 조기에 감지하는 장치로서 화재가 발생하면 자동적으로 화재를 감지하여 화재경보를 알리도록 해주는 화재감시용 소방기기이다.
2. 열감지기와 연감지기, 복합형 감지기 및 불꽃 감지기로 구분된다.

003 열감지기 답 ②

이온전류가 변화하여 작동하는 감지기는 이온화식 감지기이며, 연기감지기에 속한다.

선지분석

①③④ 열감지기 중 차동식 스포트형 감지기 방식이다.

개념플러스 차동식스포트형 감지기 방식

차동식 [일정상승율 (급격한 온도상승률) 이상] 예 사무실, 거실, 축전지실 등	스포트형	공기팽창방식[1종, 2종]
		열기전력(열전기)방식[1종, 2종]
		열반도체방식[1종, 2종]
	분포형	공기관식[1종, 2종, 3종]
		열전대식[1종, 2종, 3종]
		열반도체식[1종, 2종, 3종]

004 차동식 분포형 감지기 답 ④

광전식 감지는 연기식 감지기에 해당된다.

개념플러스 열감지기 중 차동식 감지기

차동식 [일정상승율 (급격한 온도 상승률) 이상에 동작하는 감지기] 예 스포트형: 사무실, 거실 등에 설치, 분포형: 축전지실 등에 설치	스포트형	공기팽창방식[1종, 2종]
		열기전력(열전기)방식[1종, 2종]
		열반도체방식[1종, 2종]
	분포형	공기관식[1종, 2종, 3종]
		열전대식[1종, 2종, 3종]
		열반도체식[1종, 2종, 3종]

005 자동화재탐지설비의 경계구역 답 ④

경계구역이란 특정소방대상물 중 화재신호를 발신하고 그 신호를 수신하거나 유효하게 제어할 수 있는 구역을 말한다. 하나의 경계구역의 면적은 600m^2 이하로 하고, 한 변의 길이는 50m 이하로 한다.

개념플러스 자동화재탐지설비의 경계구역의 설정기준

1. 하나의 경계구역이 2개 이상의 건축물에 미치지 아니하도록 할 것
2. 하나의 경계구역이 2개 이상의 층에 미치지 아니하도록 할 것. 다만, 500m^2 이하의 범위 안에서는 2개의 층을 하나의 경계구역으로 할 것
3. 하나의 경계구역의 면적은 600m^2 이하로 하고, 한 변의 길이는 50m 이하로 할 것. 다만, 해당 특정소방대상물의 주된 출입구에서 그 내부 전체가 보이는 것에 있어서는 한 변의 길이가 50m의 범위 내에서 1,000m^2 이하로 할 것

006 자동화재탐지설비의 경계구역 답 ④

하나의 경계구역의 면적은 600m^2 이하로 하고 한 변의 길이는 50m 이하로 한다. 다만, 해당 특정소방대상물의 주된 출입구에서 그 내부 전체가 보이는 것에 있어서는 한 변의 길이가 50m의 범위 내에서 1,000m^2 이하로 할 수 있다.

참고

주된 출입구에서 내부 전체가 보이는 경우: 학교강당, 체육관 등

007 열감지기의 종류 답 ④

광전식(스포트형, 공기흡입형, 분리형)은 연기감지기의 종류에 해당한다.

선지분석

①②③ 차동식(스포트형, 분포형), 정온식(스포트형, 감지선형), 보상식(스포트형)은 열감지기에 해당한다.

개념플러스 감지기 종류

1. **열감지기**: 차동식(스포트형, 분포형), 정온식(스포트형, 감지선형), 보상식(스포트형)
2. **연기감지기**: 이온화식(스포트형), 광전식(스포트형, 분리형, 공기흡입형)

008 연기감지기 설치장소 답 ②

계단·경사로 및 복도는 연기감지기를 설치해야 할 장소에 해당한다.

선지분석

④ 화장실: 연기식감지기 설치한다. 그러나 욕조나 샤워실이 있는 화장실은 설치하지 않는다.

개념플러스 연기감지기 설치장소

1. 계단·경사로 및 에스컬레이터 경사로
2. 복도(30m 미만의 것을 제외한다)
3. 엘리베이터 승강로(권상기실이 있는 경우에는 권상기실)·린넨슈트·파이프피트 및 덕트 기타 이와 유사한 장소
4. 천장 또는 반자의 높이가 15m 이상 20m 미만의 장소
5. 특정소방대상물의 취침·숙박·입원 등 이와 유사한 용도로 사용되는 거실

009	열감지기	답 ③

열감지기의 종류는 차동식(스포트형, 분포형), 정온식(스포트형, 감지선형), 보상식(스포트형)으로 구분된다.

- 차동식 스포트형: 주위 온도가 일정상승률 이상(급격한 온도 변화율)이 되는 경우에 작동하는 것으로서 일국소에서의 열 효과에 의하여 작동하는 감지기를 말하며, 신호접점의 종류에 따라 공기식, 열전대식, 열반도체식으로 구분한다.
- 정온식 스포트형: 일국소의 주위 온도가 일정한 온도 이상이 되는 경우에 작동하는 것으로서 외관이 전선으로 되어 있지 않은 것을 말하는 것으로, 감지소자는 바이메탈과 열반도체(서미스터) 등을 이용한다.
- 보상식 스포트형: 차동식 스포트형 감지기와 정온식 스포트형 감지기의 성능을 겸한 것으로, 두 가지의 성능 중 어느 한 기능이 작동되면 신호를 발하도록 되어 있는 감지기이다. 현재는 시중에 판매가 되고 있지 않다.

010	열감지기 작동원리	답 ③

차동식 분포형 감지기는 주위 온도가 일정상승률 이상이 되는 경우 넓은 범위에서의 열 효과에 의하여 작동하는 것을 말한다.

선지분석

① 차동식 스포트형 감지기에 대한 설명이다. 차동식 스포트형 감지기는 주위 온도가 일정상승률 이상이 되는 경우 작동하고 일국소에서의 열 효과에 의하여 작동하는 것을 말한다.

② 정온식 스포트형 감지기는 일국소의 주위 온도가 일정한 온도 이상이 되는 경우에 작동하며, 외관이 전선으로 되어 있지 않은 것을 말한다(공칭작동온도가 최고주위온도보다 20℃ 높은 것을 설치).

④ 정온식 감지선형 감지기에 대한 설명이다. 정온식 감지선형 감지기는 주위 온도가 일정한 온도 이상되는 경우에 작동하는 것으로서 외관이 전선으로 되어 있는 것을 말한다(공칭작동온도가 최고주위온도보다 20℃ 높은 것을 설치).

개념플러스 공칭작동온도 및 정온점

1. 정온식
   ① 공칭작동온도가 최고주위온도보다 20℃ 높은 것을 설치한다.
   ② 공칭작동온도 ≥ 최고주위온도 20℃
2. 보상식
   ① 정온점이 최고주위온도보다 20℃ 높은 것을 설치한다.
   ② 정온점 ≥ 최고주위온도 20℃

011	감지기 부착높이에 따른 감지기 종류	답 ①

부착높이	감지기의 종류
4m 미만	• 차동식(스포트형, 분포형) • 보상식스포트형 • 정온식(스포트형, 감지선형) • 이온화식 또는 광전식(스포트형, 분리형, 공기흡입형) • 열복합형 • 연기복합형 • 열연기복합형 • 불꽃감지기
4m 이상 8m 미만	• 차동식(스포트형, 분포형) • 보상식스포트형 • 정온식(스포트형, 감지선형) 특종 또는 1종 • 이온화식 1종 또는 2종 • 광전식(스포트형, 분리형, 공기흡입형) 1종 또는 2종 • 열복합형 • 연기복합형 • 열연기복합형 • 불꽃감지기
8m 이상 15m 미만	• 차동식 분포형 • 이온화식 1종 또는 2종 • 광전식(스포트형, 분리형, 공기흡입형) 1종 또는 2종 • 연기복합형 • 불꽃감지기
15m 이상 20m 미만	• 이온화식 1종 • 광전식(스포트형, 분리형, 공기흡입형) 1종 • 연기복합형 • 불꽃감지기
20m 이상	• 불꽃감지기 • 광전식(분리형, 공기흡입형) 중 아날로그방식

개념플러스 감지기 부착높이에 따른 감지기 종류

1. 20m 이상: 불꽃, 광전식 분리형 아날로그방식, 광전식 공기흡입형 아날로그방식
2. 15m 이상 20m 미만: 불꽃, 연기식 1종, 연기복합형
3. 8m 이상 15m 미만: 불꽃, 연기식 1·2종, 연기복합형, 차동식 분포형
4. 4m 이상 8m 미만: 정온식 2종, 연기식 3종 이외 감지기
5. 4m 미만: 모든 감지기

012	자동화재탐지설비	답 ①

공통의 신호로 수신하고 표시하는 것이 P형, 회선마다 고유의 신호로 변환하여 수신하고 화재발생 지구를 표시하는 것이 R형이다.

개념플러스 수신기

1. P형 수신기
   ① 감지기 또는 발신기에서 발신한 화재신호를 직접 또는 중계기를 거쳐서 공통의 신호로 수신하고 표시의 방법은 지구별로 되도록 되어있다.
   ② P형 수신기가 화재신호를 수신했을 때는 적색의 화재등과 화재가 발생한 경계구역을 각각 자동적으로 표시하고 동시에 주음향장치, 지구음향장치를 자동적으로 명동하여야 한다.
   ※ 공통신호: 신호가 동일하여 적색등으로 표시
2. R형 수신기
   ① 감지기 또는 발신기로부터 발생한 신호를 직접 또는 중계기를 통해서 회선마다 고유의 신호로 변환하여 수신하고 화재발생 지구를 표시하는 것이다.
   ② R형 수신기는 감지기나 발신기로부터 발하여진 신호를 중계기를 통하여 각 회선마다의 고유신호로 수신하는 방식으로서, 사용하는 신호방식은 주로 시분할 방식을 이용한 다중통신방식을 이용하고 있기 때문에 P형에 비하여 많은 선로를 절약할 수 있는 이점이 있다. 또한 건물의 증축이나 개축에 따라 경계구역이 증가될 경우에 중계기와 중계기 회로수의 증설 등에 의하여 간편하게 회로를 추가할 수 있는 이점이 있어 근래의 대형건물에는 선로가 많이 필요하고 회로의 추가가 어려운 점을 감안하여 P형 수신기보다 R형 수신기를 선호하는 방향으로 바뀌어져가고 있다.
   ※ 고유신호: 신호를 부호화(符號化)하는 방법으로 각각의 고유번호를 지정하여 문자나 숫자로 표시

013	경보설비	답 ②

R형 수신기는 감지기 또는 발신기에서 다중전송방식으로 전송된 신호를 수신한다.

개념플러스 P형과 R형의 비교

항목	P형	R형
System 구성	중계기[×]	중계기[O]
신호전송 방식	개별신호(1:1 접점방식) 방식	다중전송방식
신호형태	공통신호	고유신호
화재표시	램프	액정표시
경제성	수신반 가격 저렴하나 선로수가 많아 설치공사비 큼	수신반 가격 고가이나 선로수가 적어 설치공사비 저렴
회로 증설·변경	별도의 배관, 배선, 기기 증설 등 어려움	증설(변경) 등 용이함
용도	중·소형	대형
메인테넌스	유지관리·수선 어려움	회로별 모듈화로 유지관리 용이

014	자동화재속보설비	답 ④

- 정의: 자동화재탐지설비의 감지기 또는 수신기로부터 화재신호를 받아 통신망을 통하여 음성신호 등의 방법으로 관계인에게 화재 발생을 알림과 동시에 소방관서에 자동으로 화재 발생과 위치를 신속하게 통보해주는 설비를 말한다.
- 동작원리: 자동화재탐지설비와 연동하여 작동하며 20초 이내, 3회 이상 반복하여 자동적으로 화재 발생 상황을 신호로써 소방관서에 발한다.

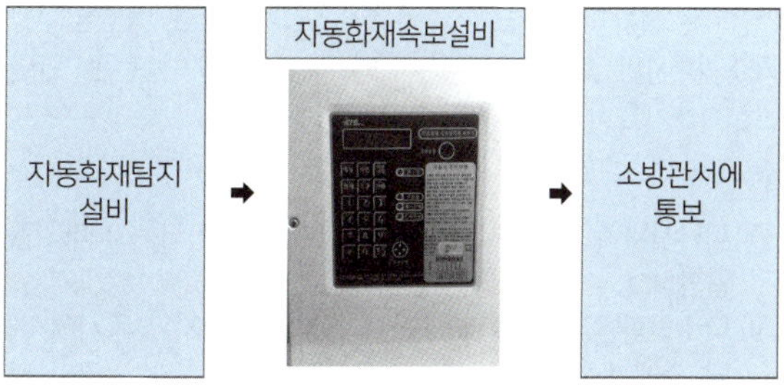

015	화재알림설비	답 ③

"화재알림형 비상경보장치"란 발신기, 표시등, 지구음향장치(경종 또는 사이렌 등)를 내장한 것으로 화재발생 상황을 경보하는 장치를 말한다.

04 | 피난구조설비

정답 p. 185

001	①	002	④	003	①	004	①	005	④

001 완강기 답 ①

완강기는 설치금구, 후크, 조속기(속도조절기), 로프, 벨트로 구성되었으며, 1인 및 다수인이 여러 번 사용 가능하다. 한편, 간이완강기는 1인이 1회만 가능하다.

선지분석

② 피난사다리: 화재 시 긴급대피를 위해 사용되는 사다리를 말한다.
③ 다수인피난장비: 화재 시 2인 이상의 피난자가 동시에 해당 층에서 지상 또는 피난층으로 하강하는 피난기구를 말한다.
④ 구조대: 포지 등을 사용하여 자루형태로 만든 것으로서 화재 시 사용자가 그 내부에 들어가서 내려오며 대피할 수 있는 것을 말한다.

002 피난구조설비 답 ④

승강식피난기란 사용자의 몸무게에 의하여 자동으로 하강하고 내려서면 스스로 상승하여 연속적으로 사용할 수 있는 무동력 피난기구를 말한다.

003 피난기구 또는 인명구조기구 답 ①

비상벨은 경보설비에 해당한다.

선지분석

② 방열복은 인명구조기구에 해당한다.
③ 완강기는 피난기구에 해당한다.
④ 인공소생기는 인명구조기구에 해당한다.

개념플러스 피난구조설비

피난구조설비란 화재가 발생할 경우 피난하기 위하여 사용하는 기구 또는 설비를 말한다.

1. **피난기구**: 피난사다리, 미끄럼대, 구조대, 그 밖에 화재안전기준으로 정하는 것
2. **인명구조기구**: 방열복, 방화복(안전모, 보호장갑 및 안전화를 포함한다), 공기호흡기 및 인공소생기
3. **유도등**: 피난유도선, 피난구유도등, 통로유도등, 객석유도등, 유도표지
4. 비상조명등 및 휴대용비상조명등

004 유도등 답 ①

유도등은 20분 이상 유효하게 작동시킬 수 있는 용량으로 하여야 한다.

개념플러스 유도등 및 비상조명등 비교

구분	유도등 	비상조명등 
평상시	점등상태	소등상태
화재 시	점등상태	점등상태
비상전원 종류	축전지	축전지, 전기저장장치, 자가발전설비
비상전원 용량	• 60분 이상 - 11층 이상의 층 - 도매시장, 소매시장, 여객자동차터미널, 지하역사, 지하상가 • 20분 이상: 60분 이상에 해당하는 곳 이외(기타)	

1. **유도등**: 평상시 - 점등, 화재 시 - 점등
2. **비상조명등**: 평상시 - 소등, 화재 시 - 점등

005 객석유도등 답 ④

객석유도등이란 객석의 통로, 바닥 또는 벽에 설치하는 유도등을 말한다.

▲ 객석유도등

05 | 소화활동설비

정답

p. 187

001	③	002	④	003	③	004	②	005	③
006	①	007	③	008	②				

001 소화활동설비 답 ③

연결송수관설비는 화재를 진압하거나 인명구조활동을 위하여 사용하는 본격소화활동설비에 속한다.

선지분석

① 옥내소화전설비는 소화설비에 해당한다.
② 자동화재속보설비는 경보설비에 해당한다.
④ 상수도소화용수설비는 소화용수설비에 해당한다.

개념플러스 소화활동설비

1. 화재진압
   ① 연결송수관설비
   ② 연결살수설비
   ③ 연소방지설비
2. 인명구조
   ① 제연설비
   ② 무선통신보조설비
   ③ 비상콘센트설비

002 연소방지설비 답 ④

연소방지설비는 지하구의 연소방지를 위한 것으로, 연소방지 전용헤드나 스프링클러헤드를 천장 또는 벽면에 설치하여 지하구의 화재를 방지하는 설비이다.

선지분석

① 연결살수설비: 지하가나 건축물의 지하층은 화재가 발생할 경우 연소생성물인 연기가 외부로 쉽게 배출되지 않아 소화활동에 지장을 초래하므로 건축물의 1층 벽에 설치된 연결살수설비용의 송수구로 수원을 공급받아 사용하도록 하는 설비이다.
② 제연설비: 소화활동설비의 일종으로 건축물의 화재 초기 단계에서 발생하는 연기 등을 감지하여 화재실(거실)의 연기는 배출하고 피난경로인 복도, 계단 등에는 연기가 확산되지 않도록 함으로써 거주자를 연기로부터 보호하고 안전하게 피난할 수 있도록 함과 동시에 소방대가 소화활동을 할 수 있도록 연기를 제어하는 데 그 목적이 있다.
③ 연결송수관설비: 높은 건물에 화재가 발생했을 경우 소방대가 도착하고 화재를 진압하기 위하여 소방차에서 화재가 발생한 층까지 호스를 연결하려면 많은 시간이 소요되어 화재진압을 하기가 까다롭다. 그래서 소방대의 원활한 소화활동을 위해 건물 내에 배관을 연결하여 지상에서 소방차가 송수구로 소화용수를 송수하면 각 층별로 방수구에서 쉽게 소화용수를 사용하여 소화할 수 있도록 한 설비이다.

개념플러스 연결살수설비 및 연소방지설비

1. 연결살수설비: 지하가, 지하층에 설치
2. 연소방지설비: 지하(공동)구 설치

003 제연방식 종류 답 ③

선지분석

②④ 자연제연방식에는 창·배연구에 의한 자연제연방식, 스모크타워 제연방식이 있다.

개념플러스 제연방식의 종류

1. 자연제연방식
   ① 창·배연구에 의한 자연제연방식
   ② 스모크타워 제연방식
2. 기계제연방식
   ① 제1종 기계제연방식: 강제급기(송풍기), 강제배기(배출기)
   ② 제2종 기계제연방식: 강제급기(송풍기), 자연배기(배출구)
   ③ 제3종 기계제연방식: 자연급기(송풍구), 강제배기(배출기)
3. 밀폐제연방식

004 기계제연방식 답 ②

설명은 제2종 기계제연방식에 대한 것이다.

선지분석

④ 스모크타워 제연방식: 소방대상물에 제연 샤프트를 설치하고, 난방 등에 의한 소방대상물 내·외부의 온도차나 화재로 인한 온도상승에 의해 발생한 부력 및 최상부에 설치한 루프모니터 등의 외풍에 의한 흡인력을 통기력으로 하여 제연하는 방식이다.

개념플러스 기계제연방식

1. 제1종 기계제연방식: 강제급기(송풍기), 강제배기(배출기)

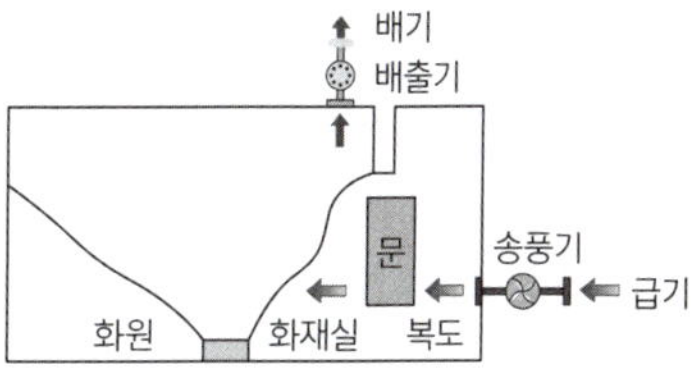

2. 제2종 기계제연방식: 강제급기(송풍기), 자연배기(배출구)

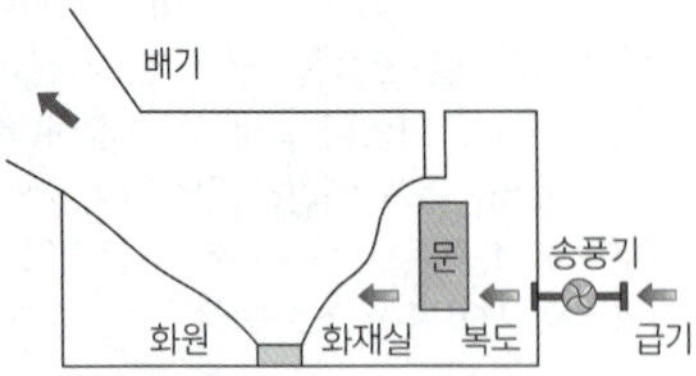

3. 제3종 기계제연방식: 자연급기(송풍구), 강제배기(배출기)

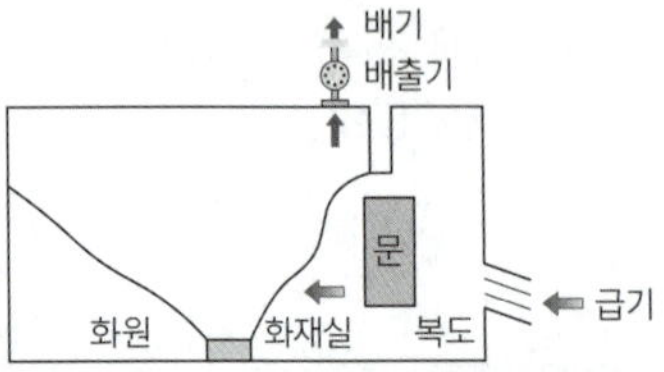

005	제연설비 설치장소	답 ③

하나의 제연구역은 면적은 1,500m^2 이내가 아니라 1,000m^2 이내로 한다.

개념플러스 제연설비 설치장소의 제연구역 구획기준

1. 거실과 통로(복도를 포함한다)는 각각 제연구획 할 것
2. 통로상의 제연구획은 보행중심선의 길이가 60m를 초과하지 아니할 것
3. 하나의 제연구역은 면적은 1,000m^2 이내로 할 것
4. 하나의 제연구역은 2개 이상 층에 미치지 아니하도록 할 것
5. 하나의 제연구역은 직경 60m 원 내에 들어갈 수 있을 것

006	기계(강제)제연방식	답 ①

제1종 기계제연방식은 송풍기, 배출기를 이용하여 강제로 연기를 제어하는 방식이다.

개념플러스 기계(강제)제연 방식

1. **제1종 기계제연방식**: 강제급기(송풍기), 강제배기(배출기)
2. **제2종 기계제연방식**: 강제급기(송풍기), 자연배기(배출구)
3. **제3종 기계제연방식**: 자연급기(송풍구), 강제배기(배출기)

007	기계제연방식	답 ③

제3종 기계제연방식은 송풍구를 이용하여 강제로 연기를 제어하는 방식이다.

개념플러스 기계(강제)제연 방식

1. **제1종 기계제연방식**: 강제급기(송풍기), 강제배기(배출기)
2. **제2종 기계제연방식**: 강제급기(송풍기), 자연배기(배출구)
3. **제3종 기계제연방식**: 자연급기(송풍구), 강제배기(배출기)

008	비상콘센트 구분	답 ②

구분	전압	용량	극수
단상	220V	1.5KVA 이상	접지형 2극 플럭접속기

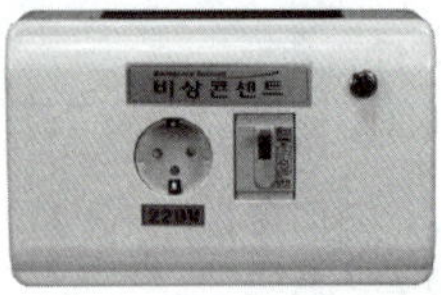

▲ 비상콘센트

06 | 소화용수설비

정답 p. 189

001	②

001	소화설비	답 ②

소화활동설비 및 소화용수설비는 본격소화에 해당된다.

선지분석

① 초기소화에 해당하는 것은 소화설비이다.

PART 7 소방조직 및 역사

01 | 한국소방의 역사 및 소방조직

정답 p. 192

001	③	002	②	003	④	004	①	005	④
006	①	007	⑤	008	③	009	②	010	①
011	③	012	③	013	⑤	014	①	015	④
016	③	017	②	018	①	019	④	020	①
021	③	022	④	023	④	024	④	025	②
026	②	027	③	028	③	029	③	030	④
031	④	032	④	033	③				

001 금화도감 답 ③

수총기는 대나무로 만든 피스톤식 펌프로, 경종 3년(1723년)에 중국에서 도입되었다. 이는 기록상 최초의 소방장비로 이를 본떠 제작한 수총기를 각 군문(군대)에 비치케 하였다.

선지분석

① 금화도감은 제조 7인, 사 5인, 부사 6인, 판관 6인의 관원을 두어 방화범의 체포·구금과 소방업무를 위한 사람들의 동원, 이재민구호 등의 업무를 담당하였다.

002 금화도감 답 ②

금화도감은 조선전기에 설치되었다.

개념플러스 조선시대 소방조직

1. 1426년 세종 5년 한성의 부내(府內)나 궁궐의 화재를 예방하고 화재가 났을 때 효율적으로 불을 끄기 위해 평소에 미리 대비하기 위해 관리들이나 군대·백성들의 진화에 대한 역할을 세칙으로 13조항에 달하는 금화조건을 시행하였다.
2. 1426년 세종 8년 2월에 병조 소속으로 금화도감이 설치되었다.
3. 금화도감은 우리나라 최초의 공공소방기관(소방관서)이다.
4. 1426년 세종 8년 6월에 공조 소속으로 금화도감과 성문도감을 합친 수성금화도감으로 개편하였다.
5. 1460년 세조 6년 5월에 기구를 폐지하고 관원 수를 감하는 관제의 개편이 있었는데, 이때 수성은 공조로 금화는 한성부로 사무이관이 되었다.
6. 수성금화도감은 성을 수리하고 화재를 금하고 하천을 소통시키고 길과 다리를 수리하는 일을 맡았다.

003 소방조직 답 ④

- 고려시대: 별도의 소방조직(금화조직)은 없었으나 금화제도(금화원제도)는 시행되었다.
- 조선시대: 1426년 세종 8년 2월에 병조 소속으로 금화도감이 설치되었다.
- 조선시대: 1426년 세종 8년 6월에 공조 소속으로 수성금화도감이 설치되었다.
- 일제강점기(상비소방수제도 시행): 일제 통치하의 소방기본조직은 소방조 조직이다. 그러나 소방수요가 늘어나고 화재발생이 증가함에 따라 상비 소방요원이 배치되고 소방관서가 설치되게 되었다.

개념플러스 상비소방제도

1. 소방조 소속 상비소방수
   당시 일제총독부의 자료가 없어 정확한 시행 연도는 알 수 없으나 1900년대 무렵부터 소방조 상비소방수가 임명된 것으로 보여진다. 이들의 숫자는 정확히 파악하기 어려우나 1918년 말 조선 총독부 통계에 의하면 150여명 수준이었다.
2. 도 경무부 소속 상비소방수
   ① 문호의 개방으로 외래문물이 들어오면서 새로운 소방제도가 들어왔는데, 이때부터 소방장비를 갖추고 훈련을 실시하게 되었으며, 수도의 개설로 소화전이 설치되고 화재보험제도가 실시되었다.
   ② 도 경무부 소속 상비소방수 제도가 생겨난 것은 한일 합방 직후인 것으로 여겨지는데 1922년 당시 이들의 신분을 판임관(당시 순사의 직급, 현재의 8~9급 공무원에 해당한다) 대우로 하면서 정식 공무원으로 양성화하였다. 일제시대에 도입된 소방수제도는 일본제도를 모방 시행한 것이지만 우리나라에서 처음 실시된 소방직 공무원이라는 점에서 의의가 있다.

004 소방조직 설치 및 변천과정 답 ①

- 조선시대 초기: 금화법령은 경국대전의 편찬으로 그 골격을 갖추었다. 권지 1, 4, 5에서 행순, 금화, 방화관계법령과, 실화, 방화에 관한 형률이 기록되어 있다.
- 조선시대 초기: 금화조건은 세종 5년 병조에 만들어 시행하였다.

선지분석

④ 정부수립 이후(1948년 8월 15일 이후): 1961년 12월 8일 법률 제827호에서 「지방세법」을 개정하고 소방공동시설세가 신설되어 소방재원이 확보되었다.

개념플러스 구화조직과 구화기구

1. **구화조직:** 금화도감이 설치되기 전에도 궁중화재를 진압하기 위하여 금화조건이 있었다. 금화도감이 설치된 후에는 궁중뿐만 아니라 관아, 민가를 구화하기 위한 금화군 제도와 5가작통 제도가 실시되었는데 금화도감이 없어진 후에는 멸화군 조직으로 이어져 내려오다 임란 후 없어졌다. 한편 지방에서는 자발적으로 의용소방조직을 만들어 활용하였다.
2. **구화기구:** 조선왕조 전기의 소화기구로는 도끼, 쇠갈고리, 불채, 저수기, 물양동이, 방화용 토가, 불 덮개, 거적 등이 있었으며, 중기에 들어서도 경종 3년(1723)에 중국으로부터 수총기를 도입한 것 이외에는 새로운 것이 없었는데, 구한말 일본인들이 이 땅에 들어온 후부터 새로운 소방기구가 도입되기 시작하였다.

005	우리나라 소방제도의 설치 및 변천과정	답 ④

정부수립 이후 중앙소방조직은 1948년 11월 4일 내무부직제(대통령령 제18호)에 따라 소방업무는 내무부 치안국 소방과에서 관장하고, 각 시·도에서는 경찰국 소방과에서 관장하였다.

선지분석

①② 금화제도(고려) ⇨ 금화조건(1423년 세종 5년) ⇨ 금화도감(1426년 세종 8년)

③ 미군정시대(1945년~1948년): 1946년 4월 10일 군정법 제66호에 따라 소방부 및 소방위원회를 설치하고 소방행정을 경찰로부터 완전 독립하여 자치소방체제로 전환하였다.

006	소방역사	답 ①

ㄱ. 고려시대에는 소방(消防)을 소재(消災)라 하였으며, 화약제조 및 사용량 증가에 따라 화통도감을 신설하여 특별관리하였다.

ㄴ. 1426년 2월(세종 8년)에 병조소속에 금화도감을 설치하였다.

선지분석

ㄷ. 1925년에 우리나라 최초 소방서인 경성소방서를 설치하였다.

ㄹ. 1946년 군정법 제66호에 따라 소방부 및 소방위원회를 설치하고, 소방조직 및 업무를 경찰로부터 완전 독립하여 자치소방체제로 전환하였다. 한편 소방위원회는 중앙소방위원회, 각 도소방위원회로 구분하여 운영되었다. 또한 1947년 남조선 과도정부 후에는 동 위원회의 집행기구로 소방청을 설치, 소방청에는 청장 1인과 서기장 1인을 두고 군정자문 1인을 배치하여 총무과, 소방과, 예방과를 두었다.

007	소방의 시대별 발전과정	답 ⑤

ㄷ. 일제강점기: 1925년 우리나라 최초로 경성소방서를 설치하였다.

ㄹ. 미군정시대: 1946년 소방을 경찰에서 분리하여 최초로 독립된 자치적 소방제도를 시행하였다.

선지분석

ㄱ. 조선시대(전기): 1426년 2월(세종8년) 금화도감을 설치하였다.

ㄴ. 조선시대(전기): 1723년 6월(경종3년) 중국에서 들여온 수총기를 궁정소방대에 처음으로 구비하였다.

008	소방행정 발달	답 ③

「소방공무원법」이 제정된 것은 1977년이다.

개념플러스 소방행정 발달

1. 1958년 소방법 제정·공포
2. 1972년 6월 서울과 부산에 소방본부를 설치하여 국가·자치 이원행정
3. 1977년 12월 31일 「소방공무원법」 제정 → 1978년 3월 「소방공무원법」 제정 후 시행
4. 1978년 9월 최초의 소방교육기관인 소방학교를 수원시에 설립

009	소방 조직의 설치	답 ②

도 소방위원회(1946년) - 내무부 소방국(1975년) - 시·도 소방본부(1992년) - 소방방재청(2004년)

선지분석

① 내무부(치안국)소방과(1948년) - 내무부(민방위본부 내)소방국(1975년) - 도 소방위원회(1946년) - 시·도 소방본부(1992년)

② 도 소방위원회(1946년) - 내무부(민방위본부 내)소방국(1975년) - 시·도 소방본부(1992년) - 소방방재청(2004년)

③ 중앙소방위원회(1946년) - 내무부(민방위본부 내)소방국(1975년) - 도 소방위원회(1946년) - 소방방재청(2004년)

④ 내무부(민방위본부 내)소방국(1975년) - 중앙소방위원회(1946년) - 소방방재청(2004년) - 소방청(2017년)

010	민간소방조직	답 ①

경방단(1939년) → 소방대(1946년) → 방공단(1951년) → 청원소방원(1983년)

011	소방행정조직의 발전 과정	답 ③

1948년에 대한민국 정부가 수립되고 국가 소방체제로 전환하면서 소방행정조직이 경찰소속이 되었다.

012	우리나라 소방기관	답 ③

1925년 우리나라 최초의 소방서인 경성소방서가 생겼으며, 이후 부산소방서와 평양소방서가 각각 설치되었다.

선지분석

① 고려시대에는 소방조직인 금화조직은 없었으나 금화제도가 시행되었다.

② 1958년 3월 11일 우리나라 최초로 체계적이고 독립적인 「소방법」이 제정·공포되었다.

④ 현재 소방행정 조직은 지방자치단체의 직속기관으로 소방본부를 설치하여 16개 소방본부의 광역소방행정체제로 운영되지만, 소방청에서 관리하는 국가소방행정체제이다(지방자치단체를 두는 국가직 소방공무원이다).

013	중앙소방조직의 변천 과정	답 ⑤

내무부 치안국 소방과(1948년) - 내무부 민방위 본부내 소방국(1975년) - 소방방재청(2004년) - 국민안전처 중앙소방본부(2014년) - 소방청(2017년)

014	소방의 시대별 발전과정	답 ①

금화도감(1426년) → 경성소방서(1925년) → 소방방재청(2004년) → 국민안전처 중앙소방본부(2014년)

015	우리나라 소방의 발전과정	답 ④

대한민국 정부수립 이후 국가소방체제로 전환(경찰에서 관장, 「경찰공무원법」 적용)하여 중앙은 내부무 치안국 소방과, 지방은 경찰국 소방과가 관장하였다.

선지분석

① 1426년 세종 8년 병조소속에 금화도감을 설치하였고, 이것이 최초의 소방관서이다.

② 일제강점기인 1925년 경성(종로)에 우리나라 최초의 소방서를 설치하였고 이후 1939년 부산소방서(62명)와 평양소방서(88명)가 각각 설치되었고 청진(1941년), 인천(1944년), 함흥(1944년), 용산(1944년), 성동(1945년)에 소방서가 증설되었다.

③ 1894년 갑오경장을 통하여 경찰사무를 담당한 경무청에서 화재에 관한 사무 담당, 1895년 4월 29일 경무청 직제를 제정하면서 경무청처리세칙에서 "수화·소방은 난파선 및 출화·홍수 등에 계하는 구호에 관한 사항"이라고 정했는데 여기에서 소방이라는 용어가 처음으로 등장하였다.

016	우리나라 소방역사	답 ③

일제 강점기: 1925년 최초의 소방서인 경성소방서가 설치되었다. 이후 1939년 부산 및 평양에 소방서가 개소되었으며, 1944년 용산·인천·함흥에 소방서가 증설되었다.

017	국가소방체제	답 ②

대한민국 정부수립 이후(1948 ~ 1970년)가 국가소방체제이다.

선지분석

① 소방행정제도의 발전시기(1970 ~ 1992년): 국가·자치 이원체제

③ 미군정시대(1946 ~ 1948년): 자치소방체제

개념플러스 소방행정조직

1. 정부수립 이후
   ① 1948 ~ 1972년: 국가소방체제
   ② 1972 ~ 1992년: 국가·자치소방체제
   ③ 1992 ~ 2004년: 광역소방체제
   ④ 2004 ~ 2014년: 준 독립체제(소방방재청)
   ⑤ 2014 ~ 2017년: 국민안전처 소속의 중앙소방본부체제
   ⑥ 2017년 ~ 현재: 행정안전부 외청인 소방청체제
2. 넓은 의미
   ① 1992 ~ 2020년 3월: 광역소방체제(지방직 공무원)
   ② 2020년 4월 ~ 현재: 국가소방체제(국가직 공무원)

018	해방 이후 소방조직	답 ①

ㄱ ⇨ ㄴ ⇨ ㄷ ⇨ ㄹ의 순이다.

ㄱ. 미군정시대(과도기 1945 ~ 1948년): 1946년 군정법 제66호에 따라 소방부 및 소방위원회를 설치하고 소방조직 및 업무를 경찰로부터 완전 독립하여 자치소방체제로 전환하였다. 한편 소방위원회는 중앙소방위원회, 각 도 소방위원회로 구분하여 운영되었다.

ㄴ. 대한민국 정부수립 이후(초창기 1948 ~ 1970년): 국가소방체제(정부수립과 동시에 국가에서 일괄적으로 관리하는 국가소방체제로 전환)이다.

ㄷ. 1970 ~ 1992년: 국가·자치 이원체제(1972년 6월 서울과 부산에 소방본부를 설치하여 자치소방체제를 유지하고, 기타 시·도는 정부수립 이후 초창기처럼 국가에서 관리하는 국가소방체제 유지)이다.

ㄹ. 1992 ~ 2004년: 광역소방체제[광역자치소방체제로 전환(16개 시·도 소방본부설치)]이다.

019	소방행정체제의 변천과정	답 ④

대구지하철 화재 발생(2003) 당시에는 광역소방체제였다.

개념플러스 대한민국 정부수립 이후 넓은 의미

1. 1948년~1970년: 국가소방체제
2. 1970년~1992년: 국가·자치이원적소방체제
3. 1992년~2020년: 광역소방체제
4. 2020년~현재: 국가소방체제

020	우리나라 소방행정	답 ①

선지분석

② 1992년 전국 시·도에 소방본부를 설치·운영하고 광역소방행정체제(소방방재청)로 전환하였다.
③ 소방공무원은 공무원 분류상 경력직 공무원 중 특정직 공무원에 해당한다.
④ 소방공무원의 징계 중 경징계에는 감봉, 견책이 있다.

021	소방조직	답 ③

위험물안전관리자가 해임 및 퇴직할 때에는 30일 이내 선임하여야 하고, 14일 이내 소방본부장과 소방서장에게 신고하여야 한다.

선지분석

① 소방력의 3요소(소방인력, 소방장비, 소방용수)
- 인적 자원: 소방인력(소방대: 소방공무원, 의무소방원, 의용소방원) - 소방대원은 다시 현장지휘자와 대원으로 구분한다.
- 물적 자원
  - 소방장비: 기동장비, 진압장비, 구조장비, 구급장비, 통신장비, 측정장비, 보조장비 등으로 구분한다.
  - 소방용수: 소방기관이 소방활동에 사용할 것을 목적으로 시·도의 책임하에 설치하거나 지정된 소방용수시설을 말한다.

② 소방대(소방공무원, 의무소방원, 의용소방대원)
④ 경력직 공무원의 종류

일반직 공무원	기술·연구 또는 행정 일반에 대한 업무를 담당하는 공무원
특정직 공무원	법관, 검사, 외무공무원, 경찰공무원, 소방공무원, 교육공무원, 군인, 군무원, 헌법재판소 헌법연구관, 국가정보원의 직원, 경호공무원과 특수 분야의 업무를 담당하는 공무원으로서 다른 법률에서 특정직 공무원으로 지정하는 공무원

022	민간 소방조직의 설치	답 ④

제4류 위험물을 저장·취급하는 제조소에는 자체 소방대를 설치해야 한다. 그러나 반드시는 아니다.

개념플러스 자체소방대를 설치하여야 하는 사업소 (「위험물안전관리법 시행령」)

화재 발생 시 소방공무원이 도착하기 전에 화재를 진압하는 자체 소방대로, 다량의 위험물을 저장·취급하는 제조소 등으로서 대통령령이 정하는 제조소 등이 있는 동일한 사업소에서 대통령령이 정하는 수량 이상의 위험물을 저장 또는 취급하는 경우 당해 사업소의 관계인은 대통령령이 정하는 바에 따라 당해 사업소에 자체소방대를 설치하여야 한다.

1. **대통령령이 정하는 제조소 등**
   ① 제4류 위험물을 취급하는 제조소 또는 일반취급소(지정수량의 3천배 이상)를 말한다(다만, 보일러로 위험물을 소비하는 일반취급소 등 행정안전부령이 정하는 일반취급소를 제외한다).
   ② 제4류 위험물을 저장하는 옥외탱크저장소(지정수량의 50만배 이상)를 말한다.
2. 자체소방대를 설치하는 사업소의 관계인은 별표 8의 규정에 따라 자체소방대에 화학소방자동차 및 자체소방대원을 두어야 한다. 다만, 화재 그 밖의 재난 발생 시 다른 사업소 등과 상호 응원에 관한 협정을 체결하고 있는 사업소에 있어서는 행정안전부령이 정하는 바에 따라 별표 8의 범위 안에서 화학소방자동차 및 인원의 수를 달리할 수 있다.

개념플러스 자체소방대에 두는 화학소방자동차 및 인원

사업소의 구분	화학소방 자동차	자체소방 대원의 수
제조소 또는 일반취급소에서 취급하는 제4류 위험물의 최대수량의 합이 지정수량의 3천배 이상 12만배 미만인 사업소	1대	5인
제조소 또는 일반취급소에서 취급하는 제4류 위험물의 최대수량의 합이 지정수량의 12만배 이상 24만배 미만인 사업소	2대	10인
제조소 또는 일반취급소에서 취급하는 제4류 위험물의 최대수량의 합이 지정수량의 24만배 이상 48만배 미만인 사업소	3대	15인
제조소 또는 일반취급소에서 취급하는 제4류 위험물의 최대수량의 합이 지정수량의 48만배 이상인 사업소	4대	20인

옥외탱크저장소에 저장하는 제4류 위험물의 최대수량이 지정수량의 50만배 이상인 사업소	2대	10인

▸ 비고: 화학소방자동차에는 행정안전부령으로 정하는 소화능력 및 설비를 갖추어야 하고, 소화활동에 필요한 소화약제 및 기구(방열복 등 개인장구를 포함한다)를 비치하여야 한다.

023 자체소방대에 두는 화학소방자동차 및 인원 답 ④

사업소의 구분	화학소방 자동차	자체소방 대원의 수
제조소 또는 일반취급소에서 취급하는 제4류 위험물의 최대수량의 합이 지정수량의 3천배 이상 12만배 미만인 사업소	1대	5인
제조소 또는 일반취급소에서 취급하는 제4류 위험물의 최대수량의 합이 지정수량의 12만배 이상 24만배 미만인 사업소	2대	10인
제조소 또는 일반취급소에서 취급하는 제4류 위험물의 최대수량의 합이 지정수량의 24만배 이상 48만배 미만인 사업소	3대	15인
제조소 또는 일반취급소에서 취급하는 제4류 위험물의 최대수량의 합이 지정수량의 48만배 이상인 사업소	4대	20인
옥외탱크저장소에 저장하는 제4류 위험물의 최대수량이 지정수량의 50만배 이상인 사업소	2대	10인

▸ 비고: 화학소방자동차에는 행정안전부령으로 정하는 소화능력 및 설비를 갖추어야 하고, 소화활동에 필요한 소화약제 및 기구(방열복 등 개인장구를 포함한다)를 비치하여야 한다.

024 위험물안전관리자 답 ④

안전관리자를 선임한 제조소 등의 관계인은 안전관리자가 여행·질병 그 밖의 사유로 인하여 일시적으로 직무를 수행할 수 없거나 안전관리자의 해임 또는 퇴직과 동시에 다른 안전관리자를 선임하지 못하는 경우에는 「국가기술자격법」에 따른 위험물의 취급에 관한 자격취득자 또는 위험물안전에 관한 기본지식과 경험이 있는 자로서 행정안전부령이 정하는 자를 대리자(代理者)로 지정하여 그 직무를 대행하게 하여야 한다. 이 경우 대리자가 안전관리자의 직무를 대행하는 기간은 30일을 초과할 수 없다.

개념플러스 위험물안전관리자, 소방안전관리자

위험물안전관리자가 퇴직 → 30일 이내 선임 → 14일 이내→ 소방본부장 또는 소방서장에게 신고
- 위험물안전관리자는 30일 이내 선임하지 못하는 경우 행정안전부령으로 정하는 자를 대리자로 지정
- 소방안전관리자는 대리자 지정기준 없음

025 소방신호 답 ②

경계신호는 화재예방상 필요하다고 인정되거나 화재위험경보 시에 발령된다.

개념플러스 소방신호

화재예방, 소방활동 또는 소방훈련을 위하여 사용되는 소방신호의 종류와 방법은 다음과 같이 행정안전부령으로 정한다.
1. **경계신호**: 화재예방상 필요하다고 인정되거나 화재위험경보 시 발령
2. **발화신호**: 화재가 발생한 때 발령.
3. **해제신호**: 소화활동이 필요 없다고 인정되는 때 발령
4. **훈련신호**: 훈련상 필요하다고 인정되는 때 발령

▸ 정리
- 소방신호의 목적: 화재예방, 소방활동, 소방훈련
- 소방신호의 종류: 경계신호, 발화신호, 해제신호, 훈련신호

026 소방신호 답 ②

선지분석

① 소방신호의 방법으로는 타종신호, 싸이렌신호, 그 밖의 신호가 있다.

③ 싸이렌신호로 하는 경우 경계신호는 5초 간격을 두고 30초씩 3회로 한다.

④ 소방신호의 종류에는 발화신호, 훈련신호, 해제신호, 경계신호가 있다.

개념플러스 소방신호의 방법

신호방법 / 종별	타종신호	싸이렌신호	그밖의 신호
경계신호	1타와 연2타를 반복	5초 간격을 두고 30초씩 3회	통풍대 게시판 
발화신호	난타	5초 간격을 두고 5초씩 3회	
해제신호	상당한 간격을 두고 1타씩 반복	1분간 1회	기 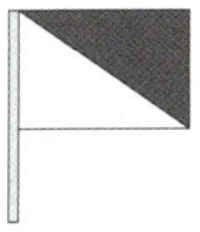
훈련신호	연3타 반복	10초 간격을 두고 1분씩 3회	

1. 소방신호의 방법은 그 전부 또는 일부를 함께 사용할 수 있다.
2. 게시판을 철거하거나 통풍대 또는 기를 내리는 것으로 소방활동이 해제되었음을 알린다.
3. 소방대의 비상소집을 하는 경우에는 훈련신호를 사용할 수 있다.

027 소방조직의 기본원리 답 ③

명령분산의 원리가 아니라 명령통일의 원리이다.

개념플러스 소방조직의 기본원리

1. **계선의 원리**: 특정사안에 대한 결정에 있어 의사결정 과정에서는 개인의 의견이 참여되지만, 결정을 내리는 것은 개인이 아니라 그 소속기관의 자라는 것을 말한다.
2. **계층제의 원리**: 소방, 군대, 경찰 등과 같은 조직에서 권한 및 책임에 따른 상하의 계층을 형성하는 것을 말한다.
3. **업무조정의 원리**: 조직의 공통된 목표를 달성하기 위하여 전문화 및 분업화 되어 있는 개인이나 조직을 통합하여 행동을 통일시키는 것을 말한다.
4. **명령통일의 원리**: 하나의 조직은 한 사람의 상급자에게 명령을 받고 그에 따른 보고를 하는 것을 말한다.
5. **분업의 원리(기능의 원리, 전문화의 원리)**: 한 가지 주된 업무를 분담시키는 것으로, 한 사람이나 한 부서가 하나의 주업무를 맡는 것을 말한다.
6. **통솔범위의 원리**: 한 명의 상관이 부하를 효과적으로 통솔할 수 있는 범위를 말한다. 통솔 가능한 범위는 7~12명이며, 비상 시 3~4명으로 더 적다.

028 소방조직의 기본원리 답 ③

계선의 원리란 특정사안에 대한 결정에 있어 의사결정 과정에서는 개인의 의견이 참여되지만, 결정을 내리는 것은 개인이 아니라 그 소속기관의 자라는 것을 말한다.

선지분석

① 계층제의 원리: 소방, 군대, 경찰 등과 같은 조직에서 권한 및 책임에 따른 상하의 계층을 형성하는 것을 말한다.
② 업무조정의 원리: 조직의 공통된 목표를 달성하기 위하여 전문화 및 분업화되어 있는 개인이나 조직을 통합하여 행동을 통일시키는 것을 말한다.
④ 명령통일의 원리: 하나의 조직은 한 사람의 상급자에게 명령을 받고 그에 따른 보고를 하는 것을 말한다.

029 소방행정행위 답 ③

하명, 허가, 면제는 법률적 행정행위에 속하고, 통지는 준법률적 행정행위에 속한다.

개념플러스 법률적 행정행위와 준법률적 행정행위

1. **법률적 행정행위**
   ① 명령적 행정행위 중 하명: 소방이라는 목적을 달성하기 위하여 불특정다수인에게 작위, 부작위, 급부, 수인의 의무를 명령하는 행정행위이다.
   ㉠ 소방작위하명: 명령을 행하는 것(적극적으로 해야 할 의무)
   예 화재예방조치명령, 피난명령, 소방대상물의 특별조치명령, 화재현장에서 소화종사 명령, 화재경계지구에 대한 명령, 소방시설 및 방염에 관한 명령, 위험물제조소 등의 예방규정 변경명령, 무허가 위험물 시설의 조치명령, 소방특별조사를 위한 보고 및 자료제출 명령, 위험물제조소 등의 감독 명령
   ㉡ 소방부작위하명: 금지 등의 의무를 명하는 것
   예 소방용수시설의 불법사용 금지, 소방대상물의 사용금지, 화재취급 금지, 소방시설공사의 정지 등
   ㉢ 소방급부하명: 소방의 목적으로 금전, 물품, 노력 등을 제공할 의무를 명하는 것
   예 각종 인·허가의 수수료 납부통지(세금납부)
   ㉣ 소방수인하명: 소속행정청에 의한 어떠한 실력행사를 감수하고 이에 저항하지 않을 의무를 명하는 행위
   예 행정대집행의 집행, 화재진화를 위한 강제처분, 소방자동차의 우선통행 등
   ② 명령적 행정행위 중 허가
   ③ 명령적 행정행위 중 면제
2. **준법률적 행정행위**
   ① 확인: 소방관련 자격합격자 결정, 방화관리자 자격 인정 등
   ② 공증: 소방시설의 완비증명, 소방안전관리자 수첩교부 등
   ③ 통지: 각종 입찰공고, 조세체납장에 대한 독촉 등
   ④ 수리: 각종 허가 신청서 원서, 신고의 수리 등

030 소방수인하명 답 ④

소방수인하명에는 행정대집행의 집행, 화재진화를 위한 강제처분, 소방자동차의 우선통행 등이 있다.

선지분석

① 소방대상물의 사용금지 등은 소방부작위하명에 해당된다.
②③ 화재예방조치명령, 피난명령 등은 소방작위하명에 해당된다.

031 소방행정의 특수성 답 ④

선지분석

소방행정의 특수성에는 법제적 특성, 조직적 특성, 업무적 특성이 있다.

032 소방행정의 특수성 답 ④

업무적 특성은 9가지로 구분된다.
1) 현장성(긴급성)
2) 대기성

3) 신속 · 정확성(신속 · 대응성)
4) 전문성
5) 일체성(계층성)
6) 가외성
7) 위험성
8) 결과성
9) 규제성

033 가외성 답 ③

- 가외성이란 외관상 당장은 무용하고 불필요하거나 낭비적인 것으로 보일지 몰라도 특정한 체제가 장래 불확실성에 노출될 때 발생할지도 모를 적응의 실패를 방지하며, 특정체제의 환경에 대한 동태성을 높일 수 있도록 하는 중복현상이나 중첩장치를 말한다.
- 소방조직이 여유자원을 많이 가지고 있을 때 이를 가리켜 가외성이 높다고 한다. 소방은 미래의 불확실한 재난사고를 대비하는 조직이므로 현재 필요한 소방력보다 많은 소방력을 보유해야 한다.

02 | 국가공무원법

정답

p. 201

001	④	002	④	003	③	004	④

001 용어의 정의 답 ④

"전직(轉職)"이란 직렬을 달리하는 임명을 말한다. 같은 직급 내에서 보직변경 등 고위공무원단 직위 간의 보직변경은 전보(轉補)라 한다.

개념플러스 용어의 정의

1. "직위(職位)"란 1명의 공무원에게 부여할 수 있는 직무와 책임을 말한다.
   예 소방서장, 소방행정과장, 119안전센터장 등
2. "직급(職級)"이란 직무의 종류 · 곤란성과 책임도가 상당히 유사한 직위의 군을 말한다.
   예 소방공무원 계급(소방사, 소방교, 소방장, 소방위, 소방경, 소방령, 소방정, 소방준감, 소방감, 소방정감, 소방총감) 등
3. "정급(定級)"이란 직위를 직급 또는 직무등급에 배정하는 것을 말한다.
   예 소방서장이라는 직위를 소방정으로 배정
4. "강임(降任)"이란 같은 직렬 내에서 하위 직급에 임명하거나 하위 직급이 없어 다른 직렬의 하위 직급으로 임명하거나 고위공무원단에 속하는 일반직 공무원(제4조 제2항에 따라 같은 조 제1항의 계급 구분을 적용하지 아니하는 공무원은 제외한다)을 고위공무원단 직위가 아닌 하위 직위에 임명하는 것을 말한다.
5. "전직(轉職)"이란 직렬을 달리하는 임명을 말한다.
   예 경찰공무원을 소방공무원으로 임명
6. "전보(轉補)"란 같은 직급 내에서의 보직 변경 또는 고위공무원단 직위 간의 보직 변경(제4조 제2항에 따라 같은 조 제1항의 계급 구분을 적용하지 아니하는 공무원은 고위공무원단 직위와 대통령령으로 정하는 직위 간의 보직 변경을 포함한다)을 말한다.
   예 예방과장(직급: 소방령)에서 행정과장(직급: 소방령)으로 보직변경 등
7. "직군(職群)"이란 직무의 성질이 유사한 직렬의 군을 말한다.
   예 행정직군, 기술직군 등
8. "직렬(職列)"이란 직무의 종류가 유사하고 그 책임과 곤란성의 정도가 서로 다른 직급의 군을 말한다.
   예 행정직렬, 소방직렬 등
9. "직류(職類)"란 같은 직렬 내에서 담당 분야가 같은 직무의 군을 말한다.
10. "직무등급"이란 직무의 곤란성과 책임도가 상당히 유사한 직위의 군을 말한다.

002 소방공무원 징계 답 ④

직위해제는 공무원에게 잘못이 있을 경우 징계처분을 하기 위해 그 직에서 물러나게 하는 것을 말한다(출근의 의무는 없다). 즉, 징계를 주기 위한 단계로, 공무원 신분을 보유하면서 직무 담임을 해제하는 것이다(징계를 받을지, 안 받을지 대기상태).

개념플러스 소방공무원 징계의 종류(경중에 따라)

1. **중징계**: 파면, 해임, 강등, 정직
2. **경징계**: 감봉, 견책

개념플러스 소방공무원 징계의 종류(신분에 따라)

1. **배제징계**: 공무원 신분을 배제(박탈)하는 징계(예 파면, 해임)
2. **교정징계**: 공무원 신분은 보유하나 신분적 이익 일부를 제한하는 징계(예 강등, 정직, 감봉, 견책)

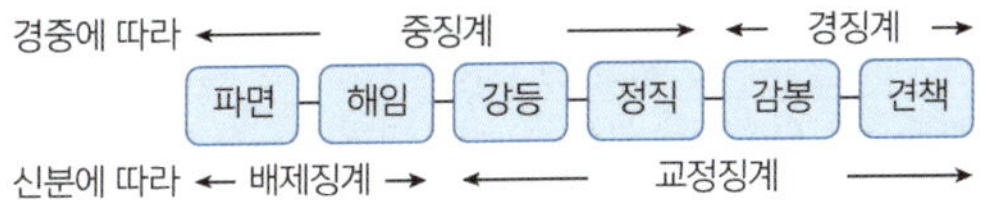

003 소방공무원 징계 답 ③

파면, 해임, 강등, 정직이 중징계이고, 감봉, 견책은 경징계이다.

004	소방공무원의 징계	답 ④

견책은 경징계이다. 파면, 해임, 강등, 정직이 중징계이다.

03 | 소방공무원법

정답

p. 202

001	③	002	④	003	①	004	③	005	①
006	③	007	①	008	④	009	③	010	③
011	③	012	①	013	④				

001	소방공무원 임용령	답 ③

30일이 아니라 20일 전까지 공고하여야 한다.

개념플러스 소방공무원 임용령

1. 소방공무원 임용에 있어서 소방사 공개경쟁채용시험에 응시할 수 있는 자의 연령은 18세 이상 40세 이하로 한다.
2. 소방공무원 임용령을 적용한다.
3. 시험실시권자는 소방공무원 공개경쟁채용시험을 실시하고자 할 때에는 임용예정계급, 응시자격, 선발예정인원, 시험의 방법·시기·장소·시험과목 및 배점에 관한 사항을 시험 실시 20일 전까지 공고하여야 한다. 다만, 시험 일정 등 미리 공고할 필요가 있는 사항은 시험 실시 90일 전까지 공고하여야 한다.
4. 공개경쟁채용시험·특별채용시험 및 소방간부후보생 선발시험의 합격결정에 있어서 선발예정인원을 초과하여 동점자가 있을 때에는 그 선발예정인원에 불구하고 모두 합격자로 한다.

002	소방공무원 임용	답 ④

대통령은 임용권의 일부를 대통령령으로 정하는 바에 따라 소방청장 또는 시·도지사에게 위임할 수 있다.

개념플러스 임용권자

1. 소방령 이상의 소방공무원은 소방청장의 제청으로 국무총리를 거쳐 대통령이 임용한다.
2. 소방총감은 대통령이 임명한다.
3. 소방령 이상 소방준감 이하의 소방공무원에 대한 전보, 휴직, 직위해제, 강등, 정직 및 복직은 소방청장이 한다.
4. 소방경 이하의 소방공무원은 소방청장이 임용한다.
5. 대통령은 임용권의 일부를 대통령령으로 정하는 바에 따라 소방청장 또는 시·도지사에게 위임할 수 있다.
6. 소방청장은 임용권의 일부를 대통령령으로 정하는 바에 따라 시·도지사 및 소방청 소속기관의 장에게 위임할 수 있다.
7. 시·도지사는 위임받은 임용권의 일부를 대통령령으로 정하는 바에 따라 그 소속기관의 장에게 다시 위임할 수 있다.

003	임용권자	답 ①

소방령 이상의 소방공무원은 소방청장의 제청으로 국무총리를 거쳐 대통령이 임용한다. 소방서장 계급은 소방정이다.

004	소방공무원의 계급	답 ③

소방공무원계급(11계급)을 높은 순에서 낮은 순으로 하면 아래와 같다.

> 소방총감 ⇨ 소방정감 ⇨ 소방감 ⇨ 소방준감 ⇨ 소방정 ⇨ 소방령 ⇨ 소방경 ⇨ 소방위 ⇨ 소방장 ⇨ 소방교 ⇨ 소방사

005	근속승진과 계급정년	답 ①

• 근속승진

소방사 ⇨ 소방교	해당 계급에서 4년 이상 근속자	23년 6개월
소방교 ⇨ 소방장	해당 계급에서 5년 이상 근속자	
소방장 ⇨ 소방위	해당 계급에서 6년 6개월 이상 근속자	
소방위 ⇨ 소방경	해당 계급에서 8년 이상 근속자	

• 소방공무원의 정년
- 연령정년: 만 60세
- 계급정년

소방감	⇨	4년
소방준감	⇨	6년
소방정	⇨	11년
소방령	⇨	14년

- 소방령 이상~소방감 이하는 연령정년, 계급정년이 있다.
- 소방경 이하, 소방정감, 소방총감은 연령정년은 있지만, 계급정년은 없다.

선지분석

② • 소방장을 소방위로: 해당 계급에서 6년 6개월 이상 근속자
 • 소방준감: 6년

③ • 소방위를 소방경으로: 해당 계급에서 8년 이상 근속자
 • 소방경: 해당사항 없음

④ • 소방교를 소방장으로: 해당 계급에서 5년 이상 근속자
 • 소방감: 4년
⑤ • 소방경을 소방령으로: 해당사항 없음
 • 소방정: 11년

006 소방공무원법 답 ③

소방령 이상 소방준감 이하의 국가소방공무원에 대한 전보·휴직·직위해제·강등·정직 및 복직은 소방청장이 행한다.

007 임용권자 답 ①

소방공무원의 신규채용시험 및 승진시험과 소방간부후보생 선발시험은 소방청장이 실시한다. 다만, 소방청장이 필요하다고 인정할 때에는 대통령령으로 정하는 바에 따라 그 권한의 일부를 시·도지사 또는 소방청 소속기관의 장에게 위임할 수 있다.

008 임용권자 답 ④

소방본부장은 소방공무원 임용권자가 아니다.

개념플러스 임용권자

1. 소방령 이상의 소방공무원은 소방청장의 제청으로 국무총리를 거쳐 대통령이 임용한다.
2. 소방총감은 대통령이 임명한다.
3. 소방령 이상 소방준감 이하의 소방공무원에 대한 전보, 휴직, 직위해제, 강등, 정직 및 복직은 소방청장이 한다.
4. 소방경 이하의 소방공무원은 소방청장이 임용한다.
5. 대통령은 임용권의 일부를 대통령령으로 정하는 바에 따라 소방청장 또는 시·도지사에게 위임할 수 있다.
6. 소방청장은 임용권의 일부를 대통령령으로 정하는 바에 따라 시·도지사 및 소방청 소속기관의 장에게 위임할 수 있다.
7. 시·도지사는 위임받은 임용권의 일부를 대통령령으로 정하는 바에 따라 그 소속기관의 장에게 다시 위임할 수 있다.

009 소방공무원의 시보임용 답 ③

소방공무원을 신규채용하는 경우에는 소방장 이하는 6월, 소방위 이상은 1년의 기간 시보로 임용하고, 그 기간이 만료된 다음날에 정규소방공무원으로 임용한다. 다만, 대통령령이 정하는 경우에는 시보임용을 면제하거나 그 기간을 단축할 수 있다. 즉, 시보가 끝나면 정규소방공무원이 되고, 시보 전에는 정규소방공무원이 아니다.

010 소방공무원법 답 ③

소방공무원을 신규채용할 때에는 소방장 이하는 6개월 간 시보로 임용하고, 소방위 이상은 1년간 시보로 임용하며, 그 기간이 만료된 다음 날에 정규소방공무원으로 임용한다. 다만, 대통령령으로 정하는 경우에는 시보임용을 면제하거나 그 기간을 단축할 수 있다.

011 강등 답 ③

강등이란 1계급 아래로 직급을 내리고 공무원 신분은 보유하나 3개월간 직무에 종사하지 못하며 그 기간 중 보수의 전액을 감한다.

012 소방공무원의 정년 답 ①

소방공무원의 정년은 연령정년과 계급정년으로 구분된다. 소방령 이상 ~ 소방감 이하는 연령정년, 계급정년이 있다. 소방경 이하, 소방정감, 소방총감은 연령정년은 있지만, 계급정년은 없다.

개념플러스 소방공무원의 정년

1. 연령정년: 60세
2. 계급정년
   ① 소방감: 4년
   ② 소방준감: 6년
   ③ 소방정: 11년
   ④ 소방령: 14년

013 정직 답 ④

- 1개월 이상 3개월 이하의 기간으로 하고 그 기간 중 공무원의 신분은 보유하나 직무에 종사하지 못하며 그 기간 중 보수의 전액을 감액한다.
- 승급제한(정직처분기간 + 18개월)이 있다.

선지분석

① 징계의 종류
 • 중징계: 파면, 해임, 강등, 정직
 • 경징계: 감봉, 견책
② 훈계, 주의, 경고, 직위해제는 징계에 해당하지 않는다.
③ 소방청에 설치된 징계위원회에서 심의·의결
 • 소방청 소속 소방정 이하의 소방공무원에 대한 징계 또는 징계부가금(이하"징계등"이라 한다) 사건

• 소방청 소속기관의 소방공무원에 대한 징계등 사건

국립소방연구원 소속 소방공무원에 대한 징계등 사건	• 소방정에 대한 징계등 사건 • 소방령 이하 소방공무원에 대한 중징계 관련 징계부가금(이하 "징계등"이라 한다) 요구사건
소방청 소속기관(국립소방연구원은 제외한다)소속 소방공무원에 대한 징계등 사건	• 소방정 또는 소방령에 대한 징계등 사건 • 소방경 이하 소방공무원에 대한 중징계등 요구사건

• 소방정인 지방소방학교장에 대한 징계등 사건: 소방청 소속기관(국립소방연구원, 중앙119구조본부, 중앙소방학교)
• 소방청에 설치된 징계위원회 심의·의결

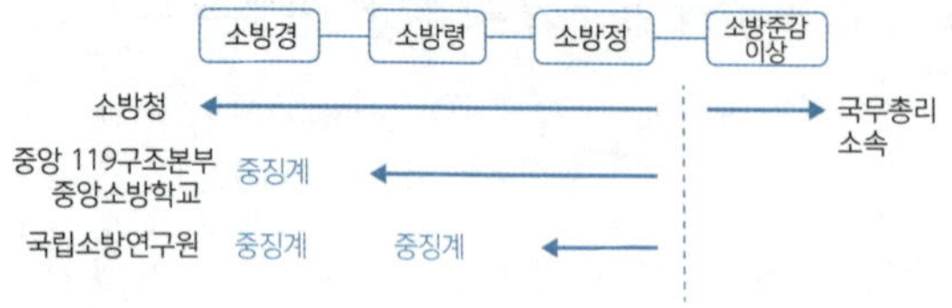

⑤ 감봉
• 1개월 이상 3개월 이하의 기간으로 하고, 그 기간 중 보수의 1/3을 감액한다.
• 승급제한(감봉처분기간+12개월)이 있다.

PART 8 구조 및 구급

01 | 119구조·구급에 관한 법률

정답 p. 208

001	③	002	④	003	④	004	③	005	④
006	②	007	③	008	③	009	③	010	①
011	①								

001 119구조대 및 구급대 답 ③

구조·구급대의 편성운영권자는 소방청장·소방본부장 또는 소방서장이다. 즉, 소방청장 등이다.

개념플러스 구조대 및 구급대 등의 편성·운영

1. 119 구조대·구급대 편성운영권자: 소방청장·소방본부장 또는 소방서장
2. 국제구조·구급대 편성운영권자: 소방청장

002 특수구조대 답 ④

특수구조대는 소방서에 설치하며, 화학구조대, 수난구조대, 산악구조대, 고속국도구조대, 지하철구조대로 구분된다.

개념플러스 구조대의 종류

일반 구조대	시·도의 규칙으로 정하는 바에 따라 소방서마다 1개 대(隊) 이상 설치하되, 소방서가 없는 시·군·구의 경우에는 해당 시·군·구 지역의 중심지에 있는 119안전센터에 설치할 수 있다.		
특수 구조대	소방서	화학구조대	화학공장이 밀집한 지역에 설치한다.
		수난구조대	내수면지역에 설치한다.
		산악구조대	자연공원 등 산악지역에 설치한다.
		고속국도구조대	고속국도에 설치한다.
		지하철구조대	도시철도의 역사(驛舍) 및 역 시설에 설치한다.
직할 구조대	대형·특수 재난사고의 구조, 현장 지휘 및 지원 등을 위하여 소방청 또는 소방본부에 설치한다.		
테러대응 구조대	• 테러 및 특수재난에 전문적으로 대응하기 위하여 필요한 경우 소방청 또는 시·도 소방본부에 각각 설치한다. • 필요한 경우 화학구조대와 직할구조대를 테러대응구조대로 지정할 수 있다.		

003 구조·구급의 설치·운영 답 ④

- 소방청장은 119항공대를 소방청에 설치하는 직할구조대에 설치할 수 있다.
- 소방본부장은 시·도 규칙으로 정하는 바에 따라 119항공대를 편성하여 운영하되, 효율적인 인력 운영을 위하여 필요한 경우에는 소방본부에 설치하는 직할구조대에 설치할 수 있다.

선지분석

① 특수구조대: 화학구조대, 수난구조대, 고속국도구조대, 산악구조대, 지하철구조대가 있다.
② 일반구조대: 시·도의 규칙으로 정하는 바에 따라 소방서마다 1개 대(隊) 이상 설치하되, 소방서가 없는 시·군·구의 경우에는 해당 시·군·구 지역의 중심지에 있는 119안전센터에 설치할 수 있다.
③ 고속국도구급대: 교통사고 발생빈도 등을 고려하여 소방청, 소방본부 또는 고속국도를 관할하는 소방서에 설치하되, 소방본부 또는 소방서에 설치하는 경우에는 시·도의 규칙으로 정하는 바에 따른다.

004 구급요청의 거절 답 ③

구급대원은 구급대상자가 다음의 어느 하나에 해당하는 비응급환자인 경우에는 구급출동 요청을 거절할 수 있다. 이 경우 구급대원은 구급대상자의 병력·증상 및 주변 상황을 종합적으로 평가하여 구급대상자의 응급 여부를 판단하여야 한다.

- 단순 치통환자
- 단순 감기환자. 다만, 섭씨 38도 이상의 고열 또는 호흡곤란이 있는 경우는 제외한다.
- 혈압 등 생체징후가 안정된 타박상 환자
- 술에 취한 사람. 다만, 강한 자극에도 의식이 회복되지 아니하거나 외상이 있는 경우는 제외한다.
- 만성질환자로서 검진 또는 입원 목적의 이송 요청자
- 단순 열상(裂傷) 또는 찰과상(擦過傷)으로 지속적인 출혈이 없는 외상환자
- 병원 간 이송 또는 자택으로의 이송 요청자. 다만, 의사가 동승한 응급환자의 병원 간 이송은 제외한다.

005 구급요청의 거절 답 ④

감기환자로서 섭씨 38도 이상의 고열 또는 호흡이 곤란한 환자는 구급 출동 요청을 거절할 수 없다.

006	국제구조대 반별임무	답 ②

• 국제구조·구급대의 편성과 운영에 관한 법률
  (1) 국제구조·구급대 편성·운영권자: 소방청장
  (2) 국제구조대의 반별임무: 인명 탐색 및 구조, 안전평가, 상담, 응급처치, 응급이송, 시설관리, 공보연락
  (3) 국제구급대의 반별임무: 안전평가, 상담, 응급처치, 응급이송, 시설관리, 공보연락
  (4) 국제구조대 장비: 구조장비, 구급장비, 정보통신장비, 측정장비 중 공통측정장비 및 화생방 등 측정장비, 보호장비, 보조장비
  (5) 국제구급대 장비: 구급장비, 정보통신장비, 보호장비, 보조장비 중 기록보존장비 및 현장지휘소 운영장비
  (6) 국제구조대의 파견 규모 및 기간은 외교부장관과 협의하여 소방청장이 정한다.

참고

• 국제구조대장은 중앙119구조대의 대장이 된다.
• 소방청장은 국제구조·국제구급대를 통합하여 편성·운영
  소방청장 등은 구조·구급대를 통합하여 편성·운영

007	구조대장	답 ③

구조현장에서 구조대장은 총 지휘자로서 후방에서 원활하도록 지휘하며, 직접구조현장에는 참가하지 않는다.

008	인명구조의 우선순위	답 ③

구명 ⇨ 신체구출 ⇨ 고통경감 ⇨ 재산보전의 순이다.

009	구출방법의 원칙	답 ③

개인적 경험을 바탕으로 한 방법은 구조현장에서 요구조자 구출방법을 결정하는 원칙에 해당하지 않는다.

개념플러스 구조현장에서 요구조자 구출 시 구출방법의 원칙

1. 가장 안전하고 신속한 방법
2. 상태의 긴급성에 맞는 방법
3. 현장의 상황 및 특성을 고려한 방법
4. 재산피해가 가장 적은 방법
5. 실패가능성이 가장 적은 방법

010	구조활동 시 기본원칙	답 ①

실패할 가능성이 가장 적은 방법으로 하여야 한다.

011	구조활동 순서	답 ①

화재 시 현장에서 구조활동 순서는 '진입장해요인 제거 ⇨ 인명검색 ⇨ 구출 ⇨ 병원이송'이다.

02 | 응급의료에 관한 법률

정답

p. 211

001	④	002	②	003	①	004	①	005	③
006	④	007	①	008	②	009	④	010	④
011	④	012	④	013	①	014	①	015	④
016	②	017	④						

001	의료인	답 ④

의료법상 의료인이란 보건복지부장관의 면허를 받은 의사·치과의사·한의사·조산사 및 간호사를 말한다. 응급구조사는 「응급의료에 관한 법률」에서 의료인(의사, 간호사 등)과 더불어 정의된 응급의료종사자이다.

002	응급구조사 업무범위	답 ②

정맥로 확보는 1급 응급구조사 업무범위에 해당된다.

개념플러스 응급구조사 업무범위

1. 1급 응급구조사 업무범위
   ① 심폐소생술의 시행을 위한 기도유지(기도기(airway)의 삽입, 기도삽관(intubation), 후두마스크 삽관 등을 포함한다)
   ② 정맥로의 확보
   ③ 인공호흡기를 이용한 호흡의 유지
   ④ 약물투여: 저혈당성 혼수시 포도당의 주입, 흉통시 니트로글리세린의 혀아래(설하) 투여, 쇼크시 일정량의 수액투여, 천식발작시 기관지확장제 흡입
   ⑤ 심정지 시 에피네프린 투여
   ⑥ 아나필락시스 쇼크 시 자동주입펜을 이용한 에피네프린 투여
   ⑦ 정맥로의 확보 시 정맥혈 채혈
   ⑧ 심전도 측정 및 전송(의료기관 안에서는 응급실 내에 한함)
   ⑨ 응급 분만 시 탯줄 결찰 및 절단(현장 및 이송 중에 한하며, 지도의사의 실시간 영상의료지도 하에서만 수행)
   ⑩ 제2호에 따른 2급 응급구조사의 업무
2. 2급 응급구조사 업무범위
   ① 구강 내 이물질의 제거
   ② 기도기를 이용한 기도유지

③ 기본심폐소생술
④ 산소투여
⑤ 부목·척추고정기·공기 등을 이용한 사지 및 척추 등의 고정
⑥ 외부출혈의 지혈 및 창상의 응급처치
⑦ 심박·체온 및 혈압 등의 측정
⑧ 쇼크방지용 하의 등을 이용한 혈압의 유지
⑨ 자동심장충격기를 이용한 규칙적 심박동의 유도
⑩ 흉통 시 니트로글리세린의 혀 아래(설하) 투여 및 천식 발작 시 기관지확장제 흡입(환자가 해당 약물을 휴대하고 있는 경우에 한함)

003 환자의 평가 답 ①

환자의 병력조사는 2차 평가에 해당한다.

개념플러스 환자의 평가

1. **제1차 평가(ABCDE)**: 기도유지 평가 ⇨ 호흡평가 ⇨ 순환평가 ⇨ 의식상태 평가(기능장애평가) ⇨ 노출 순이다. 그 다음 이송의 우선순위를 결정한다.

기도유지 (A, Airway)	기도가 개방되어 있는지 여부를 평가한다. 기도개방이 적절하지 못한 경우에는 하악견인법, 두부후굴 하악거상법, 흡인 또는 구인구기도나 비인두기도기를 삽입하여 기도를 개방한다.
호흡확인 (B, Breathing)	• 숨을 쉬는지 여부를 평가하는데 쉽게 관찰되지 않을 수도 있으므로 5 ~ 10초 정도 충분히 눈으로 가슴을 보고, 귀로 숨소리를 듣고 뺨으론 숨을 느낀다. • 호흡이 없으면 가슴이 올라오는 정도로 2번 숨을 불어 넣어준다. • 숨은 쉬지만 반응이 없다면 왼쪽을 밑으로 회복자세를 취해준다.
순환확인 (C, Circulation)	• 순화기능은 어떤지를 평가한다. • 맥박을 확인하고 맥박이 없으면 심폐소생술을 시행한다. • 출혈이 발견되면 직접압박이나 붕대로 지혈한다. • 손톱, 입술, 눈꺼풀 등의 색은 순환기능을 평가하기 좋은 척도이다. • 구조자의 손등이나 손목과 같은 민감한 부위로 환자의 체온과 피부가 건조한지 습한지 살핀다.
의식상태 평가 (D, Disability)	• 의식유무와 의식의 정도를 파악한다. • 척추손상을 확인한다. • 손가락, 발가락의 감각, 움직임, 맥박을 확인한다. • PMS 확인: P(Pulse), M(Motor, Movement), S(Sence)
노출 (E, Expose)	외상에 있어서 중요한 출혈, 잠재적인 호흡이상과 그 외의 생명을 위협하는 손상들을 평가하기 위해 빠르게 전신을 노출시켜 평가하는 방법이다.

2. **제2차 평가**: 제1차 평가를 마친 후(필요한 응급처치를 마쳤다면) 환자의 병력조사를 한다.

004 응급처치단계 답 ①

응급처치단계 중 가장 우선적으로 해야 할 것은 의식유무를 확인하는 것이다.

개념플러스 응급처치단계

주변상황 정리 ⇨ 의식유무 확인 ⇨ 구조 요청 ⇨ 기도(Airway) 유지 ⇨ 호흡 ⇨ 순환 ⇨ 약물요법 ⇨ 병원 이송

005 묵시적 동의 답 ③

묵시적 동의는 신체적으로 동의를 할 수 없거나 망상에 빠져 있는 경우 등 의식이 없는 환자일 때 동의를 얻은 것으로 간주하는 경우로, 법률적으로 사망이나 영구적인 불구를 방지하기 위해 긴급한 조치를 필요로 하는 경우에 발생한다. 이러한 경우는 책임을 질만한 보호자나 친척이 있는 경우 그들로부터 동의를 받는 것이 바람직하다.

006 중증도에 따른 환자 분류에서 이송순위 답 ④

중증도에 따른 환자 분류에서 이송순위는 '긴급환자 ⇨ 응급환자 ⇨ 비응급환자 ⇨ 지연환자'이다.

007 중증도 분류 답 ①

긴급환자는 수 분 혹은 수 시간 이내의 응급처치를 요하는 중증환자를 말한다.

선지분석
② 응급환자: 수 시간 이내의 응급처치를 요하는 중증환자
③ 비응급환자: 수 시간 ~ 수 일 후에 치료하여도 생명에 관계가 없는 환자
④ 지연환자: 사망으로 확인된 환자 및 사망으로 예상이 판단된 환자

008 중증도 분류 답 ②

비응급환자에는 소량의 출혈, 경증의 열상 혹은 단순골절, 경증의 화상이나 타박상의 증상을 가진 환자가 해당한다.

개념플러스 중증도에 따른 환자별 중증 정도

치료 순서	색깔	심볼	부상 정도	특성 및 증상
1	적색	토끼	긴급	• 수 분, 수 시간 이내 응급처지를 요하는 환자 • 기도폐쇄, 호흡곤란(호흡정지), 심장마비가 인지된 심정지(심장이상), 조절이 되지 않는 출혈(대량출혈), 개방성 흉부, 긴장성 기흉, 골반골 골절을 동반한 복부손상, 심각한 두부손상, 쇼크, 기도화상을 동반한 중증의 화상, 내과적 이상, 경추손상이 의심되는 경우[척추손상(경추 포함)], 저체온증, 지속적인 천식, 지속적인 경련 등
2	황색	거북이	응급	• 수 시간 이내 응급처지를 요하는 환자 • 중증의 출혈, 중증의 화상, 경추를 제외한 부위의 척추골절[척추손상(경추 제외)], 다발성 주요골절, 단순두부손상 등
3	녹색	구급차에 × 표시	비응급	• 수 시간, 수일 후 치료해도 생명에 지장이 없는 환자 • 소량의 출혈, 경증의 화상, 타박상, 단순골절, 정신과적인 문제 등
4	흑색	십자가 표시	지연	• 사망, 생존 가능성이 없는 환자 • 20분 이상 호흡이나 맥박이 없는 환자, 두부나 몸체가 절단된 경우, 심폐소생술을 시도하여도 효과가 없다고 판단되는 경우

009 응급환자 답 ④

• 응급환자 상태: 척추손상(경추 제외), 다발성 주요골절, 중증의 화상, 단순두부손상
• 긴급환자 상태: 척추손상(경추 포함)

010 중증도 분류 답 ④

적색은 긴급환자에 해당한다.

(선지분석)

①②③ 응급환자는 중증 화상, 경추 제외한 부위의 척추골절, 중증 출혈, 다발성 골절이 있다. 심볼은 거북이, 황색으로 표시한다.

개념플러스 중증도 분류 기준

치료 순서	색깔	심볼	부상 정도	특성
1	적색	토끼	긴급	기도, 호흡, 심장이상, 조절 안 되는 출혈, 개방성 흉부, 복부손상, 심각한 두부손상, 쇼크, 기도화상, 내과적 이상, 척추손상(경추 포함)
2	황색	거북이	응급	척추손상(경추 제외), 다발성 주요골절, 중증의 화상, 단순두부손상
3	녹색	구급차에 × 표시	비응급	경상의 합병증 없는 골절, 외상, 손상, 화상, 정신과적인 문제
4	흑색	십자가 표시	지연	사망, 생존불능

011 중증도 분류별 표시방법 답 ④

대기는 중증도 분류별 표시방법이 없다.

개념플러스 중증도의 분류기준

치료 순서	색깔	심볼	부상 정도	특성 및 증상
1	적색	토끼	긴급	• 수 분, 수 시간 이내 응급처지를 요하는 환자 • 기도폐쇄, 호흡곤란(호흡정지), 심장마비가 인지된 심정지(심장이상), 조절이 되지 않는 출혈(대량출혈), 개방성 흉부, 긴장성 기흉, 골반골 골절을 동반한 복부손상, 심각한 두부손상, 쇼크, 기도화상을 동반한 중증의 화상, 내과적 이상, 경추손상이 의심되는 경우[척추손상(경추포함)], 저체온증, 지속적인 천식, 지속적인 경련 등
2	황색	거북이	응급	• 수 시간 이내 응급처지를 요하는 환자 • 중증의 출혈, 중증의 화상, 경추를 제외한 부위의 척추골절[척추손상(경추제외)], 다발성 주요골절, 단순두부손상 등
3	녹색	구급차에 × 표시	비응급	• 수 시간, 수일 후 치료해도 생명에 지장이 없는 환자 • 소량의 출혈, 경증의 화상, 타박상, 단순골절, 정신과적인 문제 등

4	흑색	십자가 표시	지연	• 사망, 생존 가능성이 없는 환자 • 20분 이상 호흡이나 맥박이 없는 환자, 두부나 몸체가 절단된 경우, 심폐소생술을 시도하여도 효과가 없다고 판단되는 경우

012 심폐소생술(CPR) 답 ④

심폐소생술은 심정지가 의심되는 환자(심장마비 환자)에게 인공으로 호흡과 혈액순환을 유지함으로써 조직으로의 산소공급을 유지시켜서 생물학적 사망으로의 전환을 지연시키고자 하는 노력이다.

013 응급구조사 답 ①

응급구조사는 혼자서 약물투여를 할 수 없다. 의사지도하에 1급 응급구조사가 약물투여를 해야 한다.

014 심폐소생술(CPR) 답 ①

의식유무 확인 ⇨ 도움 요청 ⇨ 흉부압박(30회) ⇨ 기도유지 ⇨ 인공호흡(2회)의 순서이다.

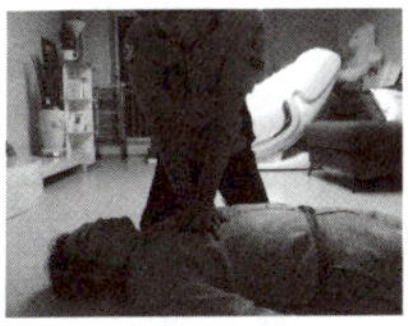

개념플러스 자동심장충격기

심폐소생술을 할 수 있는 응급장비이다.

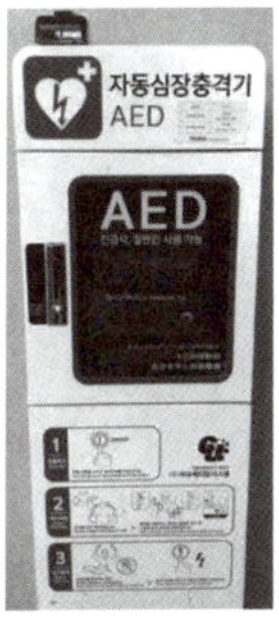

015 응급처치 답 ④

• 쇼크는 심한 외상, 화상, 수술, 대출혈 등 물리적 손상과 정신적 손상 또는 과민반응(알레르기) 등으로 인하여 신체의 혈관, 신경 조절기능이 저하되고 탈진한 상태 등을 총칭하며, 적절히 치료 받지 못하면 심장과 뇌 등의 중요 기관이 기능을 잃게 되어 사망할 수 있다. '쇼크'라는 용어는 사용되는 환경이나 기준에 따라 매우 다양한 의미를 가지고 있다.
• 쇼크는 산소를 공급하지 못하므로 환자의 경구를 통하여 물이나 음료 등을 섭취하게 하면 안 된다.

016 하악견인법 답 ②

하악견인법: 턱들어올리기법(인공호흡을 위한 기도유지법)이라고도 하며, 머리, 목, 척추 손상환자의 경우에 사용하는 방법으로, 환자의 머리 위쪽에 위치하여 두 손으로 환자의 하악골작을 잡고 밀어올린다. 이때 구조자의 팔꿈치는 바닥에 닿도록 한다.

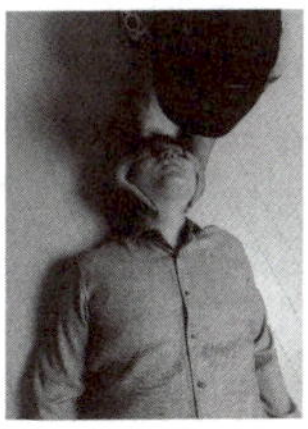

▲ 하악견인법(턱 들어올리기)

선지분석

① 하임리히법: 환자의 뒤에 서서 한 손은 주먹을 쥐고 다른 한 손은 주먹 쥔 손을 감싼 다음 환자의 배꼽과 명치 사이에 위치시킨 후 힘껏 누르면서 위쪽으로 당긴다(4 ~ 5회 실시).

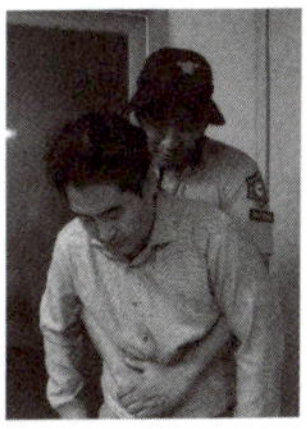

▲ 하임리히법(복부밀쳐올리기)

③ 두부후굴 하악거상법: 머리를 젖히고 턱 들기법(인공호흡을 위한 기도유지법)으로, 구급대원이 한 손으로 환자의 머리를 등쪽으로 밀어주고 손이 턱 주위를 압박하면 오히려 기도가 폐쇄될 수 있으므로 반드시 하악골을 받쳐주도록 주의해야 하며, 엄지 손가락으로 턱을 밀지 않도록 한다. 소아는 성인과 기도구조가 다르므로 아래턱만 살며시 들어준다. 가장 기본적인 기도확보방법이지만 경추손상을 초래할 수 있으므로 경추손상이 의심되는 환자에게는 사용하지 않는다.

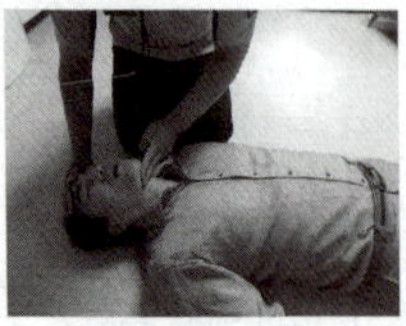

▲ 하악거상법(머리를 젖히고 턱 들기법)

④ 하임거상법이라는 것은 없다.

017	하임리히법	답 ④

부상자가 의식이 있는 상태에서 말을 못하고 기침이나 호흡이 불가능할 때 하임리히법(복부 밀쳐 올리기)을 실시한다.

개념플러스 의식이 있는 어른과 어린이의 기도폐쇄

환자가 서 있거나 앉아 있는 경우 (하임리히법)	환자의 뒤에 서서 한 손은 주먹을 쥐고 다른 한손은 주먹 쥔 손을 감싼 다음 환자의 배꼽과 명치 사이에 위치시킨 후 힘껏 누르면서 위쪽으로 당긴다(4~5회 실시).
환자가 누워 있는 경우 (하임리히법 ×)	환자를 바로 눕힌 후 골반과 다리 사이에 위치한 다음 환자의 배꼽과 명치 사이에 손바닥을 댄 상태에서 위쪽으로 민다(4~5회 실시).

의식이 없는 어른과 어린이의 기도폐쇄

① 부상자가 의식이 없고 호흡이 멈춘 경우 앙와위(Supine) 자세로 환자를 눕혀 놓고 하임리히법(복부 밀쳐 올리기)을 실시한다.

② 하임리히법(복부밀기 5회)은 응급의료종사자만 실시한다.

㉠ 기도확보: 두부후굴 하악거상법, 하악견인법, 삼중기도 조작, 환자의 입 열기와 이물질 제거

㉡ 기도폐쇄: 하임리히법

부록 최신 기출문제

01 | 2025년 소방직(2025년 3월 29일 시행)

정답 p. 218

001	③	002	④	003	④	004	①	005	③
006	②	007	③	008	④	009	②	010	①
011	①	012	④	013	②	014	③	015	④
016	②	017	②	018	③	019	①	020	②
021	③	022	②	023	④	024	①	025	③

001 우리나라 소방역사 답 ③

- 일제 강점기: 1925년 최초의 소방서인 경성소방서가 설치되었다.
- 이후 1939년 부산 및 평양에 소방서가 개소되었으며, 1944년 용산·인천·함흥에 소방서가 증설되었다.

002 동결방지제 답 ④

동결방지제[부동제, 부동액(영하 20℃)]
- 유기물계통: (에틸렌, 프로필렌, 디에틸)글리콜, 글리세린
- 무기물계통: 염화나트륨, 염화칼슘

④ 폴리에틸렌옥사이드(Polyethylene Oxide): 유동제
- 물의 마찰손실을 줄여 방사량을 증가하는 첨가제
- Rapid Water: 물+유동제(폴리에틸렌옥사이드)

003 소방행정의 특수성 답 ④

업무적 특성은 9가지로 구분된다.
1. 현장성(긴급성)
2. 대기성
3. 신속·정확성(신속·대응성)
4. 전문성
5. 일체성(계층성)
6. 가외성
7. 위험성
8. 결과성
9. 규제성

004 민간소방조직 답 ①

경방단(1939년) → 소방대(1946년) → 방공단(1951년) → 청원소방원(1983년)

005 지역통제단장의 응급조치사항 답 ③

지역통제단장(소방본부장, 소방서장)의 응급조치사항
1. 진화
2. 긴급수송 및 구조 수단의 확보
3. 현장지휘통신체계의 확보

006 화재패턴 답 ②

스플래시패턴(Splash pattern): 인화성 액체가 쏟아지면서 주변으로 튀거나, 연소되면서 발생하는 열에 의해 스스로 가열되어 액면이 끓고, 주변으로 튄 액체가 포어패턴의 미연소 부분에서 국부적으로 점처럼 연소된 흔적을 말한다.

선지분석

① 도넛패턴(Doughnut pattern): 인화성 액체가 웅덩이처럼 고여 있을 경우 발생하는 패턴으로 웅덩이처럼 고여 있는 중심부는 액체가 증발하면서 기화열에 의한 냉각효과로 보호되는 반면, 주변부나 얇은 곳은 화염으로의 복사열에 의해 바닥재를 탄화시키게 되어 더 많이 연소된 부분이 덜 연소된 부분을 둘러싸고 있는 도넛 형태로 연소된 흔적을 말한다.

③ 원형패턴(Circular shaped pattern): 천장에 보이는 패턴으로 중심부가 깊게 탄화되고 열분해가 심하게 나타나면 원형패턴 중심부 아래에서 강한 열원이 작용했다는 단서가 된다.

④ 틈새연소패턴(Seam burn pattern): 목재 마루 및 타일 등 바닥재의 틈새 및 모서리에서 인화성액체가 쏟아지는 경우 틈새를 따라 흘러가거나 더 많은 액체가 고이게 되고, 이 액체가 연소되면 타 부위에 비해 더 강하게 더 오래 연소하게 된다. 고스트마크와 외형상 유사하나 바닥이 아닌 마감재 표면에서 나타나며, 단순히 인화성 액체의 연소라는 점, 주로 화재초기에 나타나며 플래시오버와 강한 복사열에서는 쉽게 사라질 수 있는 특징이 있다.

007 연소하한계 답 ③

- 연소하한계 = 0.55 × Cst = 0.55 × 5.66 = 3.11 = 3.1
- 에테인 화학방정식 $C_2H_6 + 3.5O_2 \rightarrow 2CO_2 + 3H_2O$
- 화학양론조성비[Cst] = $\frac{연료몰수}{연료몰수 + (산소몰수 \div 0.21)} \times 100$

  화학양론조성비[Cst] = $\frac{1}{1 + (3.5 \div 0.21)} \times 100 = 5.66$

참고 에테인 연소범위: 3~12.5

008 위험도 답 ④

- 위험도 = $\frac{연소상한 - 연소하한}{연소하한} = \frac{연소범위}{연소하한}$

ㄱ. 수소(H_2): $\frac{75 - 4}{4} = 17.75 = 17.8$, 연소범위: 4~75

ㄴ. 프로페인(C_3H_8): $\frac{9.5 - 2.1}{2.1} = 3.52 = 3.5$,
연소범위: 2.1~9.5

ㄷ. 일산화탄소(CO): $\frac{74 - 12.5}{12.5} = 4.92 = 4.9$,
연소범위: 12.5~74

ㄹ. 아세틸렌(C_2H_2): $\frac{81 - 2.5}{2.5} = 31.4$, 연소범위: 2.5~81

009 가연성 고체의 연소형태 답 ②

제5류위험물인 피크르산(트리나이트로페놀)은 자기연소한다.

개념플러스 제5류위험물 중 나이트로 화합물

- 트리나이트로톨루엔[$C_6H_2CH_3(NO_2)_3$] → TNT
- 트리나이트로페놀[$C_6H_2OH(NO_2)_3$] = 피크르산 → TNP

010 푸리에(Fourier)의 열전도법칙 답 ①

푸리에의 법칙: $q = -KA\frac{\Delta T}{\Delta L}$[W, kW, J/s, kJ/s]

여기서, q: 단위 시간당 전도에 의한 열 이동량 = 열 유동율 = 열 이동율[W, kW, J/s, kJ/s, kcal/hr]

K: 각 물질의 열전도도(열전도율)[W/m · K]

A: 접촉된 단면적[m^2]

ΔT: 물체의 온도 차[K, ℃]

ΔL: 길이(두께)차[m]

011 황화수소 답 ①

선지분석

② 포스겐

③ 시안화수소

④ 이산화황(아황산가스)

012 LNG의 연소반응(메탄) 답 ④

- 메테인(CH_4) 화학방정식 $CH_4 + 2O_2 \rightarrow CO_2 + 2H_2O$

  $2CH_4 + 4O_2 \rightarrow 2CO_2 + 4H_2O$
- 산소의 부피[L]: 4[몰] × 22.4[L] = 89.6[L]

참고

표준상태[0℃ 1기압]일 때 기체 1(mol)부피는 22.4(ℓ)이다.

013 화재가혹도 답 ②

화재지속시간 산정(공식)하는 경우 화재실의 최고온도는 관계가 없다.

개념플러스

- 화재지속시간 $T(min) = \frac{W(kg)}{R(kg/min)}$

  T: 화재지속시간, R: 연소속도(kg/min)

  $R = 5.5A\sqrt{H}$, W: 실내가연물의 량(kg)
- 온도 인자(화재강도) = $\frac{A\sqrt{H}}{A_t}$
- 시간 인자(화재하중) = $\frac{A_f}{A\sqrt{H}}$

  여기서, $A\sqrt{H}$: 환기인자, A_t: 화재실(연소실)의 전 표면적, A_f: 화재실(연소실)의 바닥면적

  개구부가 클수록 화재강도가 커지고 개구부가 작을수록 지속시간이 길어져 화재하중이 커진다.

014 화재하중 답 ③

목재의 화재하중는 4,500[kcal/kg]이다.

개념플러스

$$q = \frac{\sum G_t H_t}{H_0 A} = \frac{\sum Q_t}{4500A}$$

- q: 화재하중 (kg/m²)
- A: 화재실의 바닥면적(m²),
- G_t: 가연물 중량(kg)
- H_t: 가연물의 단위발열량(kcal/kg),
- $\sum Q_t$: 화재실내의 가연물의 전발열량(kcal)
- H_0: 목재의 단위발열량(kcal/kg) → 4500(kcal/kg)

015	제3류위험물	답 ④

"자연발화성물질 및 금수성물질"이라 함은 고체 또는 액체로서 공기 중에서 발화의 위험성이 있거나 물과 접촉하여 발화하거나 가연성가스를 발생하는 위험성이 있는 것을 말한다.

016	제6류 위험물	답 ②

불연성 물질로 분해 시 산소가 발생하며 대부분 강산(산성)이다.

참고

제6류 위험물의 품명: 과염소산, 과산화수소, 질산: 강산(산성)[과산화수소 제외]

- 과염소산, 질산: 마른모래, 팽창질석, 팽창진주함, 드라이파우더, 건조사, 중화제 사용
  소량화재 시는 다량의 물로 희석할 수 있지만 원칙적으로 주수는 하지 말아야 한다.
- 과산화수소: 화재의 양과 관계없이 다량의 물로 희석

017	건물 피해산정	답 ②

건물 피해산정 추정액

신축단가(m^2당) × 소실면적 × [1 − (0.8 × 경과연수 / 내용연수)] × 손해율

= 1,000,000원 × 50m^2 × [1 − (0.8 × 10년 / 40년)] × 0.5

↳ 1 − (0.2) = 0.8

= 20,000,000원

참고

건물 피해산정 추정액 = 재건축비 × 잔가율 × 손해율

018	화재합동조사단	답 ③

화재합동조사단의 단원은 소방관서장이 임명하거나 위촉한다.

1. 화재조사관
2. 화재조사 업무에 관한 경력이 3년 이상인 소방공무원
3. 「고등교육법」 제2조에 따른 학교 또는 이에 준하는 교육기관에서 화재조사, 소방 또는 안전관리 등 관련 분야 조교수 이상의 직에 3년 이상 재직한 사람
4. 「국가기술자격법」에 따른 국가기술자격의 직무분야 중 안전관리 분야에서 산업기사 이상의 자격을 취득한 사람
5. 그 밖에 건축·안전 분야 또는 화재조사에 관한 학식과 경험이 풍부한 사람

019	위험물 분류별 소화방법	답 ①

선지분석

ㄴ. 과산화나트륨(Na_2O_2) − 마른모래, 팽창질석, 팽창진주암 등을 사용한 질식소화

ㅁ. 히드록실아민(NH_2OH) − 대량주수소화에 의한 냉각소화

ㅂ. 과염소산($HClO_4$) − 마른모래, 팽창질석, 팽창진주암 등을 사용한 질식소화

020	피난구조설비	답 ②

선지분석

ㄴ. 제연설비, ㅁ. 연소방지설비는 소화활동설비에 해당된다.

021	제3종 분말소화약제 화학반응식	답 ③

NH_4(암모늄): 부촉매작용

선지분석

① 수증기(H_2O): 질식작용(냉각작용가능)
② 메타인산(HPO_3): 방진작용
③ 암모니아(NH_3): 질식작용
④ 올소인산(H_3PO_4): 탈수·탄화작용

022	포소화약제 혼합방식	답 ②

(나) 라인 프로포셔너 방식: 혼합기의 압력손실이 크며, 흡입 가능한 유량의 범위가 좁다.

023	공동현상(cavitation) 방지책	답 ④

공동현상(Cavitation): 펌프에 기포가 생성되는 현상

펌프의 설치 위치를 수원보다 높게 하면 공동현상이 발생한다.

개념플러스

발생원인	방지대책
㉠ 수원의 위치가 펌프보다 낮을 경우	㉠ 수원의 위치를 펌프보다 높게 한다.
㉡ 유체가 고온일 경우(배관 내 온도가 높은 경우)	㉡ 배관 내 온도를 낮게 한다.
㉢ 펌프의 흡입압력이 액체의 증기압보다 낮을 경우	㉢ 펌프의 흡입압력을 액체의 증기압보다 높게 한다.
㉣ 펌프의 흡입측 수두(양정)가 긴 경우	㉣ 펌프의 흡입측 수두(양정)를 짧게 한다.

ⓜ 펌프의 흡입측 수두(양정) 관경의 마찰손실이 큰 경우(펌프의 흡입관경을 작은 경우)	ⓜ 펌프의 흡입관경을 크게 한다.
ⓑ 펌프의 임펠러속도(회전속도)가 큰 경우	ⓑ 펌프의 회전속도를 작게 한다.
ⓢ 단흡입펌프 사용	ⓢ 양흡입펌프 사용

024 이산화탄소 소화설비 작동순서 답 ①

[산화탄소 소화설비 동작순서도]
1. 화재발생
2. 감지기(A, B)동시작동 또는 수동기동장치작동
3. 수신반에 화재등, 지구등 점등(감지기A, B점등)
4. 사이렌경보(음향경보장치)
5. T초후 기동용솔레노이드밸브 작동(전자밸브 작동)
6. 선택밸브 개방
7. 저장용기밸브 개방
8. 약제방출
9. 압력스위치 작동
10. 수신반 신호 후 방출표시(확인)등 점등

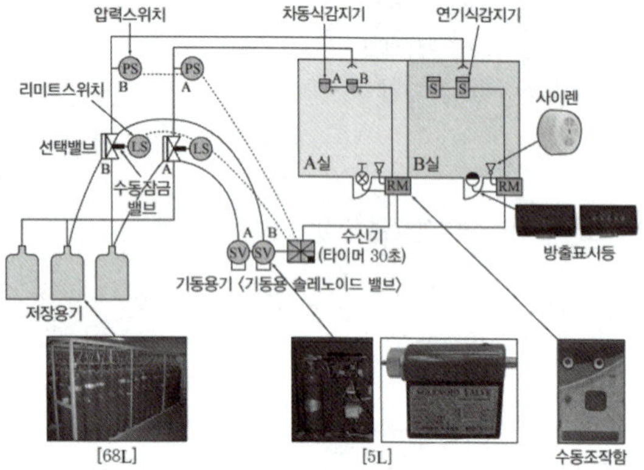

025 화재알림설비 답 ③

"화재알림형 비상경보장치"란 발신기, 표시등, 지구음향장치(경종 또는 사이렌 등)를 내장한 것으로 화재발생 상황을 경보하는 장치를 말한다.

02 | 2024년 소방직(2024년 3월 30일 시행)

정답 p. 226

001	②	002	③	003	①	004	④	005	①
006	③	007	③	008	①	009	④	010	②
011	④	012	①	013	②	014	①	015	③
016	①	017	①	018	②	019	④	020	②
021	④	022	③	023	④	024	②	025	③

001 소방 조직의 설치 답 ②

도 소방위원회(1946년) - 내무부 소방국(1975년) - 시·도 소방본부(1992년) - 소방방재청(2014년)

선지분석

① 내무부(치안국)소방과(1948년) - 내무부(민방위본부 내)소방국(1975년) - 도 소방위원회(1946년) - 시·도 소방본부(1992년)
② 도 소방위원회(1946년) - 내무부(민방위본부 내)소방국(1975년) - 시·도 소방본부(1992년) - 소방방재청(2004년)
③ 중앙소방위원회(1946년) - 내무부(민방위본부 내)소방국(1975년) - 도 소방위원회(1946년) - 소방방재청(2004년)
④ 내무부(민방위본부 내)소방국(1975년) - 중앙소방위원회(1946년) - 소방방재청(2004년) - 소방청(2017년)

002 소방행정조직의 발전 과정 답 ③

1948년에 대한민국 정부가 수립되고 국가 소방체제로 전환하면서 소방행정조직이 경찰소속이 되었다.

003 재난관리 주관기관 답 ①

저수지 사고 - 농림축산식품부

004 재해 발생 과정 답 ④

하인리히의 도미노 이론은 '재해의 직접원인인 불안전한 행동과 불안전한 상태를 제거하면 연쇄의 고리가 단절되어 사고예방이 가능하다'는 주장이다. 이에 대해 버드의 새로운 도미노 이론은 '직접원인은 기본원인의 징후에 불과하므로 기본원인의 발생을 제어하는 통제나 관리상의 결함을 제거하는 것이 더 근원적인 사고방지 대책'이라고 보는 주장이다.

005	연소	답 ①

선지분석

② 증발연소: 황이나 나프탈렌이 열분해 되기 전에 일어나는 연소이다.
③ 증발연소: 고체 및 액체에서만 발생하는 연소형태로서 액면에서 비등하는 기체에서 발생한다.
④ 자기연소: 제5류 위험물과 같이 물질 자체 내의 산소를 소모하는 연소로서 연소속도가 빠르다.

006	블레비(BLEVE)	답 ③

액상, 기상의 동적 평형 상태가 유지 - 열평행 법칙

007	실내 일반화재 진행 과정	답 ③

최성기에는 실내 화염이 최고조에 도달하나 실내 산소 부족으로 연소속도가 느려진다.

선지분석

① 화재 초기에는 실내 온도가 서서히 상승하기 시작한다.
② 성장기에는 급속한 연소 진행으로 연료지배형 화재 양상이 나타난다.
④ 감쇠기에는 화염의 급격한 소멸로 훈소 상태가 되어 백드래프트(back draft)의 위험이 있다.

008	불완전연소	답 ①

불완전연소의 원인

- 가스의 조성이 균일하지 못할 경우(가연성 가스와 산소가 적절하지 않을 때)
- 공기(산소)의 공급량이 부족할 경우
- 주위온도가 너무 낮을 경우
- 환기 또는 배기가 잘되지 않을 경우
- 노즐의 분무상태가 나쁠 때(가연물이 부족, 연료 부족)
- 공급연료(가연물)가 많아 상태가 불안정할 때 → 상대적으로 산소 부족

009	위험물의 지정수량과 위험등급	답 ④

과염소산 - 300kg - Ⅰ등급

010	가연물의 발화온도와 발화에너지	답 ②

점화원을 제거해도 자력으로 연소를 지속할 수 있는 최저 온도를 연소점(fire point)이라고 한다.

선지분석

① 점화원에 의해서 가연물이 발화하기 시작하는 최저 온도를 인화점(Flash point)이라고 한다.
③ 가연물의 최소발화에너지가 작을수록 더 위험하다.
④ 가연물의 연소점은 발화점보다 낮다.

011	백드래프트(back draft)의 발생 징후	답 ④

백드래프트 현상의 징후: 연기가 균열된 틈이나 작은 구멍을 통하여 빠져 나오고 건물 안으로 연기가 빨려 들어가는 현상이 발생된 경우

012	폭연 및 폭굉	답 ①

착화(발화) → (화염전파) → (압축파) → (충격파) → 폭굉파

013	일반화재	답 ②

ㄴ. 외출 시 전원이 차단된 콘센트에서 불이 난 경우 - 일반화재(A급 화재)
통전 중인(전기가 흐르고 있는 상태) 전기시설로서 발전실, 변전실, 분전반실, 전기실, 통신실 등을 말한다. 즉, 전기에너지가 발화원으로 작용하는 화재가 아니라 전기가 흐르고 있는 전기설비에서 화재가 난 경우를 말한다.

선지분석

ㄱ. 통전 중인 배전반에서 불이 난 경우 - 전기화재(C급 화재)
ㄷ. 실외 난로가 넘어지면서 새어 나온 석유에 불이 붙은 경우 - 유류화재(B급 화재)
ㄹ. 실험실 시험대 위 나트륨 분말에서 불이 난 경우 - 금속화재(D급 화재)

014	보일오버	답 ①

보일오버(boil over)에 대한 설명이다.

015	구획실 화재	답 ③

선지분석

① 플래시오버(flash over)는 성장기 또는 성장기와 감쇠기 사이에서 발생하며 충격파를 수반하지 않는다.
② 굴뚝효과가 발생할 때는 개구부에 형성된 중성대 하부에서 공기가 유입되고, 중성대 상부에서 연기가 유출된다.
③ 연료지배형 화재는 환기지배형 화재보다 산소 공급이 원활하고 연소속도가 빠르다.

016	가연성 가스의 위험도	답 ①

선지분석

$$위험도 = \frac{연소상한 - 연소하한}{연소하한}$$

A: 연소하한계 = 2vol%, 연소상한계 = 22vol%,

$$위험도 = \frac{22-2}{2} = 10$$

B: 연소하한계 = 4vol%, 연소상한계 = 75vol%,

$$위험도 = \frac{75-4}{4} = 17.75$$

C: 연소하한계 = 1vol%, 연소상한계 = 44vol%,

$$위험도 = \frac{44-1}{1} = 43$$

017	감지기	답 ①

차동식 분포형: 주위 온도가 일정 상승률 이상 되는 경우에 작동하는 감지기로서 넓은 범위 내에서 열효과 누적에 의해 작동하는 것을 말한다.

선지분석

② 차동식 스포트형 감지기: 주위온도가 일정상승률 이상이 되는 경우에 작동하는 것으로서 일국소에서의 열효과에 의하여 작동하는 감지기를 말한다.
③ 정온식 스포트형 감지기: 일국소의 주위온도가 일정한 온도 이상이 되는 경우에 작동하는 것으로서 외관이 전선으로 되어 있지 않은 것을 말한다.
④ 정온식 감지선형 감지기: 일국소의 주위온도가 일정한 온도 이상이 되는 경우에 작동하는 것으로서 외관이 전선으로 되어 있는 것을 말한다.

018	경보설비	답 ②

R형 수신기는 감지기 또는 발신기에서 다중전송방식으로 전송된 신호를 수신한다.

개념플러스 P형과 R형의 비교

항목	P형	R형
System 구성	중계기[×]	중계기[○]
신호전송 방식	개별신호(1:1 접점방식) 방식	다중전송방식
신호형태	공통신호	고유신호
화재표시	램프	액정표시
경제성	수신반 가격 저렴하나 선로수가 많아 설치공사비 큼	수신반 가격 고가이나 선로수가 적어 설치공사비 저렴
회로 증설·변경	별도의 배관, 배선, 기기 증설 등 어려움	증설(변경) 등 용이함
용도	중·소형	대형
메인테넌스	유지관리·수선 어려움	회로별 모듈화로 유지관리 용이

019	위험물의 소화방법	답 ④

모두 옳은 설명이다.

020	이산화탄소 소화약제	답 ②

질식소화 효과와 기화열 흡수에 의한 냉각효과가 있다.

선지분석

① 무색, 무취로 비전도성이며 독성이 없다.
③ 사람이 있는 장소, 제3류 위험물, 제5류 위험물의 소화에 사용할 수 없다.
④ 자체 증기압이 매우 높아 별도의 가압원이 필요 없다(외부 동력원 필요 없음).

021	할론(Halon) 소화약제	답 ④

문제오류로 인해 전원 정답처리 되었다.

022	포 소화약제	답 ③

단백포 소화약제는 단백질을 가수분해 한 것을 주원료로 하며 내열성이 뛰어나 소화속도가 빠르다.

023 복사 열유속 답 ④

$$q=\frac{QX_r}{4\pi r^2}=\frac{120\times0.5}{4\times3\times1^2}=5[kW/m^2]$$

- Q: 화재의 연소에너지 방출(화염의 열방출률)
- X_r: 총 방출에너지 중 복사된 에너지 분율(0.15~0.6)
- r: 화재중심과 목표물과의 거리(m)
- $4\pi r^2$: 구의 표면적

024 르샤틀리에(Le Chatelier)식 답 ②

혼합물에 대한 연소범위를 구하는 식[르샤틀리에(Le Chatelier)의 법칙]

$$LFL=\frac{100}{\frac{V_1}{L_1}+\frac{V_2}{L_2}+\frac{V_3}{L_3}+\cdots\cdots\frac{V_n}{L_n}}$$

$$=\frac{100}{\frac{20}{4}+\frac{40}{20}+\frac{40}{10}}=9.09=9.1$$

- L(LFL): 혼합가스의 연소범위(%)
- $V_1+V_2+V_3+\cdots\cdots V_n$: 각 단독성분의 혼합가스 중의 부피(V%)
- $L_1+L_2+L_3+\cdots\cdots L_n$: 각 단독성분의 연소하한계(V%)

025 위험물 답 ③

- 제1류 위험물(산화성 고체)인 무기(알칼리금속)과산화물은 물과 반응하여 산소(O_2)를 발생하고 발열한다.
- 무기(알칼리금속)과산화물: 과산화나트륨, 과산화칼륨, 과산화마그네슘, 과산화칼슘, 과산화바륨

선지분석

① 칼륨 + 물 → 수소가스 발생
② 탄화칼슘 + 물 → 아세틸렌가스 발생
④ 오황화인 + 물 → 황화(유화)수소가스 발생

03 | 2023년 소방직(2023년 3월 18일 시행)

정답

p. 234

001	④	002	②	003	③	004	①	005	③
006	②	007	④	008	④	009	④	010	②
011	④	012	③	013	③	014	③	015	②
016	④	017	①	018	①	019	①	020	②
021	①	022	②	023	④	024	②	025	①

001 소방행정체제의 변천과정 답 ④

대구지하철 화재 발생(2003) 당시에는 광역소방체제였다.

개념플러스 대한민국 정부수립 이후 넓은 의미

1. 1948년~1970년: 국가소방체제
2. 1970년~1992년: 국가·자치이원적소방체제
3. 1992년~2020년: 광역소방체제
4. 2020년~현재: 국가소방체제

002 소방신호 답 ②

선지분석

① 소방신호의 방법으로는 타종신호, 싸이렌신호, 그 밖의 신호가 있다.
③ 싸이렌신호로 하는 경우 경계신호는 5초 간격을 두고 30초씩 3회로 한다.
④ 소방신호의 종류에는 발화신호, 훈련신호, 해제신호, 경계신호가 있다.

개념플러스 소방신호의 방법

신호방법 / 종별	타종신호	싸이렌신호	그밖의 신호
경계신호	1타와 연2타를 반복	5초 간격을 두고 30초씩 3회	통풍대 게시판 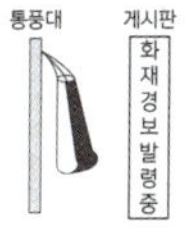 기 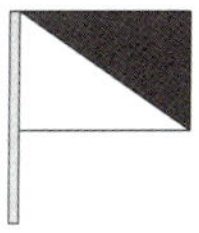
발화신호	난타	5초 간격을 두고 5초씩 3회	
해제신호	상당한 간격을 두고 1타씩 반복	1분간 1회	
훈련신호	연3타 반복	10초 간격을 두고 1분씩 3회	

1. 소방신호의 방법은 그 전부 또는 일부를 함께 사용할 수 있다.
2. 게시판을 철거하거나 통풍대 또는 기를 내리는 것으로 소방활동이 해제되었음을 알린다.
3. 소방대의 비상소집을 하는 경우에는 훈련신호를 사용할 수 있다.

003 재난 및 안전관리 기본법 답 ③

「재난 및 안전관리 기본법」에서는 재난을 크게 자연재난과 사회(인위)재난으로 분류하고 있다. → 이분(二分)법

개념플러스 현행법상 재난의 분류(자연재난, 사회재난)

자연재난	태풍, 홍수, 호우(豪雨), 강풍, 풍랑, 해일(海溢), 대설, 한파, 낙뢰, 가뭄, 폭염, 지진, 황사(黃砂), 조류(藻類) 대발생, 조수(潮水), 화산활동, 「우주개발 진흥법」에 따른 자연우주물체의 추락·충돌, 그 밖에 이에 준하는 자연현상으로 인하여 발생하는 재해
사회재난	• 화재·붕괴·폭발·교통사고(항공사고 및 해상사고를 포함한다)·화생방사고·환경오염사고·다중운집인파사고 등으로 인하여 발생하는 대통령령으로 정하는 규모 이상의 피해 • 국가핵심기반의 마비 • 감염병 또는 가축전염병의 확산 • 미세먼지 • 인공우주물체의 추락·충돌 등으로 인한 피해

004 재난관리 답 ①

대응 단계 - 위험구역의 설정

005 최소발화(점화)에너지 답 ③

열전도율이 낮아지면 열축적이 용이하여 최소발화에너지는 작아진다.

개념플러스 최소 발화에너지(MIE)에 영향을 주는 요인

1. 온도가 상승하면 분자운동이 활발해지므로 최소 발화에너지(MIE)는 작아진다.
2. 압력이 상승하면 분자 간의 거리가 가까워지므로 최소 발화에너지(MIE)는 작아진다.
3. 농도가 증가하면 분자 간의 유효 충돌 횟수가 증가하므로 최소 발화에너지(MIE)는 작아진다.
4. 열전도율이 낮아지면 열축적이 용이하여 최소발화에너지는 작아진다.
5. 가연성 가스의 조성이 화학양론적 조성 부근일 경우 최소 발화에너지(MIE)는 최저가 된다.
6. 일반적으로 연소속도가 클수록 최소 발화에너지(MIE)는 낮아진다.
7. 동일 유속 시 난류의 강도가 커지면 최소 발화에너지(MIE)는 증가한다.

006 가연성 액체의 연소현상 답 ②

인화점과 발화점이 가까운 액체일수록 재점화가 쉽게 되어 재발화 우려가 있으므로 냉각에 의한 소화활동이 용이하다. 즉, K급화재(식용유화재)를 의미한다.

선지분석

① 가연성 액체의 연소와 관련된 온도는 발화점, 연소점, 인화점 순으로 높다. 즉, 높은 온도는 발화점 > 연소점 > 인화점이다.
③ 인화점은 화염의 전파가 지속되지 않고 연소점은 화염의 전파의 지속된다.
④ 연소반응이 지속되기 위해서는 열생성률 > 외부 열손실률이어야 한다.

개념플러스 K급화재(식용유화재)

1. 인화점과 발화점의 온도 차이가 적고 발화점(288~385℃) 이 비점 이하인 기름이 착화되면 유온이 상승하여 바로 발화점 이상 → 재발화 → 끓는 기름의 온도(발화점)를 낮추어야만 소화된다.
2. 식용유 화재(K급)는 발화점이 비점 이하이므로 재발화의 위험이 있다.

즉, 비점(예 300℃) / 발화점(예 200℃) 인 것이다.

007 수격현상 답 ④

수격작용 방지책: 관경을 크게 하여 유체의 유속을 감소시켜 압력변동치를 감소시킨다.

개념플러스 수격현상(Water hammer)

개념	• 물이 파이프 속에 꽉 차서 흐를 때, 정전 등의 원인으로 유속이 급격히 변하면서 물에 심한 압력 변화가 생기고 큰 소음이 발생하는 현상이다. • 펌프의 급정지, 또는 밸브 급폐쇄 등으로 인해 물의 흐름이 정지되면 물의 관성력 때문에 급격한 압력변동이 발생하여 부압과 고압이 번갈아 발생한다.
원인	• 정전 등으로 갑자기 펌프가 정지할 경우 • 밸브를 급폐쇄할 경우
방지 방법	• 배관 내 유속을 감소시켜 압력변동치를 감소시킨다. • 밸브 조작을 완만히 한다. • 플라이휠을 달아 펌프 속도 변화를 완만히(억제) 한다. • 서지탱크를 관로에 설치한다. • 밸브를 가능한 펌프 송출구 가까이에 달고 밸브조작을 적절히 한다. • 수격을 흡수하는 수격방지기를 설치한다. 참고 • 플라이휠: 회전속도를 안정화하는 기계장치 • 서지탱크: 수압변동탱크로서 배관내 유속, 압력 감소

008 TLV-TWA(최소허용노출농도) 답 ④

• 포스겐($COCl_2$) - 0.1ppm
• 불화수소[HF] - 3ppm
• 시안화수소(HCN) - 10ppm
• 암모니아(NH_3) - 25ppm
즉, 독성가스 허용농도는 암모니아, 시안화수소, 불화수소, 포스겐 순으로 높다.

009 폭발 답 ④

선지분석

ㄴ. 가스폭발은 분진폭발보다 최소발화에너지가 작다. 즉, 분진폭발이 가스폭발보다 최소발화에너지가 크므로 착화는 더 어렵다.

개념플러스 분진폭발의 특징

구분	연소 속도	폭발 압력	연소대의길이 (연소시간)	발생 에너지	파괴력
가스폭발	○	○			
분진폭발			○	○	○

010 폭연과 폭굉 답 ②

선지분석

① 예혼합가스의 초기압력이 높을수록 폭굉 유도거리가 짧아진다.
③ 폭연은 폭굉으로 전이될 수 있으나 폭굉은 폭연으로 전이될 수 없다.
④ 폭굉은 화염면에서 온도, 압력, 밀도의 변화가 불연속적으로 나타난다.

개념플러스 폭연과 폭굉

구분	폭연	폭굉
화염 전파속도	0.1~10m/s로서 음속 이하 [아음속(亞音速)]	1,000~3500m/s로서 음속 이상 [초음속(超音速)]
화염 전파에 필요한 에너지	열전달인 전도, 대류, 복사	충격파에 의한 압력
폭발압력	8배까지	10배 이상 (통상적으로 20배 이상)
화재의 파급효과	크다.	작다.
충격파	발생하지 않는다.	발생한다.
파면에서 온도, 압력, 밀도	• 연속적(난류확산) • 연소파를 수반하는 난류확산	• 불연속적 • 충격파를 수반하는 불연속적
에너지 방출속도	물질전달속도에 기인한다.	물질전달속도에 기인하지 않고 아주 짧은 시간 내에 방출한다.

011 분진폭발 답 ④

분진의 단위체적당 표면적(비표면적)이 클수록 폭발이 용이해진다.

개념플러스 분진의 부유성

1. 분진의 부유성이 클수록 폭발이 용이하여 폭발력이 증가한다.
2. 분진의 부유성이 길수록 산화피막이 형성되어 폭발력이 감소한다.

012 주방화재, 식용유화재(K급) 답 ③

식용유로 인한 화재 시 유면상의 화염을 제거하면 냉각 및 질식에 의한 기화를 차단하여 재발화를 방지할 수 있다.

- 인화점과 발화점의 온도 차이가 적고 발화점(288~385℃)이 비점 이하인 기름이 착화되면 유온이 상승하여 바로 발화점 이상 → 재발화 → 끓는 기름의 온도(발화점)를 낮추어야만 소화된다.
- 식용유화재(K급)는 발화점이 비점 이하이므로 재발화의 위험이 있다.

즉, $\frac{\text{비점(예 300℃)}}{\text{발화점(예 200℃)}}$ 이다.

013 구획실 화재 답 ③

(선지분석)

① 개구부의 크기는 플래시오버 발생과 관련이 있다. 즉, 개구부의 크기에 따라 플래시오버 발생이 빠르게 또는 늦게 발생한다.

② 구획실의 창문과 문손잡이의 온도로 백드래프트의 발생 가능성을 예측할 수 있다. 즉, 화염은 보이지 않으나 창문이 뜨거운 경우 또는 문손잡이가 뜨거운 경우에는 실내부의 온도가 높다는 의미이다.

④ 구획실 내의 산소가 부족하여 훈소 상태에서 공기가 갑자기 다량 공급될 때 가연성 가스가 순간적으로 폭발하듯 발화하는 현상은 백드래프트이다.

014 화재하중 답 ③

$$q = \frac{\sum G_t H_t}{H_0 A} = \frac{\sum Q_t}{4500A}$$

$$= \frac{(200 \times 2000) + (100 \times 9000)}{4500 \times 80} = 3.611 = 3.61[\text{kg/m}^2]$$

$$q = \frac{\sum G_t H_t}{H_0 A} = \frac{\sum Q_t}{4500A}$$

- q: 화재하중 (kg/m²)
- A: 화재실의 바닥면적(m²),
- G_t: 가연물 중량(kg)
- H_t: 가연물의 단위발열량(kcal/kg),
- $\sum Q_t$: 화재실내의 가연물의 전발열량(kcal)
- H_0: 목재의 단위발열량(kcal/kg) → 4500(kcal/kg)

참고 단위 1[mm] = 0.001[m]

015 구획실 화재 답 ②

환기가 잘되지 않으면 연료지배형 화재에서 환기지배형 화재로 바뀌며 연기 발생이 증가한다.

(선지분석)

① 일반적으로 플래시오버 이전에는 연료지배형 화재, 이후에는 환기지배형 화재가 지배적이다.

③ 연료지배형 화재는 산소가 부족하지 않으므로 산소가 충분히 공급되는 조건의 화재이다.

④ 플래시오버 발생시기는 성장기 또는 성장기에서 최성기로 넘어가는 분기점에서 발생한다.

016 위험물의 유별 특성 답 ④

ㄱ. 제1류 위험물인 아염소산나트륨은 불연성, 조해성, 수용성이며, 무색 또는 백색의 결정성 분말 형태이다.

ㄴ. 마그네슘, 알루미늄분, 아연분, 철분 등은 끓는 물과 접촉 시 수소가스를 발생시킨다.

ㄷ. 황린은 고온·다습의 환경에서 발화점이 약 34℃로서 매우 낮으며, 화학적으로 활성이 크고 공기 중 산소와 결합할 때 발생하는 산화열이 크기 때문에 공기 중 노출이 되어 방치되면 액화되면서 자연발화한다.

참고 액화(液化): 기체가 냉각·압축되어 액체로 변하거나 고체가 녹아 액체로 되는 현상 또는 그렇게 만드는 일(액체화)

017 위험물의 유별 소화방법 답 ①

- 탄화칼슘 화재 시 다량의 물로 냉각소화할 수 없다. 탄화칼슘 화재 시 마른모래, 팽창질석, 팽창진주암, 금속화재용분말소화기(드라이파우더)로 질식소화한다.
- 탄화칼슘(카바이트)[CaC_2] + 물[H_2O] → 수산화칼슘 [$Ca(OH)_2$]과 아세틸렌가스[C_2H_2]↑ 발생

$$CaC_2 + 2H_2O \rightarrow Ca(OH)_2 + C_2H_2 + Q\uparrow$$

탄화칼슘(카바이트) 아세톤에 저장 또는 질소가스 등 불연성가스를 봉입한다.

(선지분석)

③ 알킬알루미늄[$(R)_3Al$] 중 트리에틸알루미늄[$(C_2H_5)_3Al$], 알킬리튬[RLi] 중 메틸리튬(RLi)
  - 트리에틸알루미늄[$(C_2H_5)_3Al$] + 물[H_2O] → 에테인가스[C_2H_6]↑ 발생
  - 메틸리튬(RLi) + 물[H_2O] → 메테인가스[CH_4]↑ 발생
  - 저장 및 취급방법: 알킬알루미늄[$(R)_3Al$]은 벤젠, 톨루엔, 헥산 등 탄화수소 용제 속에 넣고 불활성기체로 봉입한다.

018 화재조사 및 보고규정 답 ①

건물의 소실면적 산정은 소실 바닥면적으로 산정한다.

개념플러스 화재의 소실정도

1. **전소**: 건물의 70% 이상(입체면적에 대한 비율을 말한다)이 소실되었거나 또는 그 미만이라도 잔존부분을 보수하여도 재사용이 불가능한 화재
2. **반소**: 건물의 30% 이상 70% 미만이 소실된 화재
3. **부분소**: 전소, 반소화재에 해당되지 아니한 화재(건물의 30% 미만 소실된 화재)

019 소화방법 답 ①

선지분석

ㄴ. 물은 비열, 증발잠열의 값이 커서 주로 냉각소화에 사용된다.

ㅁ. 물에 침투제를 첨가하는 이유는 표면장력을 감소시켜 소화능력을 향상하기 위함이다.

020 분말소화약제 답 ②

제1·2·4종 분말소화약제는 열분해 반응에서 CO_2가 생성된다. 그러나 제3종 분말소화약제는 열분해 반응에서 CO_2가 생성되지 않는다.

개념플러스 분말소화약제

$2NaHCO_3 \xrightarrow[\triangle]{270℃} Na_2CO_3 + CO_2\uparrow + H_2O\uparrow - 30.3kcal$

- $2NaHCO_3$: 탄산수소 나트륨(중탄산나트륨)
- Na_2CO_3: 탄산나트륨, Na^+나트륨 이온 <부촉매효과, 비누화효과>
- CO_2: 이산화탄소
- H_2O: 수증기 <질식>
- -Q <냉각효과>

▲ 제1종 분말 소화약제[B, C, K급(백색)]

$2KHCO_3 \xrightarrow[\triangle]{190℃} K_2CO_3 + CO_2\uparrow + H_2O\uparrow - 29.82kcal$

- $2KHCO_3$: 탄산수소 나트륨(중탄산칼륨)
- K_2CO_3: 탄산칼륨, K^+칼슘이온 <부촉매효과>
- CO_2: 이산화탄소
- H_2O: 수증기 <질식>
- -Q <냉각효과>

▲ 제2종분말 소화약제[B, C급(담회색)]

$NH_4H_2PO_4 \xrightarrow[\triangle]{360℃} HPO_3 + NH_3\uparrow + H_2O\uparrow - 76.95kcal$

- $NH_4H_2PO_4$: 제1인산암모늄
- HPO_3: 메타인산 방진효과
- NH_3: 암모니아 <질식> 암모늄 [NH_4^+] <부촉매효과>
- H_2O: 수증기 <질식>
- -Q <냉각효과>

▲ 제3종분말 소화약제[A, B, C급(담홍색)]

$2KHCO_3 + (NH_2)_2CO \rightarrow K_2CO_3 + 2NH_3 + 2CO_2\uparrow - Qkcal$

- $2KHCO_3$: 탄산수소칼슘
- $(NH_2)_2CO$: 요소
- K_2CO_3: 탄산칼륨 K^+ <부촉매효과>
- $2NH_3$: 암모니아 <질식> 암모늄 [NH_4^+] <부촉매효과>
- $2CO_2$: 이산화탄소 <질식>
- -Qkcal <냉각>

▲ 제4종분말 소화약제[B, C급(회색)]

021 할로겐화합물 및 불활성기체 소화약제 답 ①

IG-01, IG-55, IG-100, IG-541 중 질소를 포함하지 않은 약제는 IG-01이다. 즉, IG-01은 아르곤으로만 포함되어 있는 약제이다.

개념플러스 불활성기체 소화약제(4종)

1. IG-01: Ar
2. IG-100: N_2
3. IG-541: N_2 (52%), Ar(40%), CO_2(8%)
4. IG-55: N_2(50%), Ar (50%)

선지분석

② 할로겐화합물 소화약제 중 HFC-23(트리플루오르메탄)의 화학식은 CHF_3이다.

HFC-2 3
- └ F의 수: 3 → F3
- └ H의 수: 1(H의 수+1=2, H의 수=2-1=1)
- C의 수: 1 → C(C의 수-1=0, C의 수=0+1=1)

→ 분자식: CHF_3

③ • 할로겐화합물 소화약제: 부촉매소화, 질식소화, 냉각소화한다. 즉, 화학적, 물리적소화를 한다.
• 불활성기체 소화약제: 질식소화, 냉각소화한다. 즉, 물리적소화를 한다.

022 포 소화약제 답 ②

그림을 보면 콘루프탱크이다. 포가 아래에서 방사하는 Ⅲ형(표면하주입방식 방출구)이다. 표면하주입방식을 사용하는 포 소화약제는 수성막포, 불화단백포이다.

개념플러스 위험물탱크(Tank)

CRT (Cone Roof Tank)	• 콘루프탱크 사용[중질유사용] • Ⅰ형 방출구[통계단(활강로, 미끄럼판)에 설치한 방출구], Ⅱ형 방출구[반사판(디플렉터) 방출구], Ⅲ형[표면하 주입식 방출구], Ⅳ형[반표면하 주입식 방출구]

FRT (Floating Roof Tank)	• 플루팅루프탱크(부상식탱크) 사용[경질유사용] • 특형 포방출구[플루팅루프탱크의 측면과 굽도리 판(방지턱)에 의하여 형성된 환상부분에 포를 방출]

023 차동식 분포형 감지기 답 ④

광전식 감지는 연기식 감지기에 해당된다.

개념플러스 열감지기 중 차동식 감지기

차동식 [일정상승율(급격한 온도 상승률) 이상에 동작하는 감지기] 예 스포트형: 사무실, 거실 등에 설치, 분포형: 축전지실 등에 설치	스포트형	공기팽창방식[1종, 2종]
		열기전력(열전기)방식[1종, 2종]
		열반도체방식[1종, 2종]
	분포형	공기관식[1종, 2종, 3종]
		열전대식[1종, 2종, 3종]
		열반도체식[1종, 2종, 3종]

024 소방활동설비 답 ②

소화활동설비란 화재를 진압하거나 인명구조활동을 위하여 사용하는 설비로서 종류는 제연설비, 연결송수관설비, 연결살수설비, 비상콘센트설비, 무선통신보조설비, 연소방지설비가 있다. 인명구조설비는 피난구조설비에 해당된다.

025 포소화설비 답 ①

팽창비란 최종 발생한 포 체적을 원래 포 수용액 체적으로 나눈 값을 말한다.

발포배율(팽창비)

$$= \frac{\text{발포 후 포의 체적[L]}}{\text{발포 전 포 수용액의 체적[L]}} = \frac{\frac{\text{발포 후 포의 체적[L]}}{\text{포 소화약제 체적[L]}}}{\text{포원액의 농도}}$$

선지분석

② 연성계란 대기압 이상의 압력과 대기압 이하의 압력을 측정할 수 있는 계측기를 말한다.
- 압력계란 대기압 이상의 압력을 측정할 수 있는 계측기를 말한다.
- 진공계란 대기압 이하의 압력을 측정할 수 있는 계측기를 말한다.

04 | 2022년 소방직(2022년 4월 9일 시행)

정답

p. 241

001	④	002	②	003	③	004	④	005	③
006	①	007	②	008	③	009	④	010	②
011	①	012	④	013	②	014	④	015	③
016	③	017	모두 정답	018	③	019	①	020	①

001 화재조사 답 ④

소방관서장은 방화 또는 실화의 혐의가 있다고 인정되면 지체 없이 경찰서장에게 그 사실을 알리고 필요한 증거를 수집·보존하는 등 그 범죄수사에 협력하여야 한다.

002 위기관리 매뉴얼[위기관리표준, 위기대응실무, 현장조치행동] 답 ②

분류	작성·운용자	내용
위기관리 매뉴얼	재난관리 책임기관의 장	-
위기관리 표준매뉴얼	재난관리 주관기관의 장	국가적 차원에서 관리가 필요한 재난에 대하여 재난관리 체계와 관계 기관의 임무와 역할을 규정한 문서
위기대응 실무매뉴얼	재난관리주관기관의 장과 관계기관의 장	위기관리 표준매뉴얼에서 규정하는 기능과 역할에 따라 실제 재난대응에 필요한 조치사항 및 절차를 규정한 문서
현장조치 행동매뉴얼	위기대응 실무매뉴얼을 작성한 기관의 장이 지정한 기관의 장	재난현장에서 임무를 직접 수행하는 기관의 행동조치 절차를 구체적으로 수록한 문서

003 인화점 답 ③

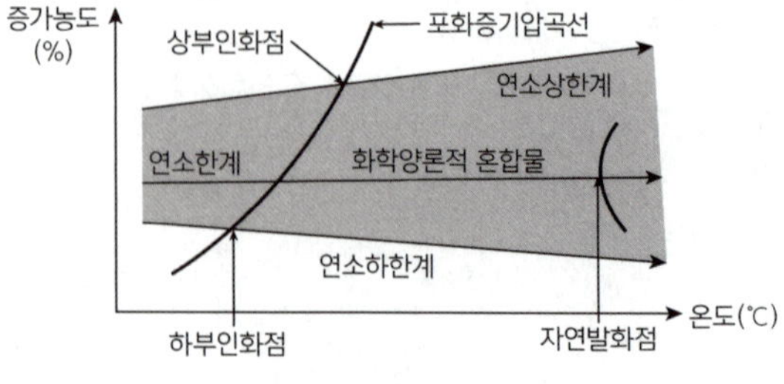

▲ 연소범위그래프

- A지점은 하부인화점(하한인하점)이다. 즉 외부에너지에 의해 발화하기 시작하는 최저연소온도이다.
- A지점은 화학양론비(화학양론적 혼합물)와는 상관이 없다.

004 **화재가혹도** 답 ④

화재가혹도(화재의 세기, 화재심도)는 건물에 손상을 주는 화세의 능력(건물에 손상정도의 크기)이므로 단열성이 우수할수록 화재실의 열축적이 잘 되므로 화재가혹도는 커진다.

005 **최소산소농도(MOC)** 답 ③

- 메틸알코올(CH_3OH) 화학방정식

$$CH_3OH + O_2 \rightarrow CO_2 + H_2O$$
$$CH_3OH + \frac{3}{2}O_2 \rightarrow CO_2 + 2H_2O$$

- 최소산소농도(MOC) = 산소양론계수($\frac{\text{산소몰수}}{\text{연소가스몰수}}$) × 연소하한계(폭발하한계)
- 최소산소농도(MOC) = 산소양론계수($\frac{\frac{3}{2}}{1}$) × 7 = $\frac{3}{2}$ × 7 = 10.5%
- 연소상한계: 37%. 연소범위의 상·하한 폭은 30%이다. 그러므로 연소하한계: 7%, 즉, '연소범위 30% = 연소상한계 37% - 연소하한계'이므로 연소하한계는 7%이다.

006 **폭발** 답 ①

분해폭발물질은 에틸렌, 산화에틸렌, 아세틸렌, 비닐아세틸렌, 메틸아세틸렌, 사불화에틸렌 등이다.

(선지분석)

② 액화저장탱크에서 가스가 유출되면 자유공간 증기운폭발이 일어난다.
③ 밀폐공간에서 가연성 가스가 폭발범위를 형성하면 점화원에 의해 가스폭발이 일어난다.
④ 다량의 고온물질이 물 속에 투입되었을 때 물의 갑작스러운 상변화에 의한 폭발현상을 수증기폭발이라고 한다.

007 **수용성인 알코올 포소화약제** 답 ②

아세톤은 수용성이므로 (내)알코올 포소화약제로 소화한다. 탄화칼슘, 나트륨, 마그네슘은 마른 모래, 팽창질석, 팽창진주암, 드라이파우더로 질식소화한다.

008 **제4류 위험물** 답 ③

제4류 위험물 중 제1석유류는 인화점이 낮고, 증기는 공기와 약간 혼합되어도 연소의 우려가 있다. 즉, 화재의 위험성이 있다. 예를 들면 제1석유류인 가솔린의 연소범위(1.4 ~ 7.6) 하한이 낮으므로 약간의 증기만 있어도 화재의 위험이 있다.

(선지분석)

① 제1류 위험물은 산화성고체로서 불연성이면서 산소를 가지고 있다. 즉, 불연성이므로 폭발하지 않는다. 다만, 산소를 가지고 있으므로 다른물질이 잘 탈 수 있게 도와주는 조연성 물질(지연성 물질)에 해당된다.
② 제3류 위험물 중 황린은 자연발화성 물질이므로 화기와 공기의 접촉을 피해야 한다.
④ 제3류 위험물은 공기 중에 노출되거나 수분과 접촉하면 발화의 위험이 있다.

009 **옥내소화전 계통도** 답 ④

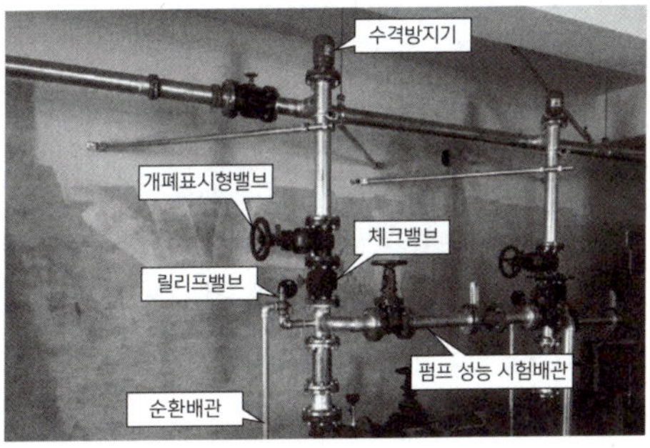

▲ 옥내소화전 계통도

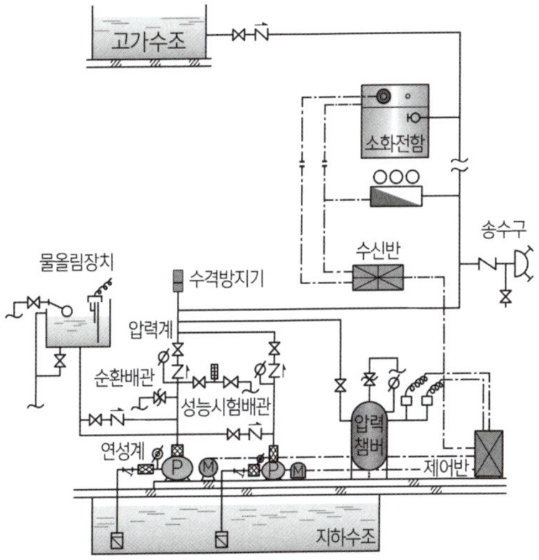

옥내소화전설비의 구성요소 중 솔레노이드밸브는 없다. 솔레노이드밸브는 준비작동식, 일제살수식 스프링클러소화설비 또는 가스계소화설비에 사용된다.

개념플러스 옥내소화전설비 구성

1. **펌프흡입측**: 후드밸브, 스트레이너, 개폐표시형밸브, 진공계, 연성계, 후렉시블조인트 등
2. **펌프토출측**: 후렉시블조인트, 압력계, 펌프성능시험배관, 릴리프밸브, 순환배관, 체크밸브, 개폐표시형밸브, 수격방지기 등
3. 펌프가 수원의 수위보다 높은 곳에 설치가 되면 물올림탱크를 추가로 설치하여야 하고, 흡입측 배관을 별도로 시공하여야 한다.
4. 펌프가 수원의 수위보다 낮은 곳에 설치가 되면 물올림탱크와 흡입측 배관은 필요 없다.

010 대비 단계 답 ②

선지분석

ㄴ. 재난 예보·경보체계 구축·운영: 대응
ㄷ. 재난안전분야 종사자 교육: 예방

개념플러스 재난의 대비 활동내역

1. 재난관리자원의 관리(재난관리자원공동활용시스템 포함)
2. 재난현장 긴급통신수단의 마련
3. 국가재난관리기준의 제정·운영 등
4. 기능별 재난대응 활동계획의 작성·활용
5. 재난분야 위기관리 매뉴얼 작성·운용(위기관리표준매뉴얼, 위기대응실무매뉴얼, 현장조치행동매뉴얼)
6. 다중이용시설 등의 위기상황 매뉴얼 작성·관리 및 훈련
7. 안전기준의 등록 및 심의 등
8. 재난안전통신망의 구축·운영
9. 재난대비훈련 기본계획수립
10. 재난대비훈련실시(훈련주관기관, 훈련참여기관)

011 탄화알루미늄 답 ①

- 탄화알루미늄[Al_4C_3]+물[H_2O] → 수산화알루미늄[$Al(OH)_3$]과 메탄가스[CH_4] 발생

$$Al_4C_3 + 12H_2O \rightarrow 4Al(OH)_3 + 3CH_4 + Q\uparrow$$

- 탄화칼슘(카바이트)[CaC_2]+물[H_2O] → 수산화칼슘[$Ca(OH)_2$]과 아세틸렌가스[C_2H_2] 발생

$$CaC_2 + 2H_2O \rightarrow Ca(OH)_2 + C_2H_2 + Q\uparrow$$

012 이상기체상태 방정식 답 ④

- 이상기체상태 방정식

$$PV = nRT \Rightarrow PV = \frac{W}{M}RT$$

- P[atm]: 기체의 압력
- V[l]: 기체의 부피
- n[mol]: 기체의 몰수
- R[atm·l/mol·k]: 기체의 상수 0.082
- T: 온도[℃, K]
- W[g]: 기체의 질량
- M[g/mol]: 기체의 분자량

- 황의 화학 반응식

$$S + O_2 \rightarrow SO_2$$

- 황(S):32g일 때 이산화황(SO_2): 1몰이다.
- 황(S):1000g일 때 이산화황(SO_2):X몰이다. 그러므로 32:1 = 1000:X, X = 31.25

$$V = \frac{nRT}{P} = \frac{31.25 \times 0.082 \times (800 + 273)}{1}$$

$$= 2749[L] = 2.75[m^3]$$

- 1[L] = 0.001[m^3]

013 분무주수(무상주수) 답 ②

중질유는 비수용성이므로 무상주수 시 질식, 유화소화한다.

물의 주수형태	주된 소화	적응 화재	적용설비[호스(노즐), 헤드]
봉상 [물의 모양 막대기]	냉각	A급 화재	호스: 옥내·외 소화전설비 연결송수관설비
적상 [물의 모양 물(빗)방울]	냉각	A급 화재	헤드: 스프링클러설비 연결살수설비 연소방지설비
(분)무상 [물의 모양 안개입자]	냉각, 질식 유화, 희석	A, B, C급 화재	호스: 옥내·외 소화전설비 연결송수관설비 헤드: 물분무소화설비 미분무소화설비

014 재난관리방식 답 ④

통합관리방식은 재난 시 유사한 자원동원 체계와 자원유형이 필요하기 때문에 자원동원과 신속한 대응성 확보, 가용자원(인적자원)을 효과적 활용을 할 수 있다.

개념플러스 분산관리 및 통합관리방식 비교

구분	분산관리 방식	통합관리 방식
성격	유형별 관리	통합적 관리
관련부처(기관)의 수	다수 부처 및 기관의 단순병렬	단일(소수) 부처 조정하의 병렬적 다수부처 및 기관
책임성	책임의 분산	과도한 책임(부담)
활동범위	특정 재난	모든 재난
정보의 전달(지휘체계)	다양화	단일화(일원화)
제도적 장치(관리체계)	복잡	보다 간편
재난에 대한 인지능력	미약, 단편적	강력, 종합적
장점	• 한 부처가 지속적으로 담당하므로 경험축적 및 전문성 제고가 용이 • 업무의 과다 방지	• 자원동원과 신속한 대응성 확보 • 가용자원(인적자원)을 효과적 활용
단점	• 각 부처 간 업무의 중복 및 연계미흡 • 복잡한 재난에 대한 대처능력에 한계 • 재원마련과 배분의 복잡성	• 종합관리체계의 구축의 어려움(전문성이 떨어짐) • 업무 및 책임이 과도함

015 화재위험성 답 ③

• 온도, 열량, 연소열, 압력, 연소(폭발, 가연) 범위, 화학적 활성도, 화염전파속도가 클수록 위험성 증가
• 표면장력, 증발(잠)열[기화(잠)열], 비열, 인화점, 발(착)화점, 점성, 비중, 비점(끓는점), 융점(녹는점), 열전도율, 활성화에너지가 작을수록 위험성 증가

016 가연성 기체 연소형태 답 ③

선지분석

ㄱ, ㄴ 역화와 선화의 비교표

구분		역화(Back fire) [연료분출속도 < 연소속도]	선화(Lifting) [연료분출속도 > 연소속도]
원인	혼합 가스량(1차 공기)	↓	↑
	압력	↓	↑
	염공 직경(관경)	↑	↓
	버너의 과열	상관있다	상관없다
결과		염공 안쪽으로 불꽃이 들어간다.	염공 바깥쪽으로 불꽃이 공중부양한다.

ㄷ. 황염(Yellow Tip) 현상: 불꽃의 끝이 적황색으로 되어 연소하는 현상을 말하며, 공기(산소)가 부족할 때(불완전연소 시)에 발생한다.
ㄹ. 연료노즐에서 흐름이 층류(laminar flow)인 경우, 확산연소에서 화염의 높이는 분출 속도에 비례한다. 연료노즐에서 흐름이 난류(turbulent)인 경우, 확산연소에서 화염의 높이는 분출 속도와 관계없이 일정하다.

017 1건의 화재 답 모두 정답

동일 소방대상물의 발화점이 2개소 이상 있는 다음의 화재는 1건의 화재로 한다.
• 누전점이 동일한 누전에 의한 화재
• 지진, 낙뢰 등 자연현상에 의한 다발화재

018 대기잔존년수(ALT; Atmosphere Life Time) 답 ③

• 대기잔존년수(ALT; Atmosphere Life Time): 어떤 물질이 방사되어 분해되지 않은 채로 존재하는 기간, 즉 대기 중에 존재하는 기간을 년수로 표시한 것이다.
• 대기 중에 잔존하는 시간이 길수록 오래 머물기 때문에 잔존시간이 짧을수록 좋다.

개념플러스 용어의 정의

1. 오존파괴지수(ODP; Ozone Depletion Potential)

$$ODP = \frac{\text{비교물질 1kg이 파괴하는 오존량}}{\text{CFC-11 1kg이 파괴하는 오존량}}$$

2. 지구온난화지수(GWP; Global Warming Potential)

$$GWP = \frac{\text{비교물질 1kg이 기여하는 지구온난화 정도}}{\text{이산화탄소}(CO_2)\text{ 1kg이 기여하는 지구온난화 정도}}$$

3. 대기잔존년수(ALT; Atmosphere Life Time): 어떤 물질이 방사되어 분해되지 않은 채로 존재하는 기간, 즉 대기 중에 존재하는 기간을 년수로 표시한 것이다.
4. NOAEL(No Observed Adverse Effect Level): 소화약제를 방출시킨 후 농도를 증가시켰을 때 인체(심장)에 생리학적 또는 독성의 악영향이 감지되지 않는 최대 농도이다.
5. LOAEL(Lowest Observed Adverse Effect Level): 공간에 방출된 소화약제의 농도를 감소시켰을 때 인체(심장)에 생리학적 또는 독성의 악영향이 감지되는 최소 농도이다.
6. 반수치사농도(LC50; Lethal Concentration 50%): 성숙한 흰 쥐의 집단에 대해 대기 중에서 1시간 동안의 흡입실험(노출시키는 실험)에 의하여 14일 이내에 실험동물의 50%를 사망시킬 수 있는 독성물질의 최저 농도이다.

7. 근사치사농도(ALC; Approximate Lethal Concentration): 실험대상 동물(쥐)의 50%가 15분 이내에 사망하는 농도이다.

019	표면하주입방식	답 ①

수성막포 및 불화단백포는 내유성이 우수하여 탱크 저부에서 포(Form)를 주입하는 표면하주입방식을 할 수 있다.

선지분석

② 합성계면활성제포는 계면활성제를 기제로 하여 기포 안정제를 첨가하여 제조한 것으로, 고발포용과 저발포용이 있다. 저발포로 사용할 경우에는 내열성 및 내유성이 약하다(단, 고발포인 경우에는 유동성이 좋다).
③ 단백포는 내열성(내화성)은 좋으나, 유동성이 나쁘다.
④ 알콜형포 사용 시 파포현상이 일어나면 소화능력이 떨어진다.

020	이산화탄소(CO_2) 소화설비	답 ①

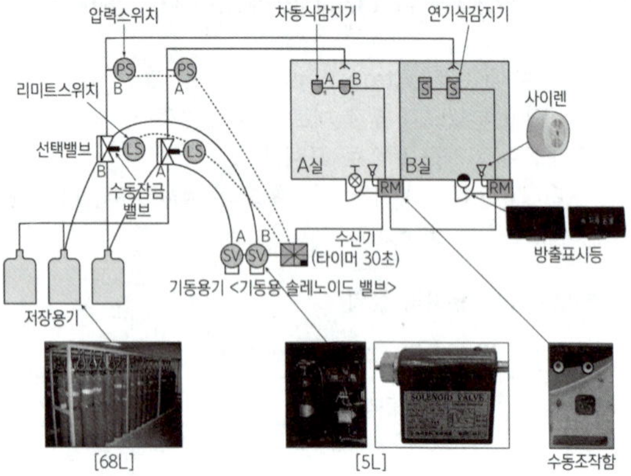

▲ 이산화탄소 계통도

기동용기의 가스는 선택밸브 및 저장용기를 개방시키는 역할을 한다.

선지분석

③ 전역방출방식에서 환기장치는 이산화탄소가 방사되기 전에 정지되어야 한다. 즉, 전역방출방식일 경우에는 실 전체가 모두 폐쇄가 되어야 한다.

05 | 2021년 소방직(2021년 4월 3일 시행)

정답

p. 246

001	①	002	①	003	②	004	②	005	④
006	③	007	②	008	①	009	①	010	③
011	④	012	④	013	③	014	③	015	②
016	③	017	④	018	①	019	②	020	④

001	백드래프트(Back draft)	답 ①

- 밀폐된 공간에서 화재 발생 시 산소 부족(불완전연소)으로 불꽃을 내지 못하고 가연성 가스(일산화탄소)만 축적되어 있는 상태에서 갑자기 문을 개방하면 신선한 공기 유입으로 폭발적인 연소가 시작되는 현상을 말한다.
- 산소부족: 불완전연소, 일산화탄소, 훈소, 백드리프트(BD)

선지분석

② 화재 진압 시 출입문을 먼저 개방하는 것보다 지붕 등 상부를 개방하는 것이 효과적인 전술이다.
③ 밀폐된 실내에서 발생되는 현상으로, 출입문을 한 번에 완전히 개방하여 연기를 일순간에 배출해야 폭발력을 증대시킬 수 있다.
④ 환기지배형 화재가 진행되고 있는 공간에 산소가 일시적으로 다량 공급됨에 따라 가연성 가스가 폭발적으로 연소하는 현상이다.

002	제1류 위험물(산화성 고체)	답 ①

- 소화방법(무기과산화물 제외): 주수(물)소화[주수(냉각)소화]
- 무기과산화물(알칼리금속 과산화물) 소화방법: 과산화칼륨, 과산화나트륨, 과산화마그네슘, 과산화칼슘, 과산화바륨은 금수성 물질이므로 마른 모래, 팽창질석, 팽창진주암, 금속화재용 분말소화기(드라이파우더)로 질식소화

선지분석

②③ 마그네슘, 알킬알루미늄은 마른 모래, 팽창질석, 팽창진주암, 금속화재용 분말소화기(드라이파우더)로 질식소화한다.
④ 알코올은 수용성이므로 내알코올포를 사용한다.

003	화재합동조사단	답 ②

괄호 안에 들어갈 용어는 '화재합동조사단'이다.

> **개념플러스 화재합동조사단 운영 및 종료(「화재조사 및 보고규정」 제20조 제1항)**
>
> 소방관서장은 영 제7조 제1항에 해당하는 화재가 발생한 경우 다음에 따라 화재합동조사단을 구성하여 운영하는 것을 원칙으로 한다.
> 1. **소방청장:** 사상자가 30명 이상이거나 2개 시·도 이상에 걸쳐 발생한 화재(임야화재는 제외한다)
> 2. **소방본부장:** 사상자가 20명 이상이거나 2개 시·군·구 이상에 발생한 화재
> 3. **소방서장:** 사망자가 5명 이상이거나 사상자가 10명 이상 또는 재산피해액이 100억원 이상 발생한 화재

004 재난사태 선포 답 ②

행정안전부장관은 대통령령으로 정하는 재난이 발생하거나 발생할 우려가 있는 경우 사람의 생명·신체 및 재산에 미치는 중대한 영향이나 피해를 줄이기 위하여 긴급한 조치가 필요하다고 인정하면 중앙위원회의 심의를 거쳐 재난사태를 선포할 수 있다.

005 재난현장 지휘사항 답 ④

모두 「재난 및 안전관리 기본법」상 재난현장에서 시·군·구 긴급구조통제단장의 긴급구조 현장지휘 사항에 해당한다.

> **개념플러스 재난현장에서 시·군·구 긴급구조통제단장의 긴급구조 현장지휘 사항**
>
> 1. 재난현장에서 인명의 탐색·구조
> 2. 긴급구조기관 및 긴급구조지원기관의 긴급구조요원·긴급구조지원요원 및 재난관리자원의 배치와 운용
> 3. 추가 재난의 방지를 위한 응급조치
> 4. 긴급구조지원기관 및 자원봉사자 등에 대한 임무의 부여
> 5. 사상자의 응급처치 및 의료기관으로의 이송
> 6. 긴급구조에 필요한 재난관리자원의 관리
> 7. 현장접근 통제, 현장 주변의 교통정리, 그 밖에 긴급구조활동을 효율적으로 하기 위하여 필요한 사항

006 중성대(중성점,중립면,중립점) 답 ③

건물의 내·외 압력이 같으면(실내·외정압) 공기는 정체한다. 즉, 압력이 0인 지대이다.

007 이산화탄소(CO_2)소화설비 답 ②

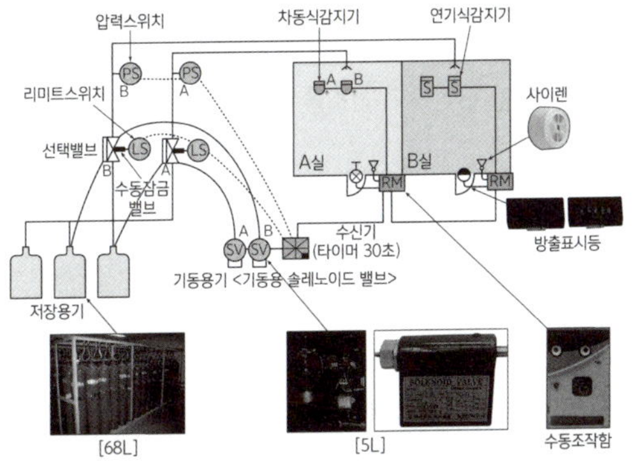

이산화탄소(CO_2) 소화설비 구성기기는 화재감지기, 수동기동장치, 수신반(제어반), 사이렌, 기동용솔레노이드 밸브(전자밸브), 선택밸브, 저장용기, 압력스위치, 방출표시등으로 구성된다.

선지분석

① 산·알칼리 소화기는 수계 소화기로 분류된다.
③ 슈퍼바이저리패널(supervisory panel)은 준비작동식 스프링클러설비 및 일제살수식 스프링클러설비의 구성요소이다.
④ 순환배관은 옥내소화전설비의 펌프 체절운전 시 수온 상승 방지를 위해 설치한다.

008 소방역사 답 ①

ㄱ. 고려시대에는 소방(消防)을 소재(消災)라 하였으며, 화약 제조 및 사용량 증가에 따라 화통도감을 신설하여 특별관리하였다.
ㄴ. 1426년 2월(세종 8년)에 병조 소속에 금화도감을 설치하였다.

선지분석

ㄷ. 1925년에 우리나라 최초 소방서인 경성소방서를 설치하였다.
ㄹ. 1946년 군정법 제66호에 따라 소방부 및 소방위원회를 설치하고 소방조직 및 업무를 경찰로부터 완전 독립하여 자치소방체제로 전환하였다. 한편 소방위원회는 중앙소방위원회, 각 도소방위원회로 구분하여 운영되었다. 또한 1947년 남조선 과도정부 후에는 동 위원회의 집행기구로 소방청을 설치, 소방청에는 청장 1인과 서기장 1인을 두고 군정자문 1인을 배치하여 총무과, 소방과, 예방과를 두었다.

009 최소산소농도(MOC) 답 ①

최소산소농도(MOC) = 산소의 양론계수($\frac{산소몰수}{연소가스몰수}$) × 연소하한계(폭발하한계)이므로 산소몰수 및 연소하한계가 최소산소농도를 결정한다.

- 프로판가스의 화학방정식: $C_3H_8 + 5O_2 \rightarrow 3CO_2 + 4H_2O$
- 프로판가스의 연소범위: 2.1 ~ 9.5%
- 프로판가스의 최소산소농도(MOC) = 5 × 2.1 = 10.5%이다.

010 LNG의 연소반응(메탄) 답 ③

- $CH_4 + 2O_2 \rightarrow CO_2 + 2H_2O$
- $2CH_4 + 4O_2 \rightarrow 2CO_2 + 4H_2O$

011 연소속도에 영향을 미치는 요인 답 ④

모두 연소속도에 영향을 미치는 요인이다.

개념플러스 연소속도에 영향을 미치는 요인

1. 가연성 물질의 종류
2. 촉매의 존재 유무와 농도
3. 공기 중 산소량
4. 온도, 압력 등
5. 가연성 물질과 산화제의 당량비

참고 당량비

- 당량비란 연료와 공기 또는 산소가 완전히 연소할 경우의 연료와 공기 또는 산소의 비(화학양론적 조성)로, 실제의 연소상태에 있어서의 연료와 공기 또는 산소의 공급량의 비를 나눈 값을 말한다.
- 당량비 = 1: 완전연소
  당량비 < 1: 연료 부족
  당량비 > 1: 산소 부족

012 폭발의 유형 답 ④

- 중합폭발이란 중합해서 발생하는 반응열을 이용해서 폭발하는 것으로 초산비닐, 염화비닐 등의 원료인 모노머가 폭발적으로 중합되면 격렬하게 발열하여 압력이 급상승되고 용기가 파괴되는 폭발을 말한다.
- 분진폭발이란 공기 중에 분출된 가연성 액체의 무적(霧滴, mist)이 공기 중에 부유한 상태로 폭발농도 이상으로 있을 때 점화원에 의해 착화하여 발생한다.

013 소방조직의 기본원리 답 ③

명령분산의 원리가 아니라 명령통일의 원리이다.

개념플러스 소방조직의 기본원리

1. **계선의 원리**: 특정사안에 대한 결정에 있어 의사결정 과정에서는 개인의 의견이 참여되지만, 결정을 내리는 것은 개인이 아니라 그 소속기관의 자라는 것을 말한다.
2. **계층제의 원리**: 소방, 군대, 경찰 등과 같은 조직에서 권한 및 책임에 따른 상하의 계층을 형성하는 것을 말한다.
3. **업무조정의 원리**: 조직의 공통된 목표를 달성하기 위하여 전문화 및 분업화되어 있는 개인이나 조직을 통합하여 행동을 통일시키는 것을 말한다.
4. **명령통일의 원리**: 하나의 조직은 한 사람의 상급자에게 명령을 받고 그에 따른 보고를 하는 것을 말한다.
5. **분업의 원리(기능의 원리, 전문화의 원리)**: 한 가지 주된 업무를 분담시키는 것으로 한 사람이나 한 부서가 하나의 주업무를 맡는 것을 말한다.
6. **통솔범위의 원리**: 한 명의 상관이 부하를 효과적으로 통솔할 수 있는 범위를 말한다. 통솔 가능한 범위는 7~12명이며, 비상 시 3~4명으로 더 적다.

014 블레비(BLEVE; Boiling Liquid Expanding Vapor Explosion) 현상 답 ③

블레비의 규모는 파열 시 액체의 기화량 및 탱크의 용량에 따른 차이가 있다.

개념플러스 블레비(BLEVE)의 발생과정

1. 주변 화재발생 ⇨ 탱크강판 가열 ⇨ 약해져 있는 탱크파열 ⇨ 폭발 및 가스유출
2. 외부 화재발생 ⇨ 액온상승 ⇨ 압력증가 ⇨ 연성파괴 ⇨ 액격현상 ⇨ 취성파괴 ⇨ 폭발 및 가스유출
3. 액화저장탱크(액화저장) ⇨ 응상폭발 ⇨ 물리적 폭발 ⇨ 화학적 폭발로 전이

참고 액화저장탱크에서 발생하는 것은 블레비와 증기운폭발이다.

015 펌프 프로포셔너 방식 (Pump Proportioner Type) 답 ②

펌프의 토출관과 흡입관 사이의 배관 도중에 설치된 흡입기에 펌프에서 토출된 물의 일부는 보내고 농도조절밸브에서 조정된 포소화약제의 필요량을 포소화약제 탱크에서 펌프 흡입 측으로 보내어 이를 혼합하는 방식이다.

선지분석

① 라인 프로포셔너 방식(Line Proportioner Type): 관로 혼합 방식으로 펌프와 발포기의 중간에 설치된 벤츄리관의 벤츄리 작용에 의하여 포소화약제를 흡입·혼합하는 방식이다.
③ 프레져 프로포셔너 방식(Pressure Proportioner Type): 펌프와 발포기의 중간에 설치된 벤츄리관의 벤츄리 작용과 펌프 가압수의 포소화약제 저장탱크에 대한 압력에 의하여 포소화약제를 흡입·혼합하는 방식이다.
④ 프레져 사이드 프로포셔너 방식(Pressure side Proportioner Type): 펌프의 토출관에 압입기를 설치하여 포소화약제 압입용 펌프로 포소화약제를 압입시켜 혼합하는 방식이다.

016 재난관리 단계별 조치사항 답 ③

특별재난지역의 선포는 복구단계에 해당한다.

017 화재성상 4단계 답 ④

감퇴기: 지붕이나 벽체, 대들보나 기둥도 무너져 떨어지고 열 발산율은 감소하기 시작한다.

개념플러스 화재성상 4단계

초기(발화기) ⇨ 성장기 ⇨ 최성기 ⇨ 감퇴기(쇠퇴기, 종기)

018 소화방법 답 ①

ㄱ. 공기 중 산소 농도를 낮추어 소화하는 방법은 질식소화이다.
ㄴ. 대표적인 냉각소화는 물 소화약제이며, 강화액, CO_2, 할론, 분말 등의 주된소화는 냉각은 아니지만 보조소화로 냉각소화를 한다.

선지분석

ㄷ. 유화소화(에멀젼)는 비중이 물보다 큰 비수용성 유류화재 시 무상주수하여 소화하는 방법을 말한다.
ㄹ. 제거소화는 가스화재 시 가스공급을 차단하여 소화하는 방법을 말한다.

019 물소화약제의 특성 답 ②

분무상으로 방사 시 B급 화재 및 C급 화재에도 적응성이 있다.

선지분석

① 무상주수는 질식소화 가능하다.
③ 물은 비열과 기화열 값이 커서 냉각소화 효과가 우수하다.
④ 수용성 가연물질인 알코올, 에테르, 에스테르 등으로 인한 화재에는 무상주수 시 희석소화에 적응성이 있다.

개념플러스 물소화약제 주수형태

물의 주수형태	주된 소화	적응 화재	적용설비 [호스(노즐),헤드]
봉상 (물의 모양: 막대기)	냉각	A급 화재	호스: 옥내·외 소화전설비 연결송수관설비
적상 [물의 모양: 물(빗)방울]	냉각	A급 화재	헤드: 스프링클러설비 연결살수설비 연소방지설비
무상 (물의 모양: 안개입자)	냉각, 질식, 유화, 희석	A, B, C급 화재	호스: 옥내·외 소화전설비 연결송수관설비 헤드: 물분무소화설비 미분무 소화설비

020 피난구조설비 답 ④

승강식피난기란 사용자의 몸무게에 의하여 자동으로 하강하고 내려서면 스스로 상승하여 연속적으로 사용할 수 있는 무동력 피난기구를 말한다.